房地产丛书

物业管理
案例精选与解析

丁 芸 谭善勇 编著

中国建筑工业出版社

图书在版编目(CIP)数据

物业管理案例精选与解析/丁芸,谭善勇编著.—北京:中国建筑工业出版社,2003
(房地产丛书)
ISBN 7-112-05607-1

Ⅰ.物… Ⅱ.①丁…②谭… Ⅲ.物业管理—案例—分析—中国 Ⅳ.F299.233.3

中国版本图书馆 CIP 数据核字(2002)第 104803 号

房地产丛书
物业管理案例精选与解析
丁 芸 谭善勇 编著
*
中国建筑工业出版社出版、发行(北京西郊百万庄)
新 华 书 店 经 销
北京中科印刷有限公司印刷
*

开本:850×1168 毫米 1/32 印张:13¾ 字数:365 千字
2003 年 4 月第一版 2006 年 10 月第六次印刷
印数:8401—9900 册 定价:**33.00** 元
ISBN 7-112-05607-1
F·437(11225)
版权所有 翻印必究
如有印装质量问题,可寄本社退换
(邮政编码 100037)
本社网址:http://www.china-abp.com.cn
网上书店:http://www.china-building.com.cn

《物业管理案例精选与解析》一书共分八章：第一章，物业管理的含义，主要是帮助人们正确理解物业管理相关概念的含义；第二章，业主与业主（代表）大会，主要分析和研究业主和业主（代表）大会的权利、义务以及业主（代表）大会召开的相关问题；第三章，业主管理委员会，主要分析和研究业主管理委员会的权利、义务、组成、召开等相关疑难问题；第四章，物业管理公司，主要分析和研究物业管理公司的权利、义务、组建、实际运作等一系列实际问题；第五章，物业管理委托与聘用，主要分析与研究在委托与聘用过程中的法律问题和实际操作问题；第六章，物业管理服务，主要分析和研究物业管理服务中的疑难问题；第七章，物业管理收费，主要分析与研究物业管理收费中遇到的实际问题与法律问题；第八章，物业管理新时代，主要介绍我国物业管理行业的新思路、新观念与新发展等。

本书力求从法律和情理两个角度，在物业管理理论与物业管理实践两个层面上，给予实际发生过的物业管理案例以深入、细致、全面、系统地阐释与解析。编者希望为读者提供一本深入浅出，融专业性、实用性、可读性及普及性于一体，有着自己明显特色的物业管理案例分析书。

出 版 说 明

自从我国实行改革开放以来,房地产业随之蓬勃发展,尤其是房地产业改革、住房制度改革,经过20多年的发展已取得了辉煌的成就。特别是住房制度的改革,结束了住房实物福利分配的阶段,已进入了以建设新住房制度为主的新阶段。房地产业市场活跃,生产力发展较快,1999~2001年每年竣工的城镇住宅面积都超过了5亿多平方米,这些巨大的变化和发展与住房制度改革取得突破性进展息息相关。通过政府对房地产业的宏观调控,在法制建设、行政管理、市场规范、房地产内部结构和企业自律能力等方面,都取得了较大的进步,我国的房地产业已走过了"复苏"阶段,进入了理性发展的新阶段。我国的房地产业就是在不断出现新情况、新问题、新困难,又不断地研究,提出许多新的有效对策,克服重重困难向前发展的。

在21世纪初,我国2008年申奥成功和加入WTO后,我国的住房制度改革和房地产的发展将翻开新的篇章,为了更好地反映我国房地产业的发展,我们组织了这套房地产丛书,将不断地反映我国房地产业发展的新成果、新经验,更好地满足广大读者在新形势下的需求。希望这套丛书对广大读者有所裨益,同时也希望大家对这套丛书的内容提出宝贵意见,以便我们改进。

中国建筑工业出版社

2002年8月

前　　言

　　物业管理在我国大陆产生和发展的时间还不长,在这个过程中,难免会出现这样或那样的问题。面对这些问题,不但普通业主或使用人非常困惑,而且连很多业内人士也觉得难以把握。为此,我们在全面、深入地调查、研究我国物业管理发展中出现的诸多问题的前提下,把一些有代表性的问题加以归类整理,并给以研究和详细的解释,编写了这本《物业管理案例精选与解析》。

　　《物业管理案例精选与解析》一书可以为物业管理从业人员解决物业管理中的实际问题,以及给业内人士研究这些问题提供一些参考;也可作为大学城市经济、房地产经济、城市管理、工商管理、物业管理等学科的研究生及本科生深入理解和掌握物业管理相关理论与实践知识的专业教材。

目 录

第一章 物业管理的含义 ································· 1
- 案例1 这样理解物业管理,对不对? ····················· 1
- 案例2 就一个住宅小区来说,物业管理中的物业究竟指什么? ······ 6
- 案例3 社区管理与物业管理有什么关系? ···················· 9
- 案例4 后勤服务集团的服务是不是就是物业管理? ············· 11
- 案例5 物业管理与写字楼、酒店等商业物业的管理
  有什么关系? ·· 12
- 案例6 物业管理是第三产业吗? ···························· 14
- 案例7 物业管理到底是管理还是服务? ······················ 15
- 案例8 社会上出现的清洁公司之类的专业公司就是物业
  管理专业化吗? ·· 18
- 案例9 物业管理服务是商品吗? ···························· 21
- 案例10 物业管理到底管些什么或有什么服务? ··············· 23
- 案例11 谁有权决定在这些场所设立广告牌?广告收益
  怎样处理? ·· 26
- 案例12 这些物业管理用房的所有权到底属于谁? ············· 31

第二章 业主与业主(代表)大会 ························· 33
- 案例13 买房但尚未取得产权证,我是业主吗? ··············· 33
- 案例14 不是业主就不能参加业主代表大会吗? ··············· 34
- 案例15 未满18岁的业主能否参加业主(代表)大会?有没有
  选举与被选举权? ······································ 36
- 案例16 物业交给物业管理公司管理后,业主除房屋产权外,
  就没有其他权利了吗? ·································· 40
- 案例17 物业管理权属于业主还是属于物业管理公司? ········· 46
- 案例18 "业主栽的树,处置权应是业主自己,物业管理公司
  无权过问",对吗? ····································· 48

案例 19　业主自治管理是不是就是业主自己管理自己的物业？
　　　　 业主该怎样当家作主？ …………………………… 49
案例 20　个别业主有要求,可以召开业主大会吗？ ………… 51
案例 21　业主没有参加《管理公约》的制订,但却要遵守,
　　　　 这合理吗？ ………………………………………… 53
案例 22　业主是小区的主人,物业管理公司是业主的仆人,
　　　　 对吗？ ……………………………………………… 55
案例 23　业主的表决权应以什么为依据？ ………………… 61
案例 24　业主没有参加业主(代表)大会投票,可以不接受
　　　　 大会通过的决议文件吗？ ………………………… 66

第三章　业主管理委员会 …………………………………… 68

案例 25　业主管理委员会是社团法人吗？业主管理委员会
　　　　 能否替代居委会？ ………………………………… 68
案例 26　业主管理委员会成立的条件、组成成员如何？ …… 73
案例 27　业主自行组建业主管理委员会可以吗？开发商
　　　　 能否成为业主管理委员会的成员？ ……………… 76
案例 28　开发商不主动组织业主大会,无法选举产生业主
　　　　 管理委员会怎么办？ ……………………………… 82
案例 29　组建业主管理委员会时无法召集半数业主参加
　　　　 产权人大会怎么办？ ……………………………… 90
案例 30　业主管理委员会如何监督物业管理公司的财务开支？ … 92
案例 31　丈夫是产权人,妻子可以参加业主管理委员会吗？ … 93
案例 32　业主管理委员会委员该不该拿酬金？ …………… 95
案例 33　业主管理委员会能否作为诉讼主体解聘物业
　　　　 管理公司？ ………………………………………… 101
案例 34　业主管理委员会如何补选、改选与换届？ ………… 106

第四章　物业管理公司 ……………………………………… 110

案例 35　物业管理公司如何成立？ ………………………… 110
案例 36　开发商对物业管理情况的承诺与物业管理公司
　　　　 的说法谁的算数？ ………………………………… 116
案例 37　业主入住拿钥匙,物业管理公司设障合法吗？ …… 119
案例 38　物业管理公司有权扣留访客的居民身份证吗？ … 121
案例 39　物业管理公司能否擅自封门设酒吧？ …………… 124

案例40　物业管理公司有权移走小区内的树木吗？……………127
案例41　物业管理公司有权检查业主携带的袋子吗？…………136
案例42　客人住店受侵害，酒店需要负责吗？……………………137
案例43　物业管理公司有权罚款吗？………………………………139
案例44　物业管理公司有没有强制权利？…………………………143
案例45　物业管理公司能否擅自停业主的水电？…………………145
案例46　物业管理公司该听业主的，还是该听租户的？…………147
案例47　如何更换物业管理公司？…………………………………149

第五章　物业管理委托与聘用 …………………………………152

案例48　物业管理：自己管理还是委托他人？……………………152
案例49　单位买了一批房子，是否可以由单位进行物业管理？…155
案例50　业主管理委员会能不能不请管理公司而自己
　　　　管理物业？………………………………………………158
案例51　开发商自己开发、自己管理合理吗？……………………159
案例52　与业主管理委员会委员有关联的物业管理公司
　　　　能被聘用吗？……………………………………………161
案例53　开发商是否有权将物业管理权发包给他人，
　　　　并收取承包金？…………………………………………162
案例54　业主入住时对物业管理不满意，是否可以拒绝
　　　　物业管理公司的管理？…………………………………168
案例55　这样选聘物业管理公司合法吗？…………………………169
案例56　物业管理公司是否一定要通过招标进行选择？…………171
案例57　物业管理公司前期介入谁付费？…………………………175
案例58　物业管理公司保安打人，我们能中止合同吗？…………177
案例59　物业管理公司能否自行选择专业服务公司从事小区
　　　　物业管理服务工作？……………………………………186
案例60　发展商同时向三家物业管理公司发出中标通知书
　　　　合不合法？………………………………………………188
案例61　物业管理一定要签订委托管理合同吗？…………………193
案例62　物业管理公司管理处对外签订的合同是否有效？………196

第六章　物业管理服务 …………………………………………198

案例63　如何进行物业交接与用户入伙的管理？…………………198
案例64　入住前装修住房，是否一定要向物业管理公司申请？…200

案例 65　装修改变结构只需经过街道办而不需经过
　　　　物业管理公司吗？……………………………………… 205
案例 66　装修物堵塞下水道损失谁赔？ ……………………………… 206
案例 67　业主装修影响他人,物业管理公司应否协调？ …………… 208
案例 68　物业管理公司能指定装修吗？ …………………………… 211
案例 69　住户遭抢物业管理公司有无责任？ ……………………… 215
案例 70　业主家中被盗,物业管理公司是否负责？ ………………… 217
案例 71　小偷从楼下的窗户护栏爬到业主家行窃,
　　　　物业管理公司有责任吗？ ……………………………… 219
案例 72　业主在家被害,物业管理公司是否应当赔偿？ …………… 225
案例 73　住户高空抛物,物业管理公司怎么办？ …………………… 235
案例 74　小区广告脱落造成人员伤亡,物业管理公司是否
　　　　应负责赔偿？ …………………………………………… 237
案例 75　业主停在公共区域的车辆丢失,物业管理
　　　　公司应否赔偿？ ………………………………………… 242
案例 76　物业管理公司能否改变原来设计擅设停车场？ ………… 254
案例 77　业主砸坏邻里车辆,物业管理公司是否有责？ …………… 263
案例 78　居民小区出车祸,物业管理公司是否负责？ ……………… 265
案例 79　员工违规操作造成的法律责任由谁负？ ………………… 267
案例 80　清洁公司是否应该承担责任？ …………………………… 269
案例 81　路滑带来人身损害,物业管理公司应否赔偿？ …………… 271
案例 82　在电梯内受到他人伤害,物业管理公司应该赔偿吗？ … 273
案例 83　电梯工成了杀人犯,物业管理公司是否应承担责任？ … 275
案例 84　电梯低层不停合适吗？ …………………………………… 279
案例 85　业主刚入住,房屋出现问题责任由谁负？ ………………… 283
案例 86　公有住房房屋出现问题谁负责？ ………………………… 285
案例 87　出租房屋出现损坏,谁负责修复？ ………………………… 286
案例 88　管道堵塞,造成水浸,责任应该谁负？ …………………… 287
案例 89　物业管理公司私自撬门维修房屋,是否承担
　　　　赔偿责任？ ……………………………………………… 289
案例 90　外墙渗水,家具霉烂谁负责？ ……………………………… 290
案例 91　工程款能否抵消供暖费？ ………………………………… 291
案例 92　暖气跑水,物业管理公司是否有责？ ……………………… 294

案例 93	大堂管理员有义务帮客户看管物品吗?	295
案例 94	楼宇外墙业主自己能擅自挂招牌吗?	297
案例 95	物业管理公司能决定地下室的使用吗?	306
案例 96	小区应不应该允许饲养宠物?	310
案例 97	物业管理公司能否组织赈灾募捐活动?	313

第七章 物业管理收费 ··· 317

案例 98	买了房子为什么还要交管理费?管理费为什么比房租还高?	317
案例 99	物业管理费何时收取?一次能收多少年?	319
案例 100	不交物业管理费就不给钥匙的做法合法吗?	321
案例 101	发展商要求购房人用美元交纳物业管理费,合法吗?	323
案例 102	房子存在质量缺陷,业主能否拒交物业管理费?	324
案例 103	房子我没住过一天,为什么让我交物业管理费?	326
案例 104	开发商在自己开发的房屋没有销售完毕前交不交物业管理费?	328
案例 105	买房送物业管理费,是否合理合法?	330
案例 106	个别业主能否以未签物业管理合同为由拒交物业管理费?	333
案例 107	物业管理公司单方面决定增加物业管理费是否可行?	335
案例 108	垃圾清运费、垃圾处理费该不该交?	337
案例 109	业主为物业管理公司交纳税金合法吗?	338
案例 110	业主能以物业管理公司管理不善为由拒交物业管理费吗?	340
案例 111	维修基金应由谁收取?归谁所有?归谁管理使用?	341
案例 112	19万元维修基金该不该用?	344
案例 113	底层(一层、首层)住户能否免缴电梯费?	345
案例 114	业主提出要查物业管理公司的账可否允许?	349
案例 115	业主使用露天停车场应该缴费吗?	350
案例 116	机动车进出小区到底应不应该收费?	352
案例 117	已买了私家车位还交纳管理费吗?	356
案例 118	办了停车证为何还要交停车费?	357

案例 119	非专用停车场该如何收费?	359
案例 120	采暖季已过半,入住时收全款是否合理?	360
案例 121	物业管理公司该不该收取装修押金和装修管理费?	361
案例 122	大厦首层对外开门的底商是否应向大厦管理处交纳管理费?	364
案例 123	无绿地,是否还交绿化费?	366
案例 124	承诺有线电视入户仍让交初装费对不对?	367
案例 125	抵押拍卖后的房产,物业管理费该向谁收取?	369
案例 126	业主要求上门收费,财务拒绝合不合理?	371
案例 127	业主不交物业管理费,开发商能拒办产权吗?	372
案例 128	小区健身园该不该收费?	374
案例 129	开发商赠送的阁楼是否交纳物业管理费	376
案例 130	物业管理公司能否以停水、停电的方式催交房款或管理费?	377
案例 131	不交物业管理费能否做业主管理委员会委员?	380
案例 132	居住小区内既有解困房,又有商品房,应按照什么标准交纳物业管理费?	381

第八章 物业管理新时代 385

案例 133	保姆式服务进入普通人家	385
案例 134	我国第一批物业管理研究生将在深诞生	386
案例 135	成都流行"共管式"模式	387
案例 136	福建出现物管"零收费"	387
案例 137	上海年轻人热衷应聘物业管理产业	389
案例 138	深圳物业大举北上接楼盘	390
案例 139	徐虎收下民警徒弟全力做大物业品牌	392
案例 140	上海劳模盯上北京物业	393
案例 141	深圳物业管理十大新走向	398
案例 142	社会化物业管理将活跃市场	400
案例 143	分区划片集约管理,深圳物业管理赢利新"钱"途	404
案例 144	从物业管理到投资管理	407
案例 145	物业管理"无网不利"	409
案例 146	动态网络化物业管理大趋势	411
案例 147	社区网络平台有何好戏看	414

案例 148　北京物业管理业"英式管家"来了 …………………… 416
案例 149　美物业管理"巨头"看好上海市场 …………………… 417
案例 150　物业"洋管家"能否打败"土管家"？ ………………… 418
参考文献 ……………………………………………………………… 421
后记 …………………………………………………………………… 423

第一章 物业管理的含义

案例1 这样理解物业管理,对不对?

张某和他一些朋友在谈到物业管理时,对以下一些问题不太明白,希望能有人给以答疑:

(1) 有人认为物业管理就是房产管理,只不过房产管理和物业管理所处的体制不一样,名称换了一下,其根本区别就是收不收费的问题;也有人说物业管理就是在原来的房产管理上增加点内容,比如扫扫地、浇浇花、看看门,这些看法对吗?

(2) 物业管理就是为有钱人服务的吗?

(3) 物业管理是为了解决就业而推行的一种措施吗?

简要说明:

时下,尽管物业管理已经推行多年,但仍有不少人对物业管理不甚理解。上述问题就很有代表性。实际上,物业管理是完全不同于传统房管的一种物业管理模式,它是市场经济发展的必然,既不是专为有钱人服务的,也不是国家为了解决就业问题而推行的措施。

详细评析:

(1) 这个问题涉及什么是物业管理以及物业管理与传统房屋管理的关系。

对于物业管理的概念,目前有多种解释。但一般认为,物业管理的概念有广义和狭义之分。广义的物业管理是由物业(指已建成并投入使用的各类房屋及其与之相配套的设备、设施和场地)的含义引申出来的,它泛指一切为了物业的正常使用、经营而对物业本身及其业主和用户所进行的管理和提供的服务。由此可见,只要有房屋建筑,存在房屋住用上的问题,就必然有(广义)物业管理的行为来处理这些问题。换句话说,物业的使用过程中必须伴随着某种程度的管理和服务,而这种管理和服务就是广义上的物业管理。

今天我们使用的物业管理概念主要是狭义的物业管理。狭义物业管理是广义物业管理发展到一定阶段的产物,但它不是物业管理的发展方向。狭义物业管理在现代市场经济体制下继续发展,必然分化演变成为现代物业管理。所谓现代物业管理,是指由专门的机构或公司,受物业所有人和使用人的书面合同委托,按照国家法律法规和管理标准,遵从合同的原则规定,以经营的方式,通过对物业进行的有效市场推广(经营)和规范的管理与维护,以及提供多层次、全方位的服务,满足业主或使用人(客户、用户等)多种需要的专业化、社会化、企业化、经营型的经营管理活动。

一般来说,传统房屋管理是房地产行政管理中的一项具体管理内容,属于行政管理和非行政管理之间的一种房屋管理形式。应该说,现代物业管理是传统房屋管理的一种革新,但它无论在管理模式上、手段上、观念上,还是管理的深度和广度上,都和传统房屋管理有着很大的区别。为了便于比较,现列表1-1如下:

现代物业管理同传统房屋管理的比较表 表1-1

项目及比较内容	现代物业管理	传统房屋管理
物业权属	多元产权(私有、公有)	单一产权(国有、公有)
管理单位	物业管理公司	政府、单位房管部门
管理单位性质	企　业	事业或企业性事业单位
管理手段	经济和法律手段	行政手段
管理行为	企业经营服务行为	非企业行为
管理性质	有偿服务	无偿、低偿服务

续表

项目及比较内容	现代物业管理	传统房屋管理
管理观念	为业主、住户服务	管住住户
管理费用	自筹、管理费、服务费等	低租金和大量补贴
管理形式	社会化、专业化统一管理	多头分散管理
管理内容	全方位多层次的管理服务	管房和养房
管理关系	代表业主、业主主导型	国家或单位主导型
管理模式	市场经济管理模式	计划经济管理模式

从表1-1中可以看出,现代物业管理与传统房屋管理的区别不仅仅在于是否是市场经济的产物,而在于其市场本质,它是为广大群众服务的,这种服务是以市场为导向的,而不是以前的单位或街道办、居委会的行政式、义务式或福利性的管理。

就收费来说,以前的房屋管理对使用人来说,表面看来是不收费或低收费的,实际上,对使用人的单位来说,还是要付出相当大的费用用于房屋的维修管理。这笔费用是单位的,也是属于该单位的各位职工的。因此,事实上,职工是已经支付了管理费用的。

就管理服务的内容来说,物业管理已远远地超过了过去计划经济体制下了房产管理部门只对房产进行单一管理的内容,不仅要维修保养好各类房产,而且要对房屋区域周围的环境、清洁卫生、安全保卫、公共绿地、道路养护等统一实施专业化管理。当然,物业管理已不再采用计划经济下房产管理所采用的行政管理方法和义务维修方式,而是一种知识面更宽、技术要求更高的综合性管理,是以经济为手段(有偿服务)、以法制为手段(契约合同)来推动物业管理工作的开展。从这个角度来说,一方面,物业管理肯定需要增加扫扫地、浇浇花、看看门等内容,另一方面,这些内容又不是为收费而特意增加的,当然有了这些内容,其收费也和其他管理服务的收费一样是自然的。

(2) 对老百姓来说,这个问题就是推行物业管理的价值问题。说到物业管理,许多人自然会联想到全天候24小时保安监控服务、到处花香鸟语的花园别墅。他们觉得花园别墅的管理才是物业管理,于是想当然地认为物业管理就是为有钱人服务的。其实不然,物业管理是在市场经济条件下,房屋(如住宅)产权多元化状况下必然出现的一种房屋管理的新体制。物业管理不仅仅适用于高档物业(住宅),而且也适用于广大工薪阶层所持有的普通物业(住宅)。

第一,物业管理的费用并非高不可攀。随着改革开放和社会主义市场经济体制的建立,特别是这几年我国经济的迅猛发展,我国的整体国力得到了大大的增强,大多数城市居民的收入水平也有了较大的提高。以北京为例,据有关资料显示,1995年北京市职工年平均工资为8144元,1996年为9579元,1998年为12205元,1999年为13778元,2000年为15726元,收入是明显上升的(扣除物价变动因素,也有一定程度的上升)。如按每户有职工两人计算,则年户均收入分别为16288元、19158元、24410元、27556元和31452元。而北京市的普通住宅小区物业管理费:多层普通住宅每户每年约为850元(其中住户交108元,产权人交742元。按建筑面积60平方米计);高层住宅每户每年则需交纳约1414元(其中住户交108元,产权人交1306元。按建筑面积60平方米计)。若由住户承担全部物业管理费用,则一套60平方米的多层住宅全年物业管理费只占到一个双职工家庭年均收入的4.9%,一套60平方米的高层住宅全年物业管理费只占到一个双职工家庭年均收入的8.1%。比较起来,居民对物业管理费还是有足够的经济承受能力的。

第二,对普通物业(住宅)的业主来说,推行物业管理能够为普通消费者提供良好的外部环境和优良服务。可以看到,那些尚未开展物业管理的旧小区,乱停乱放、乱搭乱建、破坏绿地、污水乱流等现象非常普遍,许多居民意见特别大,希望政府来管。而那些开展物业管理的小区,整个小区状况则是另一种景象,居民安居乐业,既能享受良好的外部环境,又能享受物业管理公司提供的优良服务。

(3)这个问题涉及我国物业管理的产生过程。

长期以来,我国的房地产管理基本上建立在住房福利制的基础上,是一种按产权分割管理、各自为政的体制,即公有房产由房管所代表国家实施管理(直管公房);单位房产由所属单位自管(自管公房);房地产开发企业售出的商品房有的由开发企业自管,有的则实行属地化,交由所在街道办事处管理。在这种情况下,不论是直管公房、自管公房或是街道办事处管理的小区和各类房屋,由于管理经费依赖国家财政补贴,因而都不同程度地存在着管理经费不足、管理机构不健全、管理工作不到位的问题,加之各地区存在"重建设、轻管理"的倾向,致使新建房屋在投入使用后不久便出现乱搭乱建、设备残缺不全、建筑老化破损、环境日趋恶化等情况,城镇的面貌遭到极大损坏。

另一方面,建筑物破损、环境质量下降、生活设施残缺等一系列问题的存在与蔓延,最终影响的是人们的精神生活,诸多的不便极易使人感到心情压抑、烦躁与不安,从而增加人们的工作与心理压力。同时,随着收入水平的提高,人们对生活质量的需求逐步上升,不仅要求物质生活方便、安逸、舒适,而且要求精神生活上轻松、丰富、多彩,无论身在何处,都需要有更多的触角伸向社会。而这一切都是行政型管理体制无法满足的,只有融管理与服务为一体的物业管理才能更好、更多地为人们提供各种服务。

这种情况下,广东深圳、广州率先借鉴香港及其他国家的经验,大胆改革原有房地产管理体制,促成我国社会化、专业化、企业化、经营型物业管理的真正诞生与发展。这种物业管理的雏形是住宅小区管理,以1981年3月10日最早成立的深圳市物业管理公司为标志。其后,1986年广州东华物业管理公司成立。

在这同时,政府部门对物业管理也给予了高度重视,1989年9月13日,建设部在大庆市召开了第一次"全国城市住宅小区管理工作会议"。会议首次提出和介绍了境外社会化、专业化、企业化、经营型的物业管理的新概念。

1993年3月26~30日,建设部房地产业司在广州、深圳召开了一次较高层次的全国物业管理专家研讨会。来自全国20多个城市的有关部门领导和专家,围绕着如何建立起符合我国国情的物业管理体制和发展方向,经过热烈的讨论和争论后取得了共识:我国必须走社会化、专业化、企业化、经营型的物业管理道路。这样,现代物业管理模式便开始在我国推广开来。

从以上过程可以看出,物业管理的产生有其必然性,它并不是国家为了解决就业而强行推动的。

当然,现代物业管理产生以后,客观上起到了一种解决就业的作用,但是,这种解决就业的途径也是社会各种就业途径的一种,我们不能孤立或特别地指出推行物业管理就是为了解决就业。目前,一些地方事实上也把推行物业管理当做解决就业的一种手段,在没有对一些下岗人员或待业人员进行适当培训的情况下,就让其进入物业管理行业,这其实对物业管理的社会地位确立以及物业管理的未来发展是非常不利的。

案例 2　就一个住宅小区来说,物业管理中的物业究竟指什么?

我是一个学工程的本科生,毕业后到物业公司工作。公司领导让我负责一个小区的物业管理工作,可我实在连物业的概念都不清楚。请问,就一个住宅小区来说,物业管理中的物业究竟指什么?

简要说明:

很多人认为,物业就是房子,或者物业就是建筑物,实际上,这是很不全面,甚至是错误的。比较受大家认可的物业概念是:物业是指已建成并投入使用的各类房屋及其与之相配套的设备、设施和场地。就一个住宅小区来说,物业管理中的物业,就是与该小区密切联系的房屋及相关设备、设施和场地。

详细评析:

物业一词原出于港澳及东南亚一带的地区和国家;英语为

"Estate"或"Property",其含义为"财产"、"资产"、"拥有物"、"房地产"等,是一个较为广义的范畴。而现实中所称的物业,应是物业的一种狭义范畴。物业一词自 20 世纪 80 年代从香港引入我国大陆,至今已近 20 年,但目前国内学术界、理论界及房地产业实际工作部门和人士对物业(狭义)的定义尚未形成一致的认识。从已出版的国内各类教材、报刊来看,对物业的理解不下十余种提法。

从物业的概念中可以看出,一个完整的物业,应至少包括以下几个部分:

(1)建筑物。包括房屋建筑、构筑物(如桥梁、水塔等)、道路、码头等。

(2)设备。指配套的专用机械、电气等设备。如电梯、空调、备用电源等。

(3)设施。指配套的公用管、线、路。如上下水管、消防、强电(供变电等)、弱电(通讯、信号网络等)、路灯,以及室外公建设施(如幼儿园、医院)等。

(4)场地。指开发待建或露天堆放货物之地,包括建筑地块、庭院、停车场等。

物业可大可小,可以是群体建筑物,如住宅小区;也可以是单体建筑物,如高层住宅、写字楼等。物业还可以分割,如大物业可以划分为小物业,住宅小区物业可以划分为几个小的单体住宅楼物业等。

国际上,物业是一个通用的习惯词汇,与房地产、不动产表达同一种含义。在我国,物业则有其约定俗成的内涵,即主要指进入消费领域的房地产产品,而不是我们通常所说的生产、流通、消费的整个过程中的房地产。从这个角度上看,物业与房地产是有区别的。

完整地把握物业的概念,需要注意以下两点:

第一,物业的主体是建筑物,辅助部分是配套的设备、设施与场地等。如果没有建筑物,而是单独的设备、设施或是单独的场地(如空地),就不能称其为物业,至少不能称其为物业管理中的物业。

第二,物业管理中的物业(适用于住宅小区)主要是物业的共同部位、共用设施设备、物业规划红线内的市政设施和附属建筑及附属配套服务设施。其中,建筑物共同部位主要包括楼盖、屋顶、梁、柱、内外墙体和基础等承重结构部位和外墙面、楼梯间、走廊通道、门厅、电梯厅等。房屋建筑共用设施设备包括共用的上下水管道、落水管、邮政信箱、垃圾道、烟囱、供电干线、共用照明、天线、中央空调、暖气干线、供暖锅炉房、高压水泵房、楼内消防设施设备、电梯等。物业规划红线内的市政设施和附属建筑包括:道路、室外上下水管道、化粪池、沟渠、池、井、绿化、室外泵房、自行车棚、停车场等。规划红线内的附属配套服务设施包括网球场、游泳池、商业网点等。

业主自用物业建筑物和自用设备通常不是物业管理的范畴,除非经过单独的委托,才能进入物业管理的范围。所谓自用物业建筑物部分和自用设备,是指户门以内的部位和设备,包括水、电、气户表以内的管线和自用阳台等。对于住宅,就是住宅的内部(不含公共部分);对于写字间,就是写字间的内部(不含公共部分)。

了解物业的概念和组成,对于搞好物业管理,处理物业管理的相关问题,以及参与物业管理市场等都具有重要的意义。

首先,对物业公司而言,弄清物业的概念及组成,就能全面地衡量自己将要或正要管理的物业的情况,从而作出管理或不管理的决定。另外,物业公司也能正确地行使自己的管理权利和义务,既不漏掉该管的部分,如停车场、庭院等;又不去管理不属于自己管理的部分,如业主自用房屋内部(除非业主特约)。同时,又可根据目前我国物业的管理情况,适时扩大自己的管理业务范围,增强自身竞争力,开拓自己的视野。

目前,不少物业公司在没有弄清自己所管物业范围的情况下,盲目地去进行管理。如有些业主并没有委托给物业公司,如房屋装修,物业公司却把它作为一件管理的重点和难点来抓,到头来不但没有收到业主为此支付的管理费用,而且还因管不好、管不了而引起业主的不满,惹了很多麻烦,甚至导致物业公司自身信誉的下降,实在是得不偿失的。

其次,对业主或使用人而言,了解物业的概念和组成,就能正确地看待物业公司的管理,放弃那种认为自己的物业只是建筑物本身(实际上,共用部分并非单个人所有),公共部分管理与己无关的错误观念,积极参与到物业的民主管理中来。同时,业主还能根据物业的组成情况,严格监督物业公司的管理活动。这样,就会减少物业管理的纠纷,如收费纠纷等,提高自己应该享受的物业管理服务的质量与效用水平。

案例3 社区管理与物业管理有什么关系?

我住在一个旧小区,以前本小区基本上由街道办(居委会)管理,前段时间推行物业管理,说是要由物业管理公司来负责,请问由街道办(居委会)管理和物业管理公司管理有什么不同?

简要说明:

这个问题涉及社区管理和物业管理有何区别问题。对于这个问题,仍然有不少人还不清楚。实际上,物业管理公司管理和街道办(居委会)管理的主要区别在于一个是企业管理,一个是政府或居民自治组织管理。管理主体的不同,带来了两者管理方面的重大区别。

详细评析:

所谓社区管理,是指为适应市场经济改革和社会体制转型,以街道办为主协调和组织各种团体,通过专门化分工和发动居民广泛开展互助活动,对一定地域内的居民的社会生活进行社会化、综合性的管理。

这样就比较容易理解社区管理与物业管理的区别了。

其一,两者的管理主体不同。物业管理主要是以物业公司为管理主体,而社区管理则是在街道办事处领导下的行政管理和在街道办组织引导下,社区有关单位和居民共同参加的综合管理。

其二,两者的管理核心不同。物业管理是一项以各类房屋、相关配套设备、设施及场地的使用、维修、养护为核心的管理;而社区管理主要是围绕着"人的居住"而实施的管理,其内容不仅包括人的居住,而且包括人们的计划生育、婚姻家庭、邻里关系、安置就业等方面的管理。

其三,两者的管理性质不同。物业管理主要通过经营性有偿服务实施,是一种经营行为。物业公司与业主、使用人的关系是平等的民事主体,彼此是委托与被委托,聘用与被聘用,服务与被服务的关系。而社区管理则主要以行政管理、互助管理等方式来实施。街道办与社区内各个团体及居民的关系是组织与被组织、指导与被指导、管理与被管理的关系。所以,由物业公司来管理小区时,居民会明显地感觉到比街道办或居委会来管理小区时交纳的费用多,同时物业公司提供的服务类型也比较丰富。

当然,物业管理与社区管理也有密切的关系。

首先,物业管理是社区管理的组成部分。社区管理是一个大系统,在这个大系统中,包含着社区文化管理、物业管理等众多子系统。作为社区管理的子系统,两者自然是整体与部分的关系。

其次,物业管理和社区管理又是相互影响、相互作用的。物业管理主要通过对人们思想、精神之外的外部环境的塑造,来促进人们的思想、精神、道德的升华。而社区管理则深入到了人们的精神生活,通过物业管理和人们精神世界的创建等多种途径来实现文明社区的建设。可以说,物业管理搞不好,社区管理同样不会搞好;而社区管理搞不好,物业管理的开展就会遇到这样或那样的障碍。或者说,本身就是物业管理没有搞好。

物业管理与社区管理的关系要求:(1)作为社区行政管理主体的街道办,要弄清自己的职责,放弃先前直接参与物业管理的做法,认真做好行政管理工作;(2)街道办要按照市场经济规则,对物业管理企业进行宏观的、间接的管理,即主要是支持、督促、监督和检查,并努力协调好物业管理企业同社区内业主、居委会等的关系。(3)街道办要督促、推动社区的一体化物业管理,并按照自己的职责对物业管理予以配合。

案例4　后勤服务集团的服务是不是就是物业管理?

最近,国家推行后勤管理社会化,不少高等学校纷纷建立自己的后勤服务集团,为学校师生服务。请问,后勤服务集团的服务是不是就是物业管理?

简要说明:

这个问题涉及后勤管理与后勤服务,后勤服务与物业管理的关系问题。一般说来,后勤管理有种行政管理的性质,而后勤服务则主要偏重于服务,它们之间有些交叉,但不等同。而后勤服务则有些类似于物业管理,但与物业管理又有一些不同。

详细评析:

(1)后勤管理不等同于后勤服务集团的服务。

目前,不少学校把原来的后勤管理部门分解成两个部分,即后勤管理处(科)和后勤服务集团。前者的主要职能是对学校的后勤事务进行管理,并监督后勤服务集团的服务等等;而后者的职能主要是向学校的师生提供诸如卫生清洁、安全保障、交通、医疗、饮食、洗浴、理发、打印、复印、传真、图书、娱乐等各种经营性服务。从收费方面来说,后勤管理是不直接向师生收费的,其管理费用从学校的教育经费中支出,而后勤服务集团则要向师生直接收费,甚至要向学校收取相关的服务费用,如房屋维修服务等。从单位性质上看,后勤管理部门是学校下属的、代表学校行使后勤管理职能的一个管理单位,是不实行独立核算的行政部门,而后勤服务集团则是一个自主经营、自负盈亏、独立核算、自我发展的企业单位,它靠提供服务和向学校、学校的师生收取费用来求取生存和发展的。

(2) 后勤服务与物业管理有相同点,也有不同点。

两者相同的方面主要是都有企业性质,都靠提供服务收取费用来维持生存、谋求发展。不同的方面可以用表1-2表示:

后勤服务与物业管理的不同 表1-2

项 目	后勤服务	物业管理
单位性质	学校等单位下属的企业单位	一般是社会化的单位
专业特长	主要是清洁、医疗、饮食、交通等	主要是保安、房屋及设备维修等
费用收取	通常比社会上的服务费低	通常是市场化的收费
业务来源	主要是系统或单位内部需求	主要到社会上去寻找
服务对象	主要是面向单位的员工	社会各单位、各物业
服务内容	针对性强,相对单一、层次雷同	针对性较弱,内容多样、层次不一

自然,当后勤服务事实上就是由单位聘请物业公司来提供,或者单位自行组建物业公司来进行时,物业管理和后勤服务又是合二为一的。另外,后勤服务和物业管理又是可以同时存在的,即单位的后勤事务一方面由单位下属的后勤服务集团提供,另一方面又委托物业公司提供(如房屋及设备维修等)。

从长远来看,后勤服务应该走向专业化的物业管理,也就是说,后勤服务集团是我国目前体制改革的一个暂时的现象或步骤,是一个缓解社会矛盾、解决单位人员流动的重要措施。

案例5 物业管理与写字楼、酒店等商业物业的管理有什么关系?

人们通常提到的物业管理一般是指对住宅社区的管理,而事实上,写字楼、酒店等物业同样需要,也正在接受管理,请问这些物业的管理与一般物业管理有什么关系?

简要说明：

物业管理从地域上看，管理面广，而且从管理对象上看，包括的范围也比较广，居住用房、办公用房、商业用房，甚至工厂、学校、机关用房及其配套设施等，都可以是物业管理的对象。也就是说，住宅小区的物业管理是物业管理，写字楼、酒店等物业的物业管理也是物业管理，只是由于具体物业对象的不同，而在管理的内容、范围、费用等方面有所不同。

详细评析：

首先需要说明的是，人们通常提到的物业管理一般是指住宅社区的管理，这并不意味着物业管理就等同于住宅社区的物业管理。我们可以说，物业管理包括住宅社区的物业管理、商业楼宇物业的管理以及其他物业的管理。商业楼宇包括写字楼、商场、酒店等。由于物业的不同，商业楼宇管理除有一般物业管理的共性外，还有其自身的特点。比如酒店，它不但是一种物业，更多的时候是代表一个企业存在的。这是与该物业的特殊使用功能和较低价值（相对于小区）密切相关的。

为了更清楚地看出和了解商业楼宇物业管理与住宅小区物业管理的关系，以表1-3作一简要比较。

商业楼宇物业管理与住宅小区物业管理的关系 表1-3

比较项目	住宅小区物业管理	商业楼宇物业管理（以写字楼为例）
物业	住宅建筑及配套设备、设施等	写字楼建筑及其配套设备、设施等
管理者	由全体业主选择	自己管理或聘请专业管理公司管理
产权归属	多元产权（多个小业主）	多为单一产权（若干大业主）
服务对象	众多小业主	众多租客和若干大业主
管理范围	主要是公共物业（大）	写字间内外部，主要是外部（较小）
服务内容	物业维修及为用户服务等	物业维修及为客户服务等
服务方向	主要为生活服务	主要为商业活动服务
管理性质	有偿服务	有偿服务
风险程度	风险低，但是微利	风险高、收入高

案例6 物业管理是第三产业吗？

人们对于房地产业是第三产业已不再怀疑，但对于物业管理也是第三产业，好像就有些不太明白了，请问，物业管理是第三产业吗？

简要说明：

根据费希尔(A.G.B.Fisher)的三次产业划分的理论，房地产业属于第三产业，物业管理同样也属于第三产业，是服务业，这是不容置疑的。弄清物业管理的产业性质，对于做好物业管理，发展物业管理行业具有十分重要的意义。

详细评析：

要回答以上问题，首先需要了解经济活动中的产业的划分。

1935年，新西兰奥塔哥大学教授费希尔(A.G.B.Fisher)鉴于当时关于第一产业、第二产业的分类并未穷尽全部经济活动的现实，而首先提出了"第三产业"的概念。他在其著作《安全与进步的冲突》一书中写道："综观世界经济史可以发现，人类生产活动的发展有三个阶段。在初级生产阶段上，生产活动主要以农业和畜牧业为主，……。第二阶段是以工业生产大规模的迅速发展为标志的，纺织、钢铁和其他制造业为就业和投资提供了广泛的机会，……。第三阶段开始于本世纪初，……大量的劳动和资本流入旅游、娱乐服务、文化艺术、教育、科学及政府活动等。"费希尔认为，处于初级阶段的生产产业为第一产业；处于第二阶段生产的产业为第二产业；处于第三阶段生产的产业就是第三产业。

费希尔关于三次产业分类的理论，很快被人们接受，从20世纪50年代后期开始，西方经济学界和资本主义各国的经济统计部门，普遍采用了三次产业分类方法。我国统计部门从1985年起也开始采用这种分类法。至今,三次产业分类法已成为国际通行的国民经济结构的重要分类法。

把费希尔关于三次产业分类的理论进行具体化,可以这么说,第一产业就是指那些直接依赖于自然资源的开发和利用,并且只能在自然资源所在地进行生产过程的行业。如农业、畜牧业、渔业、林业和采矿业。即作为广义的农业;第二产业是对第一产业初级产品进行再加工过程的行业,是第二层次上的生产活动,如制造业、建筑业等,人们称之为广义的工业;第三产业是以第一、第二产业产品为物质条件,生产非实物形态产品的行业,如商业、旅游业、交通、金融、保险、邮电、教育、文艺、房地产业等。第三产业意味着提供服务的产业,在很多场合又称之为服务产业。

房地产业属于第三产业,直接从事房地产管理和服务的物业管理公司,自然也属于第三产业。因为无论是物业管理公司所开展的综合管理服务,还是经营性的服务,既不是直接依赖于自然资源的开发和利用,并且只能在自然资源所在地进行生产过程的劳动,也不是对第一产业初级产品进行再加工过程的劳动,物业管理公司的管理服务是为他人的需要而提供的一种活劳动。物业管理是提供服务的产业,因而也就是第三产业。作为第三产业,物业管理公司的管理经营活动,享受国家对第三产业的政策优惠。

案例7 物业管理到底是管理还是服务?

某旧小区进行物业管理后,不少居民对物业管理公司的一些工作很不理解,比如,物业管理公司的管理人员不让业主把车停放在楼下门口,把小区原来的四个出口封闭了两个,不让居民把被子拿到小区内的空地上随地晾晒等等。对这些居民非常疑惑,不是说物业管理公司是我们聘请来为我们服务的吗?可物业管理公司为什么又处处管着我们业主?物业管理到底是管理还是服务?

简要说明：

对于物业管理是管理还是服务的看法，物业管理公司和业主的看法是不一致的。不少物业管理公司认为，物业管理就是管理；而相当多的业主则认为，业主请来物业管理公司，就是要他们来提供服务的，因而物业管理就是服务。我们认为，物业管理的实质是服务，但物业管理在服务中也不可避免地融入了管理。没有管理，谈不上服务。

详细评析：

要弄清以上问题，必须了解物业管理中的法律关系问题。

物业管理中一个很重要的法律关系是：业主和物业管理公司之间是聘用与被聘用、委托与被委托、服务与接受服务的关系，双方是平等的民事主体，法律上没有谁管理谁的问题。从理论上说，物业管理中所包含的法律关系的实体内容是特殊的，既有服务内容，又有管理内容。寓管理于服务之中，或者寓服务于管理之中，管理和服务融合在一起，不能分开。物业管理公司，虽然叫"管理公司"而不叫"服务公司"，并不能说明它是类似于政府的管理部门，它不能完全行使管理职能。同时，它所从事的工作，也不可能完全是服务性的。从实际情况看，物业管理工作既有打扫卫生、房屋与设备维修、绿化清洁等服务工作，也有住宅小区内的道路车辆管理、治安管理、制止破坏绿化的行为等具有管理性质的工作。因此，既不能将物业管理单纯理解为管理，也不能将它单纯理解为服务。

具体我们可以用物业管理产生与发展的相关理论来解释，这些理论主要是物业的多元产权理论和委托代理理论。

所谓物业的多元产权，简单地说，就是指物业的产权归众多小业主所有。物业的产权有三种存在形态：(1)专有部分，即单元套房内业主有权独立处分的空间，而不必征得其他业主的同意，其他业主也无权干涉。如非承重内隔墙、内设门窗等；(2)部分共有，是指某资源为一定范围内的人所共同所有和使用,如相互之间的连体墙、一栋楼的地基基础、楼梯等;(3)全体共有,以上两项除外的部分,如小区道路、绿化等。专有部分属于私人物品,部分共有和全体共有属于准公共物品,即属于集体产权性质。

所谓委托代理,是基于被代理人的委托而发生的代理关系。被代理人以委托的意思表示将代理权授予代理人。此种授予代理权的行为称为授权行为。它属于单方行为,仅凭被代理人一方授权的表示,代理人就取得代理权,故委托代理又称为意定代理。委托代理有两种情况:(1)单独代理。即代理权属于一人的代理。例如单个业主委托物业管理公司复印文件;(2)共同代理。即是指代理权属于两人以上的代理人的代理。如目前多个业主委托业主管理委员会选聘物业管理公司的代理。

随着经济体制改革的逐步推行,尤其是房屋制度的改革,住房商品化得以推广,尤其是1998年国家货币化分房政策的出台,国家逐步将存量公有住宅出售给原租赁户,使众多租赁者成为住宅物业的所有者。同时,新建商品房也基本为众多城市居民单户买走,形成了当前多元化的产权格局。

由于物业的不可分割(物质实体的分割)、整体性的特点和产权的多元化(尤其是产权的集体性质),使众多业主不可能自己单独进行管理,因为居民之间有本身利益与群体利益的冲突之处。例如,小区内道路,大家都希望保持整洁、畅通,但个别居民为了自己方便,可能将车乱停乱放,还有的为了一己私利,企图占用道路搭建违章建筑等。由于大家权利义务平等,谁也无权管理对方。也就是说,小区内存在许多公共事务(如治安管理、道路管理)的严肃现实,决定了单户的居民根本无法自行管理,而只能由另外一方,即代理人——物业管理公司来完成。

当然,在产权多元化的条件下,作为代理人,物业管理公司,也不可能由单户居民(业主)来委托。因为本位利益与群体利益的天然冲突特性,由单个业主选择物业管理公司及以平等地位分别与物业管理公司缔约,既不合理,也不具有可操作性。选择物业管公司及缔约的权利必须有组织地集体行使。这个集体形式,在我国就是由业主选举产生的业主管理委员会。

业主管理委员会是由业主(代表)选举产生的,代表大多数业主利益的自治性组织,其特点之一就是代表性,它代表大多数业主与物业管理公司缔结物业管理契约,双方之间的权利、义务是平等的,一旦契约在平等自愿的原则下通过友好协商的方式缔结,双方有遵守契约的义务,一方违约,守约方有权提请纠正,乃至追究违约方的违约责任。

由于业主管理委员会只是大多数业主的代表,而少数业主的利益通常会与之发生冲突,这种情况下,作为代理人的物业管理公司为了履行物业管理合同或契约,免受处罚,就必须在小区的环境、治安、车辆交通等方面对少数业主(违反物业管理合同或契约的行为)进行监督管理,这就让一些业主产生疑惑:物业管理公司到底是管理,还是服务?

当然,现实中确实有一些物业管理公司以管理者的身份自居,对业主指手画脚,不认真履行物业管理合同或契约,不过这种物业管理公司并不是我们所要讨论的情形。

综上所述,物业管理既是服务,又有管理,寓管理于服务之中,或者寓服务于管理之中,管理和服务融合在一起,不能分开。物业管理中的管理是为了服务而进行的,对少数业主的管理,本身就是对多数业主的服务。反过来说,要对多数业主服务,就必须对少数业主进行管理。否则,空谈管理或者服务都是不现实的,也是难以进行下去的。

案例8 社会上出现的清洁公司之类的专业公司就是物业管理专业化吗?

前段时间与朋友聊天,谈到物业管理专业化问题,一些朋友认为,现在社会上出现的清洁公司、保安公司、设备修理公司以及一些房屋维修专业公司,就是物业管理专业化。我觉得很有道理,可又拿不准,请问,这些专业公司的出现到底算不算物业管理专业化呢?

简要说明:
  物业管理专业化有其丰富的内涵。社会上清洁公司、保安公司、设备修理公司等等只是专项服务公司,它是某项工作的集约化表现。也可以说,这些公司的出现,是物业管理专业化的表现之一。也就是说,物业管理的专业化还包括其他许多内容。

详细评析:
  不少人对上述问题拿不准,主要是因为他们对物业管理专业化的含义不清楚。专业化是物业管理的一个特点,所谓物业管理专业化,是指从事物业管理工作的企业必须是符合现代企业制度而成立的公司。它必须要有专业人员的配备、有专门的管理工具和设备,有一整套工作程序和完备的规章管理制度,运用现代化管理科学和先进的维修养护技术,围绕物业开展管理与服务工作。具体来说,专业化主要包括:专门的机构、专门的人员、专门的设备、专门的技术、专门的标准、专门的工具、专门的作业、专门的训练、专门的管理措施、专门的工作程序和专门的术语等内容。其中,物业管理特别要求必须由专门的机构或企业来实施。而且,这些机构或企业必须具备一定的专业资质并达到一定的专业标准。另外,现代物业管理还要求有专业的人员配备,需要水暖、锅炉、五金、电梯、空调、保安、绿化、清洁、营销、财务等各方面的专业人员。
  社会上清洁公司、保安公司、设备修理公司等等只是专项服务公司,它是某项工作的集约化表现。也可以说,这些公司的出现,是物业管理专业化的表现之一。当然,物业管理的专业化并不仅仅如此,正如以上所述,物业管理专业化是有其丰富内涵的。而且从物业管理服务的内容看,它不仅包括公共服务,即住宅小区(大厦)内的房屋修缮、设备管理、环境卫生、绿化美化、消防治安等等,除此之外还有专项服务、特约服务等内容。上面所提到的清洁公司、保安公司、设备修理公司以及一些房屋维修专业公司，仅仅是物业管理专业化服务中的一个内容，也就是说，物业管理专业化包含了社会上为物业管理服务而成立的一些专项服务公司。

因此，从各个方面来看，那种认为清洁公司、保安公司、设备修理公司以及一些房屋维修专业公司就是物业管理专业化的看法，都是不准确的。

为了帮助更多人了解物业管理，这里向大家介绍物业管理的其余几个特点：

① 一体化。即一个完整的物业区域，它的房屋建筑，附属设备设施以及场地等应该交由一个物业管理机构或企业来实施统一管理，由这个机构或企业向业主、使用人提供全方位的服务。即是说，业主或使用人面对一个物业管理单位，就能解决物业使用过程中出现的各种问题，就可以满足生活工作中的多种需要。从而避免多头、多家互相扯皮的矛盾。

② 企业化。即从事物业管理的单位应该是一个具备独立法人地位的企业，拥有自己的财产，独立经营，自负盈亏，并以自己的名义享有民事权利和承担民事责任。企业化要求物业管理公司必须按照企业化模式来经营、组织、管理、服务和运作，从物业的规划设计开始，到入伙、租赁、装修、服务到各种费用的收缴上均应体现企业化的价值链。

③ 市场化。这是现代物业管理最主要的特点。市场化是指现代物业管理要按照市场经济的原则来运作，具体表现为：其一，业主、使用人花钱购买物业管理服务和物业管理公司提供这种服务并获得报酬完全是一种市场交换行为，是一种买卖关系；其二，业主和物业管理公司是一种委托与被委托，聘用与被聘用的法律关系；其三，物业管理实行有偿服务，各项取费标准由市场定价，国家只能根据大局需要进行适度调节；其四，允许物业管理公司获得合理利润，不人为限制物业管理公司对经济利益的追求；其五，物业管理服务将主要通过市场实现其价值和使用价值。物业管理公司要到市场中去，突破地域、辖区、部门、级别、系统和所有制的限

制,通过竞争来选择物业;同时,业主管理委员会也将放下一切包袱,到市场中去选聘理想的物业管理公司。

案例9 物业管理服务是商品吗?

最近我们小区要进行物业管理了,听人说物业管理服务是商品,享受这些商品就应该交费,可是我想不明白,物业管理服务真是商品吗?

简要说明:

物业管理服务是一种生产劳动,具有为他人生产的性质。而且,物业管理生产的目的是为了交换,即用服务换取货币(管理费)或劳动(代交费),这些方面都符合商品的属性。所以说,物业管理服务是一种商品,而绝不是一种福利品,它应该得到价值的补偿。

详细评析:

(1)物业管理服务确实是一种商品。这可以从以下方面来说明。

物业管理服务是一种生产劳动,具有生产性质。首先,就早期介入来说,物业公司早期介入人员需要参与物业规划设计、建设监理与竣工验收等工作,他们通常都从物业管理的角度就物业的开发建设、竣工验收等方面提出一些合理化建议,这些建议对物业的开发质量、工程质量等具有重要的价值和意义。可以说,物业公司的早期介入是房地产开发管理的一个重要组成部分,房地产的价值中应该包括物业公司早期介入的劳动成果。这就间接地说明了物业早期介入管理与服务的生产性质。其次,物业公司的日常管理服务也具有生产性质。物业在流通、消费的过程中,通常可能因受到各种自然、使用、生物、地理及灾害等因素的影响而不断损坏,为了全面或部分地恢复房屋失去的使用功能,防止、减少和控制其破损的发展,物业公司需要投入一定的人力、物力来加强房屋的技术管理,经常地、及时地对房屋进行维修养护。维修管理与服务本质上是一种物质生产活动,这是谁都不能否认的。另外,物业公司提供的保安、绿化与保洁等服务也提高了物业的使用价值与价值,其生产性质也是比较明显的。最后,物业公司为居民提供的多层次、全方位、综合性的经营服务,本身就需要交换,其生产性质和商品性质更是不容置疑的。

商品生产的共同特征是为他人生产。因此服务,进而物业管理服务从其产生的那天起就具有商品形式(尽管在某些时候体现的并不明显),就是一种特殊商品。服务劳动者创造服务,为他人提供服务,需要投入一定的体力、精力与资金(包括购买设备),而这些是需要在消耗的同时不断地补充的。如果只有投入,而没有回收或补充(获得报酬),服务就难以继续存在。只有将服务当作商品拿到市场中去与别人交换,获得同等程度的补偿,服务者才有可能继续提供服务和不断提高服务质量、增加服务品种。从这个角度上看,服务转化为商品也是一种必然。

(2)物业管理服务作为一种商品也同其他商品一样,同时具有价值和使用价值的二重性。

首先,物业管理服务以其自身的客观存在来满足消费者的安全、舒适、方便以及生存和发展的需要。也就是说,物业管理服务对消费者是有用的,而有用性就使其具有了使用价值。使用价值是物业管理服务商品的基本内容,同时也是社会物质财富的表现形式。物业管理服务的使用价值还有一个重要的功能,那就是当作物业管理服务交换价值的物质承担者,交换价值是价值的表现形式。物业管理服务这种商品的特殊功能主要表现在节约时间和提高效率上,它为一切消费物业管理服务这种商品的居民节约了生产时间、工作时间和休闲时间,并提高了他们的生产、工作和休闲效率。如果居民都自己(组织)为自己提供安全保障、清洁服务,自己完成自己所需要完成的一切工作,那么不仅影响了自己的正常工作,而且效率也是非常低下的(有时又是根本不可能的)。自我服务转变为社会化的物业管理服务,其根本原因就在于社会化的物业管理服务有更高的劳动效率和广泛的使用价值。

其次,物业管理服务也具有自身的价值。所谓价值,是指凝结在商品中的无差别的人类劳动。物业管理服务本身就是通过劳动才表现出来的。物业管理服务的价值是客观存在的,它的价值的客观性同其使用价值的客观性是同一问题的两个方面。

物业管理服务商品的使用价值依附于服务商品的"商品体"上,是服务商品的自然属性。而它的价值则是凝结在服务商品中的一般人类劳动,是服务商品的社会属性。价值的存在,使物业管理服务可以进入流通领域实现交换,并在同别的商品交换中体现出一种相互依存的社会关系,也可以说,服务价值代表了人们在生产活动中的关系。

物业管理服务商品的价值是通过服务商品的使用价值同其他使用价值相交换中的量的比例关系表现出来的。不论物业管理服务存在的形式如何,其价值都是由耗费在其中的一般劳动量来决定的。或者说,物业管理服务商品价值量的大小是由生产这一服务商品所需的社会必要劳动时间决定的。当然,它还取决于物业管理市场供需关系及物业管理市场的结构状况如何(如是否垄断,垄断的程度如何等等)。

案例 10　物业管理到底管些什么或有什么服务?

自从我们小区进行物业管理后,我家每月就要多交上百元的物业管理费,可我除看见多了保安、小区干净一些外,并没有发现物业公司还给我们提供了什么服务。请问,物业公司的管理到底管些什么或有些什么服务?

简要说明:

本案例中反映的问题,确实是一部分居民对物业管理不理解的重要原因之一。物业管理的内容当然很多,也比较杂。但是对于多数居民来说,物业管理所表现出来的,主要也就是保安及保洁服务。至于其他管理服务内容,多数居民很少接触,一般也是不会注意的。从另外一个角度来看,案例中反映的问题,也值得我们业内的有关人士深入思考。

详细评析:
　　物业管理的主要对象是住宅小区、综合办公楼、商业大厦、宾馆、厂房、仓库等。它的管理范围相当广泛,服务项目多层次多元化。总的来看,物业管理涉及经营与管理两大方面,包含服务与发展两大部分,涉及的工作内容比较繁琐复杂。归纳起来,可把物业管理的管理服务内容分为以下三个方面:
　　(1)基本管理与服务
　　基本管理与服务是指物业管理企业直接针对物业和所有业主的各项具体管理,有人把它称为公共管理服务。归纳起来,它一般包括八大管理:
　　① 房屋维修养护管理。主要内容包括房屋的质量管理、房屋维修施工管理和房屋修缮行政管理等等。对物业管理企业来讲,房屋维修管理主要指前两种。
　　② 房屋设备管理。主要包括给排水管理、电梯管理和供电管理三个部分。
　　③ 环境环卫管理。具体包括环境管理、环卫管理和绿化管理三个方面的内容。
　　④ 治安管理。主要通过值班、看守、巡逻等防止事故发生以及处理突发事件等等。
　　⑤ 供暖管理。包括燃料供应、锅炉操作、设备维修和用户管理等诸环节。
　　⑥ 消防管理。如消防设备的维护、保养与更新等等。
　　⑦ 装修管理。如对装修单位资格的管理、装修行为的管理等等。
　　⑧ 车辆交通管理。如机动车辆的进出和停放管理等。

(2) 综合经营管理与服务

综合性经营服务是一个全方位、多层次的服务,具体包括:

① 衣着方面。如洗衣(尤其是干洗)服务、制衣、补衣服务等。

② 饮食方面。如快餐盒饭、送饭服务;音乐茶坊;燃料供应及代送服务等。

③ 居住方面。如房屋看管;房屋装修;房屋清洁;搬家服务;物业租售代理等。

④ 行旅方面。如单车出租;组织旅游等。

⑤ 娱乐方面。如美容美发服务;组建棋牌社、读书社、桥牌俱乐部、影视歌舞厅、健身房、游泳池、网球场等并提供服务等。

⑥ 购物方面。如果菜供应服务;设立小商店,供应日用百货等。

⑦ 其他方面:如绿化工程服务;为业主或租户提供的代订代送牛奶、代送报纸杂志、代送病人就医、送药,代住户搞室内卫生、洗衣物、代雇保姆、代定购车船机票等等。

(3) 社区管理与服务

主要是协助街道办、居委会(家委会)进行社区精神文明建设等管理活动。如:组织和开展各种各样的活动,包括:"五好家庭"的评奖活动、见义勇为业主或租户颁奖活动、业主或租户义务植树、义务清洁活动等等。

住宅小区的一般家庭享受的管理服务主要就是第一种,即公共性的管理服务,这些服务中,保安和清洁卫生管理两项内容更是经常性的,一般的家庭都能感受得到,而其他的管理服务相对来说,要么面对的家庭面没有前面两项广,要么没有前面两项更具经常性,所以有些家庭没有感受到或注意到。尽管如此,这些管理服务是现实存在的,是需要花费人力、物力和财力的,因此,根据实际情况向住户收取一定的管理服务报酬也是正当的。

上述管理服务是从大的方面来说的,如果再从较小的角度来看,物业管理主要负责公共区域、公共场所、公共部分、公共物品的管理,涉及私人领域、私人场所、私有部分及私有物品,则需要相关业主另外委托。总的来看，上述管理服务范围是物业管理公司可以开展的管理服务工作，具体到某一个小区(楼宇)，到底提供哪些管理服务，什么范围的管理服务，还是物业管理公司和业主管理委员会或者单个业主协商后的事情。只有规定到合同或协议中的管理服务与管理范围，才是该小区的管理服务内容及管理范围。

案例 11　谁有权决定在这些场所设立广告牌？广告收益怎样处理？

最近我看到这样一个报道，说是一个公司购买了一套位于所在大厦顶层的写字间作为办公室，并已取得房地产产权证书。有一天，该公司发现，大厦的开发商与大厦物业管理公司的人员正在组织工人往楼顶上搭建一面巨大的广告牌。原来，开发商与物业公司同一家广告公司达成了协议，在该公司所在楼的楼顶上竖立广告牌，楼顶使用费由广告公司支付。对此我想到了以下问题：

(1) 写字楼或住宅楼楼顶所有权应该归谁所有？是开发商还是物业管理公司？

(2) 某开发商在出售顶层房屋时，合同中规定屋顶花园的所有权归顶层业主所有和使用，这个规定有效吗？如果该业主私自将屋顶改造成房屋自己使用，合法吗？

(3) 谁有权决定在楼顶或在楼的墙面设立广告牌或寻呼台天线？

(4) 在楼顶设立广告牌或寻呼台天线管理权是否归物业管理公司？

(5) 设立广告牌或寻呼台天线的收益应该归谁？或者如何分配与使用？顶层或直接相关业主是否应该得到更多的补偿呢？

简要说明：

分析本案例中的问题，其立脚点应该放在产权方面。产权是物业最根本的东西，拥有了产权，也就拥有了物业的相应的权利，包括收益权、处置权和经营管理权。另外,如若一个人(单位)的某种权利受到损害,他也就依法享有得到补偿的权利。

详细评析:

目前,上述问题应该说是大家所普遍关心的。其实这些问题很早就已经出现了,只是因为受传统的计划经济体制的影响,人们的权利意识还很薄弱。随着改革开放以及国家政策法规的逐步广泛宣传和深入人心,人们才慢慢发觉有这些问题。

(1)写字楼或住宅楼楼顶的所有权归属问题。

商品楼宇的屋顶产权到底应当归谁?有人说归开发商所有,或卖或赠均由开发商决定;有人说归顶层业主所有,可分割建私人屋顶花园;也有人说归物业管理公司所有,可以出租赚钱。其实,这些说法都不对,严格来说,屋顶产权应归这座楼宇的各个房屋产权人所共有。其原因主要有以下两点:

第一,从商品楼宇的成本和房价构成来看,购房者购买的商品楼宇,其价格构成中不仅包含了写字楼或住宅建筑本身的面积,也包括相应土地使用权和公共配套设施的面积。此楼房的每一位购房人,不管购买几层,在购买了一部分写字楼或一套住宅后,也就随之购买了此楼一定面积的土地使用权。毫无疑问,这些面积的土地使用权既在楼房之下,也在楼房四周,更在楼房顶部,所有购房人对该块土地共同享有土地使用权。开发商在销售此楼房时,已相应地把此套房的土地使用权也同时转让给了每套房的购买人。所以,楼宇屋顶的产权只能为此楼宇的每一位购房人所共有。

第二,从公摊面积角度来看。公摊建筑面积一般包括两大部分:一是电梯间、楼梯间、垃圾道、变电室、设备间、公共门厅和过道、地下室、值班警卫室以及其他功能上为整栋建筑服务的公共建筑物和管理用房的建筑面积;二是套(单元)与公用建筑空间之间的分隔墙以及外墙(包括山墙)墙体水平投影面积的一半。但并不是所有上述内容都能够作为公摊建筑面积。凡已作为独立使用空间销售或出租的地下室、车棚等,不应计入公用建筑面积部分。作为人防工程的地下室也不计入公用建筑面积。最终需要公摊的公用建筑面积扣除整栋建筑物各套(单元)内建筑面积之和,并扣除已作为独立使用空间销售或出租的地下室、车棚、人防工程等建筑面积后的剩余面积,其价款可以摊入购房价款中。其他公共建筑部分不计入公摊面积,其成本也不计入购房价格中。建设部1995年9月8日印发的《商品房销售面积计算及公用建筑面积分摊规则》(试行)规定,如果商品房是按"套"或"单元"出售,其销售面积即为购买者所购套内或单元内的建筑面积(以下简称套内建筑面积)与应分摊的公用建筑面积之和。也就是说,公摊建筑是计入建筑成本与购房价格中的。购房者按照商品房的价格支付了公摊建筑面积的价款,毫无疑问应享有这部分公摊建筑面积的产权。但因为每一位购房者都承担了相应的公摊建筑面积价款,所以,他们按照一定比例对公摊建筑面积享有产权,即对公摊建筑享有按份共有权。

(2) 开发商的售房合同是否有效?业主私自将屋顶改造成房屋自己使用,可以吗?

上面我们已经论证过,写字楼或住宅的屋顶所有权属于全体业主。尽管从现象上看,楼房的屋顶是顶层业主的房间顶棚,直接为顶层住户起到隔热、挡风、保温和承载雨雪等作用。但顶层并非顶层业主的专有财产,顶层实际上是在为整个楼房的住户服务。建设部第5条令《城市房产毗连房屋管理规定》第6条规定:"所有人和使用人对共有、共用的门厅、阳台、屋面等,应共同合理使用并承担相应的义务;除另有约定外,任何一方不得多占、独占。"楼宇的屋顶是楼宇总体的一部分,没有楼宇,也就谈不上屋顶。因此,每位购房者对公摊建筑享有一种按份共有的共有权。但这种共有权又是一种从属权利,房屋作为不动产,其产权是一种特殊物权,必须经房地产管理部门登记认可。而楼宇屋顶的物权是附属于房屋产权的从属权利,显然是不可能,也是无法单独办理屋顶产权的。

现在,有一些开发商在出售顶层房屋时,把屋顶花园卖给顶层住户,或为了促销,而在合同中规定把屋顶花园赠给顶层住户,规定屋顶花园的所有权归顶层业主所有和使用,这显然是侵犯了其他住户的相邻权,实际上也违反了国家的有关法律法规,理所当然,所签订的购房合同中的这一规定是无效的。

还有一种情况,就是尽管开发商没有什么承诺,顶层业主购房后还是私自将顶层的平台或屋顶改造成房屋供自己使用,这种做法违反了国家《城市房产毗连房屋管理规定》的规定,也破坏了有关部门审定的建筑规划(容积率、建筑面积等),实际中也侵犯了其他业主的利益,既是不合法的,也是不合理的。如果其他业主投诉,则该顶层业主将必须拆除违章建筑,恢复购置时的原状。

(3) 谁有权决定在楼顶(或在楼的墙面)设立广告牌或寻呼台天线?

首先,设立、安装广告牌或寻呼台天线是商业经营行为,同时还可能影响到城市市容,因此,必须首先经过工商、市容等部门的批准。如果不经过这些部门的同意与批准,是绝对不可以的。

其次,在工商、市容部门同意和批准的情况下,谁有权利决定在楼顶或墙面设立广告牌或寻呼台天线,关键看谁是楼顶或墙面的所有权人或者其代表人。房屋(屋顶或墙面)产权,即所有权包括占有、使用、收益、处分等权能。这四项权能只能由所有权人行使或由所有权人授权他人行使。在共有情形下,应由共有人共同行使,其他任何人无权干涉。如果部分共有人在未得到其他共有人的同意或追认、非共有人未得到共有人的事先许可或事后追认而擅自行使占有、使用、收益、处分等权能,就构成了对所有权人所有权的侵害。

在上述分析的基础上,这里有两种情况:

第一,在写字楼或住宅楼没有售出 50% 时,因为开发商是拥有 50% 以上产权的大业主,因此有权决定在屋顶或墙面设置广告牌,当然不得影响或损坏其他业主的利益。

第二,在写字楼或住宅楼已经售出 50% 或以上时,开发商或广告商或物业管理公司要在楼房顶层面或墙面上搭建广告牌或寻呼台天线,则应由此楼房业主组成的业主委员会作出决定,并可委托物业管理公司具体操作;在楼房尚未成立业委会的状况下,开发商可征得所有共有人的同意。如达不成一致意见,可按照各自拥有的共有权份额进行表决,按照拥有共有权份额一半以上的共有人决定办理,但不得损害其他共有人的权益。

(4)在楼顶设立广告牌或寻呼台天线管理权是否归物业管理公司?

管理权实际上是法律上所有权的一个构成部分,实行物业管理后,管理权就和所有权发生了分离,由开发商或业主委员会授予给了物业管理公司,物业管理公司作为写字楼或住宅楼的统一管理者,当然有权对写字楼或住宅楼进行管理,包括对在写字楼或住宅楼屋顶设立广告牌的行为进行管理,有权要求广告发布人发布广告符合写字楼或住宅小区的统一规划,不影响写字楼或住宅小区的外观形象,不至损害其他业主或使用人的权益等等。当然,由于这里面涉及广告牌或寻呼台发射天线使用楼面的使用费用问题,因此,物业管理公司在对这些行为进行管理时,要时刻注意与业主管理委员会商议,在这个前提下,才能保证管理的顺利进行,避免出现各种纠纷。

关于管理权与所有权分离的话题,我们还将在下一章详细讨论。

(5)设立广告牌或寻呼台天线的收益应该归谁?或者如何分配与使用?顶层或直接相关业主是否应该得到更多的补偿呢?

在楼顶上搭建广告牌及设置寻呼台天线,或在楼房外墙的四周涂刷广告语,这样的行为,都是对楼顶、毗连墙体等公共建筑的使用。而允许他人使用这样的公共建筑并因此得到报酬,完全是合理合法的行为。但由于广告牌等的使用收益属于此楼房共有人共有财产产生的收益,自然应当属于此楼房全体共有人所有,或是分配给全体共有人,也可以用于为共有人服务的公益事业,也可以用于物业管理公司为共有人开展的公益服务,以及用于弥补经产权人代表组成的业主管理委员会同意减免的物业管理服务收费,其他任何人、任何共有人不能单独占有。在现实中,由于划分共有产权份额比较困难,而且把设置广告牌等带来的收益直接分给写字楼或住宅楼的业主,其价值与把这些收益用于物业管理公司开展的公益服务花费以及间接减轻业主交纳管理费的负担等相比而言并不大,所以,在实践中,可能不会把这些收益每户几角几角地分配下去。

另外,由于顶层设置广告牌等会给顶层业主带来直接的更大的可能损害,如安装时的噪声,安装之后检修时的干扰,以及万一安装有问题带来的风险(漏雨、坍塌等)等等,因此,从这个角度看,设立广告牌等得到的收益,应该给顶层或直接相关的业主以更多的适当补偿,这样做才是合理的。当然,这是没有法律规定的,关键要看共有人如何协商制定。

附:

上海市关于利用物业设置广告等经营性设施的规定。

利用物业设置广告等经营性设施的,应当在征得相关业主、使用人和业主委员会的书面同意后,方可向有关行政管理部门办理审批手续;经批准的,应当与业主委员会签订协议,并支付设置费用。

按照前款规定收取的经营性设施费用应当纳入物业维修基金。

利用物业设置的公益性设施,按照市人民政府的有关规定执行。

违反上述规定的,由区、县房地产管理部门责令其限期改正、恢复原状,可以并处一千元以上一万元以下的罚款。

案例12 这些物业管理用房的所有权到底属于谁?

某开发公司在进行住宅小区开发的过程中,考虑到住户有就近停车的习惯,就把原规划中的自行车棚分散建造于该住宅小区的其他部位,而在原应建造自行车棚的部位建造了物业管理服务用房。目前,该建设已经规划部门批准并建造完毕,问题是一部分业主认为该物业管理用房侵犯了业主的权益,其所有权应该归全体业主所有,该观点对吗?

简要说明:

通常,房产权是依附于地产权的。由于我国城市土地的所有权属于国家,所以,拥有了土地的使用权,也就拥有了房屋所有权。土地的使用权也是一个立体的概念,上例已经有所反映,本案例同样涉及这方面的问题。

详细评析:

一般情况下,住宅小区的土地使用权应属于该住宅小区的全体住户,即是说,全体住户购买了整个小区的住宅房屋时,实际上也获得了整个住宅小区的土地使用权,房地产开发公司在(使用权)属于全体业主的土地上建设物业管理用房,等于侵占了业主的土地使用权,因此,开发商要么需为此给全体业主以一定的土地使用补偿费用,从而获得物业管理服务用房的所有权;要么把物业管理用房以房屋建造成本价格转让给全体业主所有。

第二章 业主与业主(代表)大会

案例13 买房但尚未取得产权证,我是业主吗?

我们小区在准备召开业主代表大会核定业主代表时,一些工作人员对我的代表资格存有异议,认为房子虽然可能事实上是我买的,但我没有取得房产证,没有证据证明我就是业主,请问,买房暂时尚没有取得产权证,我就还不能被称为业主吗?

简要说明:

在小区召开业主(代表)大会时,是否是业主,往往决定着某个人能否参加该大会,甚至能否成为小区业主管理委员会的委员的关键。但由于相关法律法规没有详细规定,导致在实际操作中经常出现这样那样的疑问。作为实际工作部门,遇到这种情况就不能死搬法律法规,而要根据法律法规的立法精神,来确定具体的业主身份。

详细评析:

这个案例实际上涉及业主的概念问题。我们先来看一看什么是业主和使用人?

所谓业主,简单地说,就是指某区域物业(房屋及相关设备设施和场地)的所有权人。具体来讲,业主是指在城市房屋土地管理机关登记注册,且现有记录表明其拥有某大厦或某房屋建筑所占房地中一份不可分割的土地房产业权的单位或个人(产权证上的著名人),以及享有此份业权的注册受抵押人。对于期房买卖合约的买方,严格来说,只有等到所购物业进行契证登记后,才能成为法律上的业主。但一般情况下,如果有经过政府房地产管理部门监证及公证机关公证的房地产预售合同或买卖合同的买主,亦可视为业主。也就是说,这里的业主是狭义的物业业主,它并不包括一般意义上的广义业主的内涵。某个物业的业主可以是一个单位或个人,也可以有共同的所有人,即可以有多个单位或者个人。

所谓使用人,简单地说,就是指物业的使用权拥有人,我们一般称他为租用人、租客(户)或者住户。使用人可以是业主,也可以是业主以外的单位或个人。当业主不但拥有,而且事实上也使用着房屋物业时,他就是使用人。现阶段商品住宅的大多数业主同时也是使用人(所购商品住宅用于自住而非出租的情形)。相对于业主而言,使用人的数量总体上要多得多。

业主和使用人的构成比较复杂,目前来看,一般由两部分构成,即法人团体和住户。其中,法人团体包括企业、事业单位和社会团体等;住户包括本市住户和外地住户、业主型住户和只拥有使用权的使用型住户、外国籍和本国籍住户以及高收入住户、中等收入住户、工薪阶层和低收入住户等。

弄清楚概念以后,我们再回过头来,分析一下你到底是不是该小区业主的问题。很明显,因为办理产权证需要一些时间,你一时尚没有取得产权证,也是很正常的。当然,从法律的意义上说,你还不是业主,但如果你能提供经过政府房地产管理部门监证及公证机关公证的房地产预售合同或买卖合同,该合同上的买主的名字是你的,你也就应该被认定为业主,从而可以顺理成章地去参加业主代表大会。反之,如果合同上买主的名字是你的配偶、子女或者其他人的话,那你就不是业主了,尽管你也实际上在该房屋中居住与生活,也只能说你是使用人。

案例 14 不是业主就不能参加业主代表大会吗?

某小区在准备召开业主代表大会核定业主代表时,工作人员对一位老太太存有异议,认为她不是小区的业主,不能参加业主大会。事后了解,原来这个老太太是本小区某业主的岳母,该业主认为,自己的岳母退休在家,身体也不错,平时又热心,而自己平时工作忙,由岳母代表自己参加业主代表大会,甚至参加业主管理委员会,是完全可以的。请问,不是业主就不能参加业主代表大会吗?

简要说明:

该案例涉及参加业主代表大会的资格及如何参加的问题。由于我国各个城市推行物业管理的具体情况不同,所以在各地的相关法律法规中规定的也不尽相同。分析这类案例,关键要看如何保护业主的利益,考虑如何促进社会稳定等方面。

详细评析:

(1) 哪些人可以参加业主代表大会?

业主大会由全体业主组成,当业主人数较多时,可以按比例推选业主代表,组成业主代表大会。业主大会或业主代表大会是行使业主自治管理权、决定物业重大管理事项的重要组织形式和最高权力机构。

由上述概念可知,业主是业主大会或业主代表大会的惟一组成成分,业主参加业主(代表)大会既是合情合理,又是合乎法律规定的。当然,这并不是说,业主(代表)大会只能是业主才能出席,其他人就没有出席的权力和可能,事实上,由于各种原因,真正的业主可能暂时无法出席,或者不便出席,比如出差、生病等,而业主的权力又需要行使,这种情况下,业主的亲属包括其父母、子女、爱人等(可能是,也可能不是物业的使用人),以及物业的租户,在完成一定的法律手续后,都有资格代替业主参加业主(代表)大会。

(2) 非业主如何参加业主(代表)大会?

上面已经说过,非业主在完成一定的法律手续后,都有资格代替业主参加业主(代表)大会,这个法律手续就是有业主的书面委托,无业主书面委托而参加业主大会的非业主参加人将被视为无效的参加人。不过,有时为了加强租户对业主活动情况的了解,大多数业主同意租户列席会议时,租户就可以以第三人身份旁听,并将自己对大会有关事宜的意见私下与业主交换。需要注意与说明的是,为便于大会组织者核对委托人及被委托人身份,委托双方至少应在开会前48小时将委托函及有关身份证明文件送交大会。

非业主参加业主(代表)大会,其直接的权力来源于业主,非业主代表的就是委托他(她)的业主。也就是说,业主的权力通过委托部分转移给了非业主,这样,非业主只能拥有业主的部分权力,主要就是发言权和投票权,在业主大会上,受委托的非业主代表可以就物业管理问题发表意见,并代表业主对业主大会的决议进行投票。

但非业主代表本人没有被选举权,不能成为业主委员会候选人参选业主委员会委员,业主委员会成员是一种基于身份的权利、不具有可转让性,所以业主只能委托其亲属或其他人以自己的名义出席业主大会,代自己行使有关权利,而不能以被委托人本人的名义参选业主委员会委员。即使业主将此种权利明确委托给他人,也不具有法律效力。

案例15 未满18岁的业主能否参加业主(代表)大会?有没有选举与被选举权?

某大厦(楼宇)成立业主委员会过程中,在核定产权人出席会议参加投票时,发现产权人是一位17岁的孩子,经过了解才知道,父母考虑自己年岁已高,购买的房产迟早都要留给孩子的,让孩子作为产权人,可免除以后缴遗产税等繁琐之事。请问,17岁的孩子能否参加业主(代表)大会?他(她)有没有选举与被选举权呢?

简要说明:

该案例涉及小区居民当选业主委员会委员的资格问题,遇到这类问题,我们不仅要从业主的角度考虑,也应按照民法来分析公民的民事权利,从而判断出该居民是否有能参加业主委员会,是否能参选。

详细评析：

这些问题涉及了公民的民事权利能力和民事行为能力的问题。按照我国民法通则有关条例来看,公民的民事行为能力通常包括以下内容:即公民以自己的行为获得民事权利、承担民事义务的能力,以及公民以自己行为获得处分其财产的能力和承担财产的责任的能力,由于受年龄、智力、精神状态等限制,民事行为能力通常分为完全民事行为能力、无民事行为能力和限制民事行为能力三种情况。

(1) 完全民事行为能力

是指达到法定成年年龄的公民。通常18岁以上的公民是成年人,具有完全民事行为能力,可以独立进行民事活动,是完全民事行为能力人。

另外,十六周岁以上不满十八周岁的公民,以自己的劳动收入为主要生活来源的,视为完全民事行为能力人。

(2) 无民事行为能力

是指不具有以自己行为取得民事权利、承担民事义务的资格。不满10岁的未成年人或虽已达成年而完全不能辨认自己行为的精神病人是无民事行为能力人,他们的民事活动由其法定代理人代理。

(3) 限制民事行为能力

是指具有部分民事行为能力。10周岁以上不满18周岁的未成年人是限制民事行为能力人,可以进行与其年龄、智力相适应的民事活动,其他民事活动要由法定代理人代理。

此外,不能完全辨认自己行为的精神病人也是限制民事行为能力的人,可以进行与他的精神健康状况相适应的民事活动;其他民事活动由他的法定代理人代理,或者征得他的法定代理人的同意。

该业主不满18周岁,一般来说,应该属于第三种限制民事行为能力,其民事活动要由其法定代理人代理,即由其监护人(父母)作为代表参加业主(代表)大会,并参加投票,该17岁的业主本人不能参加业主(代表)大会,也没有直接的选举与被选举权。当然,如果该业主已经没有上学,而是以自己的劳动收入为主要生活来源,则可视为完全民事行为能力的人。

附:

《中华人民共和国民法通则》摘录。

第二章　公民(自然人)

第一节　民事权利能力和民事行为能力

第九条　公民从出生时起到死亡时止,具有民事权利能力,依法享有民事权利,承担民事义务。

第十条　公民的民事权利能力一律平等。

第十一条　十八周岁以上的公民是成年人,具有完全民事行为能力,可以独立进行民事活动,是完全民事行为能力人。

十六周岁以上不满十八周岁的公民,以自己的劳动收入为主要生活来源的,视为完全民事行为能力人。

第十二条　十周岁以上的未成年人是限制民事行为能力人,可以进行与他的年龄、智力相适应的民事活动;其他民事活动由他的法定代理人代理,或者征得他的法定代理人的同意。

不满十周岁的未成年人是无民事行为能力人,由他的法定代理人代理民事活动。

第十三条　不能辨认自己行为的精神病人是无民事行为能力人,由他的法定代理人代理民事活动。

不能完全辨认自己行为的精神病人是限制民事行为能力人,可以进行与他的精神健康状况相适应的民事活动;其他民事活动由他的法定代理人代理,或者征得他的法定代理人的同意。

第十四条　无民事行为能力人、限制民事行为能力人的监护人是他的法定代理人。

第十五条　公民以他的户籍所在地的居住地为住所,经常居住地与住所不一致的,经常居住地视为住所。

第二节　监护

第十六条　未成年人的父母是未成年人的监护人。

未成年人的父母已经死亡或者没有监护能力的,由下列人员中有监护能力的人担任监护人:

(一)祖父母、外祖父母;

(二)兄、姐;

(三)关系密切的其他亲属、朋友愿意承担监护责任,经未成年人的父、母的所在单位或者未成年人住所地的居民委员会、村民委员会同意的。

对担任监护人有争议的,由未成年人的父、母的所在单位或者未成年人住所地的居民委员会、村民委员会在近亲属中指定。对指定不服提起诉讼的,由人民法院裁决。

没有第一款、第二款规定的监护人的,由未成年人的父、母的所在单位或者未成年人住所地的居民委员会、村民委员会或者民政部门担任监护人。

第十七条　无民事行为能力或者限制民事行为能力的精神病人,由下列人员担任监护人:

(一)配偶;

(二)父母;

(三)成年子女;

(四)其他近亲属;

(五)关系密切的其他亲属、朋友愿意承担监护责任,经精神病人的所在单位或者住所地的居民委员会、村民委员会同意的。

对担任监护人有争议的,由精神病人的所在单位或者住所地的居民委员会、村民委员会在近亲属中指定。对指定不服提起诉讼的,由人民法院裁决。

没有第一款规定的监护人的,由精神病人的所在单位或者住所地的居民委员会、村民委员会或者民政部门担任监护人。

第十八条　监护人应当履行监护职责,保护被监护人的人身、财产及其他合法权益,除为被监护人的利益外,不得处理被监护人的财产。

监护人依法履行监护的权利,受法律保护。

监护人不履行监护职责或者侵害被监护人的合法权益的,应当承担责任;给被监护人造成财产损失的,应当赔偿损失。人民法院可以根据有关人员或者有关单位的申请,撤销监护人的资格。

第十九条 精神病人的利害关系人,可以向人民法院申请宣告精神病人为无民事行为能力人或者限制民事行为能力人。

被人民法院宣告为无民事行为能力人或者限制民事行为能力人的,根据他健康恢复的状况,经本人或者利害关系人申请,人民法院可以宣告他为限制民事行为能力人或者完全民事行为能力人。

案例16 物业交给物业管理公司管理后,业主除房屋产权外,就没有其他权利了吗?

我们小区已经开始物业管理了。在讨论物业管理问题时,一些业主(使用人)坚持认为,住宅小区(大厦)交给物业管理公司管理之后,除了产权归自己以外,业主再没有其他权利了。请问这种观点对吗?

简要说明:

关于业主对房屋所有权利的问题,我们要从产权理论的角度来分析此类问题,业主应当明白,物业管理公司只是受开发商或业主委员会委托来帮助管理好物业,是代业主行使管理权利,为业主服务,业主只是暂时没有了管理权,但还拥有产权等其他权利。

详细评析:

这种说法不准确。说它对,是因为如果单纯从财产权利来看,业主事实上也就只是拥有房地产的产权,但如果从说这句话的一些业主的意思来看,又是不对的,因为小区或大厦交给物业管理公司后,业主所享有的权利不仅仅是产权,而且可能又增加了一些新的权利,比如享受物业管理公司提供的管理服务的权利、对物业管理公司工作的监督权、批评权、建议权等等,当然,这些权利归根结底还是源于业主的产权,即是说,如果业主没有产权(事实上此时也已不是业主了),那他就不一定能享受到物业管理提供的管理服务了。

为了说明上述观点,我们还可以来看看产权理论。

产权一词,在英文里是一个复合名词:property－rights,意味着对特定财产完整的产权,不是单项的权利,而是一组(a bundle)权利或一个权利体系。它是凭借财产所获得的各种权利的总和。一般认为,产权有广义、狭义、中义之分。广义之产权,系指财产权的简称;狭义之产权,单指所有权;中义之产权,介于两者之间。

产权是指经济发展到一定阶段的产物,并随商品经济的发展而发展。最初的物业产权,只是表明房屋财产归谁所有的问题。随着经济的发展,产生了所有权与使用权的相对分离,从而派生出多种产权关系。产权的实质表明了财产归属、收益与处分的法律关系。它可以分为物权和他物权两大方面。

物权,即房地产权利主体对物直接管理和支配,并排除他人干涉的民事权利。直接支配,是指权利人对物行使权力,不需第三人的介入。具有排他性,则是指在同一物体上,又可有同一内容的两物权并存,但多数人不妨同时享有一个内容相同的物权,即"共有"。物权属于财产权,它一般包括以下权利:

① 所有权:物权的一种,是房地产所有者依法对所有物占有、使用、收益与处分,并排除他人干涉的权利。就范围来说,所有权包括土地所有权和建筑物所有权。土地所有权除法令限制外,在行使时及于土地上下;建筑物所有权及于构造物或工作物全部。

② 占有权:是表明房地产权利主体依法对房地产具有的排他性的管理与控制的权利。占有权是其他项权能的基础。房地产占有权由所有人行使,也可以根据法律、行政命令或依照所有人的意

志,由非所有权人行使。凡由非所有权人行使的房地产占有权,如果属于合法占有,则都要受法律的保护,所有人不能请求返还。

③ 使用权:是表明房地产权利主体按照房地产的性能进行有效利用以实现房地产使用价值的权利。使用权以占有权为前提,又是占有权发挥实际效能的中心环节。使用必须保证几个方面:第一,必须按照房地产本身的自然属性和经济性能进行利用;第二,不改变也无损于房地产的本质;第三,不损害公共利益和他人的合法权益。房地产所有人对房地产所有权加以使用,但是,非所有人在依法占有房地产的条件下,必须根据法律和合同的规定行使使用权,并且要按照规定用途使用。

④ 收益权:是表明房地产权利主体因前两次权能的存在而取得经济收益的权利。这种收益的根源在于使用权的行使。收益权是占有权、使用权的经济实现形式。

⑤ 处分权:是房地产权利主体对房屋在法律上事实上最终处置的权利,决定着房屋的社会流动、存在状态乃至最终命运。它包括出售、出租、赠与、出典、抵押、继承等。处分权一般由所有人行使,但也可由所有者依法授权,让使用者对房地产行使部分处分权。如房屋使用人可以将房屋进行转租等。

他物权,是指与所有权相对应的,依附于他人所有的房地产上的,对所有权具有一定限制作用的权利,故也称限制性物权,主要有用益物权、担保物权、使用经营权等。

① 用益物权:是以他人房地产的使用与收益为对象设立的物权,是房地产所有权的有条件的分割。它可分为两种情况:其一是通过契约关系取得的用益物权,如租赁、典当权;其二是客观环境形成的用益物权,如通行权,外排水地役权等。

② 担保物权:是指与债务关系相连的为承担债务责任而用房地产作为担保物设置的权利,主要有抵押权和留置权。

③ 使用经营权:是指物业所有权与使用经营权相分离而出现的权利,如房产承租人、承包人使用、经营房产的权利。

他物权是对应所有权而派生的权属关系。他物权人不是所有者,而是利用所有者物业的权利,由所有权与使用经营权相分离而产生,或由特定环境原因而出现,在物业权属关系中居于第二层次的地位。

从产权理论的描述和介绍中,我们已经知道,实际上,产权是一个比较复杂的权利束,而不仅仅是一种单一的"产权"。

实际上,小区或大厦交由物业管理公司后,物业管理公司也只是受开发商或业主委员会委托来帮助管理好物业,并为业主服务,业主只是暂时没有了管理权,但还拥有产权的其他权利,所以可以据此享受相应的具体的权利,大致包括以下五大方面:

① 核验权,核验权即业主在入住之后有权对居住的实际情况与购房合同及开发商的承诺进行核对或重新检验,如果出现不符,可以根据合同或有关法律主张权利。

② 专有部分所有权,专有部分即业主自己单独享有的或者说私人享有的那一部分,即一个单元中户门以内的空间。专有所有权就是业主自己单独拥有的权利,不与他人分享的权利。它具体包括对专有部分的所有权和对相邻部分的使用权。其中,对专有部分的所有权:即业主对专有部分依法享有充分自由的占有、使用、收益和处分的权利。例如:依法享有合理使用房屋的共用设施(楼梯、通道、电梯、上下管道、阳台、消防设备等)和住宅小区公用设施和公共场所的权利;有权自己或聘请他人对房屋自用部位的各种管道、电线、水箱等设施进行合法维修养护等等。相邻使用权即业主为了正当合理地使用自己的专有部分而请求使用其他业主的专有部分或公用部分的权利。比如:为了修复自己漏水的天花板,该业主可以利用楼上业主的地板,楼上业主不得拒绝,等等。

③ 共有部分所有权,共有部分就是全部业主或部分业主都有权利的部分,分为法定共有部分和约定共有部分。法定共有部分是由国家法律直接规定的,一般指楼房的基本构造部分、附属建筑物和附属设备等,约定共有部分则是由合同契约或公约约定的属业主所有的部分,比如:室外车库、庭园、配套商业设施等。共有所有权具体包括:(1)对共有部分的使用权,即对于共有部分,业主可

43

以合理地善意地使用。(2)收益权,即业主对所有的公建配套设施的经营、出租等盈利性收入有收益的权利,只不过这种收益的权利一般应由业主管理委员会代为行使。

④ 成员权,由于楼房的特殊构造,其权利归属及使用上不能分离,业主之间形成共同关系,并通过一定的组织来使用、收益处分自己的物业的权利,因而作为一个组织的成员形成成员权。具体可以归纳为以下方面。

参会权:有权参加小区(大厦)召开的业主(代表)大会。

表决权:业主参加业主(代表)大会,对大会讨论的事项享有投票权、表决权。

制规权:即参加业主(代表)大会,参与制订和修改公约、管理规则等的权利。

选举与被选举权:即参加业主(代表)大会,选举业主管理委员会成员,或者有权作为成员通过选举成为业主管理委员会委员的权利。

罢免权:即参加业主(代表)大会,罢免业主管理委员会成员以及通过业主管理委员会罢免物业管理公司的权利。

请求权:即依据管理公约请求召开业主大会;要求组建自治性的权利主体业主委员会;有权请示管理机构正当管理公共事务;请求收取分配共有部分应得的利益;请求停止侵犯共同利益的行为;要求业主委员会对物业管理公司的违反合同或有关规定的行为进行干预、处罚;有权就本住宅小区(大厦)物业管理的有关事项向业主委员会、物业管理公司提出质询,并在3~5天内得到答复;有权会同其他业主按照法定程序,就某一议题要求业主委员会召开业主特别会议;有权就本住宅小区(大厦)的物业管理向房地产管理部门的物业管理行政部门投诉或提出意见与建议,有权要求物业管理公司按照政府规定,定期公布住宅小区(大厦)物业管理收支账目;有权要求物业管理公司对住宅小区(大厦)内各种违章建筑、违章装修以及违反物业管理规定的其他行为予以制止、纠正,等等。

⑤ 其他权利,包括:

选择权:业主有权选择或解聘物业管理公司,并有权签订或解除《物业管理委托合同》,但这些通常都要通过业主管理委员会来实现。

对物业管理服务的享用权:享受聘请的物业管理公司提供的管理服务的权利。

监督检查权:有权对物业管理公司的工作进行监督检查,提出批评、意见或建议。

知情权:即业主对自己所拥有物业的有关资料及物业管理公司的有关情况(如资质、收费依据、服务标准、收支情况、有关基金的使用等)有权了解、掌握,它主要包括:业主有权对物业管理服务质量进行了解;业主有权对物业管理公司制订的各项规章制度及业主公约进行了解;业主有权对每个月的经费收入与支出情况进行了解;业主有权对住宅小区(大厦)内的管理工作出现的重大事故(事件)进行了解;业主有权对物业管理内容的重大调整、修改进行了解;业主有权对选聘物业管理企业的情况进行了解;业主有权对物业管理的投诉情况进行了解。当然,业主知情权并不是要求物业管理公司每干一件事情都必须向业主和业主委员会汇报,得到批准,而是业主对一些关系到小区(大厦)居民生活、学习、休息、环境建设、管理水平的重大事件需要了解。

权利和义务是相辅相成的,业主享有权利,就必然应承担与之相对应的义务。这些义务具体主要表现在以下一些方面:

① 在使用、经营、转让其名下物业时,应遵守有关法律、法规和政策规定。

② 在使用自己的物业时,须注意:未经政府有关部门批准,不得改变房屋结构、外貌和用途;不得对房屋内外承重墙、梁、柱、楼板、阳台、屋面及通道进行违章拆、搭、占;不得堆放易燃易爆危险物品;不得利用房屋从事危害公共利益的活动;不得侵害他人的正当权益;装修前必须填写装修申请单,报送物业管理公司审查批准后,才能施工。

③ 自觉维护公共场所的整洁、美观、畅通及共用设施的完好，不得在任何公共场所违章搭建；不得随意堆放垃圾，不得拆除、损坏、改造供水、供电、供气、排水、排污等共用设备。

④ 杜绝以下行为：践踏、占用绿地；占用楼梯间、通道、屋面、道路等共用设施而影响其正常使用功能；乱抛垃圾、杂物；影响市容观瞻的乱搭、乱贴、乱挂等；损坏、涂画小区(大厦)内的艺术雕塑；聚众喧闹；发出超标噪声；随意停放车辆和鸣喇叭等。

⑤ 遵守有关住宅小区(大厦)物业管理的法规及政策，按规定缴纳应支付的管理服务费和住宅维修基金等。

案例 17　物业管理权属于业主还是属于物业管理公司？

在一次业主与物业管理公司的对话中，双方对物业管理权的归属产生了不同的意见，业主说管理权是属于全体业主的，而物业管理公司则说物业管理权是属于物业公司的，请问，物业管理权到底是属于谁的呢？

简要说明：

在上例中我们已经涉及此类问题，但要想彻底弄清楚，我们还应当分清物业权属和产权可分解的有关概念，这样才能让业主知晓自己的权利，并且协助物业公司，维护好自己的合法权利。

详细评析：

如果从物业管理权的源头上、从最终所有上，或者从其本质上看，物业管理权是属于全体业主的；但如果从现实中物业管理权的行使角度、从管理权效能发挥的角度等方面来看，物业管理权又是属于物业管理公司的。

这里先来看看物业权属和产权可分解的有关概念与理论。

所谓物业权属，也就是物业的各种权力的归属，是指物业权力在主体上的归属状态。它与物业权力的区别在于,前者强调权力与权力主体的联系,而后者则注重权力本身。例如,土地所有权是一项物业权力,而国家土地所有权则是一项物业权属。

和一般物品的产权一样,物业产权也是可以分解的。物业产权的可分解性,是指物业的各项权利,如狭义所有权、占有权、支配权和使用权可以分解开来,分属于不同主体的性质。由于物业产权由权能和利益组成,所以,物业产权的可分解性包含两个方面的含义,即物业权能行使的可分工性和利益的可分割性。物业产权的不同功能可以由同一主体行使转变由不同主体分工行使,就是物业权能的分解。有权能分解,就必然有利益分割,因为在存在产权的社会条件下,任何一个行使产权职能的主体,绝不愿意白白地放弃利益。

当然,物业产权的可分解性并不等于物业产权的实际分解,它只为物业产权的现实分解提供了可能性。现实的分解取决于现实的社会经济条件。

我们只看看物业产权分解的社会条件,它具体包括:

第一,物业所有者拥有的物业数量和质量对物业产权行使能力的要求与所有者自身具有的相应能力之间的相对状况。

第二,所有者对由自己兼行多重权能与由别的主体去行使部分权能的得失权衡。

第三,社会观念的改变。例如,在自己有能力行使物业使用经营权能的情况下,由于机会成本、个人偏好、观念不一样,具体的选择可能有差异。物业所有者可能选择自己行使物业使用经营权,也可能选择把这项权利交由其他主体。

从总体趋势看,随着生产社会化程度的不断提高,产权由合一向分解发展是社会分工的发展在物业产权权能行使方面的具体表现。某种角度上看,物业产权的分解实质内容之一,就是物业产权权能行使的分工。

物业产权可分解理论一方面说明了物业产权是一个完整的整体,物业的经营权、管理权是物业产权的一个重要组成部分,同时,在另一方面,它又说明了物业的经营权、管理权也可以与物业的其他权利相分离。物业产权没有现实分解之前,城市政府或居民拥有完整的产权,包括物业的经营管理权。城市政府以行政方式设立房管局、房管所(站)、街道办事处等机构,来实施物业的产权产籍、维修服务等管理权。它们的管理是简单的、传统的,称不上完整意义上的物业管理,只能称之为房管。城市居民自己所有的私房,则几乎完全是自己维修和管理,完全是自然经济的管理模式,更谈不上是物业管理。物业产权现实的分解,特别是物业经营管理权的分离,使物业产权行使主体变得多元化起来。城市居民不再需要,事实上也很难实现自己亲自动手管理自己的物业,同时,产权多元化也导致公房数量的减少,这种情况下,物业的管理权,甚至经营权就顺应时代的要求,从物业的整体权利中分离出来,由开发商(新建物业)、建设单位,尤其是业主的代表——业主委员会来把物业的管理权暂时让渡给物业管理单位来行使,在签订的合同的期限内,物业管理公司享有物业的管理权,并在业主委员会的授权(合同)下,充分行使物业的管理权,发挥物业管理公司管理物业的特长和作用。但当物业管理公司与业主委员会就合同解除达成一致意见后(自然解聘和提前解聘),业主委员会将收回自己的物业管理权,然后把它交给新聘用的物业管理单位。

案例18 "业主栽的树,处置权应是业主自己,物业管理公司无权过问",对吗?

某旧住宅小区没有开始物业管理前,不少业主都在自己家的后院栽种树木或蔬菜,开始物业管理后,物业管理公司办理手续后对这些问题作了一些处理,其中保留了一些树木,但不久,小区内一幢楼房的底层住户要将自己家后院的一棵树锯掉,其理由是该树挡住了他家里的阳光。物业管理公司得知消息后,多次上门劝解,此业主不听,他认为树栽在自家后院,而且是几年前自己栽的,物业管理公司无权管理,这个业主的观点正确吗?

简要说明：

这一例子涉及物业公司对于所管辖区域的管理责任和权利，对此，业主应当了解物业公司的管辖范围及职责，应当遵守物业管理公约，协助物业管理公司共同维护好小区的居住环境。

详细评析：

首先，物业管理公司有权对业主的行为进行管理。物业管理公司接受了业主委员会的委托，可以依据契约对住宅小区进行全面管理。一般来说，物业管理公司不仅有权对房屋、设备进行管理修缮，同时也有权对所管物业管理区域内的场地以及绿地、树木进行管理、维护。对绿化树木的管理是正当的物业管理工作行为，是无可非议的。相反，如果物业管理公司对该业主的行为听之任之，那他就是渎职，就是不负责任，就违反了相关合同。

其次，就树木本身来看，无论是国家栽种的，还是私人栽种的，一旦成活以后，再要把它锯掉或处理掉，不仅要得到物业管理公司的同意，还要得到当地城建、园林部门的批准，否则将属于破坏绿化的行为，是要受到我国相关法律的相应处罚的。

对于上述问题，如果业主坚持不听物业管理公司的意见，擅自做主将树锯掉，则物业管理公司有权到法院去控诉该业主，并要求其赔偿相应的损失。

案例19 业主自治管理是不是就是业主自己管理自己的物业？业主该怎样当家作主？

我们过去一直居住在老小区内，最近我们买了商品房，才知道小区还要进行物业管理，可我们对什么是业主、物业管理、业主委员会、公摊面积、入伙等名词还感到陌生。又听说有什么"业主自治管理"，我们理解它是不是就是业主自己管理自己的物业？业主该怎样实现当家做主？

简要说明：

对于新接触物业管理的居民，首先要了解有关物业管理的各种相关的知识，知晓自己的各种权利和义务，弄清楚自己和物业公司的关系，以主动的姿态，积极地配合物业公司的各项工作，参与到小区的日常生活的管理中去。

详细评析：

所谓业主自治管理，可以用几个特点简单地概括如下：

（1）住宅小区（大厦）里的业主要有积极主动参与管理的意识，要改变过去计划经济下房产管理的被动接受管理，而变为以主人翁姿态主动地行使管理权。

（2）业主要对自己的财产负责，要积极主动地行使管理权。当然不是自己亲自出面来行使管理权，事事都要负责，而是通过选择并委托物业管理公司来行使好管理权。

（3）物业的管理权不是由每户业主自己负责，而是由业主的自治组织——业主委员会代表全体业主来行使。

在新的形势下，业主要实现自治管理，也就是要当好家，关键要注意以下几个方面。

首先，要有业主意识和自我权利保护意识。要清楚自己是物业的所有者，是小区真正的主人。而且，需要了解自己有哪些权利及如何行使这些权利。业主的权利我们已经做过介绍，但业主要清楚，自己权利的行使仅靠个人的力量是做不到的，只有通过业主委员会才能最大限度地实现自己的权利，而业主委员会对这些权利的实现起了保障作用。

其次，要了解物业管理公司的作用和与自己的关系，业主委员会的作用及与自己的关系。这方面我们将在后面予以介绍。

最后，要了解与自己有关的政策法规，要向专业人士进行咨询，可以说，有没有咨询意识是有没有维权意识的体现。

案例20 个别业主有要求,可以召开业主大会吗?

某住宅小区业主张某因在住宅装修过程中与物业管理公司的员工发生争吵,以致对物业管理公司不满,于是就向业主委员会主任提出书面申请,请求立即召开业主大会,讨论物业管理公司服务水平及解聘问题。对于业主张某的这一做法,新上任的业主委员会主任感到有些为难。请问,个别业主有要求,就可以召开业主大会吗?

简要说明:

尽管本案例反映的这类事情目前发生的不多,但却在很大程度上反映了一部分业主的心理,即认为自己是业主,只要自己提出来,业主委员会就应该召开业主(代表)大会,这实际上是不对的,至少是不全面的。

详细评析:

为了能全面地了解这方面的情况,我们可以从介绍首次业主(代表)大会的召开条件等方面来说明这个问题。

(1) 首次业主(代表)大会召开的条件

根据国家有关文件的规定及其精神,为了使首次业主(代表)大会召开能圆满成功,在召开之前必须要符合以下条件:

① 物业必须已竣工并交付使用。即物业经过综合验收合格,可以交付给业主使用。在未交付之前,物业可能因期房的销售而具有所有者,但业主不能在入住前召开业主大会。

② 新建商品房物业交付使用后,已出售的建筑面积合计已达到总建筑面积的50%,或超过50%以上。

③ 公有住宅出售建筑面积达到或超过30%。

④ 本物业管理区域内第一套房屋实际交付业主使用之日起

已满两年。

上述四个条件中,第一个条件是必须的,后三个条件只要满足其中之一就可以了。

当满足上述条件后,房屋出售单位就将出售的房屋的建筑面积、出售时间、业主清单等材料报区、县房地产管理部门,区、县房地产管理部门接到这些材料后一定时间内会同房屋出售单位组织成立业主(代表)大会筹备小组,确定会议召开的时间、地点,做好会议的各项会务准备工作。

由此我们可以了解到,如果从目前的政策来看,业主(代表)大会召开的上述几个条件还只是基本的条件,要想真正召开业主(代表)大会,还必须由物业所在地的区、县房地产管理部门会同房屋出售单位来组织,也就是说,只要这些部门不组织,业主(代表)大会是很难召开的。当然,对此我们并不想讨论其合理性,而是说,它至少是符合当前的政策的。

(2) 业主(代表)大会临时会议召开的条件

业主委员会成立之后,应当由业主委员会组织召开业主(代表)大会。业主(代表)大会每年至少召开一次。在业主的各种权利与义务活动中,自然会存在一些突发的、临时产生的、不及时解决又影响下一步工作的问题,因此,根据工作需要,可以召开业主(代表)大会临时会议,召开业主(代表)大会临时会议的条件具体包括:

① 发生重大事故或重大物业管理事项,有必要及时协商处理,经物业管理公司或业主委员会请求时。

② 经占全体业主一定比例(如1/5或1/3)的业主以书面形式说明召集的目的与理由并申请召开时。

由此可见,个别业主在一般情况下是无权要求召开业主(代表)大会临时会议的。除非这个业主能够动员占全体业主一定比例(如1/5或1/3)的业主以书面形式申请时,才有可能为业主委员会接受并组织召开业主(代表)大会临时会议。

案例 21　业主没有参加《管理公约》的制订，但却要遵守，这合理吗？

某业主接到入住通知后赶去办理手续，开发商和物业管理公司告诉他，要先签订《管理公约》，然后才能把钥匙给他。该业主认为自己没有参加制订管理公约，管理公约是开发商和物业管理公司制订的，并且自己不同意《管理公约》中的某些条款，因此不肯签订《管理公约》，而开发商和物业管理公司因此拒绝支付钥匙，请问：

(1) 签订《管理公约》能否作为交付房产的前提条件？
(2) 业主能否以自己没有参加制订《管理公约》为由而拒签？

简要说明：

在物业管理经营活动中，需要制定出一份最为重要的法律文件——物业管理公约。物业管理公约是根据国家的有关法律法规及政府房地产行政主管部门的有关规定及房屋预售(销售)合同，在特定的物业管理辖区内，开发商、业主(包括使用人)和物业管理公司对物业的使用、维修和管理所共同约定、必须共同遵守的行为准则，它是物业管理辖区内的"宪法"，是一份制约管理者与被管理者，即被聘用者与聘用者之间行为规范的法律文件。管理公约明确规定了物业管理公司与物业产权所有者或使用者之间的权利与义务关系。

详细评析：

(1) 签订《管理公约》能否作为交付房产的前提条件？

我们认为，不能以是否签订《管理公约》作为交付房产的前提条件。

首先，购房人和开发商之间的买卖关系是以购房人交付房价款，开发商交付房屋为基础的，只要购房人交付全部的房价款，开发商就应该无条件地交付房屋,而不能把业主是否签订《管理公约》牵扯到这个合同的履行上来(北京有特殊的强制规定,即在签合同前即应签署《管理公约》),否则,开发商就违反了购房合同,如果给购房人造成损失,购房人有权就此提出诉讼或赔偿要求。

另外,根据目前我国关于物业管理的有关法律与规定,物业管理公司是受广大业主之委托才进入物业区进行管理的,他们之间的关系是聘用与被聘用、委托与被委托的关系。虽然在物业管理初期由发展商自行管理或由发展商指定管理,但这都属于临时措施,所有业主并未因此而放弃重新选择管理公司的权利,而这种权利的行使是通过业主管理委员会得以实现的。尽管由于各种原因,各个业主或者业主委员会不能直接参与制订更加体现公平原则的管理公约,物业管理公约一般都由开发商和物业管理公司制订,但开发商和物业管理公司却不能以签订《管理公约》作为交钥匙的前提条件,这种做法在法律上没有任何依据,显然也是错误的。如果非采取这种做法不可的话,权宜之计是要告诉广大业主,此《管理公约》是临时性的,一旦业主委员会成立之后,业主将有权参与新的管理公约的制定,然后重签新的公约(在北京,可以告知业主,如果不签署公约,业主将不能取得产权证)。

(2)业主能否以自己没有参加制订《管理公约》为由而拒签?

我们认为,如果开发商以签订公约作为交房的前提,业主有权拒签,但业主不能以自己没有参加制订《管理公约》为由而拒签,因为这跟物业管理的阶段性密切相关。

物业管理按阶段可划分为二个阶段,第一阶段是指从发入伙通知书开始,到业主委员会成立之前,这一阶段一般在一两年之间;第二阶段是从业主委员会成立开始后的时期。

在第一阶段,由于开发商是首任业主,而且物业管理经费的绝大部分都由开发商来承担,这时的管理公约和管理费标准由开发商和物业管理公司共同制订是理所当然的,这时的管理公约主要体现开发商和物业管理公司的愿望和意志。

第二阶段,开发商所占产权的份额不超过49%,而入住业主所占产权份额超过了51%。因此,可以成立业主管理委员会,之后,业主委员会就可以对第一阶段开发商聘请的物业管理公司及管理公约进行审核,决定是否续聘该物业管理公司,同时修改管理公约。第二阶段管理公约是在上阶段管理公约合理性的基础上,加强和体现了管理公约的民主性和合法性。这时业主大会或业主代表大会修改和通过了新的管理公约,让新的管理公约体现占产权份额大多数的业主的愿望和意志。

当然,管理公约关系到物业区内的每一个业主的利益,所以每一个业主都有权仔细阅读公约的每一条,都有权提出自己的修改意见,但这种意见应该通过业主管理委员会来反映出来。业主委员会要与物业管理公司密切合作,认真反复研究,结合各物业区的特点,制定出切实可行的公正的物业管理公约。一个物业管理区域内只有有了一个完善、公平的管理公约,由物业管理公司与每一个业主签订该公约的基础上,物业管理工作才能顺利开展。

案例22 业主是小区的主人,物业管理公司是业主的仆人,对吗?

最近在一次聚会上,不少同事在谈到业主与物业管理公司的关系时都说,业主是物业的主人,也就是小区的主人,而物业管理公司是业主请来管理自己的物业的,是业主的仆人,这种观点对吗?

简要说明:

物业管理公司与业主之间到底是什么关系?这是正确处理小区内各种问题的一个基本出发点。目前,不少大厦或住宅小区发生了很多纠纷,究其深层原因,主要还是业主或者物业管理公司没有弄清双方之间的关系造成的。

详细评析:

我们认为,业主和物业管理公司之间的关系,可以用以下几点说明：

第一，在法律上，双方是平等的民事主体关系，没有谁领导谁、谁管理谁的问题。产权人和使用人通过业主管理委员会在市场上选聘物业管理企业，双方在完全平等的原则下，通过双向选择签订合同，明确各自的权利义务。因而物业管理公司与房屋产权人和使用人的关系是合同法律关系中的一种。双方通过双向选择并签订合同，这本身就说明了业主和物业管理公司是平等的民事主体关系。

第二，在经济上，双方是聘用与被聘用、委托与被委托、服务与被服务的关系，通过物业管理委托合同，双方确立起各自的权利、义务与责任。实施物业管理的实体是具有法人资格的专业企业即物业管理公司。由于房屋产权属业主所有(产权多元化)，物业管理企业通过合同或契约，接受业主委托(聘用)，代表业主并运用经济手段经营管理物业。物业管理公司与业主之间是服务与被服务的关系，物业管理公司的管理服务行为是企业行为，是有偿的，业主要为占有和消费物业管理公司提供的管理服务支付一定的费用。

第三，物业管理过程中，业主应处于主导地位，物业管理公司应处于被动地位。大厦或住宅小区的物业所有权应当归属于业主，业主也就是物业管理权的权力主体。业主有参加物业管理的权利，并有合理使用房屋和公用设施、维护物业的效用和价值的义务。业主以业主管理委员会为权力核心，由业主管理委员会代表全体业主与物业管理企业签订合同。在明确业主和物业管理企业的权利、责任和义务的同时，由物业管理企业接受业主的委托，按照业主的愿望与要求对物业实施管理。业主是"主人"，物业管理者是"管家"。业主属于买方即需方，物业管理公司则应为卖方即供方。作为物业管理市场上需求方的业主，通过业主管理委员会在物业管理市场上选择物业管理公司，通过他们的选择，决定物业管理公司能否有机会提供服务，进而影响物业管理公司如何生存和发展。从这个意义上讲，业主是处于主导地位的，而物业管理公司则相对来说,是处于被动地位的。

第四,要防止两种相反的倾向。一种就是业主至上,或者叫做业主至上主义。一切权力归业主,业主拥有产权就拥有物业管理的一切权利,且不承担义务,一切围绕业主的产权做文章。认为业主(代表)大会是最高决策机构。对物业管理公司的行为要求甚多,规范甚细,处罚甚严,而对业主或使用人的行为规范笼而统之,一笔带过。这种业权至上、不能说、不能管,用财产所有权掩盖业主或使用人对他人、对社会所应承担责任的观点,对真正公平公正的市场经济是有害的。另外一种倾向就是所谓物业管理就是"管理",物业管理公司就是"管理者"的观念。有些发展商没有意识到商品房经过交易后自己位置的转换,有些物业管理公司以当然的管理者、当然的领导、当然的"太上皇"身份来"治理"业主,由此导致了一系列的法律纠纷地出现。

在了解了我们的看法后,再回过头来看本案例的对错。我们说,本案例中的观点没有对错,关键看怎么理解。如果从主导地位与被动地位角度来谈,本案例中的观点就是非常形象的正确表达;而如果说业主是"主人"就意味着"业主至上",那么我们说物业管理公司就不是与此相对应的"仆人",本案例中的观点也就是错误的。

关于业主和物业管理公司关系的问题,有人曾采访过一位著名的物业管理公司经理,这位香港经理有过很精彩的阐述。

问:你很早就在不同报纸上写文章讲"主人"和"仆人"的关系,现在很多人反对,认为应是"平等"关系,你为什么还坚持用"保姆"来比喻?

答:我认为提出把"主人"和"仆人"的关系变为"平等"关系是将两个不同的概念混为一谈。"仆人"和"主人"本来是"平等"的,提出这个问题关键是作为"仆人"的人自己把自己看低了,不是"平等"才有选择权,"仆人"一样有选择权。家里找过保姆的一定碰见过保姆问您家有没有彩电、洗衣机,有没有她的单独住房,如果您没有,她很可能不去。同样,物业管理公司也可以选择接受或不接受委托管理某个物业。我们说"平等"是指互相选择、签订和执行合同的"平等",我们说"主人"和"仆人"是要解决谁听谁的问题。家里请了保姆,绝不意味主人可以要求保姆超出合同规定的内容和时间去干活,主人可以随意克扣保姆的工资,任意侮辱、糟蹋保姆,但是,保姆干活时必须按主人的要求去做。

问:按照你的说法,"仆人"听"主人"的,一个物业区域有那么多业主,众口难调,物业管理公司是否意味着无法管理了?

答:我相信有这种思想的人一定不少,包括很多业主,也包括物业管理公司,我认为这是由于人们对物业管理这个新生事物还没有充分认识。我讲"仆人"要听"主人"的,是指物业管理公司要听全体业主的,而不是要听某个业主的。我这样说绝不是说物业管理公司不需要听取每一个业主意见,而是说物业管理公司不是按某个业主的意志办事。

附:物业管理要走出"业主至上"误区

几乎从我国开始物业管理以来,业界就广为推崇"业主至上"口号,业主被称为"主人"、"上帝"、"衣食父母",物业管理公司自谦为"仆人"、"保姆"、"管家"。但从我国近年来物业管理的实践来看,"业主至上"也给物业管理和业界人士带来不少困惑和烦恼。业界人士开始重新思考"业主至上"说,并对其持否定态度,强调物业管理企业与业主地位平等。

一、业主至上误区的原因分析

1. 来自物业管理企业

低价竞争,不敢主张企业利益。物业管理公司为争夺市场份额,在参加招投标、承接新物业项目时,降低企业应得的利益要求,无限制低价压标竞争,他们说"我们不讲报酬、不求利润"、"我们的测算是无利润、无成本"、"每年我们补贴××万元",连保本微利也不敢提,更不敢主张合法的10%的合理利润。这种恶性竞争带有很大盲目性和不真实性,造成中标后很多后遗症,要么难以为继,要么降低物业管理服务标准和质量,使企业、业主均受其害。

过头承诺。物业管理企业常常过头承诺,管理指标盲目提高,超过企业水平和能力。考核时要么蒙混过关,要么弄虚作假,企业疲于应付,业主受骗上当。在业主至上的思想下,物业公司不顾自身利益,为了争一点市场份额,保证不丢证、不发生人身安全、偷盗事件,不发生刑事案件等承诺。由于过头承诺,物业公司往往自食恶果。

扩大服务范围,无偿提供服务。物业管理公司大包大揽,无偿实施水、电、气费代收代缴,不仅加大了管理人员的开支,甚至连水、电总表和分表的差额也要物业公司承担,有的公司将其分摊到业主,还往往遭到业主投诉。

2. 来自业主

无政府主义泛滥,拒绝政府主管部门监管。一切权利归属业主,业主大会是最高权利机构,用财产所有权掩盖业主或使用人对他人、对社会所应承担的责任和义务。

极端自由化,拒绝民主集中制。个别业主认为"别人选的业主委员会我不承认,你们的决议我不执行"。

强调个性,侵害其他业主利益。认为"我的房子我有权处理,物业公司无权过问",在装修中违章搭建。

过多主张权利,不承担义务,不缴纳物业管理费。

惟我独尊,歧视物业管理人员。

我国物业管理属新兴行业,人们的观念和意识还停留在计划经济时期,对有偿物业认识浮浅,强调享受权利,拒绝承担义务。国家或地方的法规都不完善,甚至许多方面仍是空白。业主素质不高,缺乏对物业管理知识的了解。物业管理公司急功近利,对业主曲意奉迎,不重视自身权益。这一切都是业主至上走入误区的原因。

二、业主至上与关系平等

在物业管理中,业主与物业管理企业是平等民事主体关系,双方的权利和义务通过物业管理服务合同来明确和保障。享受权利与承担义务应该对等与平衡,物业管理企业应清醒认识到这一点。

物业管理公司在业主至上口号下向业主做出的承诺必须注意法律后果,以免企业信誉受损。

法律界定。不管物业管理企业如何主张业主至上,法律在如下方面予以明确界定是必要的。即物权法规、物业管理公司与业主的关系、业主的权利与义务;业主、业主大会、业主委员会的准确法律定位与物业管理企业、政府等方面的关系;业主公约、业主委员会章程示范文本法定审批;物业管理企业职责范围;物业管理的收费、赔偿与处罚;市场竞争的游戏规则。

三、物业管理新课题

虽然业主至上与关系平等是两股道上跑的车,业主至上是经营理念范围内物业管理企业提出的口号,而关系平等是法律范畴内民事主体身份地位的认定标准。但实际上业主至上对平等关系的干扰却随处可见。如何准确定位和描述业主与物业公司之间的关系,成为摆在物业管理从业人员面前的一大课题。我们主张对业主至上应持辩证扬弃的态度,批判地继承与接受,保留对业主尊重的一面,同时摒弃其一切负面影响。

四、业主中心说

2000年底,国际标准化组织正式发布2000版ISO9001,在这一标准中,提出了质量管理的八项原则,第一项即是"以顾客为中心"。笔者认为,这一业主中心说包含三层关系。即业主与物业管理企业在物业管理层面上是平等关系。物业管理企业的各项工作、各种观念与意识均应围绕业主运作。在业主与物业管理公司之间由法律、法规来界定与约束。

在物业管理中,任何一个企业都将争取业主、使业主满意作为首要工作。"业主满意"有三个层次要求:即必须了解业主需求,必须满足业主需求,努力超越业主期望。业主满意是物业管理企业质量管理体系的最终目标,这要求物业公司必须做到:企业最高管理者在确定质量管理体系的质量方针和目标时应对业主需求作出承诺。管理者代表在建立质量管理体系时,应对质量目标予以展开和落实,以促使全员以业主为中心意识的形成。

组织全体员工在各自岗位上,在履行职责中落实业主为中心的宗旨。

质量管理体系应以满足业主需求为中心协调动作,包括各岗位设定和职责分配,确保必要的资源配置,以业主为中心策划并实施物业全过程,对服务项目和质量进行测量、分析和改进,以确保不断满足业主需要。

超越业主需求应成为物业管理企业更高层次的目标。业主中心说突出了业主的中心地位,但不是至高无上的地位,表达了物业管理企业围绕业主提供优势服务的理念和模式,其描述和定位均较准确,与国际接轨,符合 ISO 标准,必将为我国物业管理业界人士所接受和应用。

(南京金鹰国际集团物业管理有限公司　张佑国)

(摘自"中国物业管理网")

案例 23　业主的表决权应以什么为依据?[1]

我们在某小区买了一套四室二厅的住房,总建筑面积约为 200 平方米。在召开业主(代表)大会选举业主管理委员会时,我发现一户只购买一室一厅(建筑面积约为 50 平方米)住房的业主和我一样都有一票投票权,而交纳物业管理费时我却是这个业主的几倍,请问这合理吗?业主的表决权到底应该以什么为依据?

简要说明:

这一案例牵扯的问题关键是以什么决定业主表决权,究竟是业主人数还是以物业面积?对于此问题我们不能单纯地谈论哪一方正确,而应弄清表决权的意义,综合两种观点来考虑这一问题。

---

[1] 参见谭善勇论文"业主的表决权应以什么为依据?载于《中国第三产业》2002 年第 5 期

详细评析：

关于业主表决权问题，有两种代表性的看法。

第一，以业主的人数来计票，或者说一个业主(不管有几处物业，只要名字一样，就是一个业主)只能有一票投票权。业主的人数越多，其代表的利益越多，越能反映小区业主的思想与权益。举例来说，假设一个小区中有100个业主，这100个业主中的90个业主购买了小区30%建筑面积的物业，尽管房产比例较低，但90个业主的人数占小区业主总人数的90%却是一个绝对大的比例，这么大比例的业主当然应当代表90%的业主的权益。

第二，应以物业面积来决定。有人认为，应当按照责、权、利相一致的原则来计算业主的表决权利。并举例说，如果按照物业的建筑面积数来计算物业管理费，却按照单元房或户数计票表决，就会造成只有10平方米房屋产权的业主与拥有1000平方米房屋产权的业主，承担的物业管理费相差较大，权利、责任却大不一样的不公平现象。所以，应以物业面积来决定业主的投票权。购买房屋面积大的业主交费多，则其享有的权力相应增加，反之亦然。

本人认为，单纯以业主人数来确定投票权是不合理的。第一个例子中已经说明了这个问题。也就是说，虽然90%的比例很高，但这90%的业主只拥有30%的物业，其他10%的业主却拥有70%的物业，如果只考虑业主人数，而不考虑物业产权比例，就会出现第二个例子列举的问题，即"只有10平方米房屋产权的业主与拥有1000平方米房屋产权的业主，承担的物业管理费相差较大，权利、责任却大不一样的不公平现象"。

同样，单纯以物业面积为标准来确定投票权也是不合理的。因为，如果这样的话，就会出现少数人代表多数人，而事实上很难或不能代表的问题。可以想象，10位业主能否代表其他90位业主？如果真是仅仅以物业面积为标准来确定投票权，就将出现10位业主为了保护其权益而采取的行动或措施，会有意或无意地侵犯其他90位业主的合法权益的问题，而这90位业主因为没有足够的投票权支持而只能忍气吞声。

这里需要弄清楚的是,业主投票到底是为了什么?业主投票不仅仅因为"投票权"。业主参与投票,是因为这关系到他(她)的物业和他(她)自己的权益。他参与投票,是希望通过物业管理更好地保护自己的物业和自己的权益不受侵害。换个角度来看,也就是物业管理公司提供的管理服务,承受的对象有两个,一是物业,即物业要接受物业管理公司的维修、养护、清洁、安全(不倒塌、不致因发生火灾而损毁等)保障等,通过接受管理,物业得到保值与增值;二是业主,即业主要接受或消费物业管理公司提供的清新的空气(环境管理服务、绿化管理服务等)、安全的氛围(治安安全、交通安全、财产安全等)、融洽的气氛(社区精神文明建设及由此带来的相互理解和感情交流)以及方便的生活工作条件(全方位、多层次服务)等。

通过以上的分析,我们认为,在确定业主的投票权时,既不能偏向物业权益的保护,也不能偏向业主权益的保护,而应该把两者结合起来,当然这可能比较困难,这就需要我们在考虑客观现实的基础上,找一个最佳的结合点,力争保证可操作性。这样才能真正体现出责、权、利相一致的原则,也才比较公平、科学、合理,并容易被广大业主认可和接受。

这里简单列出一个计算业主投票权比例的数学公式。

假设某大厦或住宅小区有 n 个业主,则每个业主在 n 个业主中的比例均为 $1/n$,同时假设这些业主购置的物业建筑面积占整个物业区域总建筑面积的比例分别为 $x_1, x_2, x_3, \ldots\ldots x_n$,如果设考虑业主比例的权数为 β,则某业主的投票权比例为:

$$1/n \times \beta + x_i \times (1-\beta)$$

其中, $i = 1, 2, 3, \ldots\ldots n;$

$0 \leqslant \beta \leqslant 1$

$x_1 + x_2 + x_3 + \ldots\ldots + x_n = 1$

例如,假设该大厦(住宅区)有 10 个业主,各业主购置物业面积占总面积的比例分别为 1%、3%、4%、5%、7%、8%、10%、

15%、17%、30%,考虑业主比例的权数为30%时,则这10个业主的投票权占总投票权数的比例分别为:3.7%、5.1%、5.8%、6.5%、7.9%、8.6%、10.0%、13.5%、14.9%、24.0%。如果这10个大业主(大单位),召开业主(代表)大会需要100个大会代表时,这10个大业主应该可以分别选派约4人、5人、6人、7人、8人、9人、10人、14人、15人及24人参加大会并行使投票权。

权数 β 与投票权比例以及代表个数关系表　　　表2-1

	业主1	业主2	业主3	业主4	业主5	业主6	业主7	业主8	业主9	业主10
物业权	1%	3%	4%	5%	7%	8%	10%	15%	17%	30%
情况一	10个业主单位,业主代表总数为100个,$\beta=30\%$									
投票权	3.7%	5.1%	5.8%	6.5%	7.9%	8.6%	10.0%	13.5%	14.9%	24.0%
代表数	4	5	6	7	8	9	10	14	15	24
情况二	10个业主单位,业主代表总数为100个,$\beta=70\%$									
投票权	7.3%	7.9%	8.2%	8.5%	9.1%	9.4%	10.0%	11.5%	12.1%	16.0%
代表数	7	8	8	9	9	9	10	12	12	16
情况三	10个业主单位,业主代表总数为100个,$\beta=100\%$									
投票权	10.0%	10.0%	10.0%	10.0%	10.0%	10.0%	10.0%	10.0%	10.0%	10.0%
代表数	10	10	10	10	10	10	10	10	10	10

当然,如果这10个业主购置的物业面积占总建筑面积的比例相差不大,比方说分别为8.0%、8.5%、9.0%、9.5%、10.0%、10.5%、11.0%、11.5%、12.0%、10.0%,仍考虑业主比例的权数为30%时,则这10个业主的投票权占总投票权数的比例分别改变为:8.6%、9.0%、9.3%、9.7%、10.0%、10.4%、10.7%、11.1%、11.4%、10.0%。如果这10个大业主(大单位),召开业主(代表)大会还需要100个大会代表时,这10个大业主就可以分别选派约9人、9人、9人、10人、10人、10人、11人、11人及10人参加大会并行使投票权。可以看到,这个人数总体上是相同的。据此我们可以得出一个结论,当各业主购置的物业比例相差不大时,可以不考虑这个比例,而只需按照业主个数来考虑投票权的问题。

应该说明的是,第一,上述公式在决定商业大厦(写字楼、商场等)业主投票权时是比较适用的,而在实际中的住宅小区里,虽然某些业主购置的物业面积比另一些业主购置的要多一些,但从整个住宅小区来看,这个差别对投票权的影响并不大,有时可能基本没有影响,所以一般没有必要套用这个公式来确定投票权。事实上,各地关于物业管理的地方法规中,对于如何确定业主表决权的问题,规定尽管各不相同,但多数城市还是按照业主的个数来考虑的,道理大概就在这里。例如,《北京市房屋土地管理局关于开展组建居住小区物业管理委员会试点工作的通知》中规定,产权人投票实行每一单元房一票。《上海市居住物业管理条例》则基本上按照业主人数确定,一人一票。

不过,也有一些城市是按照业权份额来确定投票权的。如《厦门市住宅区物业管理条例》规定按建筑面积每平方米一个表决权或每一份额一个表决权。在香港,业主在业主立案法团中的表决权是由其物业面积与总物业面积的比例确定的,香港人称之为业权份额,与股本决定股权的道理比较相似。

第二,权数 β 不同,即考虑业主比例的权数不同时,对业主的投票权比例以及参加业主代表大会选举甚至参加业主委员会的代表个数也有较大影响。我们可以比较表 2-1,当权数 β 分别等于 30%、70% 以及 100% 时,业主的投票权比例以及业主代表的个数都发生了一定的变化。这个变化虽是数字上的,但如果反映到实际物业管理权利举张上去,其结果将直接影响到社区乃至整个城市社会的稳定。

理解并掌握了上述情况,我们在实际生活或工作中,遇到这类问题时,就比较清楚怎么做是合理的,怎么做是地方政府认可的。要在政府不反对、业主接受的条件下做好自己的工作,尽量不要给自己的工作留下后患。

案例24 业主没有参加业主(代表)大会投票,可以不接受大会通过的决议文件吗?

某大厦成立业主委员会时,某业主因病住院,因此没有参加业主(代表)大会,也没投票,等到病愈出院回到家中,得知业主(代表)大会已经开过,并通过了《业主公约》、《业主委员会章程》等有关自治管理文件。他找到了业主委员会主任及物业管理公司提出质询,声称本人生病住院,没有得到参加业主(代表)大会通知,所以对业主(代表)大会通过的一切决议及文件概不接受。该业主提出的观点正确吗?

简要说明:

业主没有参加业主大会不承认、不遵守业主大会的一切决议是不对的。这一问题我们要从业主委员会成立并召开的合法性来看,并且做好物业管理公司与所辖小区业主的沟通工作,以避免物业公司与业主之间发生不必要的麻烦。

详细评析:

该业主提出的观点不正确。

业主(代表)大会的召开及业主委员会的成立,有自己的一整套要求与程序。只要大会符合下列条件:①符合业主(代表)大会召开的条件;②过半数具有投票权的业主到会,到会具有投票权的业主过半数通过文件决议,则业主(代表)大会通过的决议就将自动生效,就有权威性,全体业主就应无条件接受并遵守。当然,业主或业主代表应亲自出席大会并投票,或委托他人出席并投票;否则将被视作弃权,弃权者也必须服从大会作出的决议。

本案例的情况比较有普遍性,也有其发生的可能性。由于历史的原因(这里不讨论以权谋私的情况),特别是随着住房制度改革的进行,以及人们生活水平和收入水平的提高,现在人们不一定只有一套住房,而买了房也不一定常住,可能短住(如休假、商务居住等),也可能用来投资,待价出售,或租给别人居住。还有不少业主可能出去进修、出国或者因病住院等等,这就给业主(代表)大会的召开、业主管理委员会的选举带来了一定难度。本案例就是一个业主生病住院的典型情况。

正因为上述情况都有可能发生,所以政府部门以及开发单位或物业管理公司在组织召开业主(代表)大会时,应充分估计各种可能情况,在召开业主(代表)大会前,提早一个月把召开大会的时间、地点等以公告的形式公布出来,同时,对一些可能得不到大会最后召开消息的人士,要以挂号信函、邮件或电话等形式,保证通知到人,让业主有所了解,并请这些业主明确表态,是回来参加会议,还是委派代表参加,这也有利于对出席开会人数进行有效统计。本案例中,组织者发现某业主不在家,没有细问打听,也没去医院看望,更没发信去医院慰问并通报召开业主大会之事,做法是欠妥的,但尽管如此,该生病的业主也还要认可并遵守业主(代表)大会通过的一切决议文件。

话又说回来,该业主声称不认可业主(代表)大会通过的一切决议,我们想并不是该业主真的认为自己不该认可和遵守,而主要是该业主觉得自己的选举权利没有得到一定的尊重,因此希望通过自己的抗议来引起组织者和已选举出来的业主管理委员会的重视。该业主的维权意识值得我们称赞,也确实给那些做事不踏实的管理者一些启发:多与业主沟通,多尊重业主的权益,对管理服务工作有百利而无一弊。

第三章 业主管理委员会

案例 25 业主管理委员会是社团法人吗？业主管理委员会能否替代居委会？

王某等是某小区的业主管理委员会成员，在成为成员之前，对物业管理方面的知识知之甚少，虽然在一年多时间的工作实践中，他们对物业管理增加了很多了解和感性认识，但对很多问题还是觉得了解不全面、不深入，特别是对自己的组织，每次在和物业管理公司、开发商、业主及使用人对话与交流中，总觉得心虚。为此，特希望有人能解答以下问题：

(1) 业主管理委员会是社团法人吗？
(2) 业主管理委员会的特征有哪些？
(3) 业主管理委员会的市场地位如何？
(4) 业主管理委员会的权利义务有哪些？
(5) 有了业主管理委员会，是否就不需要居委会了？

简要说明：
作为业主管理委员会的成员，对自己的组织了解不全面、不深入，在工作中确实会觉得心虚，但对业主管理委员会的全面、深入了解也不是一两天能够达到的。事实上，业主管理委员会方面的知识，既涉及较深的理论问题，还涉及很多具体的实践问题；既涉及政府及社会各方都普遍认同的结论，也涉及大家仍然在争论的理论与实践难题。

详细评析：

(1) 业主管理委员会是社团法人吗？

业主管理委员会是一个什么性质的组织，对此人们认识还不统一，但一般认为业主管理委员会不属于国家机关，不具备行政职能，而是由业主代表组成的自治组织。存在的分歧在于业主管理委员会是否具有社团法人的地位，或者是否需要成为法人团体。

首先，目前我国大陆的业主管理委员会还不是社团法人。我们可以从介绍法人及社团法人的概念及条件开始来予以说明。《中华人民共和国民法通则》第三章对法人专门作了规定，指出法人是具有民事权利能力和民事行为能力，依法独立享有民事权利和承担民事义务的组织。法人应当具备下列条件：①依法成立；②有必要的财产或者经费；③有自己的名称、组织机构和场所；④能够独立承担民事责任。法人包括企业法人以及机关、事业单位和社会团体法人两大类。全民所有制企业、集体所有制企业有符合国家规定的资金数额，有组织章程、组织机构和场所，能够独立承担民事责任，经主管机关核准登记，取得法人资格。在中华人民共和国领域内设立的中外合资经营企业、中外合作经营企业和外资企业，具备法人条件的，依法经工商行政管理机关核准登记，取得中国法人资格。具备法人条件的事业单位、社会团体，依法不需要办理法人登记的，从成立之日起，具有法人资格；依法需要办理法人登记的，经核准登记，取得法人资格。有独立经费的机关从成立之日起，具有法人资格。

根据以上规定和介绍可以看到，我国大陆目前的业主管理委员会还没有必要的财产和经费，还没有自己固定的办公场所，因此，还不能称为法人，更谈不上是社团法人。

其次，我们认为，业主管理委员会需要逐步赋予法人的资格。这里面有两层含义：第一层是有关法律应该赋予业主管理委员会社团法人的资格；第二层是赋予业主管理委员会社团法人资格需要经过一定时间。就第一层含义来说，我们认为，业主管理委员会既然是业主自治组织，要代表全体业主行使管理监督权，代表业主聘用物业管理公司,那么,如果法律赋予它法人地位,会有利于以法律主体的身份代表业主进行经济和民事活动,如签订物业管理委托合同、与物业管理公司进行法律诉讼等。目前,因为业主管理委员会不具有法人资格,所以有很多问题都很难解决。就第二层含义来说,我们认为,物业管理在我国发展的时间还不长,特别是业主管理委员会的历史时间更短,很多业主以及业主管理委员会成员对物业管理知之甚少,如果法律现在就赋予业主管理委员会法人资格,可能会带来这样那样的问题,比如,如果业主管理委员会成为社团法人,除了对物业管理公司进行监督管理以外,还可以以法人的姿态从事经营性活动,就难免会使委员会精力分散,不能较好地行使监督管理权,违背了成立业主管理委员会的目的与作用等等。所以,我们主张等业主管理委员会更加成熟时,法律再给予其社团法人的地位可能更合适。

事实上,国家建设部 1994 年发布的《城市新建住宅小区管理办法》及有关文件已经规定,业主管理委员会不作为社团法人进行注册和活动,可能已经考虑到了这些情况。

(2) 业主管理委员会的特征有哪些?

作为物业业主和使用人的代表,业主管理委员会具有以下特征:

① 代表性。它是由业主和使用人代表组成的,代表和维护着业主和使用人的利益。

② 中介性。它处于众多的业主、使用人、物业管理公司、其他社区组织和政府主管部门之间,成为物业管理有关因素的联结纽带和传递媒介。

③ 自治性。它由业主和使用人推选组成,代表业主和使用人的意愿,自主地选择聘用物业管理公司,并监督其物业管理行为,因而带有明显的自治性。

④ 维权性。就是说,业主管理委员会要维护业主和使用人的合法权益。

⑤ 主体性。业主管理委员会是物业管理市场上的劳务需求

方,代表业主和使用人行使市场主体的权利。

⑥民主性。业主管理委员会的主要职能就是要组织广大业主起来自治,发扬民主管理,与物业管理公司一道,把物业区域管理好。

⑦公益性。业主管理委员会是为广大业主服务的,其工作是公益性的工作。

除此以外,业主管理委员会还具有一定的"官方"色彩,具有半政府性。即一般来说,它都要由政府主管部门指导产生,并要经过核准,登记备案后才正式成立的。

(3)业主管理委员会的市场地位如何?

业主管理委员会的特征和内在属性决定了它在物业管理市场中的重要地位和作用。

首先,业主管理委员会是物业管理市场上的劳务需求方,它代表业主和使用人成为市场活动的主体,并以独立的社团组织形式参与新型的法律关系,成为物业管理法律关系的主体。通过签订委托管理合同,业主管理委员会代表业主和使用人聘用物业管理公司,以公平公开的劳务价格购买相应数量和质量的劳务商品,建立起平等互利的市场交换关系。在这一劳务交换关系中,业主管理委员会因其本身的主体性,发挥着市场需求的主导作用。

其次,目前物业管理市场能否发展和走向成熟的关键是业主管理委员会是否规范和进入市场。一个竞争有序、日益成熟、健康发展的物业管理市场,需要规范的物业管理服务供需双方,即物业管理公司和业主管理委员会。目前,业主管理委员会是否规范,能否真正当家做主和进入物业管理市场尤其显得重要。不少地方没有业主管理委员会,有些业主管理委员会有名无实,不能充分发挥作用,这对物业管理市场的发育是很不利的。

(4)业主管理委员会的权利义务有哪些?

业主管理委员会权利的基础是其对物业的所有权和使用权,根据组成原则,业主管理委员会代表着物业区域内的全体业主,对与该物业有关的一切重大事项拥有决定权。建设部第33号令《城市新建住宅小区管理办法》中规定,业主管理委员会的权利有:①制定业主管理委员会章程,代表住宅小区内的产权人、使用人,维护房地产产权人和使用人的合法权利;这是业主管理委员会的最基本权利,也是最重要的权利;②决定选聘或续聘物业管理公司。业主管理委员会成立后,就有权根据这段时间物业管理公司管理的情况,决定是续聘或改聘。业主管理委员会要正式和物业管理公司签订聘用合同,这是双方一份非常重要的法律文件,也是业主管理委员会行使其他权利的保证;③审议物业管理公司制订的年度管理计划和小区管理服务的重大措施;④检查、监督各项管理工作的实施及规章制度的执行。

在《城市新建住宅小区管理办法》中,建设部同时也指出了业主管理委员会与权利相对应的一系列义务:①根据房地产产权人和使用人的意见和要求,对物业管理公司的管理工作进行检查和监督;②协助物业管理公司落实各项管理工作。物业管理公司在执行决议、行使权力遇到阻力时,业主管理委员会有义务出面调停。当然业主在自己签订的管理公约上已经承认了这项义务;③接受住宅小区内房地产产权人和使用人的监督;④接受房地产主管部门、有关行政主管部门及住宅小区所在地人民政府的监督指导。

目前,不少住宅小区的业主管理委员会都在违背"权利与义务平等的基本法律原则",也就是说"光行使权力而不尽义务"。在他们的印象里,业主管理委员会的权利就是"带领全体业主和物业管理公司分庭抗争"。从许多见诸报端或耳闻目睹的事例中,业主管理委员会如何与物业管理公司发生纠纷,如何拒缴物业管理费等现象占了大多数就很能说明这个问题。上面已经提到,建设部《城市新建住宅小区管理办法》已经明确规定业主管理委员会有"协助物业管理公司落实各项管理工作"的义务,但业主管理委员会能够尽此义务的事例简直凤毛麟角。这方面需要有关部门和社会各方下大力气给以解决,只有这样,才有利于业主管理委员会和物业管理行业的健康发展。

(5) 有了业主管理委员会,是否就不需要居委会了?

我们认为,业主管理委员会和居委会是两种不同的组织,两者产生的社会基础、人员组成以及主要任务都存在明显的不同。

首先,两者产生的社会基础不同。居委会是在1954年我国政府为了更好地组织居民进行自我管理,同时也便于政府与群众更好地建立联系,倾听群众的声音而建立起来的;而业主管理委员会则基本是在1994年以后,住房商品化、货币化的基础上出现的,为了更好地监督物业管理公司的管理行为,帮助业主更好地实现业主自治管理的民间组织。很明显,居委会的产生带有浓厚的政治与社会管理气味,而业主管理委员会的产生则带有浓厚的业主行使财产管理的权利意识。

其次,两者的人员组成不同。居委会是小区居民组成的群众自治组织,至于居民是否是业主或是使用人,这里并不注重,现在甚至出现居委会主任在整个城市招聘的现象,这说明了居委会的人员组成偏重于组织居民自治,而不是居民自治。而业主管理委员会的成员一般应由业主组成,非业主一般不能成为业主管理委员会成员。这说明了业主管理委员会注重权利的代表,即是不是业主直接关系到物业权利的行使。

最后,两者的主要任务不同。居委会不仅是居民群众的自治组织,同时又兼有最基层政府的职能,其主要工作是协助街道办开展社区综合治理、拥军优属工作、老龄工作、妇女工作、计划生育工作、青少年教育工作、帮贫救困工作,特别是社区文化建设工作等等。这些工作基本与物业管理没有关系。

由此可见,居委会和业主管理委员会是不能相互替代的,虽然已经有了居委会,现在仍然需要建立业主管理委员会。

案例26 业主管理委员会成立的条件、组成成员如何?

某住宅小区是1999年5月建成的商品房小区。区内共有5

栋高层,共计约 600 套房屋。几个楼的底层为商业用房并已出售。至 2001 年 8 月共出售 500 套。其余房屋产权仍为开发商所有,其中 50 套由开发商对外出租。请问:

(1) 该小区是否具备成立业主管理委员会的条件?
(2) 如果可以成立业主管理委员会,则具体的程序如何?
(3) 小区业主管理委员会应由哪些成员组成?
(4) 小区业主管理委员会是由业主大会还是业主代表大会选举产生的?
(5) 底层商业用房的业主,是否也要参加选举大会?

简要说明:

本案例涉及住宅小区业主管理委员会的一些基本问题。虽然这些问题看起来很简单,但问题的答案却直接涉及不同权利主体的权力和利益。不过,这些问题在有关法律法规中基本上都有比较明确的规定,稍微分析,就可以得到明确的解答。

详细评析:

(1) 该小区是否具备成立业主管理委员会的条件?

业主管理委员会是由业主(代表)大会选举出来的,因此,它是否具备成立条件,关键就看业主(代表)大会能否召开,也就是看召开业主(代表)大会是否具备条件。上一章我们已经介绍了业主(代表)大会召开的基本条件,具体主要有以下三点之一:第一,新建商品房屋出售已达 50% 以上;第二,房改房已出售房屋已达 30% 以上;第三,第一套房屋已交付业主使用满两年。对本案例来说,由于是新建商品房小区,因此就要看第一条是否满足。从案例中我们知道,600 套房屋已出售 500 套,出售部分已超过 50%,因此,具备召开业主(代表)大会,成立业主管理委员会的条件。

(2) 如果可以成立业主管理委员会,则具体的程序如何?

业主管理委员会是物业管理区域内代表全体业主对物业实施自治管理的组织,当具备上述一定条件后,首届业主管理委员会一般应按照以下程序成立。

首先,推举业主代表。业主代表和业委会的产生,应具有广泛的代表性。当小区业主超过100人,应推举业主代表。业主代表应按幢、按面积协商产生,一般500~1000平方米建筑面积产生一名业主代表。每位业主代表都是业委会的候选人,也可以每个业主小组(由一幢楼的业主代表组成)推选出一名候选人。

其次,组织大会筹备组,制定业委会组建方案,起草业委会章程,确定会议召开的时间、地点,做好会务工作。其成员由所在地区、县房地产管理部门、房屋出售单位、业主代表组成,已有居委会的,还可以邀请居委会成员参加。筹备期间,筹备组成立过程、每次会议的各项决定和意见,都要做必要的记录。

再次,召开业主(代表)大会,选举产生业主管理委员会委员。业委会委员须由业主担任,业委会委员的产生,须经全体业主或业主代表过半数投票通过,得票多者优先当选。根据小区规模,业委会由5~15人组成,主任、副主任在业委会委员中推选产生,每届任期2年。

最后,在政府房地产管理部门备案。业主管理委员会选举出来后,应当在选举之日起的一定期限(如15天或30天)内,到所在地的区、县房地产行政主管部门办理登记备案手续。当接到予以核准登记备案的书面通知时,该业主管理委员会才算正式成立,任期从核准日正式开始。

(3) 小区业主管理委员会应由哪些成员组成?

关于成员组成,各地规定不大一样。但一般的城市都规定小区业主管理委员会成员应是业主,使用人不能成为业主管理委员会成员。

就本案例来说,业主管理委员会的成员应该可以由开发商、500套房屋的业主以及底层商业用房的业主组成。

(4) 小区业主管理委员会是由业主大会还是业主代表大会选举产生的?

一个物业管理区域内,业主人数超过一百人,应当召开业主代表大会。本小区有600套住宅,其中卖出去500套,还有一些底层商业用房也已经出售,小区的产权人已经超过100人,因此,本小区的业主管理委员会应当由业主代表大会选举产生。

(5) 底层商业用房的业主,是否也要参加选举大会?

居住区内非居住物业仍然适用居住物业管理办法的规定,因此,底层商业用房的业主也应参加选举大会,并可能成为业主管理委员会的成员。

案例27 业主自行组建业主管理委员会可以吗?开发商能否成为业主管理委员会的成员?

某小区建成后,先后有部分业主入住。这部分业主入住后,总觉得一切都是物业管理公司说了算,比如房屋装修不能这样、不能那样及收取各种名目的费用等等。而物业管理公司又是由开发商聘用的。于是一些居民就开始行动,把其他居民组织起来,成立了业主管理委员会,声称要监督开发商和物业管理公司,并订下管理规定与计划,如果物业管理公司不能满足大家的意愿,则将炒掉该物业管理公司,另聘新的物业管理公司。请问:

(1) 该小区的物业管理公司由开发商聘用,您认为合理吗?合法吗?

(2) 业主入住后,有种种不便与疑惑,您认为是由什么引起的?

(3) 案例中业主自行组建业主管理委员会有无法律依据?或能否得到法律的保护?

(4) 如果成立业主管理委员会,开发商能否作为其成员或负责人?

(5) 如果物业管理公司真不能满足大家的意愿,则业主管理委员会能否炒掉它?

简要说明:

上述问题也是目前不少开发商、物业管理公司、业主及使用人感到疑惑的问题。为此,我们应当从法律的角度来分析这一问题,弄清楚开发商与物业公司的关系,进一步深入探讨业主委员会的法律依据与法律地位。

详细评析:
(1)该小区的物业管理公司由开发商聘用是否合理合法?

虽然新建住宅小区的首个物业管理公司由开发商聘用确实会让业主或使用人感到不公、不满,但我们还是说,这不但是合理的,而且还是合法的。

为什么说这是合理的呢?第一,开发商是业主的代表。一般来说,在选择物业管理公司之前,房地产开发商可能还没有开始出售自己开发的物业,即使已经开始,大部分物业应该还没有售出,也就是说,开发商是它开发的众多物业的一个绝对典型的大业主,其他通过购买房屋已经获得产权的只是一些小业主,这些小业主无论在掌握产权的房屋数量上,还是在业主的实力上,都不能与开发商相比,开发商是名副其实的业主,也是名副其实的业主代表,作为业主或业主代表,开发商有权或有权代表其他业主选聘物业管理企业,作为新开发物业的第一任管理者。第二,开发商具有得天独厚的优势。我们可以退一步,假设开发商在开发的过程中很快把大部分房屋出售出去,自己已经不是大业主,而是变为普通的小业主,这个时候,从产权比例与实力来看,开发商已经不可能代表其他众多小业主了,但是,由于购买房屋的众多小业主大多来自城市内外的四面八方,绝大多数互不认识(几乎是一盘散沙),对自己即将生活其中的居住小区也不熟悉,这种情况下,谁也代表不了谁,而且众口难调,根本不可能去聘用什么物业管理公司。而作为小业主之一的开发商,由于对自己开发的物业比较熟悉,而且对聘用物业管理公司的程序比较了解,作为一个组织严密的集体,开发商聘用物业管理公司比其他小业主具有更多的优势。

说新建住宅小区的首个物业管理公司由开发商聘用是合法的,是因为早在1994年建设部制订并颁布实行的《城市新建住宅小区管理办法》(建设部第33号令)第五条已经规定,"房地产开发公司在出售住宅小区前,应当选聘物业管理公司承担住宅小区的管理,并与其签订物业管理合同。住宅小区在物业管理公司负责管理前,由房地产开发企业负责管理"。其他不少城市,如北京市也有这样的规定。1995年的《北京市居住小区物业管理办法》第八条指出,"在业主管理委员会成立之前,由该居住小区的开发建设单位负责物业管理,并可选择物业管理企业进行前期管理。业主管理委员会成立以后,由其决定物业管理企业的续聘或解聘"。这也就是说,新开发物业在业主管理委员会成立之前,通常由开发商行使管理权和处置权,可以自设或委托一家物业管理公司介入前期的物业管理工作,并签订前期物业管理服务协议。直到召开第一次业主大会,成立业主管理委员会后,业主方可通过业主管理委员会行使自己的各种权利,包括决定是续聘还是辞聘物业管理企业。

(2) 业主入住后感到不便与疑惑的原因分析

当前来看,业主入住后感到不便与疑惑,应该说是很正常的。原因简单分析如下:

第一,业主的观念与习惯问题。不少业主以前居住在没有物业管理的区域内,长期的居住生活养成了他们不习惯别人管理的思维模式,一旦他们居住到管理比较正规的物业管理区域内,就会感到不适应,从而感到不便与疑惑。另外,由于我国物业管理产生和发展的时间还不长,物业管理的影响还没有深入到千家万户,多数业主对物业管理还不了解,还拿物业管理与传统的房管相比较,总认为有了物业管理以后没有以前那么自由了,这也是他们感到不便与疑惑的原因之一。

第二,物业管理公司的管理服务方式问题。除了业主方面的原因之外,物业管理公司的管理服务方式与态度也是一个重要的方面。很多物业管理公司受传统房管的思想影响较深,总把自己当做业主的管理者,事事都想管着业主,而且态度生硬,没有做好相关的解释工作,这些都是造成业主感到不便并反感的重要因素。

第三,社会的宣传教育问题。这方面做得非常不够。业主的观念为什么没有很快改正过来,物业管理公司的服务方式为什么没有大的改变,很大程度上是社会的宣传教育没有做到位。当然,还有社会主义市场经济体制并没有真正建立起来,市场经济的机制还没有充分发挥作用等方面的原因。

(3) 该案例中业主自行组建业主管理委员会有没有法律依据?

本案例中业主自行组建业主管理委员会没有法律依据,将得不到国家有关法律的保护,其涉及的法律行为是无效的行为。

首先,业主管理委员会的成立必须具备入住的业主超过50%以上,由业主(代表)大会选举并经半数以上的业主(代表)同意才可产生的条件。本案例一些业主联络另外一些业主自行组建业主管理委员会,没有经过业主(代表)大会的选举,没有代表性,其他业主不一定认可,甚至有可能已经侵犯了其他业主的选举权与被选举权。

其次,业主管理委员会的成立必须由政府房地产管理部门和房屋出售单位来组织,并在政府房地产管理部门有关人员负责指导下进行。本案例业主自行组建业主管理委员会没有权威性,很难得到大多数业主的认可,也将很难开展工作。

再次,业主管理委员会的成立必须经过政府房地产部门的备案,政府部门核准登记后才算正式成立。没有经过备案的业主管理委员会,即使是业主(代表)大会选举产生的,也将是非正式的,而且也将得不到国家有关法律法规的保护。其作出的决定,因得不到法律法规的保护而同样是无效的。

(4) 开发商能否作为业主管理委员会的成员或负责人?

第一种情况,开发商已经把自己开发的物业全部售出,这种情况下,开发商已经完成了其角色的转变,即由大业主到小业主,再到非业主的转变,作为非业主的第三方,开发商自然不能成为业主管理委员会的成员,更不用说作为其负责人。

第二种情况,开发商目前还没有把自己开发的物业全部售出,但已售出50%以上,剩余的部分开发商不再出售,而留为自己的产权,将来进入房屋租赁市场。这时开发商就是产权人代表,根据相应规定,开发商可以进入业主管理委员会,并有可能作为其负责人。

第三种情况,开发商目前还没有把自己开发的物业全部售出,但将会在较短的时间内将剩余的物业出售完毕。这时,房地产开发商虽然还有一定数量的房屋未售出去,但在业主管理委员会讨论有关事项时,有许多事情还离不开开发商,同时又考虑随着房产售完,开发商就要离去,如果把开发商选入业主管理委员会之中,也许刚入选不久,开发商就要离开,出现真空阶段,为了避免出现问题,开发商一般不参加业主管理委员会。目前未售出去的建筑面积比例,可允许预留业主管理委员会代表数,等到业主全部入住,再进行增补。当然,由于情况的特殊性,有些地方把开发商作为业主管理委员会顾问,出席业主大会,讨论有关与业主紧密相连的重要事情,这样既调动了开发商的积极性,又不影响业主管理委员会的工作,这种做法值得借鉴和学习。

(5) 如果物业管理公司真不能满足大家的意愿,业主管理委员会能否炒掉它?

业主管理委员会要想炒掉物业管理公司,一般需要具备三个条件。

第一,业主管理委员会是受到法律保护的业主代表组织。也就是做出炒掉物业管理公司决定的业主管理委员会必须是在政府房地产管理部门和房屋出售单位组织下,业主(代表)大会选举产生的,并在规定时间内到政府房地产管理部门核准登记的业主自治组织。

第二,物业管理公司严重违反合同。物业管理公司与开发商签订的合同中的一些重要条款,物业管理公司没有遵守,或者合同中作出的重要承诺,物业管理公司没有实现,这种情况下,受到法律法规保护的业主管理委员会可以依法(合同)炒掉物业管理公司。

第三,通过一定的法律程序。炒掉物业管理公司必须是依法或依据合同进行的,同时,还必须通过一定的法律程序。一般的程序是,业主管理委员会提前通知物业管理公司,如果物业管理公司同意解除合同,则可以顺利炒掉;如果物业管理公司不同意解除合同,则业主管理委员会可以到法院,通过诉讼的方式解决。

本案例中,业主管理委员会不是受法律保护的业主自治组织,同时,案例中所提到的物业管理公司不能满足大家的意愿,并不能作为物业管理公司违反合同的证据,因为大家的意愿并不是大多数业主的意愿,更不一定是合同中所规定的必须要兑现的承诺或实现的条款,因此,该业主管理委员会无权炒掉物业管理公司。

附:

浅谈业主管理委员会的法律地位与法律程序(节选)

法律地位是指法律主客体在法律关系中的位置,以及它所发生的各种行为的影响力、作用程度、涉及的范围等。法律地位是由法律赋予的,但它必须以合法的法律程序为前提,也就是说,没有按合法的法律程序,所产生的法律无客体,以及无客体的发生的行为,就没有合法的法律地位。在物业管理活动中,业主管理委员会的法律地位,必须建立在合法的法律程序基础上。如果没有经过合法的法律程序产生的业主管理委员会,就不被法律承认,它所发生的行为就没有社会影响力,也就没有法律的权威力,它也就没有法律地位。

法律的权威力、影响力是有社会基础的。进步阶级的法律地位,以及它的社会影响力、权威力是民众给的。民众就是它的社会基础。因而,社会民众组织,它只有通过合法的程序得到民众的认可,它应有的法律地位才能实现和存在,并发生其作用。

从总体上看,我们的物业管理正逐步走向规范化,住宅小区的业主管理委员会也逐步建立且健全,而且也发挥了一定的作用。但是,我们也要看到,我们有些小区的业主管理委员会,没有权威力,形同虚设,究其原因,是没有经过合法的法律程序而建立的,它没有业主这个社会基础,或者说,社会基础很薄弱,不广泛,因而得不到多数业主的认可。这是我们当前物业管理中存在的一个极其重要的问题。要加强物业管理,发挥业主管理委员会的作用,不能不注意这个问题。

合法的法律程序,包括合法的组织形式、法定人数以及审批手续等,在整个程序中,还要真正地体现民主性、合理性、公正性。要真正地反映业主的意志,绝不能草率行事,或者由个别人暗箱操作,几个人说了算。如果说,业主不知道谁是业主管理委员会的成员,谁是他们的代表,我想这个事就是不成功的。这样建立起来的业主管理委员会怎么能有社会基础呢?有的虽然也有一定的法律程序,但是有失公正和民主,没有充分反映业主的心声和意志,这样的业主管理委员会发出的指令、决定,就不会得到绝大多数业主的响应,它也必然是名存实亡了。

一个有权威的,真正得到业主认可和信赖的业主管理委员会,一定要在合法的程序中产生,它的委员会组成人选要通过全体业主会议或业主代表大会民主推举而产生。

(作者:何开怀)

(福州《物业管理》杂志 第8期 总第22期

发行日期:2001年8月)

案例28 开发商不主动组织业主大会,无法选举产生业主管理委员会怎么办?

我们的住宅小区建成入住后,业主们逐渐感到物业管理公司的服务越来越差,虽然多次与开发商和物业管理公司协商,但是始终不见好转。业主们为了维护自身合法权益,决定组建业主管理委员会,并且就相关事宜开始运作。开发商和物业管理公司在得知此事后,很快派人送来政府有关文件并告诉我们,说本小区入住率尚不到50%,还不能成立业主管理委员会。但过了不久,他们又开始组建业主管理委员会筹备组,同时向业主们发出通知,称根据有关规定,应由开发商和物业管理公司牵头组建筹备组,业主们应当在筹备组成立后,听候通知参加产权人大会选举业主管理委员会,选举出来经备案后,业主管理委员会才算成立。而业主们认为,自己是业主,应自始至终参与业主管理委员会的成立工作,于是继续开始组建筹备组的工作。双方各执己见,矛盾越来越大,致使业主管理委员会迟迟不能成立。在这一过程中,我们也咨询了一些律师,但对以下一些关键问题仍然想不通,对今后怎么办也感到很为难,请问能否给我们以详细的解释,并给我们指出一条解决之道?

(1) 为什么住宅小区(大厦)入住率要达到50%及以上,才可成立业主管理委员会?

(2) 50%的入住率,业主不知道怎么办?

(3) 业主管理委员会为什么要由开发商和物业管理企业筹建,业主自己不能筹建?

(4) 开发商对组建业主管理委员会不积极主动怎么办?

(5) 业主管理委员会的成立能否改审批制为备案制?

(6) 业主和开发商各自组建了业主管理委员会筹备组,到底谁的算数?

简要说明:

这些问题是成立业主管理委员会过程中不少人都感到困惑的问题。然而要想合理地解决这些问题,还是要依据我国相关的法律、法规,宗旨还是要维护好小区的正常秩序,协调好业主与物业管理公司的关系。

详细评析:

(1) 为什么住宅小区(大厦)入住率要达到50%及以上,才可成立业主管理委员会?

一些住宅小区(大厦)已经入住一年多了,还未成立业主管理委员会,有些业主想尽快成立自己的自治管理组织,但按规定住宅小区(大厦)入住率要达到50%及以上方可成立业主管理委员会。

为什么要这样规定呢？我们认为,入住率(有的说是入住业主占有的建筑面积)达到50%以上后再成立业主管理委员会,可以体现代表性。业主管理委员会是业主自治管理的组织,而自治管理的特征是由业主管理委员会来代表业主利益,因此,业主管理委员会的代表性尤其重要。根据各地实践经验来看,首先业主(代表)大会的召开,必须要入住率达到50%以上或入住的业主合计拥有的建筑面积达到总建筑面积的50%以上,才可以选代表召开,否则,不具有代表性。当然,业主的数量与业主所占有的业权通常是成比例的,但有时大业主购买居住面积较多,往往业主拥有的建筑面积已达到总建筑面积的50%以上时,业主数量还没有达到50%,这时可以考虑以所占业权的比例计算。但从政府方面来看,一般都规定要以入住率,而不是以业权为标准。

除入住率要达到50%及以上这个标准外,有些城市政府为了确保业主管理委员会能够顺利成立,还特别规定,如果某住宅小区(大厦)第一套房屋已交付业主使用满两年,不管入住率是否已达到50%,都应该成立业主管理委员会。这实际上也是考虑到一个小区两年还没有售出50%,恐怕要等较长时间才能达到了,如果不成立业主管理委员会,就是对已经入住的众多业主的不负责任。

(2) 50%的入住率,业主不知道怎么办？

从现在很多小区(大厦)的实际情况看,小业主对本小区(大厦)的入住率是否达到50%,很难知情,而知情的是开发商和物业管理企业及政府主管部门。这种情况下,如果上述部门及单位不及时告知,小业主便无法通过合法渠道了解本小区(大厦)的入住率,开发商或物业管理单位即使不组织召开业主(代表)大会,众多小业主也是没有一点办法的,更无法行使自行筹建业主管理委员会的权利。为了更好地发挥业主管理委员会的作用,我们认为,有关方面应赋予小业主这种权利,即如果小业主想了解本小区(大厦)的入住率是否已达到50%或以上,可以选派代表到政府有关部门查询。当然,如果政府有关方面觉得这样可能会很麻烦,还可以采取另一种方式,即政府有关职能部门要及时把入住率达到

50%及以上的小区(大厦)名称,直接告知或责令开发商或物业管理企业告知该小区(大厦)的众多小业主,如果有一方故意隐瞒或拖延不报,将追究其法律责任。

(3)业主管理委员会为什么要由开发商和物业管理企业筹建,业主自己不能筹建?

业主管理委员会要由开发商及物业管理企业筹建,业主自行组织选举的业主管理委员会一般不予批准。这实际上主要是北京市的规定。根据北京市京房地物字[1997]485号《关于开展组建居住小区业主管理委员会试点工作的通知》和京房地字[1998]308号《关于全面开展组建业主管理委员会工作的通知》的规定,各小区的开发建设单位、物业管理企业应在区县房地局、小区办和小区所在地街道办事处的指导、监督下成立业主管理委员会的筹备组,制定组建业主管理委员会的实施方案,起草业主管理委员会的章程。其他城市一般也有类似的规定。那么,业主管理委员会为什么要由开发商和物业管理企业筹建,业主自己不能筹建呢? 这个问题前面已经有所涉及,这里对此简单作一归纳:

第一,政府有关部门规定由开发商与物业管理公司牵头组建业主管理委员会筹备组,主要是考虑到能够利用开发商和物业管理公司的一些便利条件开展组织工作。因为开发商和物业管理企业相对逐个入住、互不了解的业主而言,更加熟悉住宅小区的情况,对入住率的多少以及入住业主的情况也更加了解,因此组织起来也比较方便。

第二,在入住率达到50%及以上,只要开发商没有把住宅房屋完全出售,开发商就是一个大业主,甚至是一个代表多数业主的大业主,因此它有权聘用物业管理企业对小区进行管理,也有权请物业管理企业协助自己筹建业主管理委员会。

第三,作为业主管理委员会的成员,目前来看还是十分辛苦的,需要做很多细致的工作,付出很多的时间和精力,但却得不到应得的报酬,这使一些小业主对组建和参与业主管理委员会不感兴趣;同时,不少小业主受传统计划经济的影响仍然很深,没有或缺乏业主的权利意识,不知道也不热心于组建业主管理委员会,等等。政府可能考虑到这些情况下,所以才以强制性的条文规定要由开发商和物业管理企业负责筹建,这实际上也是对业主权利的尊重和爱护。

当然,上述这些考虑是基于一般住宅小区(大厦)情况的,实际中可能比较简单,比如某小区已经售出50%以上,入住的业主大多彼此比较熟悉,或者经过一两年的接触已经比较熟悉,而且这些业主对成立业主管理委员会非常积极,即业主自己要求成立业主管理委员会,这种情况下,我们认为完全有必要把筹建业主管理委员会的权利交给业主自己(如果开发商还是业主,当然也包括开发商),最多让开发商和物业管理企业作为筹备组的工作人员协助工作。而且我们认为,政府的初衷实际上也应该是这样的。

(4) 开发商对组建业主管理委员会不积极主动怎么办?

这种情况在我国的很多城市都比较普遍,一些城市也为此颁布了一些政策,比如北京市房地物字[1997]第485号文件和京房地物字[1998]第308号文件规定,入住率已超过50%的小区,产权人、使用人要求组建业主管理委员会的,各区县小区办应当向该小区开发建设单位、物业管理企业发出通知,限期一个月内开始组建业主管理委员会的工作。逾期不组建的,区县小区办可以指定产权人、使用人成立筹备组,并按照京房地物字[1997]第485号文件和京房地物字[1998]308号文件通知规定成立业主管理委员会。

这些规定总的来看作用是明显的,但在实际执行中也会遇到一些难题。开发商与物业管理公司和业主在经济关系上本身就是对立的两个方面,基于自身利益的考虑,它们往往故意采取拖延的办法,例如不告诉众多小业主入住率是否已达到50%等等,消极对待业主管理委员会的筹建工作。遇到这种情况,或者当开发商和物业管理公司拒绝筹备业主管理委员会时,小区业主代表可以向区县小区办提出申请,由其指定产权人、使用人成立筹备组。

(5) 业主管理委员会的成立能否改审批制为备案制?

住宅小区(大厦)的业主管理委员会是代表全体业主的自治管理组织,因此,它需要有代表性和权威性,这样才能得到全体业主的认可。所谓代表性,简单地说就是指组建业主管理委员会必须有50%及以上的入住率,参加选举大会的业主中有50%以上同意;所谓权威性,就是要在选举之前对代表资格进行认证。投票权的确定、投票方法,以及选举进行过程中的有关事项,应严格按照程序化步骤进行,不能有随意性,同时,召开业主管理委员会成立大会事宜要得到物业所在地的物业管理行政主管部门的审核、指导和帮助。

业主管理委员会代表性的关键是"50%",这个50%既不是开发商和物业管理企业认可,也不是业主管理委员会认可就能有效的,是否有效关键还要看它是否权威,是否具有权威性,而权威性的体现主要是政府的审批制。比如业主资格、投票权的确定、投票方法以及选举进行过程中的有关事项,是不是严格按照程序化步骤进行等等,这都需要政府有关部门审查、核准,如果没有政府的审批,就很难保证其是否规范,成立起来的业主管理委员会也就很难得到大多数业主的认可,可能还会出现这样那样的关于业主权利的纠纷,带来社会的动荡。所以,改审批制为备案制(成立后不须审核,直接登记备案并认可的制度)在实际中是不可行的。

(6) 业主和开发商各自组建了业主管理委员会筹备组,到底谁的算数?

北京市关于组建业主管理委员会筹备组的工作应主要由开发建设单位和物业管理公司进行的规定,对于那些业主没有意识组建业主管理委员会的小区起过一定的积极作用,但对一些业主已经积极要求组建业主管理委员会的小区反而成为了矛盾的焦点,本案例就是一个很好的说明。业主组织了一个业主管理委员会筹备组,开发商和物业管理公司也组织了一个业主管理委员会筹备组,双方争执不下,"公说公有理,婆说婆有理",业主们认为自己是业主,自己的事情自己做主,而开发商却有政府的文件做后盾,看起来确实不好解决。

我们的观点是,小业主和开发商各自组建的业主管理委员会筹备组都不算数!首先,由众多小业主组建的业主管理委员会筹备组不合理也不符合有关规定,不符合规定是明显的,不合理则表现为它忽视了仍作为业主,甚至是大业主的开发商的利益,没有开发商这个业主,筹备组本身就很难体现代表性和公正性,选举出来的业主管理委员会更谈不上代表性。其次,开发商和物业管理公司组建的业主管理委员会筹备组虽然符合有关规定,但却不尽合理,因为众多小业主已经具有主持权利、积极参与的意愿,开发商对此不能置之不理。作为业主自治组织的业主管理委员会,如果在筹备的过程中,没有众多小业主或其代表的参加,完全由开发商(大业主)和物业管理公司进行筹备,显然可能会发生一些问题。例如,业主管理委员会委员的推选不具有广泛性和代表性,选举程序和过程不公平、不公正以及业主管理委员会的章程难以在产权人大会上通过等。

为了避免开发商和物业管理公司操纵控制组织程序,继而操纵控制已成立的业主管理委员会,侵犯广大小业主的合法权益,组建业主管理委员会筹备组应当由所在地房地产管理部门的指导、监督下组建,并且应该明确规定小业主在业主管理委员会筹备过程中应享有的权利和应履行的义务,促使关心社会公益和小区建设的业主进入业主管理委员会,维护广大业主们的合法权益。就本案例来说,政府有关部门应积极参与调停,努力促使开发商和其他小业主尽快协商一致,把两个筹备组以一定的规则合二为一,共同为小区(大厦)业主管理委员会的成立作出贡献。

附:只因贴了一张条,业主被开发商告上法庭

上周家住在丰台区宝隆温泉公寓的白小姐坐在了丰台法院的被告席上,把她送上法庭的是她所住公寓的开发商宝隆城房地产开发经营中心。引发这起诉讼的原由看起来显得有点小,白小姐在公寓的电梯间张贴了一张召开"业主大会"的通知。

白小姐是今年6月正式入住宝隆温泉公寓的,入住以来白小

姐逐渐发现小区在物业管理上存在着一系列令人不如意的地方，如停车场的设计和电费、取暖费的收取标准等。通过和邻居们的接触，白小姐发现对物业管理存有不满情绪的不只她一个人，于是她萌发了将大家的意见汇集起来，共同和物业管理部门讨价还价的想法。于是10月27日晚上，白小姐在一楼的电梯间里贴了一张"11月4日在大堂召开业主大会，希望大家踊跃参加"的通知，但这一通知当晚被物业管理部门撕掉，白小姐第二天又贴了一张相同的通知。但物业管理方对此的反应却非常强烈，10月29日，他们向白小姐发出了一份措辞严厉的通告，要求白小姐立即停止张贴行为，并称召集业主大会是"非法"的。之后，他们以白小姐在公共场所私自张贴违反了双方签订的《住户公约》、构成违约为由，一纸诉状将白小姐告上了法庭，要求白小姐公开道歉并承担相关的诉讼费用。

昨天的庭审过程中，原告、被告双方辩论的一个焦点是白小姐张贴通知的电梯间是否属于公共场所。但是在双方的辩论中真正凸显出来的问题仍然是业主们的权益保障问题。白小姐倡议召开业主大会的初衷是对目前的物业管理现状不满，于是希望把所有业主的意见集中起来同物业管理方交涉，维护自身的利益。但根据《北京市新建住宅小区管理办法》中的有关规定，新开发的小区只有在入住率达到50%后，才被允许成立小区管理委员会，选择物业管理公司并监督物业管理。宝隆城房地产开发经营中心称，目前公寓的入住率仅达到40%，所以目前该公寓仍由开发商代为管理。但是在缺乏有效监督的情况下，很难想象开发商会全心全意为业主们的利益着想，改进服务。

出庭旁听的白先生是最早一批住进宝隆温泉公寓的业主，迄今已有两年多了，他向记者表达了他对有关规定的不理解，白先生认为选择物业管理公司是业主的权利，这与小区的入住率是两码事，如果剩余的房子永远也卖不出去，那么业主们就要永远忍受现状吗？

（北京晚报　李楠）

案例29 组建业主管理委员会时无法召集半数业主参加产权人大会怎么办？

按业主管理委员会成立的原则规定，必须要有半数以上业主参加产权人大会才能选举产生业主管理委员会。可在我们小区，由于各种原因，无法召集半数业主参加产权人大会，无法组建业主管理委员会，这种情况下我们该如何处理？

简要说明：

由于这样的事情越来越普遍，也就得到了各问题所在地区的重视，各地地区差异大，因而各地规定也不尽相同，问题出现时应以当地的政策法规为主要依据，我们也希望我国应尽快出台相关的、系统的法律条文，从而更好地维护业主的各项权利。

详细评析：

本案例中的情况在许多城市的商品房小区中确实存在。一般来说，从第一位业主入住，到入住率达到50%，很多小区往往要经过半年甚至几年时间。北京《精品购物指南》经过采访与调查，归纳出五个主要原因：①新房，尤其是毛坯房，都有一个装修期，这势必推迟入住时间；②业主出国、出差频繁，或者房产已被出租，与业主联系相当困难；③目前，相当多的小区是分期开发的，即使某一个楼座入住达到比例，也仍不具备成立业主管理委员会的条件；④有些小区，即便全部竣工，如果销售不畅，也会出现销售率过低、业主入住过少的情况，导致业主管理委员会无法成立。时下，确实存在首批业主入住六七年，房子仍只卖掉极少部分的情况；⑤还有一个客观情况是业主个体松散，除非与开发商、物业管理公司发生尖锐冲突，许多业主由于工作繁忙，对社区建设没有精力，或者没有热情关心，即使发生冲突，有些业主仍会弃权或袖手旁观。

即便小区入住率已经达到50%时，筹备组有时也很难召集达到应出席人数的半数以上业主参加业主(代表)大会,这时是不能召开产权人大会,不能作出任何决议的,而只能另行通知并公告;不过,在第二次召集之后,当参加人数未能达到应当出席人数的半数,但不低于一定的比例时(如不少于应当出席人数的30%),大会就可以召开并作出决议,未参加会议的业主必须遵守会议决议,承认成立的业主管理委员会。

附:目前关于成立业主管理委员会的规定

在我国大陆已正式出台的由地方人大制定的8个省、直辖市(上海、广东、江苏、江西、陕西、海南、河南、辽宁)和8个地方市(深圳、珠海、厦门、武汉、青岛、宁波、大同、包头)的物业管理条例中,基本上均规定,成立业主大会或业主管理委员会有50%业主同意即可成立,广东、江苏、河南、大同是30%业主同意和第一个业主入住满一年,上海、深圳、厦门是50%业主同意和第一个业主入住满两年就可成立业主大会或业主管理委员会。北京市在1998年308号文件中也规定,只要50%业主不反对,就可成立业主管理委员会。

在香港,5%的业主就可以召开业主大会,依据"公契"(国内叫"公约")规定的选举规则或50%业主决议选举业主大会管理委员会,或者由20%业主向政府主管部门申请召开业主大会,由参加会议的多数业主选举业主大会管理委员会,也可以由10%业主向法院申请召开业主大会,由参加会议的多数业主选举业主大会管理委员会,三种方法中最低通过决议的法定人数是5%的业主,但这并不等于剥夺其他业主的权利,因为不论采用上述哪种方法都必须有一个14天的公告期,不参与的属于自己放弃权利。

在台湾,50%以上业主可以召开业主大会,出席会议的50%以上业主同意即可做出决议,如果会议没达到法定人数,召集人应就相同议题再次召集会议,这时的法定人数减少为25%,仍由出席会议的50%以上业主同意即可做出决议。在台湾最低通过决议的法定人数是12.5%的业主,但这也不等于剥夺其他业主的权利,因为同样采用了公告期的方法,一般会议的公告期为15天,紧急会议的公告期为2天,同样是谁不参与谁自动放弃权利。

(摘自北京《精品购物指南》,略有变动)

案例30 业主管理委员会如何监督物业管理公司的财务开支?

我们是某小区业主管理委员会的成员,在实际工作中,我们感到监督物业管理公司的财务开支方面很不好把握,不知道怎样做,应该从哪些方面着手,请问能给我们一些指导性的意见吗?

简要说明:

业主委员会有权利并且有义务监督物业管理公司的财务开支,这表现在全面审核物业公司预算项目、监督物业管理公司按计划用款等方面。业主委员会可以自行检查,也可以聘请相关的专业人员进行核查。

详细评析:

首先,业主管理委员会要监督管理公司制定小区的全年财务预算,作为管理费收支的准则。根据建设部有关文件的规定,审核的财务预算项目一般包括:①管理、服务人员的工资和按规定提取的福利费;②服务项目的物资损耗费;③直接用于小区物业管理的固定资产折旧费;④公共场所的绿化费用;⑤公共场所的清洁卫生费用;⑥治安、交通、消防费用;⑦公共设施的工程维护、维修保养费用;⑧法定的税费;⑨合理的利润;⑩根据需要协定增设的其他服务项目费用等。这些费用开支是否恰当,业主管理委员会可以参考小区上年度的实际开支数额,如觉得与上年度相差太大,则可以与物业管理公司讨论、协商并进行修改。

其次,全年财务预算通过审议后,业主管理委员会要监督物业管理公司严格按计划用款。计划外的开支,超过约定金额的,业主管理委员会应要求物业管理公司报批。

最后,业主管理委员会可以自行审查,还可聘请注册的会计师事务所或审计师事务所以及对口的物价主管部门审查管理公司的财务报表,从专业的角度审核账目的合法性。

此外,业主管理委员会还可通过多种途径监督管理公司的财务开支,如对分包工程的审核、对大额开支的审批等。但业主管理委员会也要掌握好实施监督的力度,在有效的监控下应尊重物业管理公司的自主经营的权利,不能过多地介入物业管理公司的内部运作。

案例31 丈夫是产权人,妻子可以参加业主管理委员会吗?

一些业主认为,房产是夫妻双方共有的财产,妻子或丈夫代表业主参加业主管理委员会,缺少的只是业主的授权,但对业主管理委员会这样的自治组织不应求全责备。也就是说,丈夫或妻子是产权人,妻子或丈夫可以参加业主管理委员会。这种观点对吗?

简要说明:

对于此类问题,各个城市的规定有所不同,且夫妻间对于房产的归属也有不同的差异,因而具体问题要具体分析,但是我们也希望各个业主管理委员会能够依自身情况、特点,更加合情合理地解决好这一普遍问题。

详细评析:

一般来说,这种观点是不对的。不过,也要根据不同城市的不同规定,以及丈夫与妻子对于房产的不同约定来最后确定。

有的城市规定,业主管理委员会委员只能由业主担任,非业主不能参加;而有的城市则规定,业主和使用人都可以参加业主管理委员会,但非业主使用人的数额要限定在业主管理委员会成员总数的30%以下。

在非业主能够参加业主管理委员会的城市,如果丈夫或妻子是产权人,则妻子或丈夫完全有权利参加,因为他们至少是使用人。在非业主不能参加业主管理委员会的城市,丈夫或妻子是产权人,则妻子或丈夫是否能够参加业主管理委员会,要根据具体情况而定。《婚姻法》规定,夫妻在婚姻关系存续期间所得财产,归夫妻共同所有,但"双方另有约定的除外",这说明夫妻可能是房产的共同所有人,即都是产权人,也可能不是共有人,即一方是产权人,一方是非业主使用人。前者,即夫妻是房产的共有人的情况下,夫妻均可以参加业主管理委员会;后者,因为双方不是共有权人,所以只能是产权人能够参加业主管理委员会,而非业主使用人不能参加。前面已经提到,业主管理委员会成员是一种基于身份的权利,不具有可转让性,所以非业主使用人不能以被委托人本人的名义参选业主管理委员会委员。即使业主将此种权利明确委托给他人,也不具有法律效力。

上面主要是从有关政府或法律规定的角度来谈的。实际上,在现实的经济生活中,业主和使用人的情况可能五花八门。购房人群中产权证上的人往往不是使用人,例如父母出钱为子女买房住,业主(产权人)还是父母,但不居住在此;子女买房与父母在城里的房相置换,即子女住父母房,父母住子女房,双方都成为了使用人;房屋产权人虽然写了丈夫(妻子)的名,可妻子(丈夫)在家有时间可参加业主管理委员会,但他(她)只能作为使用人,等等。这些情况使得业主管理委员会本来成立就困难,因此变得更加困难。

从这个角度出发,我们认为,业主管理委员会是业主自治的组织,其实质是维护业主权利的组织,那么,对于同样能够维护业主权益的非业主使用人(例如父母是业主,子女是可以维护作为业主的父母的权益的使用人),应该可以参加业主管理委员会,这并没有违背维护业主合法权益的目的。当然,因为他(她)毕竟不是业主,他(她)是否真的维护业主的权益,有时很难判断(例如丈夫和妻子之间,如果有某种利益驱动,对房产权益的保护想法可能并不一致),这样,可以规定一个非业主使用人参加业主管理委员会的比例,用以限制非业主使用人对物业权益保护的不尽心。所以,我们认为,那些规定非业主使用人和业主一样可以参加业主管理委员会,并限定非业主比例的做法是最合理,也最适合实际操作的。

案例 32 业主管理委员会委员该不该拿酬金?

最近我们小区选举产生了业主管理委员会,我母亲非常荣幸地被推选为业主管理委员会的主任。母亲以及其他委员为了能把小区搞好,不惜牺牲她们自己很多的时间,来主持和推动业主管理委员会的日常工作,一些委员为了公益事业而影响了自己的工作和生意,累坏了自己的身体,甚至精神和身体也受到了很大损害。有一次我问母亲,作为主任,自己有没有酬金或薪酬,其他委员有没有?母亲回答说,自己和委员都没有酬金,根据北京市有关文件的规定,主任有一些津贴及日常经费,这些津贴及日常经费暂由物业管理企业从其收入中支付。听后我想了很多,一方面为她们感到自豪,另一方面,我也感到疑惑,希望以下问题能够得到解答:

(1) 业主管理委员会成员可否专职,以便他们能有更多的时间与精力专心工作?

(2) 业主管理委员会主任及其成员是否应该有合理的薪酬?或是否应该拿工资?

(3) 业主管理委员会主任的津贴及日常经费暂由物业企业从其收入中支付合理吗?

(4) 如果给予业主管理委员会主任及成员薪酬的话,其资金来源于哪里比较合适?

简要说明:

关于业主管理委员会成员是否应该拿工资及相关的问题,曾经而且现在一直有争论,到目前仍未有定论,我国的相关规定也只是"暂时"的,因为物业管理毕竟是这几年才出现的,管理中还有很多的问题,需要我们从实践摸索中寻找更好的解决办法。

详细评析:

(1) 业主管理委员会成员可否专职,以便他们能有更多的时间与精力专心工作?

我们认为,经业主(代表)大会表决同意后,业主管理委员会成员可以专职,但专职人员一般不宜过多,更不可能让所有的业主管理委员会成员都为专职,通常一至两个业主管理委员会成员专职从事日常工作即可,而且,最好业主管理委员会的主任是专职。

另外,我们从市场的角度,提出了"引入市场机制,重构业主管理委员会"的观点❶,认为,要按照市场规律建立有关业主管理委员会主任的一系列制度,并通过业主管理委员会主任的市场运作,来带动业主管理委员会的市场运作。这些系列制度包括:①职业化制度。即让业主管理委员会主任成为社会各种职业的重要组成部分之一,使他专职工作有一定的社会基础。②主任资格认证制度。即具备一定的资格条件,才能应聘成为业主管理委员会主任。③考试考核与注册制度。即从事业主管理委员会主任这个职业的人员,首先必须经过有关部门组织的相关考试,考试合格取得从业资格证和从业上岗证,到政府主管部门注册、登记备案后才能上岗。④业主管理委员会主任负责制。即让主任成为惟一的专职和日常工作人员,不设执行秘书。业主管理委员会的委员是兼职的。⑤公开聘用制。即面向社会公开招聘业主管理委员会主任,实行业主权利代理制,吸引高素质的人才。

(2) 业主管理委员会主任及其成员是否应该有合理的薪酬?或是否应该拿工资?

业主管理委员会主任应该拿工资,业主管理委员会的其他成员一般只需拿津贴。之所以这样认为,主要是基于以下考虑:

---

❶ 参见谭善勇著《物业管理市场——理论与实务》首都经贸大学出版社,2001年1月版 67~68页。

第一,业主管理委员会主任是整个自治组织的负责人,他(她)的工作比其他成员多得多,连续性、经常性更强;而且他(她)的责任也比其他成员大得多,因此,主任应拿工资,而一般成员通常只拿津贴。

第二,给业主管理委员会主任合理的工资。给一般成员合理的津贴,是对他们自身价值及他们所做工作的一种肯定,也是对他们的一种精神和物质上的支持和鼓励,可以提高业主管理委员会主任及一般成员的责任感和积极性。同时,也可以吸引更多的业主主动担任此项工作,从而促进业主管理委员会的可持续发展。

第三,从现在众多小区的情况看,绝大多数业主管理委员会委员都是有着强烈社会责任感、公益心且有着强烈事业心的人士,他们都有自己的一份事业。他们为了全体业主的权益不惜牺牲自己大量的时间、精力、与家人团聚的机会,甚至钱财,如果不给他们相应的合理酬劳,即如果付出的劳动不能得到应有的报酬,不但会伤了他们、他们家庭成员的心,而且也会伤那些有志为全体业主服务的业主的心。一个负责任的业主管理委员会有着大量工作要做,开始时虽有业主愿意义务担任此项工作,但长年坚持有着一定实际困难。而且,付出劳动得不到报酬,这是违反客观规律的事情,一个与规律相背的事业是不可能长久发展的。

(3) 业主管理委员会主任的津贴及日常经费由物业企业从其收入中支付合理吗?

很明显这是不合理的。正因为不合理,所以北京市有关文件才规定是暂时性的。

首先,这些津贴及日常经费不应该由物业管理公司支付。业主管理委员会的有关津贴及日常经费主要是用来监督物业管理公司的,而物业管理公司是一个经营性的企业,它不应该为监督自己的业主管理委员会支付这些费用,或者至少不应该由它全部支付。负责住宅小区物业管理工作的物业管理公司本来利润率就低,要把小区真正管好,为业主真正服务好,很多时候根本不赚钱,而且不少小区收费一直很困难,费用收缴率达到80%以上已属不易,让这样的物业管理公司再用有限的费用来源去支付业主管理委员会的相关津贴及日常经费,确实是不恰当的。如果强行规定这样做,只能导致物业管理公司乱收费、多收费,或只收费、少服务,甚至不服务。

其次,有损业主管理委员会的形象,导致以后开展工作困难。业主管理委员会是业主的自治组织,是为全体业主服务的,既然这样,它首先在经费上就应该与物业管理公司拉开距离,如果连自身的津贴及有关经费都要物业管理公司支付,就会让业主怀疑这是不是自己的组织,是不是"业主管理的委员会",以后业主管理委员会要想开展工作,就会出现业主不予配合等种种困难。

最后,业主管理委员会的津贴及相关经费由物业管理公司支付也会使其公正性、代表性失去基础,甚至发生偏差。物业管理公司为了自己的利益,在业主管理委员会不听从安排时,就可能会以各种理由拖延支付有关费用,使业主管理委员会缺乏经费支持。这样,业主管理委员会实际上是很难对物业管理公司进行有效的监督,物业管理服务的质量也很难得到保证。

(4) 如果给予业主管理委员会主任及成员薪酬的话,其资金来源于哪里比较合适?

我们认为,这些资金来源可以有三个方面。

第一,政府财政拨款。住宅小区的管理是城市管理的一个重要组成部分,某种角度上也可以说是城市管理的一个基本细胞,住宅小区管理不好,城市管理也会成问题。反之,如果住宅小区管理好了,城市政府就可以少花费精力和资金用于城市管理。所以,我们建议城市政府以财政拨款的形式,支持业主管理委员会的工作(实际上也是支持自己的城市管理工作)。这部分款项,应该为业主管理委员会所须费用(工资、津贴及日常经费)的五分之二。

第二,业主支付。业主管理委员会是业主自治的组织,业主管理委员会的一切花费,也是围绕着保护全体业主合法权益进行的。如果没有保护业主权益的目的,业主管理委员会也基本上没有存在的必要。因此,业主应该为业主管理委员会的支出提供必要的经费支持。从受益的程度及直接受益的角度,我们认为,业主也应该支付业主管理委员会所须费用(工资、津贴及日常经费)的五分之二。

第三,物业管理公司支付。业主管理委员会部分是因为物业管理公司的存在才存在的,同时,业主管理委员会的很多工作也是有利于物业管理公司的,业主管理委员会的义务之一就包括协助物业管理公司落实各项管理工作。前面已经提到,物业管理公司在执行决议、行使权力遇到阻力时,业主管理委员会有出面调停的义务。因此,物业管理公司也是受益者,也应该为业主管理委员会的开销负责。考虑到物业管理公司的特殊性,我们认为,物业管理公司应该支付业主管理委员会所须费用(工资、津贴及日常经费)的五分之一。

另外,根据有关资料,在国外以及深圳许多小区,物业管理费中包括了业主管理委员会的管理基金,或者从公共维修基金中拿出部分资金做管理基金,基金涵盖了业主管理委员会的会议、补贴、律师、宣传、活动等费用,这类小区的业主管理委员会,基本上作为一个实体存在,对此我们可以参考。

附:管委会委员该不该拿酬金?

涉及业主管理委员会委员酬金的文件,在原北京市房屋土地管理局(现北京市国土资源与房屋土地管理局)1997年6月23日下发的《关于开发组建居住小区业主管理委员会试点工作的通知》(京房地物字[1997]第485号)中提到:"业主管理委员会主任的津贴及日常经费,暂由物业企业从其收入中支付。"

但由此引发的矛盾却在许多小区普遍存在。一些热心公益事业的人士克服种种困难,与开发商及物业管理公司进行无数交涉,为邻居们争取着权益,但一是由于自己不好意思,二是由于没有相关法规可以遵循,所以经常是赔本赚吆喝。业主管理委员会委员该不该拿酬金?围绕着这个问题的争论,被不少业主所关注。

一、酬金该不该拿？

该拿。

业主赵先生：为大家服务了，酬金当然该拿。我不是业主管理委员会委员，而且我们小区业主管理委员会也还没有成立，但如果有人能代表我们的利益，为大家说话，我认为就该把酬金给人家。

小区中的事务性工作需要占用大量时间，但业主中有时间的往往又没有能力，比如老年人，体力、精力都不充沛；有能力的却经常是忙得不得了，不忙，怎么能挣钱买房？所以既然占用了人家本已宝贵的时间，就该有回报。否则一方面，从良心上我过不去，另一方面，这也不符合市场规律，不符合规律的事肯定难以坚持。现在小区中的管理问题那么多，如果本来分散的业主不团结起来，没有人牵头，那不就更处于劣势了？

某小区业主管理委员会主任张女士：

虽然有时候觉得委屈，但权利不争怎么行？

花了100万买了房子，那么多东西没有兑现，物业管理中又有诸多不如意。也许是因为我是一个非常爱较真儿的人，让我花一万元，只要值，我就不心疼；让我花10元冤枉钱，我也不干。这么多人的权益得不到保障，没有人出面怎么行？

说句实话，在我们小区这两年业主管理委员会筹办与成立过程中，我们几个委员可是没少搭时间，没少出力气。光说与业主建立联系吧，因为是外销房，许多单元的业主长期在国外，十几层楼挨家挨户送通知，就好几轮；有的还要通过国际长途。物业管理公司并不支持我们，困难只好自己克服。这两年间，只要我在北京，几乎每天早晚就没有闲着的。

当然，我不冲着钱，我也不缺钱，只不过为了维持业主管理委员会队伍的稳定，我还是认为应该适当给予一些酬劳，这是对我们工作的一种肯定。

不该拿。

业主李女士：既然是在为大家服务，拿的都是大家的钱。

我不认为业主管理委员会委员该拿酬金，酬金出自管理费，必然增加每户负担。而且,人总得讲点精神吧?

读者马晓青:难道为自己服务,还要自己给自己发薪水吗?

委员不是职业,不该有酬金。因为他们代表的是全体业主,服务的是全体业主,这其中包括他们自己。如果委员们都拿酬金,那就是为自己服务,自己给自己发薪水。试想,自己为自己做了一顿饭,甚至给全家准备丰盛的晚宴,是否也需要给自己发一份薪水呢?

再说了,在自己所在的社区中尽一点点义务,让大家的生活更加美好,也是应该的嘛!

二、酬金该拿多少?

业主赵先生:物业费多出5%以内我都可以接受当然,多少要看小区情况的复杂程度,总之,在5%以内我可以接受。

某小区业主管理委员会主任张女士:

多少是个心意,差不多就行,建议政府制定明确标准。

其实,买房人谁也不缺钱,发些酬金是对我们工作的一种认可。多少还要看每个人工作的努力情况。这方面,北京市相关法规中没有明确规定,执行起来也较难,建议制订一个相对明确些的标准,否则我们也不好操作。

(http://:www.5j5j.com"物业法规"栏目)

案例33 业主管理委员会能否作为诉讼主体解聘物业管理公司?

两年前,某小区业主分别与某房地产开发公司签订内销商品房买卖合同,同时签订房屋使用、维修、管理公约。该公约载明,由该房地产开发公司指定某物业管理公司进行物业管理。各业主在签约后,分别办理了入住手续,并缴纳了房屋维修基金等费用。但众业主入住后,发现该物业管理公司管理的小区环境脏、乱、差,高层楼房两台电梯中的一台时常因故障而停运,小区保安甚至串通外来人员乱敲竹杠等等。该小区业主因此拒缴了一些物业管理费,同时,业主管理委员会遂诉至法院,请求判令解除与开发商签订的房屋使用、维修、管理公约;要求物业管理公司退出小区管理,并将维修基金划入业主管理委员会的账号。在法院,开发商辩称,公约是双方真实意思的表示,不应解除;而物业管理公司则辩称,其系在工商登记核准的经营范围内对小区进行管理,虽在管理中存在不尽如人意之处,但通过公司内部整顿,现在小区的管理已有明显改善,而且业主尚欠物业管理公司的物业管理费用,因此不同意退出小区管理。请问:

(1) 业主管理委员会能否作为诉讼主体?

(2) 业主管理委员会能否要求解除与开发商签订的房屋使用、维修、管理公约?

(3) 业主管理委员会能否要求物业管理公司退出小区管理?

(4) 物业管理公司能否以业主欠费为由拒绝退出小区管理?

(5) 业主管理委员会能否要求将维修基金划入自己的账号?

简要说明:

作为业主管理委员的业主,应当明确业主管理委员会在当地的合法地位,了解相关的法律、法规,这样才能合理地行使自己的权利和义务,维护好全体业主的利益。对于物业公司而言,也应当遵守各项规章制度,协同业主管理委员管理好小区的各项工作,否则就会被解聘。

详细评析:

这些问题很大程度上涉及法律问题,我们主要从法律的角度来做些分析。

(1) 业主管理委员会能否作为诉讼主体?

《中华人民共和国民事诉讼法》第四十九条规定,公民、法人和其他组织可以作为民事诉讼的当事人。法人由其法定代表人进行诉讼,其他组织由其主要负责人进行诉讼。本案原告既非企业法人,又非社团组织,但却是经业主推选组成,并经房地产主管部门批准成立,符合民事诉讼法规定的其他组织条件形式,所以具有参与民事诉讼的主体资格。

由于各个城市不同的人有不同的理解,所以,对于业主管理委员会能否作为诉讼主体目前仍存在争论,不少人把诉讼主体看成等同于法人一样的机构,认为一个诉讼主体需要有固定的名称、办公地点和独立可支配的财产,如果这样的话,现在大多数城市的大多数业主管理委员会都达不到此标准。

另外,是否把业主管理委员会作为诉讼主体,各地实际执行也不一样,如上海市已明确规定业主管理委员会可以作为诉讼主体,而其他不少城市还没有类似的规定,有的地方法院干脆不接受业主管理委员会提起的民事诉讼,使得业主们无法保护自己的合法权益。这就需要立法机关尽快做些补偿,给业主管理委员会以确切的诉讼主体的法律地位。

(2) 业主管理委员会能否要求解除与开发商签订的房屋使用、维修、管理公约?

业主在购买物业后,一般要与发展商或其指定的物业管理公司签订《房屋使用、管理、维修公约》(以下简称公约),这是国家规定在购房过程中必须签署的一个文件。

公约是一种将业主(或使用者)以及管理者双方对于特定物业(业主所购房产、公用地方及其配套设施等)的权利和义务以文字的形式加以确定,并对全体业主(或使用者)以及管理者均有约束力的文件。订立公约的目的,是要明确有关物业管理各项规则,使业主以及管理者都有共同遵守的行为准则,使双方都明白自己的职责、权利和义务。

在香港类似的公约被称为《公共契约》,依法对签署各方具有法律上的约束力,凡参与签署各方都必须遵守。在我国内地目前还没有专门的法律、法规对公约的法律效力加以规定。实践中,管理公约经过签署后可到公证部门进行公证。

北京市规定(《北京市房屋土地管理局关于开展内销商品房房屋使用管理维修公约核准工作的通知》京房地物字[1998]第34

号),在业主入住达到50%之前,开发商作为该物业的第一业主,有权指定临时的物业管理公司,由该物业管理公司拟定公约,并将公约文本报北京市(区)住宅小区管理办公室核准、备案。业主应在验收所购房产、办理入住手续后签署公约。业主管理委员会成立前,不得对已核准的公约进行修改。业主管理委员会成立后,业主大会及业主管理委员会有权根据实际情况及广大业主要求,决定是否续聘原物业管理公司或选聘新的物业管理公司,并有权修改原物业管理公约。我国其他城市也有类似的规定。

本案例中,住宅小区各业主当时与开发商签订的房屋使用、维修、管理公约虽是双方当事人真实意思的表示,但由于由房地产开发公司指定的物业管理公司管理不善,未能切实履行其物业管理义务,实际上也违背了房屋使用、维修、管理公约。而且,目前业主管理委员会已经成立,它完全有权,而且有充分理由要求修改,甚至解除各业主与开发商签订的房屋使用、维修和管理公约(当解除与物业管理公司的委托合同时)。事实上,法院也确实判决业主管理委员会所属各业主与被告开发商签订的房屋使用、维修、管理公约终止履行。

(3) 业主管理委员会能否要求物业管理公司退出小区管理?

根据1994年建设部《城市新建住宅小区管理办法》及有关法规规定,关于物业管理的合同实际上有三个:第一,房子还没有出售或出售率未达到50%前,开发商与物业管理公司签订的委托服务协议;第二,开发商或开发商聘用的物业管理公司与购房者签订的前期物业管理服务协议;第三,业主管理委员会成立后,由业主管理委员会与选聘的物业管理公司签订的物业管理服务协议。前两个合同的有效期限到业主管理委员会成立时为止,即一旦业主管理委员会成立,开发商与物业管理公司签订的委托合同及开发商或物业管理公司与购房者签订的前期物业管理服务协议即自动失效。此时,如果业主管理委员会认为开发商聘用的物业管理企业是一个合格的甚至是很好的管理者,则它可以与该物业管理公司续签委托合同,即行使续聘权;反之,它也有权辞掉该物业管理公司,并选聘新的管理单位。

本案例中,第一,业主管理委员会已经成立;第二,业主管理委员会认为物业管理企业不是本小区合格的管理者;同时,第三,物业管理企业也已经违反了房屋使用、管理、维修公约,因此,业主管理委员会完全有权行使自己的辞聘权,并有权根据有关法规规定,要求该物业管理公司退出该小区的物业管理工作。法院最后也支持了业主管理委员会要求物业管理公司退出该小区物业管理的请求。

实践中,有时出现业主管理委员会辞聘物业管理公司,而物业管理公司拒绝退出的案例:某小区通过业主大会讨论,由业主管理委员会代表大家辞退了物业管理公司,并选聘了新的物业管理公司。但原物业管理公司坚决不同意走,认为业主管理委员会并不是独立法人,无资格决定一个注册公司的去留,结果导致新聘用的物业管理公司很难进入小区。业主们心里产生了困惑,对业主管理委员会到底有没有资格炒物业管理公司鱿鱼产生了怀疑。实际上,前面也已经有所论述,业主(通过业主管理委员会)和物业管理公司之间是一种法律上的契约关系,如果物业管理公司没有按照委托合同上的条款(承诺)来完成任务,业主管理委员会有权提前解聘和辞退物业管理公司。从全国来看,已有好几个城市住宅小区的业主管理委员会炒了物业管理公司的鱿鱼,实际上这也是一个非常正常的合同行为。一些业主不清楚自己在物业管理中的法律地位,因此一碰到物业管理公司拒绝退出就感到毫无办法,这实际上也是业主"自治管理"意识不强的表现。业主要想维护自己在物业管理中的地位,不能只怨声载道,而要敢于用法律手段,通过法律程序(由法院判定)收回管理权。

(4) 物业管理公司能否以业主欠费为由拒绝退出小区管理?

我们认为,物业管理公司不能以业主欠费为由拒绝退出小区管理。只要业主管理委员会有正当的理由(不是想辞退就辞退),物业管理公司就应该尽快做好退出准备,一旦新的物业管理公司进入,自己就应该迅速撤离。

首先,业主应该坚持交费。业主对物业管理公司有意见,要及时向物业管理公司提出,但在合同有效期内该交的费用还要交。当然,如果是物业管理公司乱收费,业主可以拒交。本案例中,业主拒交管理费,虽然有一定的过错,但这是在物业管理公司违反合同的前提下作为的,应该可以原谅。

另外,退出小区管理和业主欠费是两码事儿。建设部33号文件和其他有关文件都规定业主有权辞聘或选聘物业管理公司,合同解除了,物业管理公司就应当退出管理,不能以业主欠费为由拒绝退出,因为,即使物业管理公司退出小区管理了,其债权、债务关系也没有改变,物业管理公司还有权进行追缴。

(5) 业主管理委员会能否要求将维修基金划入自己的账号?

住宅小区(大厦)维修基金是指住宅小区(大厦)共用部位和共用设施、设备的更新与大、中修基金。维修基金归全体业主所有,经业主管理委员会批准,委托物业管理公司实际操作使用。在业主管理委员会成立之前,可由政府行政主管部门负责管理。一般不宜由物业管理公司直接掌管这项基金。因为这笔基金是永久性存在的,而物业管理公司只是受业主管理委员会委托在一定时间内管理该物业。为了防止物业管理公司的短期行为,或是因解聘该公司管理服务而影响这项基金的安全,必须由业主管理委员会负责该基金的使用。在需要使用时,由物业管理公司提出使用计划与预算,报业主管理委员会审查批准,在使用过程中,接受业主管理委员会和银行的监督检查。

该案例中,业主管理委员会既然有权要求解除与原物业管理公司的管理合同,那么,它当然可以要求收回由物业管理公司代为管理的维修基金的管理权,如果业主管理委员会有相应的银行账号,自然可以要求物业管理公司将维修基金划入该账号。

案例 34 业主管理委员会如何补选、改选与换届?

某业主入住现在的小区后,发现小区存在维修基金被挪用、乱收费等很多问题,但物业管理公司一直阻碍业主管理委员会的成立。直到去年,在房地产主管部门的督促下,才按规定程序选出了业主管理委员会候选人。尽管业主代表对候选人并不充分了解和信任,但最后,几名业主管理委员会委员仍以过半数的选票当选。在业主管理委员会成立2个月后,业主们发现业主管理委员会成员并不尽职,故超过50%的业主联名投书房地产主管部门,要求业主管理委员会成员辞职。如今,4名业主管理委员会委员提交了辞职报告,其中2人获得房地产主管部门批准。这样,近半年来业主管理委员会形同瘫痪,业主们为了维护自己的权益,一直要求重新建立业主管理委员会。请问:

(1) 本案例情况下,业主们能否重新建立业主管理委员会吗?
(2) 如果想改选业主管理委员会,应该怎么做?
(3) 业主管理委员会的换届条件和程序如何?

简要说明:

由于业主管理委员会产生与发展的时间不长,案例中提到的问题目前还较少出现,但随着我国物业管理以及业主管理委员会的继续发展与不断成熟,这些情况应该越来越多。在此,我们先以上海市的某些规定为例。

详细评析:

(1) 本案例情况下,业主们能否重新建立业主管理委员会吗?

重建业主管理委员会的条件是现业主管理委员会已经不再存在,或现业主管理委员会委员已全部辞职。针对案例中住宅小区的具体情况,由于本届业主管理委员会委员并未全体辞职,故只能补选业主管理委员会成员。大多数的城市对这方面没有规定,上海市规定,在15%以上业主或业主代表向业主管理委员会作出补选书面提议后,现业主管理委员会就应尽快召开业主(代表)大会进行补选。如在30天内业主管理委员会不召开业主(代表)大会予以补选,业主们可向房地产主管部门投诉解决。

(2) 如果想改选业主管理委员会,应该怎么做?

上海市规定,如果现任业主管理委员会全体委员不称职或不能履行委员职责,可先按一定程序罢免业主管理委员会全体成员,然后进行业主管理委员会改选。但是,凡涉及改选或罢免业主管理委员会委员的,必须召开大会,经全体业主或全体业主代表的半数以上通过,同时应通知区、县房地产主管部门参加会议。

(3) 业主管理委员会的换届条件和程序如何?

业主管理委员会换届,一般须符合下列条件之一。

① 任期已满;

② 全体委员辞职;

③ 依照程序全体委员被罢免。

上海市规定,如果现任业主管理委员会不能按时举行换届选举,或者业主管理委员会全体委员辞职或被罢免,无法主持工作,只要有15%以上业主或业主代表,就换届选举提议召开业主大会或业主代表大会——提案需送区、县房地产管理部门备案,且提议后30天内仍不召开大会的,房管部门将督促召开会议;经督促无效,房管部门可组织业主召开业主大会或业主代表大会,选举新一届业主管理委员会。

正常情况下,业主管理委员会任期已满的换届,一般应在前一届业主管理委员会任期届满之前3个月进行,选举大会由在任的业主管理委员会组织召开。新一届业主管理委员会的委员名单应报所在区、县房地局备案。

附:"两会风波"有说法

"两会风波"的原告是万科城市花园业主管理委员会,它成立于1996年4月,主任为吴某,由于两年任期已满,便定于1998年4月19日进行换届选举。而本案的被告之一贺某被拟定为新一届业主管理委员会主任。根据《上海市居住物业管理条例》的规定,新一届的业主管理委员会应向区房地局备案并须得到核准。而就在申请核准期间,原告将"万科城市花园业主管理委员会"公章、财务专用章、账号章,还有计算器、账册、支票及现金、存款等财物交给了贺某与另一被告夏某。由于贺文胜以新一届业主管理委员会名义于同年4月3日和次年1月16日先后两次向闵行区房管局申请备案,均因换届选举工作违反规定而未批准,并被责令规范操作重新选举。原告即与两被告交涉,收回了部分移交之财物,但公章、帐册等重要物品被告却一直不肯归还,原告遂诉诸于法院,请求判令返回。

在此之前,即1999年7月5日,贺某曾以万科业主管理委员会的名义诉闵行区房管局变更万科业主管理委员会资质证书一案向法院提起过行政诉讼,法院于1999年9月27日作出行政裁定驳回该诉讼。后贺不服上诉至上海市第一中级人民法院,又遭一中院的驳回。本次闵行区人民法院受理万科业主管理委员会诉讼请求后,依法组成会议庭进行了公开审理,并认定以贺某为拟定负责人的"万科业主管理委员会"之合法性已被闵行区房管局1998年12月27日房地(98)200号责令限期改正通知所否定;万科城市花园新一届业主管理委员会尚未成立,原告要求返还其在新一届业主管理委员会尚未成立的情况下,误交的公章、现金等财务的诉请,理由正当,于法不悖。而两被告辩称的两条理由:(1)新一届业主管理委员会已报上级备案,无需批准,故合法有效;(2)吴某不是新一届业主管理委员会成员,业主管理委员会也未委托其起诉,吴不具备诉讼主体资格。于法无据,不予采纳。据此,依照《中华人民共和国民法通则》第一百零六条第二款、第一百零八条之规定,判决被告于判决书生效之日内返还原告上述所欠财物,并支付案件受理费人民币1727.20元。贺某、夏某不服一审判决,上诉请求撤销原判,理由仍是前述两条。市一中院受理后依法公开审理了该案,并于2000年7月13日作出驳回上诉,维持原判的终审判定。

(来源:不详)

第四章 物业管理公司

案例35 物业管理公司如何成立?

最近,公司安排我着手下属物业管理公司的成立及管理工作。本人建筑专业毕业,这方面毫无经验。听别人说,物业管理如同居委会一般,很烦琐,且基本没有盈利。我想请教各位专家以下几个问题:
(1) 如何成立物业管理公司?其条件与程序有哪些?
(2) 物业管理公司维持一般正常工作需要几名人员?
(3) 作为一个管理者,应该具有什么资格?学习哪些课程?

简要说明:

物业管理企业的现代组织形式是物业管理公司。随着物业管理在我国的产生和发展,越来越多的物业管理公司已迅速建立起来,同时,还有一些单位准备成立物业管理公司,但它们对成立物业管理公司的条件、程序、人员安排等方面的情况不太了解,这直接影响了它们成立物业管理公司的效率。

详细评析:

(1) 物业管理公司设立的条件与程序

《公司法》第十九条规定,设立物业管理有限责任公司,应具备下列条件:①股东符合法定人数;②股东出资达到法定资本最低限额;③股东共同制订公司章程;④有公司名称,建立符合有限责任公司要求的组织机构;⑤有固定的生产经营场所和必要的生产经营条件。

《公司法》第七十三条规定,设立物业管理股份有限公司,应当具备下列条件:①发起人符合法定人数;②发起人认缴和社会公开募集的股本达到法定资本最低限额;③股份发行、筹办事项符合法律规定;④发起人制订公司章程,并经创立大会通过;⑤有公司名称,建立符合股份有限公司要求的组织机构;⑥有固定的生产经营场所和必要的生产经营条件。

物业管理公司设立一般要经过资质审批、工商注册登记、税务登记和公章刻制等几个步骤。

① 根据《公司法》规定的设立条件,提前准备好有关材料和文件;

② 公司名称预先核准申请。为了避免与其他公司的名称重复,在工商登记前,首先先要向工商行政登记主管机关提出预先核准公司名称申请,预先核准的公司名称保留期为6个月,在此期间不得用于从事经营活动、不得转让。

③ 向所在地房地产行政主管部门提出书面申请。在我国,不少城市都规定物业管理公司必须持有当地房地产主管部门核发的物业管理资质证书方可从事物业管理业务。以北京为例,北京市1995年11月颁布的《物业管理单位经营资质审批规定》第五条中指出,设立物业管理单位要按下列程序办理审批手续:(a)申请单位向所在区、县房地局提出申请。涉外物业管理单位的设置直接向市房地局申请。申请采用书面形式,并须填写《物业管理单位审批申请表》;(b)区、县房地局接到申请后,先进行初步审查,经审查合格,在15日内报市房地局审批,市房地局应当在10日内作出是否批准的规定。经批准,核发《物业管理资质合格证书》。

④ 向所在地工商行政管理机关申请法人注册登记和开业登记,领取营业执照。按照《公司法》的规定,所有公司的设立,都必须到工商行政管理机关进行注册登记,物业管理公司自然也不能例外。在取得《物业管理资质合格证书》后,物业管理单位应持该证书到所在地工商行政管理机关申请办理注册登记手续,领取营

业执照。

⑤ 到税务部门进行税务登记以及到公安机关(或授权单位)进行公章登记和刻制。在取得上述有关证件后,物业管理公司还要持这些证件到税务部门办理税务登记,购买营业发票,还要到公安部门办理公章登记和刻制手续。

上述程序结束后,物业管理公司就可合法地开展物业管理服务业务了。

(2) 物业管理公司人员编制

物业管理机构人员编制情况直接关系到公司管理预算问题,但目前政府并没有,也不可能对此做出硬性规定。现阶段,业内比较认可的人员配置比例为 800~1000 平方米配备 1 人,这个比例只是一个平均值,比较准确的人员配置数目,通常与以下方面有密切的关系。

① 物业管理市场化、专业化的程度。如果物业管理市场化的程度较高,同时,社会上拥有完善、高效的专业服务队伍,如保安公司、电梯保养公司、清洁公司、房屋维修公司等,物业管理公司就可以比较方便地以较低廉的价格外包部分专业服务项目,相应减少自己公司的人员安排,从而实现经常性的工资支出。否则,物业管理理公司只有在可能的情况下,尽量不增加人员的编制。

② 物业管理公司的目标与人员的素质。也就是说,物业管理公司到底想做到什么程度以及目前已有和即将招聘的员工队伍素质如何。第一,物业管理包括管理型、实务型以及半管理半实务型几种,不同的类型,设置的机构、安排的人员各有不同;类型确定以后,还有发展战略与竞争策略问题,例如,是把公司做大,还是一般发展?等等,这些都直接关系到物业管理公司的人员编制。第二,公司目前已有管理人员的管理经验、管理业绩、文化程度、社会经历以及即将配置的管理服务人员的素质要求(招聘要求)等,也影响公司的人员安排。比如,假设目前公司已有人员素质很高,同时,对未来拟招聘的管理服务人员的条件也很高,则一般来说,公司的人员编制相应就可以减少。

③ 物业的综合情况。包括意向管理的物业面积多少、物业类型数量、内部结构复杂程度、能否封闭管理以及物业设备的数量、种类、档次、技术先进性以及设备管理的集中化程度等等,这些都是影响物业管理公司人员安排的重要因素。比如,如果意向管理的物业很多,同时所管物业的类型较多,较难实现封闭管理,物业附属设备数量、种类多,但却不容易进行集中监控管理,则物业管理公司一般需要配备较多的管理人员,反之则需较少员工。另外,物业周围环境的复杂程度,如是否为繁华地区、人流及车流量是否较大等,也是影响公司人员编制的重要因素之一。

④ 客户的综合情况。包括客户(业主、使用人、租户等)对物业管理的认识、理解程度;客户的职业及收入,客户种类的多少及复杂程度等。客户数量多的物业需要更多的管理人员;客户种类复杂的物业也要增加人员进行管理。比如,一些综合楼,楼内既有商场、饮食娱乐设施、写字楼,又有住宅,由于各单位、各行业的管理要求不同,开放时间要求不同,因而需要分区管理,从而需要更多的管理人员,也就是需要更多的人员编制。

赵永庄主编《物业管理理论与实务》(冶金工业出版社 1996 年 8 月版)总结北京市物业管理人员编制情况如下:

a. 住宅及行政事业、工商企业用房定员标准:

(a) 管理定员标准(北京市房管局 1994 年文规定)见表 4-1:

管理定员标准 表 4-1

托管房屋规模	管理人员 (1 人/万 m²)	小修人员 (1 人/万 m²)	中修人员 (1 人/万 m²)	大修人员 (1 人/万 m²)
5 万 m² 以上	0.92	1.21	1.61	
5 万 m² 以下	1.1	1.45	1.93	1.62
1 万 m² 以下	1.28	1.7	2.25	

(b) 其他岗位人员配备的标准如表 4-2:

其他岗位人员配备标准　　　　　表 4-2

岗　位	工作范围	人数	备注
保　安	100~150 户或高层每楼 1 人	1	
环　卫	100~150 户	1	
运行维修	400~500 户	1	
电梯工	1 梯	2~3	
绿化（按绿化面积）	2500m²	1	季节工

b. 写字楼、公寓人员配备标准如表 4-3 所示：

写字楼、公寓人员配备标准　　　　表 4-3

岗　位	工作范围	人数	备注
管理人员	2000m²	1	
服务人员	500~800m²	1	
保　安	2000m²	1	
环　卫	100~150 户	1	
运行维修保养	1000m²	1	
电梯工	1 梯	3	
绿化（按绿化面积）	2000m²	1	季节工

(3) 管理者的资格与培训

目前，对于物业管理公司管理者的资格与培训，建设部和劳动部都有规定。

建设部人事教育司和房地产业司共同颁发的《关于实行物业管理企业经理、部门经理和管理员岗位培训持证上岗制度的通知》(建教培(1996)41 号)中规定，从 1997 年开始对物业管理企业经理、部门经理和管理员实行岗位培训持证上岗制度，到 1999 年 1 月 1 日起全部实行持证上岗。该通知规定：培训对象为具有大专毕业以上的文化程度(或同等学历)的物业管理企业经理；具有中等专业学校毕业以上文化程度(或同等学力)的部门经理和管理员。培训内容主要包括物业管理理论、实务、法规等知识，各设 7

门课程,其中3门考试课,4门考核课。具体请见表4-4。

物业管理人员培训教学计划　　　　表4-4

物业管理企业经理培训教学计划			物管企业部门经理、管理员培训教学计划		
课程设置	学时	备注	课程设置	学时	备注
物业管理概论	80	考试	物业管理概论	70	考试
物业管理法规(上、下)	30	考试	物业管理法规(上、下)	30	考试
房地产开发经营与管理	30	考试	公文知识(教材各地自定)	20	
房地产基本制度与政策	30		房地产基本制度与政策	20	
房屋结构构造与识图	30		房屋结构构造与识图	40	考试
房屋设备基本知识	30		房屋设备基本知识	30	
计算机应用(教材各地自定)	30		计算机应用(教材各地自定)	30	
合　　计	260		合　　计	240	

　　劳动部则主要从职业的角度对物业管理人员的资格与培训做了一些规定。劳动部在《关于物业管理人员职业资格全国统一鉴定试点工作的实施办法》中,把物业管理人员职业按照国家职业标准分为物业管理员(国家职业资格四级)和物业管理师(国家职业资格二级)两个等级。其中,物业管理员申报条件为:经本等级正规培训达规定标准学时数,并取得毕(结)业证书;在本职业见习工作1年以上;具有本专业或相关专业(房地产类、城管城规类、建筑类、社区类、工程管理类、工商管理类)大专以上文化程度。以上条件具备其中之一即可。物业管理师申报条件为:取得本职业物业管理员职业资格证书以后,经本等级正规培训达规定标准学时数,并取得毕(结)业证书;取得本职业物业管理员职业资格证书以后,连续从事本职业工作2年以上。以上条件具备其中之一即可。物业管理员(国家职业资格四级)等级的职业资格鉴定分为知识和技能两部分。知识考试采取书面测试方式。技能考试采取两种方式:一部分为书面测试方式,另一部分采取录像测试方式。物业管理师(国家职业资格二级)等级的职业资格鉴定除参加上述知识和技能考试外,还需提交2000字以上的论文并进行论文答辩。

案例 36　开发商对物业管理情况的承诺与物业管理公司的说法谁的算数？

情况一：一位业主购买了一套高档公寓并且已经入住。按照该公寓物业管理收费标准，这个业主购买的这套房屋每月要交纳物业管理费 500 多元，而且每半年结算一次。在与开发商签订购房合同时，该业主表示难以接受这样高的物业管理费用。售楼小姐说，考虑到该小区已售出 80%，可以为他减免三分之一的费用。可是这位业主入住后，小区物业管理公司仍然要按全价收取物业管理费。于是业主与物业管理公司之间爆发了一场收费大冲突。

情况二：家住广州某花园的王先生，在购房时开发商承诺物业管理费为 6 角钱每平方米，并有管道煤气、24 小时热水等配套服务，且写进了购房合同中。但王先生称入住一年，非但管道煤气、24 小时热水等没有落实，物业管理费反而涨到了 8 角钱每平方米，王先生找物业管理公司提出质问，物业管理公司回答说自己是依据国家标准收费的，发展商说的不算数。找发展商询问，发展商则非常遗憾地称，现在物业管理工作交给了专业的物业管理公司，自己也没有办法约束。

问题：

（1）开发商能不能对物业管理问题做出承诺？能否把其承诺写进合同？

（2）开发商的承诺对物业管理公司有没有约束力？

（3）开发商对承诺引发的法律后果应否承担法律责任？

简要说明：

现在有些开发商动不动就一通承诺，什么价格降至最低，服务提到最高，管理商久负盛名等等，其目的非常明确，就是只要客户跟它签了合同就行。然而物业管理毕竟不是房地产开发，开发商卖了房子卷了钱就走,物业管理公司究竟如何以及物业管理公司对其承诺是否认同就不闻不问了。我们相信,随着人们的法律意识的逐渐增强,这方面的问题将会在最近的几年里越来越多。

详细评析:

(1) 开发商能不能对物业管理问题做出承诺? 能否把其承诺写进合同?

这个问题上我们和北京世联律师事务所郭玉涛律师的观点是一致的。郭玉涛律师认为,物业管理与房屋买卖是两种独立的法律关系。房屋买卖当事人一方是发展商,另一方是购房客户,两者间是买卖合同关系。物业管理当事人一方是物业管理公司,一方是住户,两者间是服务合同关系。这两种合同关系虽然在主体方面有些重合,比如购房客户往往就是住户,而卖房的发展商也可能又承担了物业管理者的角色,但无论如何,这两种合同是独立的、有区别的。而物业管理费用、标准、服务内容等,实际上就是物业管理法律关系中的种种权利、义务、责任,只能由物业管理公司予以确立。

在房屋预售前,发展商可以与物业管理公司谈定前期物业管理协议,确定物业管理服务内容、方式、收费等事项。然后,发展商在售楼时,可以对相关物业管理问题作出必要的说明、解释,以便增加该物业的卖点,同时方便广大购房者进行综合的比较、选择、决定。但是发展商不能将有关物业管理具体内容的条款直接规定在售楼合同中,这样做就是越俎代庖,就是不当处分他人的权利。发展商没有签订这种条款的主体资格,应当由物业管理公司直接与购房客户签订协议。

(2) 开发商的承诺对物业管理公司有没有约束力?

如果开发商仅仅是为了促销而就物业管理服务内容、方式、收费等事项对业主所做的口头承诺,那么对物业管理公司就没有约束力。上面已经说过,对物业管理做出种种承诺是物业管理公司的权利,开发商没有擅自处分他人权利的权利。

当然,如果开发商向购房者出示了物业管理公司授权其做出承诺的授权委托书,那开发商在其授权范围内所做的承诺就是物业管理公司的承诺,对物业管理公司具有约束力。这种情况下,物业管理公司必须在其管理的有效期内兑现其承诺。如果开发商的书面承诺并不涉及物业管理公司的权利与义务,如开发商承诺补贴业主三分之一的物业管理费,应该也是合法有效的。这时,业主可以要求开发商依照其承诺,为自己补贴这部分的费用。

(3) 开发商对承诺引发的法律后果应否承担法律责任?

最高人民法院《关于贯彻执行〈中华人民共和国民法通则〉若干问题的意见》第七十一条规定:"行为人因对行为的性质、对方当事人、标的物的品种、质量、规格和数量等的错误认识,使行为的后果与自己的意思相悖,并造成较大损失的,可以认定为重大误解。"依据《民法通则》的规定,对于重大误解情形,一方有权请求人民法院或仲裁机关予以变更或撤销,被撤销的民事行为从行为开始起无效。同时,我国《合同法》第五十八条规定:"合同无效或者被撤销后,因该合同取得的财产,应当予以返还……有过错的一方应当赔偿对方因此所受到的损失……"这就是说,如果发展商在购房合同中承诺了物业管理条款、内容,而开发商对这些承诺并没有准备或以后根本没有能力兑现,而购房客户认为自己受误导而签约并遭受较大经济损失,则该客户可以要求撤销该购房合同,双方退房退款;如果客户因此遭受损失,还可以提出索赔请求。

附:不要轻易承诺

一位有名且有钱的业主,偏偏不肯缴纳区区几十元的物业管理费,而对社会公益事业却动辄挥金如土,让人实在难以理解。但仔细想想,问题是出在开发商的轻易承诺上。

某先生在浦东一高档小区购买了房子,对房型、环境都非常满意,尤其对开发商承诺的每幢楼前24小时设立保安岗感到称心,觉得安全有了可靠的保障。

陆家嘴物业管理公司进入小区之后,根本不知道开发商有过这种不切实际的承诺,只是按常规配备了足够的保安在小区内巡逻。对此,业主们将怨气撒在了物业管理公司身上,认为自己被愚弄了。经过物业管理公司的反复解释,大多数业主心平气和地认为根本没有必要在每幢楼前设立24小时的保安岗位,人力、财力都是浪费。可偏偏这位业主以物业管理公司没有践诺为由拒付物业管理费。他说,楼前设保安,便可以不装电子防盗门。

这则故事虽然小,却发人深思。物业企业理应竭尽全力为业主服务,但是,业主却不能将开发商留下的问题简单地算到物业管理公司的头上,而开发商更不能只顾自己的销售利益,轻易做出不切实际的承诺,假如,你说每天可以摘下太阳放在你的小区内,物业管理公司一定要去夸父逐日吗?

(摘自上海《解放日报》)

案例37 业主入住拿钥匙,物业管理公司设障合法吗?

我去年购买了一套期房,住房建成后开发商通知我办理入住手续。在办理入住手续时,物业管理公司提出两个要求:第一,签订业主公约;第二,签订3年的管理协议。我发现业主公约中有些条款与开发商的承诺不一样,同时我认为签订3年的管理协议也是不合理的,所以我就拒绝了他们的要求,结果该物业管理公司却以此为由不给我房屋钥匙。不知物业管理公司的这种做法是否合法,作为业主我该怎么办?

简要说明:

对于开发商在卖房时遗留下的各种问题,我们在上几例中已经讨论过,在此还要重申的是,消费者买房时与开发商签订的合同是购房合同,与物业公司没有任何关系。有些物业公司就是利用消费者对于相关法律的不了解而欺骗他们,对此,作为购房人和业主,我们应当更多地学习相关的知识,以免在问题出现时处于不利地位。

详细评析:

物业管理公司在办理入住手续的时候,由于业主不签业主公约和管理合同而拒绝交付房屋钥匙,这种做法明显欠妥,也是不合法的。

第一,业主在购买房屋时,已与开发商签订了房屋买卖合同,作为开发商,按照合同约定收取业主的购房款,然后向业主交付房屋,这与物业管理公司是没有关系的。由于业主已经按照房屋买卖合同的约定,向开发商支付了全部或应该支付的购房款,开发商就应该履行其向业主交付房屋的义务,而不能把物业管理法律关系中的内容再强加到房屋买卖关系中来。所以,无论是开发商也好,物业管理公司也好,都不能因为业主没有签订物业管理公约、对物业管理费有意见而拒绝给业主办理入住手续、不给业主钥匙等,这种行为构成开发商对业主的违约,也是对业主权益的侵害。

第二,逼迫业主签订3年的物业管理协议是没有道理的,既不符合国家有关的法律规定,也是与目前物业管理市场的现实格格不入的。目前,我国关于物业管理协议或合同的法律规定以及物业管理实践情况是,房屋出售前首先由开发商与物业管理公司签订委托管理合同,业主入住时,由物业管理公司与业主签订前期物业管理服务协议(应该就是本案例中提到的协议),这两个合同或协议都是临时性的,一旦小区业主入住率达到一定比例,成立了业主委员会并重新选聘新的物业管理公司(也可以是续聘原物业管理公司)后,这些协议自动中止。物业管理公司要求业主把临时性的物业管理服务协议改为3年的物业管理合同,这是荒唐的,也是违反法律规定的,业主当然有权拒绝。

第三,作为业主,如果物业管理公司因为您没有签订业主公约和物业管理协议而拒绝交付钥匙,您不必与物业管理公司多费口舌,可以直接找开发商交涉,如果不成,可以到法院起诉开发商违约,并要求其承担违约的损失赔偿。

案例38 物业管理公司有权扣留访客的居民身份证吗?

某电脑公司两工作人员投诉,不久前他们应邀到该大厦为某广告公司维修电脑,结果在一楼被保安挡了驾。保安要求两人将身份证留下,两人不从,引发激烈争执。广告公司的人闻讯后下来打圆场,主动提出押自己的身份证,保安仍不同意,并指着墙上的"凡来访客人一律将有效身份证件暂存于保安处……"的标志,说这是执行公司的规定。最后两技术人员迫于无奈,只好把身份证给了保安,换成了出入卡。电脑公司工作人员对此非常疑惑,物业管理公司有权扣留访客的居民身份证吗?

简要说明:

此类问题多出现在一些物业管理公司安全管理很严格的大厦,安全管理固然重要,但保安也不应超出管理的职权范围,做违反法律及损害来访者的人身自由及个人尊严的事情,保安可以采取其他的更适宜的方法进行安全管理。

详细评析:

物业管理公司无权扣留访客的居民身份证。

首先,保安部门不是公安机关(关于保安的性质,将在本书"物业管理服务"一章里进行详细分析),没有强制查看或扣留公民身份证的权力。保安人员在工作中如果发现有可疑人员,可向对方提出确定身份的要求,但不一定要出示身份证。如果保安人员提出了出示身份证的要求,访客可以予以拒绝。保安人员应该通过对讲机或电话等方式与住户取得联系,以此确定来访者的身份。比如,目前一些智能化程度比较高的楼宇已经采用了智能卡出入和来访可视对讲技术,这样既可以避免登记的烦琐和冲突,也可实现更有效的保护。

其次,群众治安联防组织在维护社会治安时,遇到形迹可疑的人员需要查明其身份时,应由在场参加值勤的公安干警查验当事人的居民身份证,治安联防队员无权查验。

最后,即使是公安机关,查验公民身份证也须具备一定的条件。1985年9月颁布的《中华人民共和国居民身份证条例》以及1986年11月公布的《中华人民共和国居民身份证条例实施细则》对查验、扣留、抵押居民身份证有明确规定:

(1)公安机关只有在执行任务时才可以查验公民的身份证,并且要在查验前出示自己的证件。

(2)公安机关除对于依照《中华人民共和国刑事诉讼法》被执行强制措施的人以外,不得扣留公民的居民身份证。

(3)条例还规定,公民在办理涉及政治、经济、社会生活等权益的事务时,可以出示居民身份证,证明其身份。有关单位不得扣留或者要求作为抵押。

(4)公安机关工作人员在查验、扣留、抵押居民身份证时,徇私舞弊、侵害公民合法权利和利益的,应当给予行政纪律处分,情节严重构成犯罪的,应当依法追究刑事责任。

由此可见,保安扣留居民身份证的做法是非常错误的,是违法的,如果在查验、扣留居民身份证的过程中,侵害公民合法权利和利益的,还有可能构成犯罪。

由于目前不少保安都来自农村,文化水平和法律观念相对较低,因此,在遇到保安扣留居民身份证时,要及时想办法向其上级领导反映、解释,如有必要,也可以诉诸法律,以寻求因保安扣留身份证给自己带来的经济损失的赔偿。

附:《中华人民共和国居民身份证条例》(摘)

(1985年9月6日第六届全国人民代表大会常务委员会第十二次会议通过 1985年9月6日中华人民共和国主席令第二十九号公布 1985年9月6日起施行)

第五条 居民身份证由公安机关统一印制、颁发和管理。

第十三条 公安机关在执行任务时,有权查验居民身份证,被查验的公民不得拒绝。

执行任务的公安人员在查验公民的居民身份证时,应当出示自己的工作证件。

公安机关除对于依照《中华人民共和国刑事诉讼法》被执行强制措施的人以外,不得扣留公民的居民身份证。

第十四条 公民在办理涉及政治、经济、社会生活等权益的事务时,可以出示居民身份证,证明其身份。有关单位不得扣留或者要求作为抵押。

第十五条 有下列行为之一的,按照《中华人民共和国治安管理处罚条例》有关规定给予处罚:(一)拒绝公安机关查验居民身份证的;(二)转让、出借居民身份证的;(三)使用他人居民身份证的;(四)故意毁坏他人居民身份证的。

第十七条 公安机关工作人员在执行本条例时,徇私舞弊、侵害公民合法权利和利益的,应当给予行政纪律处分,情节严重构成犯罪的,应当依法追究刑事责任。

《中华人民共和国居民身份证条例实施细则》(摘)

(1986年11月3日国务院批准 1986年11月28日公安部公布)

第四章 使用

第二十条 公民在办理下列事务,需要证明身份时,可以出示居民身份证:(一)选民登记;(二)户口登记;(三)兵役登记;(四)婚姻登记;(五)入学、就业;(六)办理公证事务;(七)前往边境管理区;(八)办理申请出境手续;(九)参与诉讼活动;(十)办理机动车、船驾驶证和行驶证,非机动车执照;(十一)办理个体营业执照;(十二)办理个人信贷事务;(十三)参加社会保险,领取社会救济;(十四)办理搭乘民航飞机手续;(十五)投宿旅店办理登记手续;(十六)提取汇款、邮件;(十七)寄卖物品;(十八)办理其他事务。

第二十一条 除公安机关依法对被告人采取强制措施可以扣

留居民身份证外,其他任何单位和个人不得扣留公民的居民身份证或者作为抵押。

第八章 查验

第四十一条 公安机关在下列情况下,有权查验公民的居民身份证:(一)追捕逃犯、侦破案件中,遇有形迹可疑或被指控有违法犯罪行为的人需要查明身份时;(二)维护铁路、公路、水运、民航等公共场所治安秩序以及巡逻执勤中,对有违反治安管理行为的人需要查明身份时;(三)对各种灾害事故和突发性事件进行现场调查时;(四)办理户口登记手续和核查户口时。

第四十二条 户口登记机关应当结合日常管理工作定期查验居民身份证。

案例39 物业管理公司能否擅自封门设酒吧?

一天,某商品房住宅小区的物业管理公司张贴出这样一份公告,"为了安全起见,将要关闭一扇出入小区大门中的一扇,广大业主只能从另一扇门出入。"同时宣告,"将在被关闭的那扇大门附近的空地上开设酒吧,对外营业。"实际上酒吧承包给小区内的一个业主经营。对此,小区内的广大业主非常不满,认为出入小区不方便,占用空地影响小区环境,纷纷要求重新打开那扇被关闭的大门,同时要求不准在小区内经营酒吧。物业管理公司对业主的不满做如下解释:关闭一扇大门,是为了减少闲杂人员进入小区,保证小区的安全,物业管理公司有权这么做,至于酒吧,也是设置在空地上,不影响业主居民的日常生活。而那位承包经营酒吧的业主也有自己的道理,他认为自己作为主人有权使用小区公共用地。

对此,有人问:

(1)物业管理公司的理由是否成立,物业管理公司能否擅自封门设酒吧?

(2)承包经营酒吧的业主的理由是否成立?

(3) 如果其他业主接受物业管理公司和酒吧承包者的解释，则酒吧承包费归谁？

(4) 如果其他业主对物业管理公司和酒吧承包者的解释不接受，应该怎么做？

简要说明：

本案例中的情况目前在我国不少城市的不少小区都或多或少地存在。物业管理公司是受小区业主委员会的委托进行管理的，所以它的权限不能超出被授权的范围，在需要变更的情况下应与业主委员会商议后，再具体实施、变更。如果物业管理公司在未经业主委员会同意情况下损害了广大业主的利益，业主们应当利用法律维护自己的合法权利。

详细评析：

(1) 物业管理公司的理由是否成立，物业管理公司能否擅自封门设酒吧？

按有关法规规定，物业管理公司是受小区业主委员会的委托进行管理活动的，所以它的权限不能超出被授权的范围。越权的决定或决策，是绝对不可以擅自实施的。本案例中物业管理公司是否超越其权限，可能需要查看物业管理委托合同才能弄清楚，但对于一些像本案例一样属于敏感事务的问题，物业管理公司一定要慎重。此纠纷中的物业管理公司在未经小区业主大会和业主委员会的授权的情况下，做出关闭大门和开设酒吧的行为当然是不适当的，应该加以纠正。

物业管理公司的所谓解释，即关闭一扇大门，是为了减少闲杂人员进入小区，保证小区的安全，酒吧设置在空地上，不影响业主居民的日常生活也是过于主观的看法。关闭一扇大门是不是真的保证了小区的安全？有没有充分的证据？酒吧设置在空地上，不影响业主居民的日常生活，怎么小区内的广大业主认为出入小区不方便，占用空地影响小区环境呢？

即使物业管理公司的理由确实成立,物业管理公司也要和业主委员会协商,争取业主委员们的支持,并以业主委员会的名义发布公告,物业管理公司只做具体的执行者。这样要比物业管理公司自己来宣布、自己来执行要稳妥、得当得多。

(2) 承包经营酒吧的业主的理由是否成立?

承包酒吧的业主的看法也是不全面的。这里涉及公有权与私有权的关系问题。小区内的土地,一般情况下,都归购房后的全体业主所公有,每个业主对于小区内的土地或公共设施都有所有权和合理的使用权,但没有对某一公共用地的私有权和专门的使用权,除非他另外付费,否则他就侵犯了其他业主的所有权和使用权。

(3) 如果其他业主接受物业管理公司和酒吧承包者的解释,则酒吧承包费归谁?

因为是在公有的土地上开设的酒吧,因此,酒吧的承包费应该归全体业主所共享,物业管理公司因为没有土地使用权,所以,它无权分享这些收益。即使是在业主委员会许可的情况下,由物业管理公司自己承包出去的,物业管理公司最多也只能得到一些承包代理费和承包管理费。当然,酒吧的承包费在扣除给物业管理公司的代理及管理费报酬外,其余的也不能全部分给全体业主,而可以在业主委员会授权的情况下,由物业管理公司掌握,用于小区的物业管理;也可以由业主委员会自己掌握,灵活使用于弥补经费的不足等方面。

(4) 如果其他业主对物业管理公司和酒吧承包者的解释不接受,应该怎么做?

如果其他业主对物业管理公司和酒吧承包者的解释不接受,而且物业管理公司和酒吧承包者确实是错误的,并不停止他们的错误行为,则业主有权要求业主委员会代表他们发挥作用,要求物业管理公司打开那扇门,同时要求撤除设置的酒吧。如果业主委员会认为该物业管理公司既违反合同又不胜任本小区的管理工作,也可以要求解除委托服务合同。另外,当业主委员会没有履行职责时,任何业主都有权起诉,以维护业主的合法权益。

案例40 物业管理公司有权移走小区内的树木吗?

上海某小区内有两棵桂树,深受居民的喜爱。然而一年的秋天,住宅小区绿地上那两棵大桂树忽然不见了。经住户们了解,桂树已被物业管理公司私下移走了,此举引起了公愤,小区住户民纷纷指责物业管理公司。面对居民的指责,物业管理企业以重新设计小区园林、调整绿化结构为由,拒不迁回桂树。于是住户中的各种猜测频起,有些情绪激动的住户拒不接受物业管理公司以此所作的解释,坚决要求物业管理公司恢复原状,否则将投诉有关行政管理机关或诉诸法律;有的住户则公开表示,物业管理公司不把桂树移回来,就拒缴物业管理费。物业管理公司则认为:公司连移这两棵树的权利都没有,还能开展工作吗?

两棵桂树引起整个小区内业主们的关注。那么,

(1) 物业管理公司有权移走小区内的树木吗?

(2) 物业管理公司不把桂树移回来,业主拒缴物业管理费合适吗?

简要说明:

本案例反映的情况虽然不多见,但揭示的问题却比较深刻。物业管理公司应当弄清楚自己与业主的关系,公司受小区业主委员会的委托进行管理,所以它的权限不能超出被授权的范围,树木是属于全体业主的,未经允许不能随便移走。况且,我国有相关的城市绿化条例,物业管理公司应当遵守当地的法律条例。

详细评析:

(1) 物业管理公司有权移走小区内的树木吗?

物业管理公司是受产权人委托而开展工作的,住宅小区的产

权人是每一位购房业主。住宅小区内的一切都应归全体业主所有,而代表业主利益的则是业主委员会。因此,无论是住在小区内的住户或是物业管理公司,都应该爱护住宅区内的公用设施,不得损坏道路、绿地、花卉树木、艺术景观和休闲设施等。如果对某些设施或一些绿地、树木要进行改变,则要经过业主委员会同意,同时报请政府有关部门批准,在没有得到业主委员会的授权以及政府有关部门的批准之前,物业管理公司是不能自行其是的。关于绿化管理,国务院及多数城市都有一些规定:

国务院《城市绿化管理条例》中明确规定,任何单位和个人都不得损坏城市树木花草和绿化设施。砍伐城市树木,必须经城市人民政府城市绿化行政主管部门批准,并按照国家有关规定补植树木或者采取其他补救措施。

《上海市植树造林绿化管理条例》迁移下列树(林)木,应当报市绿化管理局或者市农林局审批:①公共绿地内的树木或者行道树;②胸径在二十五厘米以上的树(林)木;③一处超过五十株的树(林)木。

《北京市城市绿化条例》严格控制砍伐或者移植城市树木。确需砍伐或者移植的,必须按下列规定经审查批准,领取准伐证或者准移证后方可进行:①一处一次砍伐不满10株的,由市园林局审批。②一处一次砍伐10株以上的,由市园林局核报市人民政府审批。③除绿化专业部门正常作业以外,需要移植树木的,参照上述规定审批。砍伐或者移植树木,必须同时提出补栽计划或者移植后养护措施,由城市绿化管理部门监督实施。

《南京市城市绿化管理条例》规定:公共绿地的树木需要砍伐、移植的,应由市城市绿化行政主管部门批准。

(2) 物业管理公司不把桂树移回来,业主可否拒缴物业管理费吗?

物业管理公司擅自迁移桂树,属于破坏绿化的行为,既违反了绿化管理的法规,也违反了物业管理委托合同,但如果物业管理公司其他方面做得很好,提供了委托管理合同规定的一定数量和质量的物业管理服务,在业主委员会没有与物业管理公司解除合同之前,业主还是应该交纳保安、保洁、维修等相关费用的。因为迁移桂树和物业管理公司提供其他服务,以及业主享受这些服务并交纳相应费用没有必然的联系。

附1:城市绿化条例(摘)

(国务院令第100号 1992年6月22日)

第三章 保护和管理

第十八条 城市的公共绿地、风景林地、防护绿地、行道树及干道绿化带的绿化,由城市人民政府城市绿化行政主管部门管理;各单位管界内的防护绿地的绿化,由该单位按照国家有关规定管理;单位自建的公园和单位附属绿地的绿化,由该单位管理;居住区绿地的绿化,由城市人民政府城市绿化行政主管部门根据实际情况确定的单位管理;城市苗圃、草圃和花圃等,由其经营单位管理。

第十九条 任何单位和个人都不得擅自改变城市绿化规划用地性质或者破坏绿化规划用地的地形、地貌、水体和植被。

第二十条 任何单位和个人都不得擅自占用城市绿化用地;占用的城市绿化用地,应当限期归还。因建设或者其他特殊需要临时占用城市绿化用地,须经城市人民政府城市绿化行政主管部门同意,并按照有关规定办理临时用地手续。

第二十一条 任何单位和个人都不得损坏城市树木花草和绿化设施。砍伐城市树木,必须经城市人民政府城市绿化行政主管部门批准,并按照国家有关规定补植树木或者采取其他补救措施。

第二十二条 在城市的公共绿地内开设商业、服务摊点的,必须向公共绿地管理单位提出申请,经城市人民政府城市绿化行政主管部门或者其授权的单位同意后,持工商行政管理部门批准的营业执照,在公共绿地管理单位指定的地点从事经营活动,并遵守公共绿地和工商行政管理的规定。

第二十四条 为保证管线的安全使用需要修剪树木时,必须经城市人民政府城市绿化行政主管部门批准,按照兼顾管线安全使用的树木正常生长的原则进行修剪。承担修剪费用的办法,由城市人民政府规定。因不可抗力致使树木倾斜危及管线安全时,管线管理单位可以先行修剪、扶正或者砍伐树木,但是,应当及时报告城市人民政府城市绿化行政主管部门和绿地管理单位。

第二十五条 百年以上树龄的树木,稀有、珍贵树木,具有历史价值或者重要纪念意义的树木,均属古树名木。对城市古树名木实行统一管理,分别养护。城市人民政府城市绿化行政主管部门,应当建立古树名木的档案和标志,划定保护范围,加强养护管理。在单位管界内或者私人庭院内的古树名木,由该单位或者居民负责养护,城市人民政府城市绿化行政主管部门负责监督和技术指导。严禁砍伐或者迁移古树名木。因特殊需要迁移古树名木,必须经城市人民政府城市绿化行政主管部门审查同意,并报同级或者上级人民政府批准。

第四章 罚则

第二十七条 违反本条例规定,有下列行为之一的,由城市人民政府城市绿化行政主管部门或者其授权的单位责令停止侵害,可以并处罚款;造成损失的,应当负赔偿责任;应当给予治安管理处罚的,依照《中华人民共和国治安管理处罚条例》的有关规定处罚;构成犯罪的,依法追究刑事责任:(一)损坏城市树木花草的;(二)擅自修剪或者砍伐城市树木的;(三)砍伐、擅自迁移古树名木或者养护不善致使古树名木受到损伤或者死亡的;(四)损坏城市绿化设施的。

第二十八条 未经同意擅自占用城市绿化用地的,由城市人民政府城市绿化行政主管部门责令限期退还、恢复原状,可以并处罚款;造成损失的,应当负赔偿责任。

附2:北京市城市绿化条例(摘)

(1990年4月21日北京市第九届人民代表大会常务委员会第十九次会议通过)

第三章 城市绿化管理

第二十条 城市绿化管理工作实行专业管理和群众管理相结合,并按下列规定分工负责:(一)公共绿地、防护林带、城市道路、公路和河道、铁路两侧的绿化及其管理维护,分别由园林、公路、水利、铁路等部门负责。(二)居住区、居住小区的绿化及其管理维护,由区、县城市绿化管理部门、街道办事处或者镇人民政府组织管辖区域内的单位和居民分片、分段负责。(三)机关、团体、部队、企业事业单位负责本单位用地范围内和门前责任地段的绿化及其管理维护。

第二十一条 国家保护树木所有者和管理维护者的合法权益。树木所有权按照下列规定确认:(一)园林、公路、水利、铁路等部门在规定的用地范围内种植和管理维护的树木,分别归该部门所有。(二)机关、团体、部队、企业事业单位在其用地范围内种植和管理维护的树木,归该单位所有。(三)居住区、居住小区的树木,由房屋管理部门种植和管理维护的,归房屋管理部门所有;由街道办事处种植和管理维护的,归街道办事处所有。(四)在单位自管的公房区域内,由单位组织职工种植和管理维护的树木,归房屋产权单位所有。(五)在私有房屋庭院内由产权所有人自种的树木,归产权所有人所有。

第二十二条 对古树名木应当严格保护和管理,禁止砍伐、移植以及其他损害行为。因特殊情况必须砍伐或者移植的,须经市园林局审核后报市人民政府批准。

第二十四条 在发生水灾、火灾等紧急情况时,市政、公用、电讯、供电、水利、铁路、公安交通、消防等部门为抢险救灾和处理事故,需要砍伐树木的,可先行处理,事后及时向当地城市绿化管理部门报告。

第二十五条 现有公共绿地改变使用性质,须报市人民政府批准;其他城市绿地改变使用性质,须经市园林局审核,由市城市规划管理局审批。

第二十六条 严格控制临时占用城市绿地,确需临时占用的,须经市园林局审核同意后,报临时用地审批部门批准,并按规定期限恢复原状。因临时占用城市绿地造成花草、树木损失的,由占用单位负责赔偿。

第二十七条 建设单位代征的城市绿化用地,应当按规定期限交由城市绿化专业部门进行绿化,不得擅自转作他用。

第二十八条 禁止下列损坏城市绿化及其设施的行为:(一)就树盖房或者围圈树木。(二)在绿地和道路两侧绿篱内设置营业摊位。(三)在草坪和花坛内堆物堆料。(四)在绿地内乱倒乱扔废弃物。(五)损坏草坪、花坛和绿篱。(六)钉拴刻画树木、攀折花木。(七)其他损坏城市绿化及其设施的行为。

第四章 法律责任

第三十一条 违反本条例有下列行为之一的,由城市绿化管理部门对责任单位处以罚款:(一)违反第十五条规定,闲置可以绿化的空地两年以上的;(二)违反第十八条第三款规定,在建设工程竣工后未按规定清理出绿化用地的。

第三十二条 违反第二十三条规定,擅自移植树木的,由城市绿化管理部门责令其限期改正或者采取其他补救措施。

第三十三条 违反本条例第二十二条规定,擅自砍伐、移植或者有其他损害古树名木行为的,按照市人民政府有关古树名木保护管理的规定处理。

第三十四条 违反本条例有下列行为的,除对责任单位和直接责任人处以罚款外,由城市绿化管理部门作如下处理:(一)违反第二十三条规定,擅自砍伐树木的,责令赔偿损失,并按砍伐数量的3至5倍补种;(二)违反第二十五条、第二十六条规定,擅自改变绿地使用性质或者擅自临时占用城市绿地的,责令立即腾退,恢复原状;(三)违反第二十七条规定,未按规定期限将代征绿地交给城市绿化专业部门的,责令限期交出。

第三十五条 违反本条例第二十八条规定的,由城市绿化管理部门根据情节轻重给予警告或者处以罚款;造成损失的,责令赔偿;就树或者围圈树木盖房的,责令拆除房屋,恢复树木原貌。

第三十六条　罚款不满50元的,由绿化专业执法队伍决定;罚款50元以上不满5千元的,由区、县城市绿化管理部门决定;罚款5千元以上不满5万元的,由区、县城市绿化管理部门报区、县人民政府决定;罚款5万元以上不满10万元的,由市园林局决定;罚款10万元以上的,由市园林局报市人民政府决定。罚款的具体办法由市人民政府制定。

第三十七条　故意损坏城市绿化及其设施或者拒绝、阻碍城市绿化管理人员依法执行公务,违反《中华人民共和国治安管理处罚条例》的,由公安机关处理;情节严重构成犯罪的,由司法机关依法追究刑事责任。

附3:上海市植树造林绿化管理条例(摘)

(2000年9月22日上海市第十一届人民代表大会常务委员会第二十二次会议修订)

第三章　监督管理

第二十条　植树造林绿化的养护单位应当按照国家和本市绿地、行道树的养护技术标准,或者造林绿化技术规程进行养护,绿化、林业管理部门应当加强监督管理。下列公共绿地、防护林地的养护,应当实行招标投标制度:(一)全部或者部分使用国有资金投资或者国家融资的建设项目;(二)使用国际组织或者外国政府贷款、援助的建设项目。投标单位应当符合相应的资质条件。

第二十一条　除下列情况外,迁移树(林)木或者变更绿(林)地的,应当办理审批手续,领取许可证。(一)农村居民在房前屋后和自留地上种植的以及城镇居民在住宅的庭院内自费种植的零星树(林)木;(二)苗木生产单位进行生产性移栽、出圃等作业。

第二十二条　迁移下列树(林)木,应当报市绿化管理局或者市农林局审批;(一)公共绿地内的树木或者行道树;(二)胸径在二十五厘米以上的树(林)木;(三)一处超过五十株的树(林)木。

迁移前款规定以外的其他树(林)木的,报区(县)绿化或者林业管理部门审批。迁移农场、水务系统范围内除沿海防护林以外的树(林)木的,分别由市主管部门审批。改建或者扩建铁路、公路、道路,需要迁移行道树、护路林的,除紧急工程外,应当安排在树(林)木移植季节进行。

第二十三条　本市对林木实行年采伐限额和采伐许可证制度。所有的防护林只准进行抚育性采伐。铁路、公路护路林的更新采伐,由有关主管部门依照有关规定审核发放采伐许可证。

第二十四条　禁止下列损坏绿化和绿化设施的行为:(一)擅自折损树(林)木花草;(二)在树旁和绿(林)地内倾倒垃圾或者有害废渣废水、堆放杂物;(三)在绿(林)地内乱设广告;(四)引起树(林)木损坏的焚烧行为;(五)其他损坏绿化或者绿化设施的行为。

禁止擅自砍伐各种树(林)木,因建设确需砍伐树(林)木的,应当经市绿化管理局或者市农林局审批,并作相应的补偿。因改建或者扩建铁路、公路确需砍伐护路林的,分别由市主管部门审批,报市绿化管理局或者市农林局备案,并作相应的补偿。在紧急防汛期,市防汛指挥部根据防汛抢险需要,可以应急处置海塘、江堤、河堤的防护林,但事后应当向市绿化管理局或者市农林局备案,并及时补种。

第二十五条　禁止借树搭棚等妨碍树(林)木生长的行为。禁止擅自在行道树上悬挂物品,因特殊情况确需临时悬挂的,应当经绿化管理部门批准。

第二十六条　电力、电信、水务、市政等部门新建各种管线,绿化或者林业管理部门新种树(林)木,应当遵守下列规定:(一)地下管线的外缘,离市区行道树树干中心不得少于0.95米;架设电杆、消防设备等,离树干中心不得少于1米;高压输电线的高度不得低于9米。(二)其他新建架空线的高度以及已建成的绿(林)地和地上地下设施未达到前项规定的,应当统筹兼顾,互相协商,服从本市城市规划的安排。工程建设应当避让胸径45厘米以上的特大树(林)木,确实难以避让的,应当移栽。移栽树(林)木应当经绿化或者林业管理部门核准,并在其指导下进行。

第二十七条　树(林)木生长的高度应当与架空线保持适当的

安全净距,适当的安全净距由市绿化管理局、市农林局与架空线管理部门协商确定。因树(林)木自然生长而影响架空线安全的,树(林)木养护单位应当及时修剪。架空线养护单位发现有树(林)木生长影响架空线安全的情况时,可以向树(林)木养护单位提出修剪树(林)木的具体要求。经树(林)木养护单位同意,架空线养护单位可以按照要求自行修剪树(林)木。在发生自然灾害和突发事故等紧急情况下,架空线养护单位在向树(林)木养护单位报告的同时可以先行修剪树(林)木。

第二十八条 城乡各种绿(林)地应当严格管理和保护,不得任意借用、占用,移作他用。因城市基础设施建设确需占用已建成的绿(林)地的,应当经市绿化管理局或者市农林局审核同意,报市人民政府批准后,方能办理用地手续,并补偿有关费用。占用林地的,还应当按照国家规定缴纳森林植被恢复费。有关费用应当按照规定用于本地段内的绿化建设。

第二十九条 因建设需要临时使用绿(林)地,除按有关规定办理手续外,还应当办理下列手续:(一)临时使用公共绿地,应当经市绿化管理局批准。(二)临时使用农村各种防护林地,应当经市农林局批准。(三)临时使用其他的绿(林)地,面积在50平方米以下的,应当经区(县)绿化或者林业管理部门批准;面积超过50平方米的,应当经市绿化管理局或者市农林局批准。经批准临时使用绿(林)地的,应当在一年内归还。使用单位应当给予绿(林)地的权属单位相应的补偿,并负责绿(林)地的恢复建设,或者承担相应的费用,由绿(林)地的权属单位自行建设。确因建设需要延长临时使用期限的,应当办理申请延期审批手续,延长期不得超过一年。临时使用的绿(林)地上的树(林)木需要保留、迁移或者砍伐的,应当在审批使用绿(林)地时一并审批。

第三十条 农村建立或者撤销林场、苗圃、园艺场,改变其经营性质或者调整林地使用功能,应当向市农林局办理审批手续。

第三十一条 在公园、植物园、动物园、陵园、风景游览区、自然保护区,以及在街道、广场、林场、苗圃等绿(林)地内调整布局的,其规定应当事先征得市绿化管理局或者市农林局同意,方可实施。公共绿地内不得擅自设置商业、服务性摊点;因特殊情况确需设置临时商业、服务业摊点的,应当经绿化管理部门同意。绿化管理部门应当加强对公园、植物园、动物园、陵园、风景游览区、自然保护区的绿化行业管理。禁止在居住区、新村庭院的规划绿地内插建其他建筑。

第四章 法律责任

第三十八条 违反本条例规定,造成树(林)木、绿(林)地损害,但情节轻微的,对个人可处以50元以下的罚款、对单位可处以1000元以下的罚款,执法人员可以当场依法作出行政处罚决定。

第三十九条 损坏树(林)木、绿(林)地、绿化设施,滥伐或者盗伐树(林)木,盗剪名贵树枝,偷盗苗木、果实、花木盆景等,应当依法承担民事责任;构成犯罪的,依法追究刑事责任。阻碍国家机关工作人员依法执行绿化管理任务,构成犯罪的,依法追究刑事责任。

案例41 物业管理公司有权检查业主携带的袋子吗?

某小区业主反映,有一天他携带了一个袋子和一个箱子出外,物业管理公司的保安见到后,强行要求检查,否则拒绝他走出小区,该业主迫于无奈,只好从命。但看着保安把自己整理好的东西翻乱,该业主生气的同时也感到疑惑:物业管理公司的保安人员有权检查业主进出小区时所携带的袋子吗?

简要说明:

这一问题我们在上面已经反复讨论过了,然而在很多地方的物业管理公司还是没有弄清自己与业主的关系,并由此引发了很多问题。为了更好地协调二者之间的关系,各物业公司应当做好宣传和教育工作,更多地学习相关的物业管理各项法规。

详细评析：

按照有关物业管理法规，物业管理公司是业主委员会聘请的（业主委员会成立之前由发展商聘请），其是否能够继续承揽物业管理这一业务就取决于业主委员会。物业管理公司是被业主委员会聘请来提供服务的商业单位，它和业主及业主委员会之间是服务与被服务、聘用与被聘用、委托与被委托的关系，绝对不是各位业主以及业主管理委员会的管理人员。正因为这样，物业管理公司只能依照与业主委员会签订的物业管理委托合同以及物业管理的制度、规定行使授予的物业管理权，而不是行政管理权。超越了授权范围外的一切行为，都是不恰当的、错误的，甚至是违法的。

保安人员不是执法者，无权检查私人携带的物品，个人身份证也一样。但如果物业管理公司的保安人员有合法的、充分的理由怀疑某人携带有涉案、危禁物品等可能危害社区利益的，可以采取必要的措施，但应及时交由有关部门处理。

保安检查业主的私人物品没有法律依据，不要说检查业主的物品，就是检查非小区居民的私人物品都必须经过被检查人的允许，业主和非业主都可以拒绝检查。当然，该案例中没有提到保安是形成惯例，只要进出就要检查，还是的确有重大嫌疑，不得不进行检查。如果是前者，可以由业主委员会向物业管理公司提出意见，要求改正，否则可以解除物业管理合同。如果是后者，则意味着保安人员是尽职尽责的，这对小区非但不是坏事，还可以说是一件好事。

案例 42　客人住店受侵害，酒店需要负责吗？

一天，郭小姐在某三星级酒店住宿，当晚 12 点左右，郭小姐在酒店大厅等候朋友。这时，两名不明身份的年轻男子上前与之搭讪并进行调戏，在遭到郭小姐严词谴责后，两名男子对郭小姐大打出手，郭小姐上衣被撕，身体多处受伤，整个殴打、侮辱过程持续了 15 分钟。郭小姐大声呼救，但大厅保安和服务人员始终坐视不管,直到两名打人的男子骂骂咧咧、大摇大摆地离去。医院对郭小姐的伤势情况的诊断是:头皮撕伤,肩、胸部多处软组织挫伤。

郭小姐出院后,向酒店提出索赔。但酒店有关部门的负责人却认为,郭小姐所受人身伤害和人身侮辱不是由于酒店的服务行为造成,所以,郭小姐不能向酒店提出要求,应向那两名男子追究责任。在双方协商无效后,郭小姐愤然起诉到法院,要求酒店赔偿医疗费、交通费、精神损失费、误工工资等。请问,法院会支持郭小姐的要求吗?

简要说明:

这是一起消费者起诉酒店经营者不履行保护顾客人身安全的法定义务,致使消费者人身受到伤害、人格受到侮辱的案件。根据案情和《消费者权益保护法》的规定,酒店作为经营者有赔偿责任。

详细评析:

酒店作为经营者有赔偿责任的理由主要有两条:

第一,根据《消费者权益保护法》规定,酒店作为经营者,对住宿房客酒店理应负有保障人身与财产安全的责任。《消费者权益保护法》第7条规定:"消费者在购买、使用商品和接受服务时,享有人身、财产安全不受侵害的权益",第10条还规定"经营者应保证提供的商品或服务符合保障人身、财产安全的要求"。郭小姐是在酒店登记住宿,接受经营者提供有偿服务的消费者,酒店是提供住宿服务的经营者,保障住宿旅客的人身和财产安全是酒店的职责和义务。

第二,酒店保安人员不阻拦和制止事件,使住客的人身受到侵害。酒店对此应承担责任。三星级酒店配有专门保安,向消费者提供相应的保安服务是其责任,郭小姐在酒店大厅被不明身份的男子殴打、侮辱达15分钟之久,酒店保安和服务员却不出面制止,显然酒店保安员没有尽到责任。根据《消费者权益保护法》"消费者因购买、使用商品或接受服务受到人身或财产损害的,享有依法获得赔偿的权利"及"此消费者在接受服务时,合法权益受到损害,可以向服务者要求赔偿"的规定,郭小姐要求酒店承担民事赔偿责任并不过分。

本案例虽然没有提到物业管理公司,但实际上,酒店就是融物业管理与经营职能的服务单位。所以,作为物业管理公司,也要密切注意这方面的问题,防止类似事件的发生。

案例43 物业管理公司有权罚款吗?

某写字楼物业管理公司告知所有的租户,将对租户的房屋装修活动进行统一监督管理。任何租户装修,必须提前提出申请,由物业管理公司审批,并且还规定,如有违反者,将对其处以3000～5000元不等的罚款。一家租户在装修时,因没有及时清运垃圾,物业管理公司遂要按规定对其罚款500元。租户坚决反对,双方出现了激烈的争执。租户认为,物业管理公司无权对其装修行为指三道四,更无权对其罚款;而物业管理公司认为,它受开发商(业主)的委托,对写字楼进行物业管理,装修管理是其基本和重要的管理内容,租户违反装修管理规定,物业管理公司当然有权进行罚款。请问,物业管理公司到底有无权利对违反装修管理规定的租户进行罚款?

简要说明:

对租户的装修活动进行审批管理,是物业管理工作的一部分,但本案例中的物业管理公司却采取了不恰当、违法的罚款方式。虽然物业管理公司要求租户装修前申请的做法没有错误,但其对违反装修管理规定的租户进行罚款却是极端错误和违法的,因而是无效的。

详细评析:

租户支付租金,使用开发商的房产,物业管理公司接受开发商的委托对该房产进行物业管理,无论从哪一个方面来说,物业管理公司在其授权的范围内,都完全有权要求租户在装修前进行申报,由物业管理公司审批,以防止租户对房屋建筑及设备设施的破坏。这是物业管理公司行使物业管理权和替代业主行使所有权的正当活动,不能看成是一种典型的行政管理手段,或者认为装修房屋是租户的基本权利(那么,这种权利是谁赋予的?),用不着什么申请和审批。

虽然物业管理公司要求租户装修前申请的做法没有错误,但其对违反装修管理规定的租户进行罚款却是极端错误和违法的,因而是无效的。从法律角度来讲,罚款就是一种行政处罚行为,不存在所谓"行政处罚罚款"与"经济处罚罚款"之分。除行政处罚之外,所有的相似情形都不能再称之为"罚款"。既然罚款是一种行政处罚行为,那么设定和实施罚款行为就必须以《中华人民共和国行政处罚法》(以下简称《行政处罚法》)为法律依据,并由行政机关依照《行政处罚法》规定的程序实施,不能违反法律的规定。《行政处罚法》第十五条规定:"行政处罚由具有行政处罚权的行政机关在法定的职权范围内实施",而物业管理公司只是一个企业法人或非法人组织,不是行政机关,所以无权实施包括罚款在内的任何行政处罚行为,这种行为是违反《行政处罚法》之规定的。

《行政处罚法》对罚款的程序有很严格的规定,比如处罚前要查明事实,要告知当事人权利,要听取当事人申辩等。另外,对法人或其他组织罚款1000元以下时才可以当场决定,超过1000元的罚款就应该按照严格的程序进行调查、讨论、听证后才能决定。

物业管理公司制定的处罚条款,由于违反了《行政处罚法》的规定,所以是无法律效力的。并且由于物业管理公司制定处罚条款时,基本没有考虑到保护租户权益的各种程序与方法,罚款数额完全由自己说了算,随意性很大,所以很容易与租户发生矛盾。

那么,如何预防和解决这类问题的发生呢?

第一,物业管理企业要摆正自己的心态和位置,要有把自己当作提供服务者而不是管理者,要消除自己对职能、权利的错误理解,正确定位自己、理顺关系、提高服务质量。

第二,一些装修人员违反了合理的装修规定和有关协议,物业管理公司可以制止,如果是在装修过程中毁坏了房屋结构或其他设备、设施,物业管理公司则可以要求他们支付违约金或赔偿金,或通过法律途径向当事人进行索赔。即使对业主的违约行为,物业管理公司也只能使用违约金和赔偿金进行管理。当然,违约金或赔偿金以实际损失和违约责任为准。物业管理公司无权实施罚款等行政处罚行为。

附:中华人民共和国行政处罚法(摘)

(1996年3月17日第八届全国人民代表大会第四次会议通过 1996年10月1日起施行)

第一章 总则

第三条 公民、法人或者其他组织违反行政管理秩序的行为,应当给予行政处罚的,依照本法由法律、法规或者规章规定,并由行政机关依照本法规定的程序实施。没有法定依据或者不遵守法定程序的,行政处罚无效。

第七条 公民、法人或者其他组织因违法受到行政处罚,其违法行为对他人造成损害的,应当依法承担民事责任。

违法行为构成犯罪,应当依法追究刑事责任,不得以行政处罚代替刑事处罚。

第二章 行政处罚的种类和设定

第八条 行政处罚的种类:(一)警告;(二)罚款;(三)没收违法所得、没收非法财物;(四)责令停产停业;(五)暂扣或者吊销许可证、暂扣或者吊销执照;(六)行政拘留;(七)法律、行政法规规定的其他行政处罚。

第九条 法律可以设定各种行政处罚。限制人身自由的行政处罚,只能由法律设定。

第三章 行政处罚的实施机关

第十五条 行政处罚由具有行政处罚权的行政机关在法定职

权范围内实施。

第十六条 国务院或者经国务院授权的省、自治区、直辖市人民政府可以决定一个行政机关行使有关行政机关的行政处罚权,但限制人身自由的行政处罚权只能由公安机关行使。

第十七条 法律、法规授权的具有管理公共事务职能的组织可以在法定授权范围内实施行政处罚。

第十八条 行政机关依照法律、法规或者规章的规定,可以在其法定权限内委托符合本法第十九条规定条件的组织实施行政处罚。行政机关不得委托其他组织或者个人实施行政处罚。委托行政机关对受委托的组织实施行政处罚的行为应当负责监督,并对该行为的后果承担法律责任。受委托组织在委托范围内,以委托行政机关名义实施行政处罚;不得再委托其他任何组织或者个人实施行政处罚。

第十九条 受委托组织必须符合以下条件:(一)依法成立的管理公共事务的事业组织;(二)具有熟悉有关法律、法规、规章和业务的工作人员;(三)对违法行为需要进行技术检查或者技术鉴定的,应当有条件组织进行相应的技术检查或者技术鉴定。

第五章 行政处罚的决定

第三十条 公民、法人或者其他组织违反行政管理秩序的行为,依法应当给予行政处罚的,行政机关必须查明事实;违法事实不清的,不得给予行政处罚。

第三十一条 行政机关在做出行政处罚决定之前,应当告知当事人做出行政处罚决定的事实、理由及依据,并告知当事人依法享有的权利。

第六章 行政处罚的执行

第四十六条 做出罚款决定的行政机关应当与收缴罚款的机构分离。

第四十九条 行政机关及其执法人员当场收缴罚款的,必须向当事人出具省、自治区、直辖市财政部门统一制发的罚款收据;不出具财政部门统一制发的罚款收据的,当事人有权拒绝缴纳罚款。

案例44 物业管理公司有没有强制权利？

某物业管理公司反映,在他们管理的小区里出现了几件挠头的事情:一件是张先生带着好几条狗在花园里玩,把李先生吓得连晨练都无法继续,李要求物业管理坚决把狗从花园里轰走,张却不听劝告;其二是王先生要装修,准备把一面墙拆掉。而刘先生认为这墙是承重墙不能拆,并要求物业管理公司制止,结果王先生也不听劝告等等。物业管理公司询问,这类某些业主不遵守物业管理公约、破坏社区环境、秩序,损害公共或其他业主的利益,但又不至于严重到妨害社会治安的情形,物业管理者进行管理干涉时,行为人不仅根本不听规劝,甚至采取一些不当行为拒绝管理,物业管理公司能否对其采取强制性措施,迫其停止该不当行为?也就是说物业管理公司有无强制权利?

简要说明:

案例中的问题确实是现实生活中常见的情形,也的确是最令物业管理者挠头的事情,其中的原因主要是没有强有力的解决办法,或者说即便靠强力解决了,物业管理公司还担心业主认为物业管理者太蛮横、太不尊重业主。如果前怕狼,后怕虎,不敢去管,同样会招来不满,一些业主会认为物业管理者该管不管,不认真、切实地履行管理职能。所以,物业管理公司不管怎样,都面临两难的境地。

详细评析:

如果从物业管理公司的性质与地位的角度看,物业管理公司本身是不具有强制权的。物业管理公司是进行物业管理的企业,它与业主之间是平等的民事合同主体的关系,根据有关规定,物业管理公司不再承担应由房地产行政管理部门或司法部门承担的对违法者的处理职责。因此,无端要求物业管理公司对业主或使用人的侵犯相邻及公共利益的行为承担强制作为的义务是不合适的。

但从道理上说,物业管理公司又应该具有强制权。如果物业管理公司没有强制权,很多问题可能根本就无法解决,或者物业管理公司只好借故不去解决,其结果是社区大多数业主的合法权益无法得到维护与保障,大多数业主支付物业管理费所希望得到的服务质量也就无从谈起,这实际上也是对大多数业主正当权益的损害。

需要说明是,这个强制权是有限制的、一定的、适度的强制权,即不会侵害业主合法、正当的人身与财产权利的强制权,不能认为物业管理公司有了强制权,就可以为所欲为了,就可以动手打业主,动口骂业主,开单罚业主了。

同时,这个强制权还应由业主委员会在遵守国家有关法律法规的条件下,根据业主(代表)大会的意见与授权和本社区的实际情况,通过物业管理合同、契约等赋予给物业管理公司的。物业管理公司的一切权利都来自全体业主(业主委员会),它只有通过物业管理委托合同或契约,得到全体业主(业主委员会)的委托与授权,才享有各项管理物业的权利,适度的强制权同样需要全体业主的委托与授权。这种委托与授权应该在物业管理委托合同或契约中得到说明与体现,这种强制权利也应该让全体业主明确了解。这样,物业管理者的强制行为才不致构成对少数业主的侵权行为。当然,业主可以授予物业管理公司这种适度的强制权利,也可以不授予或者收回这种权利。

附:物业管理公司对哪些行为有权制止?

《城市新建住宅小区管理办法》明确禁止房地产产权人、使用人实施以下4种行为,并规定物业管理公司对发生的违禁行为有权制止、批评教育、责令恢复原状、赔偿损失。

1. 擅自改变小区内土地用途的。土地使用性质的变更,将影响小区原有的规划设计,并引起土地出让金等方面的变化,必须经国家有关部门批准。现在不少小区都出现了将住宅改造为经营商业服务业的场所或在原有绿地上建设经营场所的热潮,如果无人管理,听任土地用途的随意改变,将造成小区内商业服务业布局不合理,扰民和影响卫生等一系列问题。因此,改变土地用途必须经法律程序批准,任何人不得擅自改变土地用途。

2. 擅自改变房屋、配套设施的用途、结构、外观,毁损设施、设备,危及房屋安全的。房屋的所有权人有权从本身居住需要或经营需要出发,装饰装修房屋或对房屋进行修缮。但是,修缮房屋不得危及房屋安全或影响相邻房屋的正常使用。建设部《建筑装饰装修管理规定》中明确规定,原有房屋装饰装修时,凡涉及拆改主体结构和明显加大荷载的,房屋所有权人、使用人必须向房屋所在地的房地产行政主管部门提出申请,并由房屋安全鉴定单位对装饰装修方案的使用安全进行审定,经批准后,申请人还要向建设行政主管部门办理报建手续,并领取施工许可证。因此,对于需要装修房屋的,要经住宅小区业主委员会和物业管理公司同意,对于确需改动主体结构实施较大装修的,还需经房地产行政主管部门审查批准。

3. 私搭乱建,乱停乱放车辆,在房屋共用部位乱堆乱放,随意占用、破坏绿化、污染环境、影响小区景观,噪声扰民的。以上行为对创建优美、文明的居住环境负面影响极大,必须予以制止,赋予物业管理公司这项权力有着重要意义。

4. 不照章缴纳各种费用的。这是不履行合同承诺义务的行为,如果对物业管理公司的收费有异议,应当通过小区管理委员会反映和解决,但不能擅自拒绝交费。

案例45 物业管理公司能否擅自停业主的水电?

中国消费者网报道:去年4月30日晚,深圳市某花园管理处以叶先生家装修时加宽了进户门为由,先停了叶先生家的电。5

月7日,又把叶先生家的水表拆了,停了他家的水。受不了"焦渴"、"黑暗"痛苦的叶先生,只好把该管理处告到了法院。那么,该管理处能否以住户装修违反规定或不交管理费为由,对住户停水、停电呢?

简要说明:

业主装修违反规定或拒交物业管理费固然不对,但物业管理公司不应以停水、停电等极端做法来"惩罚"业主,物管公司应当利用相关的法律、法规来维护自己的权利,这样才便于日后的其他各项管理工作。

详细评析:

我们认为,一般情况下,物业管理公司是没有权利以各种理由对住户停水、停电的。

首先,前面我们说过,物业管理公司不具备处置权,不能对业主的行为随意处置。其次,水、电的产权不归物业管理公司所有,物业管理公司只享有管理权,水电只有水电的主管部门有权停供,物业管理公司无权停水、停电,而且,业主或业主委员会可以追究物业管理公司停水电造成的损失,同样,物业管理公司也可以追究业主在收费合理的情况下不交管理费或违反有关契约或合同的违约责任。

事实上,法院也是这样判决的。法院认为,住宅区内的水电供应及维护应由有关供水、供电部门负责,物业管理公司无权擅自切断住户的水电供应。管理处因与住户发生纠纷而切断住户的水电供应,是侵权行为,应立即恢复对叶先生家的水电供应。

理论上说,在特殊的情况下,如物业管理公司已和供水、供电部门达成协议,签订了合同,供水、供电部门授权物业管理公司在必要的情况下停水、停电,则物业管理公司就可以在合同允许的范围内,行使这项权利。

但不管怎么样,我们认为,物业管理公司停水电的做法都是不可行,或是不足取的,容易使物业管理公司陷入被动。业主违反规定,或者欠交管理费的时候,物业管理公司应着重劝解与教育,不得已的情况下,可向人民法院提起诉讼,树立一个反面榜样,让其他业主引以为戒,不要效仿。这样做,可以为物业管理公司树立比较良好的形象。

案例46 物业管理公司该听业主的,还是该听租户的?

北京某物业管理公司受某开发商委托为其管理一幢高级写字楼。某日,业主与一租户发生冲突,后来越闹越凶。租户停付租金及物业管理费用达一个月,业主一气之下,给物业管理公司正式传真,以委托人名义命令该公司切断对该租户办公室水、电、气、暖的供应,并要求物管公司打开该租户门锁,将里面所有物品搬出,并称一切后果由业主承担。租户得知消息后,并不示弱,也以书面传真形式告知物管公司,以物业使用人名义要求物管公司严格履行物业管理职能,加强保安服务,严防任何闲杂人员进入办公室,一旦出现有人强行非法进入租户办公室的情况,定向政法机关控告物管公司。该案例中:

(1) 物业管理公司能否接受开发商的指示,去切断该租户的水、电、气、暖的供应?

(2) 物业管理公司能否接受开发商的指示,打开该租户门锁,将里面所有物品搬出?

(3) 租户对物业管理公司的要求有道理吗?物业管理公司有执行的义务吗?

简要说明:

本案例对写字楼和商场等营业性的物业管理中具有一定的代表性,目前,全国各地不少地方都存在类似的情况。这类情况的出现,反映了相当部分开发商、物业管理公司以及租户对自己的法律地位、各自的权利和义务、对什么是物业管理以及它的内容如何等不甚清楚。

详细评析：

（1）物业管理公司能否接受开发商的指示，去切断该租户的水、电、气、暖的供应？

按照现有的相关法规，物业管理公司是独立的企业法人，以提供物业管理经营服务为业务范围，与委托人之间是平等的民事主体关系，所以，不论是受业主委托、还是受管理委员会委托，物业管理公司都不应成为他人的附属与工具，不可听命于他人。

本案例中，无论业主与租户之间纠纷如何生成与演化，均与物业管理公司没有关系。只要租户交够一天的物业管理费用，就理应得到一天的物业管理服务，反之亦然。即使物业管理公司就此做出什么决定，也不应是应业主（开发商）的要求而作为的，而是依据有关法规和物业管理公约等，由物业管理公司自己决策做出的。当然，在这种情况下，物业管理公司应该积极活动，努力协调双方之间的关系，解决双方间的纠纷与问题，这不仅对业主和承租人有利，对自己进行物业管理的活动也是非常有益的。

（2）物业管理公司能否接受开发商的指示，打开该租户门锁，将里面所有物品搬出？

物业管理公司决不能应业主（开发商）的要求，擅自把租户的门锁强行打开进入。强行入室，清除物品，这是业主（开发商）提前中止房屋租赁合同的表现，只能由业主来行使，在业主与租户之间矛盾没有协商解决或取得法律裁决依据前，该物业管理公司不能参与或协助业主的强行入室行为，否则，如果引起民事诉讼及刑事诉讼，无论业主如何声称对此事负责，相关后果及责任必由该物业管理公司部分或全部承担。

（3）租户对物业管理公司的要求有道理吗？物业管理公司有执行的义务吗？

租户不交物业管理费用，就无法得到相关物业管理服务，包括保安。所以,开发商某些行为的后果,只能由租户自己应付与承担。物业管理公司没有协助的义务。

案例47 如何更换物业管理公司?

我是某小区业主委员会的主任。最近,我们小区不少业主对物业管理公司的服务质量意见很大,业主委员会的部分成员也有同样的感觉,在与一些业主座谈后,我们业主委员会决定更换这家物业管理公司,另外聘请新的物业管理公司,但由于我们对物业管理公司的辞聘工作不熟悉,害怕在更换物业管理公司中出现什么差错,所以特此询问,如何更换物业管理公司,应该注意一些什么问题?

简要说明:

目前,北京等一些城市已经出现不少小区更换物业管理公司的情况,这种情况在市场经济条件下,显然是很正常的,以后肯定还会发生,而且可能更加频繁,问题的关键是在更换物管企业时应该注意些什么问题,以便避免一些对物业管理公司和业主都没有好处的纠纷。

详细评析:

我们认为,在更换物业管理公司之前和过程中,应重点考虑如下几方面的问题。

(1) 是不是必须更换。有些物业管理公司本身并没有什么大的过错,可能是和一些业主和业主委员会之间有些争议,或者说,物业管理公司在某些方面做得不够好,如果业主委员会对其就合同方面做必要的提醒,物业管理公司可以迅速整改,那么,这种物业管理公司其实是不要更换的好。反之,则应该坚决更换。

(2) 更换的合法性如何。包括三个方面,第一,物业管理公司是否有什么不可谅解的过错? 第二,更换的主体要为合法的业主委员会;第三,有关更换事宜,要经小区产权人大会通过。在保证广大产权人、使用人支持的前提下召开产权人大会,形成决议,使更换物业管理公司的行动具备充分的群众基础和法律依据。

(3)能否取得相关各方的支持。包括能否协调发展商、业委会、原物管企业、新物管企业间的利益关系,尽量取得一致性意见,以便顺利更换,也包括要取得法律顾问、物管顾问、财务顾问等提供的法律与专业支持,以及政府主管部门提供的政策指导与支持。

(4)注意各方面工作的交接。首先应召开产权人大会并做好保密工作,防止过渡期出现管理真空,同时也应避免出现有关财务、账务修改和资金转移,使产权人和使用人利益受到损害。其次将更换物业管理公司的意见和安排报小区办,取得指导和支持。如发生原物业管理公司拒不交出物业的情况,需要请政府主管部门协调。

(5)熟悉交接的内容。如:工程交接、财务交接、文档交接、岗位交接、人事安排、劳动关系交接等等,并需做好确认签字工作。

(6)防范风险,避免业主或使用人工作,生活受到影响。更换物管企业的过程中,经常出现的"风险"有5种情况:原物管企业拒不退出,导致新物管企业难以进入;原物管企业提出高额外补偿;交接不配合,导致物业管理工作无法延续;因管理真空导致部分业主对更换持不同意见甚或引发对业主委员会的诘难;引发法律讼诉。

附:物业管理公司,怎一个炒字了得?(观点汇集)

"炒"物业管理公司现象的出现是房地产业进步的体现。物业管理公司有了市场的竞争意识,所以才出现了物业管理公司被"炒"的现象。

"炒"物业管理公司使一些物业管理公司不敢作长期管理的打算,易出现短期行为。

由于部分业主委员会在运作上不规范,使"炒"字成为少数人的权力象征。

业主委员会毕竟不是物业管理的内行和专家,有些人"看人挑担不吃力",对物业管理公司动辄出示"炒"字王牌,而事实上,换上的物业管理公司并非尽如人意,有时候旧的矛盾尚未解决新的矛盾又将产生。

"炒"了原来的,换来新的,两家公司在交接问题上如果不能顺利进行,就会导致住宅小区的一些原始资料遗失,以及资金账目上的模糊。最终的受害者不是物业管理公司,而是业主本身。

业主对物业不满意就炒掉,我觉得是个双败的结局。"炒"物业固然能够解一时之气,但不仅业委会运作困难,意见难以统一,而且在市场造成的影响不好,有可能会使物业贬值,最终危害的是业主的权益。物业管理公司被炒掉,等于是一种否认,危害更直接,也更大。

"炒"是一种解决方式,绝不是最佳选择。业主要做好得不偿失的准备。

主人好做、管家难当,"换位思考"不仅仅是对提供服务者的要求,接受服务者也时常地"换换位",是不是会多些融洽、少些纷争呢?

(来源:不详)

第五章 物业管理委托与聘用

案例 48 物业管理：自己管理还是委托他人？

某策划公司在策划一个新的地产项目时，和发展商一起为物业管理的事情头疼。这是一家老牌的地产公司，属下早就拥有物业管理公司，并且管理着 80 万平方米的物业。本来通过自己的物业管理公司管理应是顺理成章的事情。可是由于发展商这次开发的是高档物业在市中心，而且规模达到 20 万平方米，发展商陷入两难境地：一方面惟恐采用自己的管理公司会影响最佳销售效果，另一方面又害怕这个项目使自己的物业管理公司失去提升品牌的机会。那么，发展商对自己开发的物业是自己管理，还是委托他人管理好呢？

简要说明：

实际上，策划公司和发展商的忧虑带有普遍性。目前，物业管理情况和售楼效果之间已经越来越显示出紧密的关联。不要说属下有物业管理公司，就是手下没有物业管理公司的开发商，同样也存在着这个问题，即是自己管理，还是委托他人来管理。

详细评析：

要解决谁管的问题，首先有必要分析一下自己管理和委托他人管理各自的特点。

(1) 自己管理

自己管理即交给自己属下的物业管理公司来管理，也称为"自主管理型"或"自管"模式。"自管"模式通常有以下好处:其一,体制上比较顺。属下物业管理公司作为开发商开发物业的物业管理机构,在交接物业时双方不会产生较大摩擦,避免成本加大,有助于提高物业管理质量。同时,在物业管理早期介入时容易得到开发商的支持,因而也会比较顺利,所以可以比较早地熟悉物业的基本情况,为搞好该物业的物业管理打下一定的基础。其二,开发公司可以把售后服务与下属单位的物业管理结合起来,由开发商协调问题与矛盾,减少一些不必要的纠纷和摩擦,从而能够较好地进行工作上的配合,搞好物业的各种服务。其三,开发商可以和下属物业管理公司一起最大限度地为公司开展多元创收、增加利润。其四,可以为开发商发展多元经济增长点提供机会。在竞争还不十分的激烈的物业管理市场,可以为公司尽快培育自己的物业管理品牌作出一些贡献(通常都有一定的风险)。

但是,这种管理模式也有其自身的缺点,主要表现为:第一,权责不清,管理效果往往较差。由于缺乏市场竞争和监督机制,物业管理人员通常服务意识较差,难以提供让住户满意的管理服务;第二,物业管理资金比较难以控制。非市场化的运作给物业管理资金的运行带来一定的随意性,加上缺乏对成本预算的足够重视,开发单位在某种程度上又参与资金决策之中,使得物业管理资金的控制成为一个难题。第三,专业化程度不高,缺乏足够的物业管理经验。往往投入多,收获少。而且一旦面对市场,将可能会很快败下阵来。第四,不利于物业品牌的创立和宣传。由一个名不见经传的下属物业管理公司来管理,对创立和宣传所开发物业的品牌是非常不利的。

(2) 委托他人管理

委托他人管理一般称为"委托管理"或"托管"物业管理模式。它的主要优点有:第一,权责清楚。开发商通过合同明确了与社会化物业管理公司的责、权、利关系,增加了相互监督的力量,从而有利于物业管理的正常运作和物业管理资金的良性循环;第二,有利于创建优秀物业管理小区,并能够增加开发公司的无形资产。社会化专业物业管理公司的管理效果一般来说是良好的,良好的物业管理对于创建优秀物业管理小区,增加开发公司的无形资产等等具有很重要的作用;第三,有利于引入名牌物业管理,提高物业的无形资产价值和物业销售的价格,从而增加企业赢利。物业管理公司的良好社会声誉也会为开发商开发的物业带来更好的社会影响,从而增强开发项目对潜在和现实的购房者的吸引力;(4)开发公司可以放下管理包袱,不再为物业管理的问题而去和下属物业管理公司打过多的交道。从而能节省更多的时间和精力,发挥自己的特长,开发出质量更高、更符合社会需要的新型物业。

当然,委托管理模式也有其自身的缺点,主要有六点:第一,管理费用一般较高。这会增加购房者的负担,也会影响一些较低收入购房者的购房热情;第二,接受托管的物业管理公司对本物业往往需要一个了解的过程,它与开发公司之间也有一个相互磨合的阶段,而这则会影响整个开发项目的进度和管理的实际效果;第三,一旦选择物业管理公司不当,将会直接给物业项目的开发带来较大的负面影响;第四,不利于自己物业管理品牌的创立,少了一条创收的路子。第五,无法建立长期稳定的服务系统,没有这种系统就无法与地产开发相匹配,无法使二者交相辉映。第六,无法建立完整的地产品牌,地产品牌主要包括物业素质和后期服务,光有素质没有物业管理的品牌是残缺的。

对于上述物业管理的矛盾,如何解决?对于这个问题,发展商应根据自己的情况,因地制宜地解决。我们可以根据发展商的不同情况提出三种不同的方案。

① 自己管理。这种情况适用于已有自己的物业管理公司,而且未来的项目是普通地产项目。对于高档项目,需要对现有物业管理公司进行重新整合。如在内部管理上适应潮流,与国际标准管理接轨,力争在服务规范和技术规范方面有所建树;在外部形象上,是否应该与社会和业主进行对话,在交流中不断提高信誉度。

② 成立股份制的管理公司。即邀请著名物业管理公司做管理公司的股东,以管理公司的发展商的商号命名,发展商控股。在

管理业务上完全交给合作方管理,在管理收益上应给被委托方较优惠的条件。在深圳,百仕达由于采用了上述方式,使地产品牌和服务品牌取得了双丰收。

③ 顾问方式。这种方式名义上是著名物业管理公司管理,实际上是自己管理。但不能完全流于形式,也不能对被委托方过于吝啬,要真正引用物业管理中的一些先进经验和先进概念。

那么,到底应采用何种物业管理模式呢？关键还是要具体问题具体分析,对于本案例中提到的高档项目,我们认为还是要选择委托管理的方式比较好。开发商应放弃那种失去机会的思维模式,因为物业管理委托也是有时间限制的,在合同到期后,开发商下属的物业管理公司完全可以凭借自己的优势,去竞聘并获得管理权,这不仅是对原先物业管理公司的一个促进,也是一个锻炼。

需要说明的是,市场化、专业化是物业管理的必然发展趋势,投标也是物业管理公司生存和发展的关键。1995年5月的全国物业管理工作会议上,建设部副部长宋春华在讲话中明确指出:"2000年以前,必须彻底改变'谁开发谁管理'的垄断经营局面。开发企业下设的物业管理机构应与开发企业脱钩,面向社会、独立经营、自负盈亏。""推行招投标机制,引导扶植规范化经营,大力推进物业管理市场化的进程。"等等。同时,我国《城市新建住宅小区物业管理办法》中也规定,一旦小区业主管理委员会成立,它就有对小区物业管理机构的另聘权。如果目前下属的物业管理公司在以后不能适应市场的需要,也必将遭到淘汰。也就是说,交给自己下属的物业管理公司来管理开发的物业也不可能是一劳永逸的,开发商没必要去冒自己开发的物业销售不好这个风险。

案例49　单位买了一批房子,是否可以由单位进行物业管理？

某机关将小区内的一栋住宅楼全部买下,后以较低的价格卖给单位职工居住。由于小区的物业管理公司将对小区内物业进行统一管理，该单位感觉物业管理费比较高，而且物业管理服务质量也差强人意，所以就想把自己买下的这栋楼封闭起来，由本单位自己进行管理或由本单位委托其他物业管理公司来管理。发展商明确告知该单位，绝不能由其单独进行物业管理。该单位对此不以为然。该单位员工认为，不是说业主有权选聘物业管理公司吗？我们的权利你发展商有什么权力来干涉。所以双方为此争得不可开交。那么，单位可否对自己买下的一批房子由单位单独进行物业管理呢？

简要说明：

这一问题一般多出现在房改的前期阶段，许多单位的房屋管理思想还是停留在旧体制下的住房管理上，因而相关管理部门应加强有关规定的宣传，做好改革的各项过渡工作，协调好各大机关、企业与物业管理公司的关系。

详细评析：

可以非常明确地说，单位不能对自己买下的部分住宅楼实行单独管理，小区必须实行专业化的由一家物业管理公司实施的统一的物业管理。

第一，《国务院关于进一步深化城镇住房制度改革加快住房建设的通知》文件中明确提出："要加强住房物业管理，加快改革现行住房维修、管理体制，建立业主与物业管理企业专业管理相结合的社会化、专业化、市场化的物业管理体制"。就北京来说，1997年修改颁布的《北京市居住小区物业管理办法》中也明确规定："物业管理企业必须经过房屋土地管理机关资质审查合格，向工商行政管理机关办理注册登记后，方可接受委托，承担居住小区的物业管理。"等等。这些在法律上或从政府的角度上，都表明了对居住小区必须进行统一的物业管理，而不能由部分住户（或某个单位）再单独委托其他的物业管理公司，或由它们自己来进行非专业化的物业管理。

第二,本案例中,购房单位虽然将小区内的一栋楼全部买下,但是该住宅楼只是这个小区的一部分,该单位的员工也只是这个小区业主的一部分,与其他业主的权利平等。作为业主,该单位的职工有权选聘或解聘物业管理公司。但是这种权利不能任意地、无限制地行使,而必须按照法定的程序通过业主管理委员会来行使。业主管理委员会应该是全体业主的代表,代表全体业主的利益,该单位的部分业主不能按照自己的意愿,在没有业主管理委员会或绕过业主管理委员会的情形下,擅自做出决定,或者干脆要求自己管理自己的部分物业。同时,这样做也是不尊重全体住户业主权的表现,因此该单位应该接受物业管理公司的统一管理,如果对该物业管理公司的服务不满意,则可以通过业主管理委员会按照特定程序予以解聘。

第三,随着我国住房制度的改革深化,物业已分散售给了老百姓,售出的房屋具备了私有属性,但是由于现代物业的特点,决定了房屋与相关设施间不可分割,例如每套房屋都与整幢楼宇紧密相连,中间层的每套房屋的地板就是楼下房屋的屋面,每套房屋的屋面就是上一层房屋的地板,每户分担的公共楼梯都是本层以上住户的必由通道。另外,就一个小区来说,每一栋楼都是小区的组成部分,都享用着小区的一些公共设施,因而它们与小区整体也是不可分割的,该单位如果封闭该住宅楼,必然侵害其他住户对于公共建筑、公共场地、绿化地等的共有权。这种房产的整体性的特点,决定了不可能由业主各自分散进行维护管理,而必须通过政府行政主管部门资质认可的专业机构(物业管理公司)来操作。建设部《城市新建住宅小区管理办法》第十四条也明确规定,房地产产权人和使用人不能私搭乱建,随意占用、破坏绿化,污染环境,影响住宅小区景观。违者物业管理公司有权予以制止、批评教育、责令恢复原状、赔偿损失。可见,单独封闭某一楼宇自己进行物业管理是不行的。

案例50 业主管理委员会能不能不请管理公司而自己管理物业?

一些业主管理委员会认为,物业的所有权是自己的。因而管理权也由自己支配,物业管理实际上很简单,就是打扫卫生、看看大门之类的琐碎事,可以不请专业的管理公司管理,与其让物业管理公司赚钱,不如自己管理划算。那么,业主管理委员会能不能不请管理公司而自己管理物业呢?

简要说明:

同样的想法与问题也多出现在房改前期、物业管理行业刚刚起步的阶段,有些业主还是不了解物业管理公司所做的各项工作,不了解物业管理公司在居民日常生活中的重要作用。这需要时间,需要物业公司更好地与小区居民进行沟通,随着双方了解的加深,工作才能更好地开展和进行,从而促进物业管理行业的健康发展。

详细评析:

业主管理委员会不请管理公司自己管理物业有两种情况。第一种情况,即在业主(代表)大会同意并授权下,业主管理委员会通过某种形式,成立了获得政府资质审批的专业物业管理公司,由该专业物业管理公司来进行物业管理;第二种情况,即业主管理委员会不成立物业管理公司,而由业主管理委员会的委员以及部分业主组织一个管理队伍(没有政府批准的资质),行使日常性物业管理的权利,对于一些复杂的项目则委托给专业的物业管理公司。

我们认为,对于第一种情况,业主管理委员会完全可以自己行使物业管理权,因为这也符合政府对物业管理以及物业管理公司的有关政策。而对第二种情况,我们则认为是不可以的,主要有如下原因。

第一,业主管理委员会没有经验及能力做好物业管理工作。物业管理是一门专业,也是一门科学与艺术,它远非看看门、打扫卫生这么简单,而是要负责整个区域的公共地方、公共设施、公有事务的管理。即使清洁工作,一些综合性大厦除了要做好公共地方的清扫外,还要抛光打蜡、清洗外墙,其工艺复杂,操作繁琐,技术性强,难度大,工作任务重。业主管理委员会仅靠业余时间无法完成这些工作,即使是脱产专干,也因不熟悉物业管理的各项业务而难以做好管理工作。

第二,业主管理委员会不便自己进行物业管理。物业管理工作需要各种费用的支持,而管理费则主要来源于全体业主。业主管理委员会成员也是业主之一,他们是否按实缴交,容易引起其他业主的怀疑;另外,大量的管理支出,是不是正当合理的开支,会不会以"权"谋私,这也是业主管理委员会成员难以摆脱的嫌疑。

另外,如果由业主管理委员会来自管物业,也不利于物业管理的健康发展,不利于物业管理的水平提高,业主难以享受到称心的服务,物业管理也无法向专业化、市场化、规范化方面发展。

案例51 开发商自己开发、自己管理合理吗?

目前,不少发展商自己开发建设居住小区,又自己组建物业管理分(子)公司或物业管理部来进行管理,这种管理模式存在着发展商作为小区开发建设单位与所有购房人在物业管理决定权上的冲突,物业管理分(子)公司或物业管理部因与发展商之间的投资或管理关系,物业管理部门不能作为独立和中立的利益方出现,这对买房人来说实际上是不公平的。那么,开发商自己管理自己开发的物业合适吗?

简要说明:
目前,很多业主对开发商管理自己开发的物业很是想不通,认为自己买了房,自己才是小区的业主,发展商不应不经许可擅自代替自己决定物业管理模式和物业管理单位,不少媒体也是这样的看法,实际上这是不对的,至少是片面的,实践中可能会带来众多小业主和开发商以及物业管理公司的冲突,对社会的安定也是不利的。作为小业主,要认识到开发商管理自己开发物业的合理性,同时也要认识到其暂时性或限制性,这样心态才能平衡。

详细评析:

开发商开发物业后,最初由自己来决定初期物业管理模式,并进行物业管理是合理的。

第一,物业由发展商开发建设,在未销售或未全部销售之前(不管有无业主入住),至少在小区业主管理委员会成立之前,发展商作为物业的开发者或物业的产权人,因为对物业和物业管理承担了主要的责任,所以它不论从自身的商业利益和商业道德出发,还是从理论和实践的角度考虑,发展商都完全有优先的权利行使物业管理权,选聘或组建物业管理公司来进行新开发物业的管理,而零散的一些小业主因为互相之间不熟悉,对物业管理又不了解,同时又不能代表大多数业主,所以开发商也不可能把物业管理权交由这些小业主来处置。

第二,发展商决定初期的管理模式并进行初期的物业管理也符合实际的要求。开发商对设备性能的了解,对社区功能的完善,对零部件的采购,均是其他独立的第三方不可能替代完成的。

第三,物业由开发商来管理也符合经济原则。发展商的工程技术人员在开发建设的同时提供物业管理,能够有效地实现人、财、物、技术等各项资源的合理配置。而任何其他一方,事实上都很难做到。

当然,开发商自己决定自己开发物业的初期管理模式并进行初期物业管理也是有条件限制的,从法律的角度来说,这些限制主要有两个方面。

第一,新开发物业的类型。如《北京市物业管理招投标暂行办法》(京国土房管物字[2001]258号)第四条规定,政府投资建设项目、经济适用房项目的建设单位以及业主管理委员会选择物业管理企业时,必须通过招投标方式确定,而不能由开发商自己来随意确定。

第二,时间限制。国家有关法律文件规定,开发商只能确定初期的物业管理模式并进行自行管理或委托专业的物业管理公司来管理,但管理期限只能到小区业主管理委员会成立,并选聘到新的物业管理公司为止。

案例 52 与业主管理委员会委员有关联的物业管理公司能被聘用吗?

我们小区欲招聘某物业管理公司对小区内的物业进行管理。在招聘过程中,小区业主们发现该小区业主管理委员会某位委员是某物业管理公司的主要股东之一。业主们以此为由要求另选其他物业管理公司,而业主管理委员会却以法律没有明确禁止与业主管理委员会委员有直接关联的物业管理公司不能被聘用为由,坚持聘用某物业管理公司。于是,该小区的业主们在某物业管理公司能否被聘用一事上与业主管理委员会发生了分歧。那么,与业主管理委员会委员有关联的物业管理公司能被聘用吗?

简要说明:

这一问题涉及业主管理委员会的职责问题,其工作应为监督所聘任物业管理公司的管理工作。而如果业主管理委员会委员本身与物业公司关系紧密,那就起不到任何监督的作用了,可能会损害其他业主的利益,没有公平可言了,因而需要广大业主监督业主委员会,从而杜绝此类现象的发生。

详细评析:

我们认为,与业主管理委员会委员有关联的物业管理公司不应被聘用。

第一,物业管理公司是接受小区业主管理委员会的委托,对特定物业区域进行物业管理的、经过政府房屋土地管理部门审批,具有《物业管理资质合格证书》,并经工商行政部门注册登记的专业化企业。由此可见,业主管理委员会与物业管理公司之间的关系是委托与被委托、监督与被监督的关系。业主管理委员会的职责之一就是监督所聘物业管理公司的管理工作。作为业主管理委员会的委员,他的职责也应当包括监督所聘物业管理公司是否按照物业管理委托合同履行其义务。如果业主管理委员会的委员自行成立物业管理公司进行所在小区物业管理的话,必然使业主管理委员会拥有一种身兼监督者和被监督者的双重身份,很难公正、公平地履行监督义务,从而切实保障广大业主的合法权益。

第二,前面说过,业主委员会可以成立代表全体利益的物业管理公司来进行小区的物业管理,香港以及一些物业管理比较成熟的国家或地区已有这类公司,但问题的关键是个别业主管理委员会委员组建的物业管理公司一般只能代表该委员的利益,很难代表全体业主的利益,在自己的利益与全体业主的利益相冲突时,很难保证该委员以全体业主的利益为先,同时,个别委员为股东的物业管理公司对小区进行管理,暂时可能没有问题,但时间一长,就很容易引起其他委员以及广大业主的不满,导致小区物业管理出现各种各样的问题,也会引起社会的不稳定。

综上所述,从业主管理委员会的职能等方面来考虑,某物业管理公司不应被聘用进行该小区的物业管理。

案例53 开发商是否有权将物业管理权发包给他人,并收取承包金?

我是某物业管理公司的一名员工,最近,在与一开发商商谈一物业项目的物业管理问题时,开发商告诉我,他们新开发物业的各方面情况都很好,很多物业管理公司都陆续来谈过物业管理业务问题,开发公司原来想自己成立物业管理公司进行物业管理,但由于各方面的原因,最后放弃了,现在希望把物业管理权发包给其他物业管理公司,条件之一是要先支付物业管理业务的承包金1元/平方米,我不知道开发商这样做是否有道理?

简要说明:

　　这类事情关系到物业管理权的归属问题上,开发商应该明白,物业管理权是建立在所有权上的,如果他所开发的物业已经售出,那么物业管理权就应当归业主所有,而不再由开发商做决定了,并且当开发商将自己开发的物业的管理权发包给其他物业管理公司时,无权收取承包金。

详细评析:

　　我们认为,开发商无权将物业管理权发包给他人并收取承包金。理由简述如下:

　　第一,物业管理权是一种存在于他人所有物上的物权,因此谁可以行使该权利,应当由物的所有权人(即业主)来决定。开发商在没有销售或没有完全销售自己开发的物业之前,作为业主,当然享有物业管理权,但从开发商的性质来说,它开发完成的物业一般并不是自用,即永远属于开发商,而是要在较短的时间内,如一年或几年转移给买房的购房人,所以,开发商只能行使自己是业主的那一部分物业管理权和那一段时间的物业管理权,超出了这个限制,就是对其他业主物业管理权的侵犯,自然是不合理的,也是不合法的。

　　第二,开发商有权将自己开发的物业的管理权发包给其他物业管理公司,但却无权收取承包金。前面的一些案例已经分析过,开发商决定初期的管理模式和初期的物业管理公司是合理的,也是合法的,这里不再赘述,下面重点分析一下开发商无权收取承包金的问题。

　　首先,我们知道收益来源于权利,也就是说,要想获得收益,就必须有相应的权利,作为开发商,它没有该物业的最终所有权,也就没有最终物业管理权,开发商所拥有的只是一定阶段的所有权和物业管理权,因此,不能超出这个阶段,收取涉及以后阶段以及后来业主的所谓承包金。换言之,即使收取承包金,也应该由全体业主的代表——业主管理委员会来收取,收取的承包金也不能归开发商独有,而应该由全体业主来共享。

其次,物业管理总体上是一个利润率不高的行业,国家法律虽然没有明确规定不能收取承包金,但事实上,如果业主管理委员会真是收取了承包金,对大多数的物业管理公司来说可能都是一个负担,除非物业管理公司有完全的权利决定收取物业管理费的标准和服务质量,当然,这对小区业主来说,显然会加重负担,增加业主的不满。

附:物业管理承包合同纠纷案

原告海南自力投资有限公司(以下简称投资公司)因与被告海南华鑫物业管理有限公司(以下简称物业管理公司)发生物业管理承包合同纠纷,向海南省海口市新华区人民法院提起诉讼。

原告投资公司诉称:原告按照与被告签订的《顺发新村物业管理承包合同》,已经将顺发新村第一期开发约10万平方米公寓的物业管理权发包给被告。被告只依合同给付原告保证金50万元,承包金分文未付,至今共欠承包金246万元。被告的行为严重违约,请求法院判决解除合同,判令被告偿付拖欠的承包金,并承担违约责任。

被告物业管理公司答辩同时提出反诉称:原承包合同中关于被告每月按每平方米1元向原告缴纳承包金的约定违反了物业管理法规,是无效条款,不应受法律保护。原告没有按时按约定的面积交付房屋,造成被告少收管理费203.4292万元。按照双方签订的《维修承包合同》约定,原告应于1994年底支付第二期维修费款15万元,此款超期支付一天,应当按总额的3%给付罚款。此款至今未付。反诉请求法院判令原告支付物业管理维修费15万元,违约金15万元以及未按合同约定的面积交付物业管理住房给被告造成的损失203.4292万元。

海口市新华区人民法院经审理查明：

原告投资公司是海口市顺发新村住宅小区的开发商。1992年上半年，投资公司已经将顺发新村住宅小区的住宅预售给湖南长沙有色金属探查设计院海南分院、海南鑫鑫实业有限公司等9个业主。1993年9月，该住宅小区建成，迁入320家住户。1994年1月31日，投资公司和被告物业管理公司签订《顺发新村物业管理承包合同》及《顺发新村物业管理承包合同补充协议》各一份。约定：原告将其开发的顺发新村第一期37栋高级公寓（面积约10万平方米）的物业管理承包给被告，承包期十年，承包金按实际住房面积计算，每月每平方米一元；合同签订后10日内，物业管理公司应向投资公司支付履行保证金50万元。同年5月12日，投资公司又和物业管理公司签订了《维修承包合同》，约定：顺发新村1~37栋楼房在保修期内的维修任务由投资公司总承包给物业管理公司维修，总承包工程款31万元。为此，物业管理公司向投资公司支付了履行保证金50万元。投资公司也陆续向物业管理公司交付了物业管理房产面积61028.25平方米及有关附属设施。物业管理公司在实施物业管理行为期间，向住房收取了物业管理费、维修基金、水电费等，但是没有按合同约定向投资公司支付承包金，投资公司因此诉至法院。

海口市新华区人民法院审理认为：原告投资公司和被告物业管理公司签订的《顺发新村物业管理承包合同》及其补充协议，损害了顺发新村住宅小区业主的利益，应确认为无效合同。双方依据该合同取得的财物应相互返还，投资公司请求物业管理公司支付承包金246万元以及物业管理公司反诉请求投资公司赔偿因物业管理房屋面积不足给其造成的损失2034292元，均属无理要求，应予驳回。投资公司和物业管理公司因《维修承包合同》所产生的纠纷，与本案是不同的法律关系，不予合并审理。投资公司和物业管理公司之间的承包关系虽然无效，但鉴于物业管理公司已对顺发新村管理多年，为维护该新村的管理秩序和便于收回住户拖欠的物业管理费、维修基金、水、电费等,可限期物业管理公司将顺发新村的管理权及维修基金交投资公司代管。据此,海口市新华区人民法院于1997年8月5日判决:

一、限投资公司于本判决生效之日起二个月内返还给物业管理公司保证金50万元。

二、限物业管理公司于本判决生效之日起二个月内将已收取的维修基金和顺发新村的有关附属设施(按移交清单所列)交付投资公司代管。

三、驳回投资公司的其他诉讼请求和物业管理公司的反诉请求。

一审判决后,被告物业管理公司不服,以投资公司未交足物业管理面积给其造成损失应当承担责任,以及该住宅小区的物业管理权已经由业主管理委员会授予该公司行使,投资公司无代管权为由,向海南省海口市中级人民法院提出上诉,请求改判。

海口市中级人民法院二审查明:顺发新村住宅小区的9个业主组成的业主管理委员会,已经在1997年经海口市房地产管理局批准成立,并与上诉人物业管理公司另外签订了《住宅聘用管理合同》。

海口市中级人民法院认为:

物业管理是近年来住房商品化过程中出现的新行业。物业管理是指物业管理机构统一对住宅小区提供公共性服务,包括社会治安和环境秩序的维护和管理,根据其管理事实和服务行为,依照规定标准向住户收取一定费用的一种社会性服务工作。物业管理权是一种存在于他人所有物上的物权,因此谁可以行使该权利,应当由物的所有权人(即业主)决定。国家建设部1994年3月23日发布的《城市新建住宅小区管理办法》第六条规定:"住宅小区应当成立住宅小区管理委员会。"海南省人民政府于1996年6月4日发布的《海南经济特区城镇住宅区物业管理规定》中明确规定:"业主有参加住宅区物业管理的权利,并有合理利用房屋和公共设施、维护住宅区公共秩序、遵守住宅区物业管理规定的义务。业主大会是住宅区物业管理的最高决策机构,管委会是业主大会的执行机构,有权选聘物业管理公司、物业管理人员或其他专业服务机构对本住宅区进行物业管理,并与其签订物业管理合同。"

本案中,被上诉人投资公司只是顺发新村住宅小区的开发建设单位,其擅自与上诉人物业管理公司签订合同,将住宅小区的物业管理权"发包"给物业管理公司行使,借机收取承包金。该行为侵犯了业主的合法权益,依照《中华人民共和国民法通则》第五十八条第一款第(五)项的规定,这个承包合同及其补充协议应为无效合同。依照民法通则第六十一条第一款的规定,投资公司应当将保证金50万元返还给物业管理公司,其要求物业偿付承包金和承担违约责任的诉讼请求应当驳回。物业管理公司根据无效合同的约定,要求投资公司偿付少交付物业管理面积给其造成的"损失",不予支持。投资公司对住宅小区没有物业管理权,原审在处理合同无效时,虽然注意到这一问题,但是以维护住宅小区的管理秩序和便于收回住户拖欠的物业管理费、维修基金、水、电费等为由,判决将住宅小区的物业管理权及维修基金交投资公司代管,没有法律依据,应当撤销。现顺发新村小区业主管委会已经成立,并与物业管理公司签订了《住宅聘用管理合同》,这是业主行使权力的行为。物业管理公司据此提出上诉有理,应予支持。物业管理公司请求判令投资公司按照合同向其支付物业管理维修费15万元及违约金15万元,是另一法律关系,一审不予合并审理,是正确的。一审判决认定事实部分不清,判决部分不当,应予纠正。

综上,海口市中级人民法院依照《中华人民共和国民事诉讼法》第一百五十三条第一款第三项的规定,于1997年12月4日判决:

1. 维持海口市新华区人民法院(1997)新民初字第293号民事判决第一项;

2. 撤销海口市新华区人民法院(1997)新民初字第293号民事判决第二项;

3. 变更第三项为:驳回被上诉人海南自力投资有限公司要求

上诉人海南华鑫物业管理有限公司偿付承包金和承担违约责任的诉讼请求;驳回海南华鑫物业管理有限公司要求海南自力投资有限公司偿付因少交付物业管理面积造成的经济损失的反诉请求。

(http://www.cnlaw.cc 中国投资法律网)

案例 54 业主入住时对物业管理不满意,是否可以拒绝物业管理公司的管理?

某大厦业主张某在办理入住手续过程中,与物业管理公司发生了矛盾,认为该物业管理公司水平低、作风差、某些工作人员素质差,提出不同意该物业管理公司进行管理,这是否可行呢?

简要说明:

业主张某的想法具有一定的代表性。我们认为,不管业主和物业管理公司因为什么发生了矛盾,单个业主在发现物业管理公司服务质量有问题(不论真假)的时候,也是不能提出不同意物业管理公司管理的。

详细评析:

应该说明的是,本案例实际上已经涉及物业管理的委托聘用问题。但我们还是给出自己的看法,即在本案例情况下,业主是不能不要物业管理公司管理的,尽管物业管理公司有这样或那样的问题。

第一,物业管理公司与开发商或业主委员会签订的是集体合同。作为全体业主的代表(不管事实上是不是),开发商(物业还没有售出 50% 及以上之前)或业主管理委员会(成立后)与物业管理公司签订的合同,自然具有集体合同的性质。物业管理委托合同一般不可能也不需要与每一个单个业主签订。作为集体合同,它只能代表大多数业主或使用人的意志,而不可能代表所有业主或使用人的意志。正因为这样,有些业主或使用人会感觉到合同的某些条款对自己明显不利,也有些业主或使用人会认为某些合同条款并不是自己真实意思的表示,因而会有意或无意地不认同,甚至去破坏或不执行合同。但是,既然业主办理入住手续时,签订了《业主公约》,就意味着同意物业管理委托合同。因此,在这之后,业主是不能随意漠视管理合同和自己的承诺的。当然,这并不妨碍业主们对物业管理公司的管理服务进行批评的权利,如果物业管理公司在实施物业管理过程中有违反物业管理服务合同的行为,作为业主,有权而且可以通过一定程序追究物业管理公司的违约责任。

第二,从另外一个角度来看,物业管理公司管理的区域是很难分割的。或者说,物业管理公共服务是一个公共物品,不可能说某个业主不同意物业管理公司的管理,则该物业管理公司就可以自动停止对该业主提供公共性的管理服务。也可以说,管理一个相对封闭独立的物业管理区域的物业管理公司,只能通过一个集体组织,即业主代表组织——开发商或业主委员会来选聘,一般不可能由单个业主来选择(除非只有一个业主)。同样,如果要辞退物业管理公司,一般也不可能由单个业主或少数业主来决定,而要由上述业主代表组织,通过一个程序来最后确定。

第三,如果要辞退物业管理公司,即要与物业管理公司解除合同,也不能仅仅凭某业主对物业管理公司管理水平、管理效率、服务态度、人员素质等的个人判断,而要时时刻刻对照物业管理委托合同,如果物业管理公司确实严重违反合同,则该业主可以要求业主管理委员会考虑解除原管理服务合同。

案例55 这样选聘物业管理公司合法吗?

上海市某小区,由内销房、侨汇房、外销房等组成,受开发商上海某房地产开发公司委托,由上海某房产有限公司(中港合资)实施管理,并签订了委托物业管理合同。1995年7月两栋内销房的业主相继入住后,对环境脏乱差的状况极为不满,于1996年3月投诉新闻媒介。据此,某公司董事会及时采取措施,解聘了原港方总经理,组建了新的领导班子,并对该小区进行了迅速的整改,使小区的面貌焕然一新。

但小区的业主管理委员会认为,根据建设部《城市新建小区物业管理办法》的规定,业主管理委员会有重新选聘物业管理公司的权力,既然自己已对该物业管理单位失去信任,那么另请其他物业管理公司是合情合理的。于是就在没有同现有物业管理公司协商的情况下,立即与另一个物业管理公司签订委托管理的合同,并在1996年9月21日请该物业管理公司挂牌进驻,而原物业管理公司在9月19日才接到业主管理委员会的通知。致使原物业管理公司与业主管理委员会的矛盾重新激起。双方观点针锋相对,由于不能达成和解,最后业主管理委员会到某区人民法院起诉。那么,业主管理委员会重新选聘物业管理公司,并与之签订的委托管理合同有效吗?

简要说明:

本案例提到的是典型的"一女两嫁"问题。造成"一女两嫁"的现象,症结是对业主管理委员会的选聘权的理解问题。目前,由这个问题引发出来的业主管理委员会与物业管理公司之间的纠纷已显得比较严重。因此,搞清这个问题的答案有很重要的意义。

详细评析:

首先,业主管理委员会有没有选聘权的问题。相信这个问题目前已经没有争论,物业管理公司也不会对业主管理委员会的选聘权产生怀疑,只要业主管理委员会是合法产生的,作为小区全体业主的代表,同时作为小区物业各项权益的保障主体,业主管理委员会有权利,也有义务通过行使选聘权等权利来维护业主的利益,这在道理上是很清楚的,国家建设部《城市新建住宅小区管理办法》(1994年颁布执行)第七条规定,业主管理委员会有权决定选聘或续聘物业管理公司,明确赋予了业主管理委员会选聘物业管理公司的权利。

其次,业主管理委员会的选聘权如何行使问题。业主管理委员会虽然有选聘权,是不是就可以随意行使该项权利呢?显然是不可能的。第一,它必须符合全体或大多数业主的意愿,违背多数业主的意愿,其结果自然难以执行。第二,对物业管理公司来说,业主管理委员会虽然有选聘权,但不等于立即解聘权。业主管理委员会应在业主与物业管理公司所签合同合法解除以后才可以行使选聘权。如果业主管理委员会要解除合同,必须经双方协商一致,如果不能达成一致,也应通过一定的法律程序来解决。当双方合同自然终止,或另一方同意中止合同时,业主管理委员会的选聘权行使才是合法的。当业主未与现有物业管理公司解约前,业主管理委员会又与另一家物业管理公司签约,则类似重婚的性质。

案例 56 物业管理公司是否一定要通过招标进行选择?

有人认为物业管理公司没有通过公开招投标选择,而是由开发商请进来的,不是大家选定认可的,因此对物业管理公司的合法性持怀疑态度,甚至提出重新招标选择,否则不要物业管理公司管理。那么,物业管理公司是否一定要通过公开招投标进行选择呢?

简要说明:

在目前的物业管理公司选聘的运作上,应该实事求是,尽量实行公开招标,但也不要强制推动。对于开发商选择的物业管理公司,业主管理委员会成立后可以根据其工作状况进行评定。不满意的,可采取公开招标方式选择新的物业管理公司来进行管理;满意的,可由业主管理委员会与物业管理公司签订新的委托管理合同。

详细评析：

我们认为，本案例实际上涉及两个方面的问题。

第一个问题，房地产开发商有无首先行使选聘物业管理公司并与之签订委托管理合同的权力。这个问题，我们已经提到过，作为开发商，在自己开发的房子没有卖完之前，它首先是一个大业主。同时，在业主购房过程中，或者说在业主管理委员会还未成立之前，物业管理工作就已开始，作为物业的重要产权人或其之一，房地产开发商有权利，有义务，也有条件首先选择物业管理公司，来承担自己开发物业的管理维护责任。

第二个问题，物业管理公司是否一定要通过公开招投标方法选择才算合法？国家建设部曾三番五次地要求推进物业管理市场化，鼓励物业管理公开招投标，物业管理公司通过公开招投标来选择当然是我国物业管理行业发展的政策导向。同时，物业管理企业引进市场经济条件下的竞争机制，以公开招标方法为主，以议标方法为辅，可以保证整个行业公平、公正、公开的对物业管理企业进行选择，这有利于推动物业管理工作的发展和规范化。但是，由于我国物业管理总体还处于发展初期，统一的物业管理市场还远未形成，物业管理招投标规章制度还没有完全建立或建立完善，要求选择物业管理企业要严格按照公开招投标的方法还会有一个过程。中国物业管理发展最早、管理较好的南方城市深圳，也不是每个托管面积的物业管理都是通过招投标来选择物业管理公司的。如果不顾物业管理的发展现实，不管业主的实际消费水平，不但不能推动物业管理的发展，而且还可能会影响物业管理行业的社会声誉，甚至阻碍物业管理行业的健康发展。

附：物业管理招投标是个甜苹果

去年9月和11月，美林花园和回龙观文化居住区在为自己选定"管家"的同时，也把物业管理招投标的理念介绍给了北京人，那么招投标对这两小区的管理是否真的发挥了作用呢？为此，本报记者进行了专访。

美林和回龙观尝到了甜头

北京燕侨物业管理公司中标后,立即介入项目开发销售环节。首先避免开发商向购房人做出不现实、不合理的承诺,保护了购房人的利益,也维护了开发商的信誉。

以往在项目开发销售阶段,为了促销,开发商往往做出一些物业管理费如何低,服务如何多、如何好的承诺。结果物业管理公司接收楼盘后,一测算费用,成本根本下不来,承诺无法兑现。

开发商还有的提出"三年免物业管理费",谁有权力免物业管理费,三年管理费的缺口谁来补,开发商自然不掏钱,包袱抛给了物业管理公司,影响物业管理公司的正常经营管理活动,并且造成没有交钱的与交钱的业主享受同等服务的不合理现象,损害了其他业主的利益。北京燕侨物业管理公司中标后,开发商在燕侨公司招标书的基础上对客户进行承诺,保证了承诺的可行性。

对房屋使用、管理、维修公约,在报送政府部门审核前,燕侨公司进行了拟定和修改,保证其具有较好的可操作性。

在项目的规划设计上,前期介入的燕侨物业管理公司也提供了很多有价值的意见。比如在会所的建设上,辰泰公司和燕侨公司达成共识,认为会所的功能在于实用,给业主提供方便,不应盲目追求豪华,因为会所是有费用发生的。如果建得过于豪华,养护成本就高;如果利用率低,无形中就会增加物业管理费的开支,加重业主负担。燕侨公司在对项目施工图审查过程中,还提出其他很多宝贵修改意见及改进措施。

深圳长城和天鸿集团的两家物业管理公司中标回龙观文化居住区的"管家"后,也立即介入前期管理中,为小区管理提出很多好的建议。如原来道路设计随意性很强,两家物业管理公司及时提出在小区中实行单向行驶,以实现小区中心部位人车分流,保证老人和孩子的安全;又如,在树种选择上,小区原采用槐树。物业管理公司提出,这种树上经常会有的"吊死鬼",会严重影响周边停放车辆的清洁。在他们的建议下,小区现已采用泡桐,既有良好的遮阳性,又相对清洁。

在施工验收阶段,物业管理公司严把质量关,以保证开发商和小业主的利益;现在两家物业管理公司正在协助开发商着手办理小区一期6000多户居民的入住工作。

物业管理招投标让开发商与购房人双赢

开发商对其项目自管或指定企业管理是物业管理中最常用的方式,其弊端很多。据了解,目前我市乃至全国很多物业管理投诉和纠纷都是因开发前期遗留问题引起的。开发商自管物业至少有以下几个缺陷:

(1) 容易使购房人、开发商、物业管理公司之间责、权、利不清,易产生纠纷,直接影响物业管理的质量。

(2) 开发商自组的物业管理公司一般情况下专业化程度要比社会化的物业管理低,因此易出现服务不到位的现象。而且业主容易把购房时可能有的不满情绪转嫁到物业管理上,从而拒交管理费等。

(3) 物业管理公司作为开发商的一个部门或一个子公司,在日常的工作管理中,因执行上级单位的指令或意图,而违反了物业管理公司作为一个经济实体来行使自己行为的自主权,也容易导致物业管理公司违背为业主服务这条基本原则。开发商指定物业管理企业管理,在一定程度上也难以避免开发商自管暴露出来的问题,主要是在物业管理公司产生方式、服务承诺兑现等方面缺乏透明性、合理性、公正性,因此很难保证物业管理的质量,也往往很难得到业主的认可。

通过公开招标选择物业管理企业,可以为优质的物业管理提供保障,使购房者的利益有了保证。只有推广公开招投标制,才能实现物业管理行业的公平竞争,促进物业管理市场的建立和完善,最终提高整个行业的水平。

据悉,我市有关行政主管部门正在研究制定政策,在物业管理行业引进招投标制,并规范招投标行为。

(《精品购物指南》 彤文)

案例57 物业管理公司前期介入谁付费？

最近与某物业管理公司的经理聊天，提到前期介入的问题，该经理马上发起牢骚来：现在满社会都在提前期介入，自己也认为前期介入好处多，但一旦物业管理公司真的前期介入了，费用问题却很难解决。该经理称，自己公司曾经接手过一个楼盘，前期介入后，因为经费问题，找过开发商若干次，开发商都说应该是物业管理公司自己承担。为了取得该管理项目以后几年的物业管理权，没有办法，只好忍气吞声。他问，物业管理公司前期介入，物业管理费用到底应该由谁来支付？

简要说明：
物业管理公司都知道越早介入越好，关键是发展商要认识到提前介入好，并告知业主提前介入好，说服他们来掏钱。所以，社会与我们的最终目的，就是要呼吁更多的发展商让物业管理公司尽早介入，并愿意付费，这才是重要的。

详细评析：
我们先从前期介入说起。物业管理前期介入应包括两个阶段：超前介入和前期管理。所谓超前介入是指物业管理公司或人员在接管物业之前，就参与物业的规划、设计和建设，从物业管理的角度提出意见和建议，以便建成后的物业能满足业主或使用人的需求。而所谓的前期管理则是指物业出售后至业主入住前的物业管理。这一阶段的工作主要有管理机构和人员的配置、管理规章制度的制定、物业的验收与接管、用户入住管理、房屋装修管理以及档案资料的建立。

根据前期介入阶段的不同，它可分为早、中、晚三类。早期介入是指物业管理公司在项目可行性研究阶段即开始介入；中期介入则是在项目施工阶段开始；在工程基本结束、准备竣工验收和接管验收时介入被视为晚期介入。早期介入可对项目的可行性提出意见或建议,同时可就原设计图纸提出有关楼宇结构布局和功能方面的改进建议。中期介入则主要是检查前期工程的质量,就原不合理但又可以更改的部分提出建议。后期介入的主要工作是对工程进行测试检验和指出前期工程缺陷,就改进方案的可能性和费用提出建议。

从以上介绍可以看出,物业管理公司前期介入的好处是很多的,突出表现为几点:第一,通过物业管理公司的前期介入与管理,许多情况下,既为开发商省去了一些不必要的支出,也能提高物业的品牌价值,增强消费者的信心,进而促进物业的销售。对开发商来说,这当然是求之不得的好事。第二,物业管理公司的前期介入与管理,也可以保证物业最大程度的安全、适用,为业主以后的工作与生活带来了方便和效益,促使物业的保值与增值,对购买者或未来的业主来说,当然也是有益的。第三,对物业管理公司而言,前期介入中的一些工作,可以避免一些在后期管理中难以解决的问题,从而有利于后期管理工作的顺利进行。当然,对物业管理公司而言,前期介入与管理的好处还是相对小的,一方面,费用成本很高,另一方面,还要承担将来被炒掉的风险。

那么,物业管理公司前期介入与管理,其花费的费用由谁支付呢?应该说是非常明显的。

1. 开发商支付。开发商是物业管理公司前期介入与管理的直接受益者。通过物业管理公司的前期介入与管理,使开发商的物业能够卖得更快,价格更高,开发商自然要为此向物业管理公司付出相应的报酬。

2. 业主支付。业主是物业管理公司前期介入与管理的最终受益者。通过物业管理公司的前期介入与管理,可以为业主以后的工作、学习与生活提供诸多方便,同时还减轻了业主使用时费用的负担,作为业主,同样有付费的义务。当然,因为业主还没有办理入住手续,这些费用实际上并没有直接交纳。

开发商支付的物业管理费,实质上是替以后的业主垫付的,它可以通过提高租售价格等手段在租售物业时,把自己垫付的物业管理费再收回来的。而作为最终的业主和消费者,应该是物业管理费的最后支付者。

案例58 物业管理公司保安打人,我们能中止合同吗?

我们租用一层写字楼,预交半年房租,现住3个月。物业管理公司尚押我们15万元。前日我公司一员工无故被写字楼保安殴打,现本公司认为办公安全得不到保障,提出中止租房合同,要求退剩余租金,不知这个要求是否合理?

简要说明:

目前保安殴打业主的事情时有发生,并因此引发了业主退房、租户退租的种种不良后果,在物业公司应加紧解决赔偿问题、加强保安教育的同时,业主和租户也应弄清楚,买房合同和租赁合同都是和开发商签订的,并不能以这个理由解除以上两个合同,因此受害者只能利用法律来维护自己的权利。

详细评析:

我们认为,员工被打和解除租房合同是两件事,属于两个法律不同的概念。员工被打属于物业管理中的问题,为物业管理合同所约束的范围;解除租房合同属于房屋租赁中的问题,受房屋租赁合同约束。

作为写字楼的租户,它首先接触到的是租房合同问题,这里需要搞清楚租房合同的双方当事人是谁?作为租户,即房屋的承租人,首先是租房合同的主体之一,租房合同的另一个主体,即出租方,是写字楼的业主,还是物业管理公司呢?

如果租赁合同中的出租方是写字楼的业主(假定物业管理公

司不是业主），而物业管理公司只是该业主聘请来的社会化的管理商，则一般来说，租户是不能要求解除租赁合同的。除非租户和业主在租赁合同中约定，如果被打，或被打达到什么程度（如保安打人的事件严重到使你们的办公安全无法保障），就可以以此为由解除租赁合同。若没有，则租户至少不能以该理由要求解除租赁合同。如果租户的员工是在工作场所、工作时间内被无辜殴打，则可以该员工本人为主体，起诉该物业管理公司，要求其承担民事赔偿的责任。

如果租赁合同中的出租方是写字楼业主的下属物业管理公司，或者写字楼的业主本身就是物业管理公司，则租赁合同和物业管理合同的当事人双方其实是一致的，这两个合同也可以作为一个混合合同而存在，在这个合同中，不但要约定出租人有义务保证房屋本身没有质量问题，保证房屋本身不会给出租人带来危险，同时还要约定物业管理服务的内容、收费与服务标准，以及出现一些问题的处理办法，如果保安打人（及程度）在该合同中能够找到相关的处理依据，就可以按照相关规定处理，否则，要求解除合同的话，就需要提供出租方给租户工作带来严重不安全的确实证据，在证明出租人不能为租户提供安全工作环境的基础上，提出解除合同的要求。

附1：公安部将对保安公司进行行业规范

打人事件屡见报端的保安行业将受到进一步规范。公安部日前印发了《关于保安服务公司规范管理的若干规定》，该规定明确禁止保安人员出现包括搜身、限制人身自由在内的各种不法行为。

按照这一规定的要求，公安机关治安管理部门是保安服务公司的主管部门；保安服务公司只能由公安机关组建，其他任何单位、部门和个人都不得组建；保安服务公司不得冠以公安机关的名称，并与公安机关在经济上彻底脱钩。该《规定》明确指出，保安服务公司不得提供个人人身保安服务；同时规定，保安人员不得出现的行为包括剥夺、限制公民人身自由，搜查他人的身体或者扣押他人合法证件、合法财物,辱骂、殴打他人或者教唆殴打他人,私自为他人提供保安服务,阻碍国家机关工作人员依法执行公务,为客户追索各类债务或者解决劳务纠纷等等。

据不完全统计,截止到1999年底,我国约有保安服务公司近1400家,保安从业人员29万人,其中北京拥有3.8万人,广东省拥有3.4万人,居各省前列。近三年来,在各保安服务公司提供安全服务的3500余家客户中,未发生刑事、治安案件和重大治安灾害事故的占99%。但与此同时,当前保安服务行业中也存在着一些不容忽视的问题。目前不少地方的保安服务内容单一,社区保安、物业保安、商业性活动、大型文体活动,以及金融和贵重、危险物品守护、押运等领域几乎都没有涉足,而在提供安全技术保安服务方面还处于空白状态。此外,由于目前多数保安员都招自农村,文化基础较差,加上一些公司管理不严,致使保安员在执勤中言行粗暴,打人、骂人等侵犯公民合法权益的事件屡有发生,有的保安员甚至监守自盗,参与违法犯罪活动。

据公安部有关单位负责人介绍,目前一些地方尚存的"黑保安"严重扰乱了这一行业秩序。一些单位和个人未经公安机关批准,擅自雇用社会闲散人员充当"保安员",特别是一些娱乐场所雇用的"看场员",有的成了打手和保镖。这些"黑保安员"动辄殴打侮辱群众,甚至与犯罪分子勾结,成为称霸一方的流氓恶势力。

有关负责人表示,公安机关将在今年四五月份对"黑保安"开展专项治理,坚决取缔"黑保安",严厉打击雇用"黑保安员"形成的流氓恶势力。

(生活时报 兆新)

附2:北京市保安服务质量标准

北京市质量技术监督局 2001－05－18批准 2001－09－01实施

1 范围

本标准规定保安服务质量应达到的基本要求。

本标准适用于在北京市行政区域内,经北京市公安局批准、北京市工商行政管理局注册的保安服务公司。

2 定义

本标准规定的保安服务及服务种类采用下列定义。

2.1 保安服务

依照法律、法规和国家关于保安服务的政策、规定,根据客户的环境特点和要求,按照保安服务合同约定,采取巡逻、门卫、守护、押运、技术防范等形式,为客户提供保卫安全的相关服务。

2.2 巡逻服务

保安人员对特定区域、地段和目标进行的巡查、警戒的服务业务。

2.3 门卫服务

保安人员对客户单位出入口进行把守、验证、检查的服务业务。

2.4 守护服务

保安人员对特定的目标进行看护和守卫的服务业务。

2.5 押运服务

保安人员采取随财物守卫方式,保卫客户财物运输安全的服务业务。

2.6 技术防范服务

保安人员运用科技手段和设备,为客户指定的区域和目标,设计、安装各种报警器材并定期维护,提供接警、先期处警和其他相关的技防服务业务。

3 保安人员基本条件

3.1 政治素质条件

3.1.1 爱祖国、爱人民、爱社会主义、爱科学。

3.1.2 无违法犯罪记录。

3.1.3 爱岗敬业,恪尽职守。文明值勤,礼貌待人。遵纪守法、团结协作。

3.2 业务技能条件

3.2.1 具备基本法律知识及与保安相关的政策、规定。

3.2.2 具备一定语言和文字表达能力。

3.2.3 具备与岗位职责相应的观察、发现、处置问题能力。

3.2.4 具备使用基本消防设备、通讯器材、技术防范设施设备和相关防卫器械技能。

3.2.5 掌握一定防卫和擒敌技能。

3.3 身体条件

男性身高1.70米以上,女性身高1.60米以上,双眼裸视0.8以上,无色盲,身体健康,无纹身。

3.4 文化条件

具备初中以上学历,特殊岗位应具备相应的文化业务知识。

4 服务标准

4.1 着装

4.1.1 除不宜或者不需要着装的情形外,在工作时间必须着保安制服。因私外出时应着便服。

4.1.2 着保安制服时,要按规定佩带保安标志。

4.1.3 保安制服不准与便服混穿,不同季节的保安制服不准混穿。

4.1.4 在驻勤单位除工作外,着装时可以不戴帽子。

4.1.5 着保安制服应干净整洁,不准披衣、敞怀、挽袖、卷裤腿、歪戴帽子、穿拖鞋或赤足。

4.1.6 爱护和妥善保管保安制服和保安标志。严禁将保安制服和保安标志变卖、赠送或借给他人。

4.1.7 着装参加重要活动时,只准佩带领导机关统一颁发的勋章、奖章和证章,不准佩带其他徽章和饰物。

4.2 仪容仪表

4.2.1 值勤时要仪表端庄,精神饱满。

4.2.2 男性保安不准留长发、大鬓角和胡须,女性保安发辫不得过肩。

4.2.3 不得染发,染指甲,不得化浓妆、戴首饰。

4.3 礼节

4.3.1 在下列场合行举手礼：

4.3.1.1 着装遇领导时。

4.3.1.2 站岗、值勤、交接班时。

4.3.1.3 纠正违章时。

4.3.1.4 受到领导接见、慰问时,领导视察、检查工作时。

4.3.1.5 参加外事活动与外宾接触时。

4.3.1.6 着装在大会上发言开始和结束时。

4.3.1.7 接受颁奖时。

4.3.2 在参加集会、大型活动奏国歌、升国旗时,要自行立正行注目礼。

4.3.3 对日常接触的上级领导可以不敬礼。

4.4 举止

4.4.1 精神饱满,姿态端正,动作规范,举止文明。

4.4.2 着装外出工作、值勤和出入公共场所时,不准袖手或将手插入衣兜。不准搭肩、挽臂、边走边吸烟、吃东西、嬉笑打闹。不准随地吐痰、乱扔废弃物。

4.4.3 不准着制服在公共场所饮酒,严禁酗酒。

4.4.4 要自觉遵守公共秩序和社会公德,遵守《首都市民文明公约》。

4.4.5 要尊重少数民族的风俗习惯。

4.5 语言

4.5.1 在工作中使用语言要简洁准确、文明规范,接触群众时,说话要和气,使用"你好、请、您、对不起、谢谢、再见"等礼貌语言。要注意称谓的使用。在与少数民族、宗教人士、外籍人士交谈时,不准使用对方禁忌的语言。

4.5.2 值勤时应讲普通话。

4.6 岗位纪律

4.6.1 严格在法律规定的范围内开展保安服务工作,不准超越职责权限。

4.6.2 严格履行岗位职责,不准做与保安服务无关的事情。
4.6.3 不准刁难群众。
4.6.4 不准脱岗、空岗、睡岗,不准迟到、早退。
4.6.5 遵守客户单位内部的各项规章制度,对客户单位内部的机密事项,不准随意打听、记录、传播。
4.6.6 未经允许不准动用客户物品和接受客户赠送的礼品。
4.6.7 要爱护公物。
4.6.8 有重要情况要妥善处置并及时上报。不准迟报、漏报、隐瞒不报。
4.6.9 要认真填写值班记录,做好交接班工作。
4.7 卫生
4.7.1 要自觉维护环境卫生,保持值勤区域整齐清洁。
4.7.2 内务卫生
4.7.2.1 床单、被褥整齐干净,床下无杂物。
4.7.2.2 地面无烟头、无痰迹、无纸屑。
4.7.2.3 门窗洁净,玻璃明亮。
4.7.2.4 生活用品摆放整齐,统一规范。
4.7.2.5 不准饲养宠物,不准私自张贴、悬挂图片、画报。

5 质量标准

依照保安服务合同提供防范性安全服务,维护客户单位的安全和秩序,防止守护目标受到不法侵害或灾害事故的损害,有效避免因服务提供方或保安人员责任造成客户经济损失。满足客户单位安全需求。

5.1 巡逻服务

5.1.1 保安人员对特定区域、地段和目标进行的巡查、警戒,保卫客户安全。

5.1.1.1 通过巡逻,震慑不法分子,使其打消对客户不法侵害的企图。

5.1.1.2 通过巡逻,发现可疑人员,对其进行询问,对有作案嫌疑的,送交有关部门处理。

5.1.1.3 对正在发生的不法侵害行为，应采取相应措施，予以制止，将不法行为人送交公安机关或有关部门处理。

5.1.2 检查、发现、报告并及时消除各种不安全隐患。防止火灾、爆炸等事故或抢劫、盗窃等不法侵害案件的发生。

5.1.3 在巡逻过程中，对已经发生的不法侵害案件或灾害事故，应及时报告公安机关或有关部门并保护现场。

5.2 门卫服务

5.2.1 保安人员对客户单位出入口进行把守、验证、检查，保卫客户安全。

5.2.1.1 查验出入人员的证件，办理登记手续，禁止无关人员进入。

5.2.1.2 根据客户的要求，对出入的人员、车辆携带或装运的物品进行查验，防止客户单位财物流失。

5.2.1.3 指挥、疏导出入车辆、清理无关人员，维护出入口的正常秩序。

5.2.1.4 及时发现不法行为人，截获赃物，做好治安防范工作。

5.2.2 协助客户单位做好来访接待工作。

5.3 守护服务

5.3.1 保安人员对特定的目标进行看护和守卫，保卫客户安全。

5.3.2 维护守卫区域的正常秩序。及时制止无关人员进入守卫范围。

5.3.3 做好防火、防盗、防抢、防爆炸等工作。

5.4 押运服务

5.4.1 保安人员采取随财物守卫方式，保卫客户的财物运输安全。

5.4.2 防止押运财物被盗、被抢或遭受其他不法侵害。

5.4.3 通过安全检查，及时发现不安全隐患，防止发生火灾、爆炸等事故。

5.4.4 对押送财物置放、运输的条件、环境等情况,进行巡视检查,防止发生挤压、丢失等情况。

5.4.5 对押送的财物要进行清点、核对,防止出现差错。

5.5 技术防范服务

5.5.1 保安人员运用科技手段和设备,为客户指定的区域和目标,设计、安装各种报警器材并定期维护,提供接警、先期处警和其他相关的技防服务业务,保卫客户安全。

5.5.1.1 防止客户单位遭受不法侵害。

5.5.1.2 接到入网客户的报警信息,应迅速赶赴现场进行先期处置。

5.5.1.3 对正在发生的不法侵害行为,应采取措施制止,对不法行为人应立即送交公安机关处理。

5.5.1.4 对于误报警应迅速给予排除。

5.5.2 对联网报警客户的技防设备,应定期进行巡检维护,防止设备出现故障。

5.5.3 技防设备的安装,应严格遵照有关技术规范和标准进行。

5.5.4 对于客户提出的设备报修、移机应迅速给予处理。

6 保安设备设施

保安设备设施应满足提供服务的要求,对设备设施进行适当维护,确保设备设施始终处于完好有效状态。

7 保安服务质量的检查与改进

7.1 检查的内容与方式

7.1.1 检查内容

根据 DB11/T 130-2001《保安服务操作规程》和本标准的要求,对保安服务和队伍管理情况进行全面考核、检查。

7.1.2 检查方式

7.1.2.1 监督核查

1) 独立驻勤保安队自查。

2) 大、中队对独立驻勤保安队的检查。

3) 分公司对大、中队的检查和对独立驻勤保安队的抽查,受理客户投诉。

4) 总公司对所属分公司进行检查,对独立驻勤保安队抽查。

5) 总公司保安纠察队对所属的保安队伍进行纠察和检查。

6) 分公司保安纠察队对所属保安队进行日常纠察和检查。

7) 保安人员对保安服务质量及管理进行监督,提出意见和建议。

7.1.2.2 客户评价

1) 分公司定期向客户单位征求意见。

2) 发放征求意见表。

3) 公布保安服务质量监督电话。

4) 驻勤保安队经常向客户单位汇报工作,征求意见。

5) 做好投诉接待工作。

7.1.3 检查记录

以上检查方式,均应有详细的记录。

7.2 服务质量的改进与提高

7.2.1 对检查中发现的问题和客户、群众的意见、建议及投诉,认真进行汇总、分析和研究,有针对性地制定具体的改进方案和措施。

7.2.2 对改进方案和措施的落实情况及改进的效果,进行复查和评价,使服务质量得到改进和提高。将改进的方案、措施及效果主动向客户、群众反馈。

案例59 物业管理公司能否自行选择专业服务公司从事小区物业管理服务工作?

某小区业主管理委员会在对小区物业管理公司进行财务收支状况审核时,发现该物业管理公司把维修费、保安费以及绿化保洁费划转给其他专业公司,并不像业主原来想象的这些专业服务人员都属于小区物业管理公司。部分业主认为,如果这些人员不属于物业管理公司,那他们进行服务时,业主们怎么能放心呢!他们因此想问一问,物业管理公司能否自行决定选择专业服务公司吗?

简要说明:

一般来说,物业管理公司正式签约受聘后,开始实施管理的过程中,欲推行重大管理措施和项目前,应当事先经业主管理委员会审议认可,方可实施。但是,对于本案例中所提到的问题,则不必经业主管理委员会审议认可。因为,这是物业管理公司自己的权利。

详细评析:

物业管理企业是依据物业管理委托合同对受托的物业实施管理的,在管理的过程中,物业管理公司可以行使一定的权利,这些权利在建设部《城市新建住宅小区管理办法》以及一些城市的物业管理办法中都有规定。如《北京市居住小区物业管理办法》就明确规定,物业管理企业享有以下权利:

(1)据物业管理合同和国家及本市的有关规定对居住小区实施物业管理;

(2)依据物业管理合同和有关规定收取物业管理费用;

(3)劝阻、制止损害他人物业或妨害物业管理的行为,有权对造成的损害要求赔偿;

(4)要求业主管理委员会协助管理;

(5)选聘专营公司或聘用专人承担清洁、保安、绿化等专项服务业务;

(6)从事物业经营或开展其他多种经营和有偿服务。

由此可见,物业管理公司是有权自主选择专业服务公司来承担专项管理服务工作的。

社会化、专业化是物业管理的发展趋势,随着我国物业管理的进一步发展,将会有越来越多的专业服务公司出现。事实上,美国等一些物业管理做的比较好的国家与地区,其显著的特征之一,就是物业管理专业化。专业化服务公司的出现，可以降低物业管理成本，提高管理的效率与水平。对于业主来说，也能享受到更专业、更优良的服务。比较来说，那些大而全、小而全的物业管理公司反而会因人员开支庞大，成本太高而在市场竞争中败下阵来。

案例 60　发展商同时向三家物业管理公司发出中标通知书合不合法？

我公司日前接到了成都某发展商发出的招标邀请，参加了由该发展商举办的大型住宅区物业管理招投标活动。上个月该发展商向我公司发出中标通知书，通知我公司中标。我公司依照约定前往成都与该发展商签订物业管理委托合同。到达成都以后，我公司发现该发展商同时向三家物业管理公司发出了中标通知书，我公司要求依照投标书的内容签订物业管理委托合同，但该发展商表示，需要就物业管理委托合同的主要条款与三家物业管理公司再进行协商，并根据协商的结果确定与哪家物业管理公司签订正式合同，我们想问，该发展商的做法是否合法？

简要说明：

这一问题主要围绕着中标通知书的法律效力而言，从法律上来讲，如果招标人给物业管理公司发出了中标通知书就可以视为有效承诺，合同成立。此案中发展商并不了解这一法律程序，因而造成了不必要的麻烦。

详细评析：

首先，我们认为发展商和本案例中的物业管理公司之间已经形成了合同关系。我国《合同法》规定，合同当事人意思表示一致，合同即成立，并对合同当事人发生法律效力。案例中的物业管理公司向招标人，即开发商提交的招标文件对签订物业管理委托合同的主要合同条款做出了明确的意思表示,符合《合同法》规定的要约构成,属于有效要约。招标人给案例中的物业管理公司发出的中标通知书可以视为有效承诺,《合同法》第二十五条规定:"承诺生效时合同成立。"因此,案例中的物业管理公司自收到中标通知书之时起,与该发展商之间的物业管理委托合同即已经成立(不管合同什么时候生效),签订正式物业管理委托合同只是一个形式上的问题。而且,这份合同对案例中的物业管理公司和该发展商均产生法律约束力。案例中,开发商把一项物业管理业务委托给三家物业管理公司(尽管开发商不这样认为),是违反有关合同法和有关物业管理法律法规的规定的,开发商既不能不去履行(否则就是违约),又不能去履行(其他两家物业管理公司会提出违约索赔)。

其次,根据我国《招投标法》的规定,为了保证招投标活动的公平、公正,招标人和中标人不得协商签订背离合同实质内容的条款。因此,该发展商在招投标活动结束之后与中标人(不仅是一个中标人)再协商合同的主要条款是违法的。当然,物业管理公司依照惯例与该发展商签订正式的物业管理委托合同时,就该合同细节条款在不违反投标书实质内容的情况下予以协商确定是完全可以的。

第三,本案例中开发商与三家中标物业管理公司签订合同前协商合同条款的问题,有些类似于协议招标,即招标方直接邀请一家或几家它认为资信可靠和能力相适应的物业管理公司参加投标,与它们分别协商谈判,确定物业管理的有关事项,最后达成协议的招标方式。这实际上是一种合同谈判的形式。其优点是可以节省时间和招标费用,双方易于达成协议。这种招标方式一般使用于对邀请方具有一定业务联系和比较熟悉的物业公司,或具有特殊管理要求的物业(如保密要求)。本案例中的做法与协议招标不同的地方在于本案例是在已经发中标通知书的前提下与投标方协商合同内容,而协议招标根本没有给投标方中标通知书。也许开发商是想与三家物业管理公司协商后再决定中标人,之后签订正式的物业管理委托合同(这在法律上是被允许的,现实中也是可行的),但开发商不应先向案例中的三家物业管理公司发出中标通知书并邀请其签订委托管理合同,而可以邀请这三家物业管理公司先一起就合同内容再协商,之后再给其中的一家发中标通知书,开发商应该把真实情况告诉这三家物业管理公司,以免引起不必要的误解和纠纷。

(http://www.goldfieldpm.com.cn
深圳金地物业管理有限公司网站)

附:物业管理招投标中存在的问题及对策

一、当前在物业管理招投标中存在的主要问题

1. 破坏行规,恶性竞争。有的物业管理公司违反政府有关规定,不遵守行业游戏规则,低于成本价参与竞争。个别管理公司更是公开声明,参与竞争是为了扩大公司的对外影响,并不在乎企业效益问题,所以亏损也要争取把项目抢到手。也有的管理公司不顾自己的综合实力,盲目扩张参与竞争,结果背上了沉重的包袱,接管物业管理后,管理跟不上,服务不到位,引起招标物业单位及业主的强烈不满和不断投诉。

2. 违背公开竞争原则,进行暗箱交易。有的物业招标单位实际上早已内定好了物业管理公司,但也打着公开招标的幌子,使其他管理公司受骗应招作陪衬。还有的物业发展商为了使自己看好或有特殊关系的物业管理公司能中标,把招标物业的详细资料或内部消息事先透露,并对其他物业管理公司了解物业情况或看现场进行限制。更有甚者,利用招投标形式,骗取物业管理公司的投标资料和管理方案后,再找借口或理由自己成立物业管理公司接管物业,使用骗取来的管理方案进行管理运作。

3. 地方保护主义严重,跨区域性的物业管理招投标困难重重。有的物业管理公司虽利用自身品牌影响力,经过种种考核和答辩赢得了异地或跨行业的物业管理权,但由于当地政府有关部门或发展商,从本地区或部门的利益出发,采取不合作态度或提出苛刻条件,使中标的物业管理公司的各项管理工作无法正常开展,

无奈被迫撤出。也有的物业招标单位,先利用外地名牌物业管理公司的名声和影响力,帮助自己把物业推出或进行前期管理运作,等管理工作基本正常后,再找借口令外地公司退出,另组管理公司进行管理。

4. 引发了行业间不正之风的泛滥。有些管理公司不是靠品牌、实力和整体管理水平去投标参与竞争,而是通过走门子,找熟人,或利用上层关系,甚至送好处、买通考评打分人员以及无中生有、攻击、贬低对手等手段来争得竞争项目。

二、物业管理招投标中存在问题的原因分析

1. 有关方面对不正当竞争的重视程度不够,还没有看到这种恶性竞争所带来的严重危害性。有的招标单位或政府有关部门认为竞争是市场经济的产物,即使发现了不正当竞争的苗头,也希望以竞争的方式加以解决,没有正确引导各方面公平对待竞争,严格遵守游戏规则。

2. 物业管理的招投标法规还未制定,招投标工作无法可依,给物业管理招投标中的不正当竞争留下了可钻的空子,使竞争者参与者无法可依,也无法对有关方面进行有效的监督。

3. 没有一个统一的评判机构,使招投标工作缺乏公正性。现在进行的物业管理招投标一般是由物业发展商或业主管理委员会委托政府管理部门一起组织招标;或是物业发展商或业主管理委员会自己组织人员组织招标。由于没有一个统一的招投标权威管理部门,对招标内容、程序、评标人员组成等没有一个标准模式,在实际操作中受人为因素影响非常大,缺乏规范性和公正性,也缺少公正机关和社会舆论的监督。

4. 地区间物业管理的总体水平发展不平衡,导致了各地区对物业管理招投标工作的不同理解和认识。物业管理发达地区的物业管理公司到外地投标竞争物业管理权,主要为了拓展企业业务范围,增加市场占有份额,对帮助当地提高物业管理整体水平的思想淡薄。而接受外地公司的地区则把这看成了抢了当地的"地盘"、"饭碗",再加上彼此间缺乏有效沟通,造成误解,最终使两地

物业管理的交流和融合难以进行下去,影响了我国物业管理整体水平的提高。

三、矫正物业管理招投标中不正当竞争的对策

1. 积极培育和发展物业管理市场,为物业管理企业提供公平竞争的外部环境。物业管理市场的培育和发展,一个重要的前提是要具有公平竞争的市场环境和机制。物业主管部门应注意用市场观念、市场机制来培育和发展物业管理市场。打破地区保护和区域垄断,把先进的物业管理理念、方法和机制推向全国,为物业发展商、业主及用户选择合适的管理者提供较大的空间;并积极引导物业管理企业练好内功,增强综合素质,凭企业品牌影响和整体实力进入市场进行竞争,公正地分享市场份额。

2. 尽快制订、颁布物业管理招投标法规和配套实施细则,用法规和制度来限制和约束不正当竞争行为。在国家此项正式法规出台之前,各地政府主管部门应先制订一个招投标暂行规定,明确一些常规性的基本要求和操作程序,以便使参与者有章可循。同时应邀请公正机关参与招投标工作的全过程。

3. 设立专门的中立机构和部门来具体组织招投标活动。在这类机构成立之前,可暂由各地政府主管部门牵头组织由房管、公安、行业协会、街道办事处、物业管理专家及公证机关等组成物业管理招投标考评小组,受招标物业单位的委托,全权负责组织和进行物业管理的招投标工作。

4. 参与竞争的管理企业要遵循公平竞争原则,树立竞争公德,遏制不正当竞争,除了要应用法律和行政手段外,还须倡导建立道德秩序。这种道德秩序就是重视信誉、注重企业形象、遵法守纪、公平参与。有了社会公德才能在竞争中树立良好的企业形象,建立稳固的企业信誉,自觉抵制不正当竞争,并将竞争引入法制化、规范化、科学化的轨道,创造公平、公正的物业管理招投标竞争环境,保证我国物业管理事业的不断发展。

摘自《上海建设网》

案例61 物业管理一定要签订委托管理合同吗？

我们是偏远城市旧小区的房管部门,最近我们单位正按政府主管部门的要求进行内部整改,准备到市场上去接新的业务,可是我们对市场化的物业管理基本不了解。听说接业务必须签订委托管理合同,是吗？另外,在签订委托合同时,应该注意什么？

简要说明：

物业管理委托合同是房地产开发商、物业所有人或者物业管理委员会与物业管理公司,围绕有关物业管理与经营服务方面的事项,签订的明确各方权利与义务关系的协议。市场化的物业管理业务获得,必须签订委托管理合同。

详细评析：

市场经济条件下签订委托管理合同的必要性主要体现在如下方面。

第一,物业管理委托合同是物业管理公司进行管理服务的依据。物业管理公司是受合同的委托而开展工作的,这与长期计划经济时期下的房产管理方式——行政手段是截然不同的,物业管理公司应根据委托管理合同的内容和要求,认真组织实施管理。同时,物业管理公司的一切管理行为都必须符合合同所约定的职责,不能超出合同所约定的权限,这也是业主管理委员会监督、考核物业管理公司的依据,所以物业管理委托合同对物业管理公司是非常重要的,一定要签订。

第二,委托管理合同是解决物业管理纠纷的依据。一些物业管理公司对物业管理一定要签订委托合同理解不深,甚至认为只要允许干活,签与不签委托合同无所谓。正因为如此目前有相当数量的物业管理公司没有签订委托合同,所以当在物业管理和服务中出现矛盾时,常因没有依据而使矛盾无法解决。

那么,签订委托管理合同时应注意一些什么呢?根据1994年3月23日建设部发布的《城市新建住宅小区管理办法》以及1997年国家建设部和国家工商行政管理局联合下发的《物业管理委托合同示范文本》,签订物业管理委托合同首先必须以示范文本为范本,以保证公正性、完备性、适用性和严肃性,同时还要注意物业管理委托合同中的以下内容:

(一)总则。总则中,一般应当载明下列主要内容:(1)合同当事人,包括委托方(一般简称为甲方)和受托方(一般简称为乙方)的名称、住所和其他简要情况介绍;(2)签订本物业管理委托合同的依据,即主要依据哪些法律法规和政策规定;(3)委托物业的基本情况,包括物业的建成年月、类型、功能布局、坐落、四至、占地面积和建筑面积概况等等。

(二)委托管理事项。也就是具体负责那些方面的问题,有哪些管理任务等等。委托管理事项主要阐述管理项目的性质、管理项目由哪几部分组成等等。一般来说,它主要包括:建筑物本体建筑的维修养护与更新改造;物业共用设备、设施(如共用照明、中央空调、电梯、天线、高压水泵房等)的使用管理、维修、养护和更新;物业区域内市政公用设施和附属建筑物、构筑物的使用管理、维修、养护与更新;附属配套建筑和设施,包括商业网点等的维修、养护与管理;环境卫生管理与服务;安全管理与服务(如治安管理、消防管理和车辆道路安全管理等);物业档案资料管理;环境的美化与绿化管理,如公共绿地、花木、建筑小品等的养护、营造与管理;供暖管理;社区文化建设以及业主或使用人的自用部位和自用设备的维修与更新;业主或业主管理委员会委托的其他物业管理服务事项等等。

(三)管理服务费用。物业管理委托合同中的管理费用应包括:(1)管理费用的构成,即物业管理服务费用包括哪些项目;(2)管理费用的标准,即每个收费项目收费的标准;(3)管理费用的总额,即合计每建筑面积或每户每月(或每年)应交纳的费用总计;(4)管理费用的交纳方式与时间,即是按年交纳,按季预交,还是按月交纳;

是分别交纳还是汇总交纳;什么时间或日期交纳等等;(5)管理费用的结算,如是实报实销,还是多退少补等等;(6)管理费标准的调整规定,即管理费调整的办法与依据等等;(7)逾期交纳管理费用的处理办法,如处罚标准与额度等等;(8)某些管理费用的承担责任,如对于房屋的大中修费用,如何分摊或承担等等;(9)专项服务和特约服务收费的标准;(10)公共设备维修基金的管理办法等等。

(四) 合同双方的权利与义务。不同的物业,其物业管理的项目和具体的内容也不同,物业管理服务需求双方的权利与义务也不可能完全一致。所以,对于不同类型的物业,合同双方都要根据该物业的性质和特点,在物业管理委托合同中制定出有针对性的、适宜的权利与义务关系来。

(五) 管理服务质量。为了体现物业管理公司实施物业管理的质量水平,或者说管理的要求和标准如何,用统计数字进行量化管理是可行的。对于一些管理要求和标准难以量化时可以用一些定性的明确语言表示出来。

(六) 合同期限。在物业管理委托合同中,一定要明确合同的起止时间。这个起止时间一定要具体,有时甚至要精确到某年某月某日某时某分。另外,有时还要规定管理合同终止时,物业及物业资料如何交接等问题。

(七) 违约责任。违约责任是物业管理委托合同中一项不可缺少的组成部分。缺少了违约责任的条款或违约责任规定得不明确都会使违约者逃避法律和合同的制裁,损害恪守合同的当事人一方的合法权益。因此,违约责任应尽可能订得具体明确。

(八) 附则。通常应注明以下具体内容:(1)合同何时生效,即合同的生效日期;(2)合同期满后,是否续约的约定;(3)对合同变更的约定。包括对合同执行条件、收费、履行时间、管理项目、标准等变动的处理办法或约定;(4)合同争议解决办法的约定;(5)当事人双方约定的其他事项。

案例 62　物业管理公司管理处对外签订的合同是否有效？

我是某花园小区管理处的主任，我看过上一期《金地物业报》杨律师主持的律师信箱栏目，对您谈到的"法人的分支机构不具有法人资格，也不具有独立的民事行为能力，因而应当认定其对外签订的经济合同是无效的"，我存在着一定的疑问，我们管理处日常工作中，经常会对外签订一些经济合同，比如小区的消杀合同、垃圾清运合同等，这些都是以管理处的名义签订的，请问杨律师这些合同是否都是无效的，如果是无效的，我们以后遇到类似的问题，怎样做才合法？

简要说明：

日常生活中的经济合同要以具体问题而言，法人的分支机构对外签订的合同也不一定就是无效的，很难作笼统的定论，因而还是通过物业管理公司的名义来对外签订合比较妥当。

详细评析：

"法人的分支机构不具有法人资格，也不具有独立的民事行为能力，因而应当认定其对外签订的经济合同是无效的"是专门针对特定的情况而言的。关于法人的分支机构对外签订的合同是否一定就是无效的，不能一概而论，最典型的例子就是我国家的一些托拉斯机构，在全国范围内，只存在一个法人，但却在各地设立了分支机构，这些分支机构虽然不是独立的法人，但却具有独立的民事行为能力，因此应当认定这些分支机构对外签订的合同是有效的。回到管理处签订的合同是否有效的问题，我认为管理处对外签订的合同是否有效应当分析三个方面的因素，其一是该管理处是否领取了营业执照；其二是该管理处是否是独立核算的机构；其三是该管理处是否有一定可供支配的财产。可以明确的是管理处不是一个独立的法人,而是物业公司的一个分支机构,按照工商法规的规定,法人的分支机构应当领取营业执照。同时按照物业管理法规的规定,管理处应当实行独立核算。一个管理处如果在正常运作,就应当有一定的可供支配的财产。因此从理论上来讲,管理处签订的一些关于消杀、垃圾清运等经济合同可以认定为有效,但现实中有一些管理处并不能符合上述的三个条件,在这种情况下,建议管理处还是通过物业管理公司的名义来对外签订合同。

(摘自中国物业管理网《金地物业》2001年第4期,略有改动)

第六章 物业管理服务

案例 63 如何进行物业交接与用户入伙的管理？

本人对物业管理很感兴趣,相信物业管理将会有光明的前途。所以大学一毕业,我就来到一家物业管理公司,该公司经理对我这个大学生非常器重,不久就委派我去负责一小区的接管与用户入伙的管理工作,我很想把这个工作做好,因而压力特别大。请问,我应该怎样才能搞好物业的交接与用户入伙的管理呢？

简要说明：

这涉及物业的交接与用户入伙实际两项工作,交接时要注意全面的完成各项工作,不能遗漏,严格按照物业管理的各项规章制度；入伙时要做好协同业主办好各项复杂手续,不要出任何差错,给业主留下初次接触的好印象。

详细评析：

物业的交接与用户入伙实际上是两项工作,而且这两项工作一般有一段时间间隔,通常是物业交接在前,用户入伙在后。

（1）物业的交接管理

要做好物业交接的管理,首先必须注意以下工作内容。

① 相关资料的交接。资料的交接主要包括以下一些内容：物业规划图；竣工图（包括总平面、单体竣工图）；建筑施工图；工程验收的各种签证、记录、证明；房地产权属关系的有关资料；机电设备使用说明书；消防系统验收证明；公共设施检查验收证明；用水、用

电、用气指标批文;水、电、气表校验报告;有关工程项目的其他重要技术决定和文件等等。这些资料主要来自房地产开发企业与监理部门。对于物业使用过程中接管的项目,其资料来源应为委托人(如业主管理委员会)。

② 物业的接管验收。物业接管验收不同于竣工验收,它是在竣工验收的基础上,以主体结构安全和满足使用功能为主要内容的再检验。一般来说,物业的接管验收包括:主体结构验收;屋面及楼地面验收;装修;电气;水卫;消防;采暖;燃气;附属工程及其他。上述方面的接管验收标准,国家或地方城市都有规定,实际工作中可以参阅这些规定。

③ 核实原始资料。在现场验收检查的同时,应核实原始资料,逐项查明,发现有与实际不相符之处,应及时做出记录,并经双方共同签字存档。

④ 用户情况调查。物业管理企业在接管物业时,应及时准确地了解用户的特征、家庭特点、产权情况、经营情况、业务范围等等一些问题,以便顺利地开展物业管理,并有针对性地提供一系列综合服务项目。

⑤ 建立档案。物业管理中的资料档案,是便于物业管理企业日后管理的一项重要工作。管理过程中,应将资料分类、装订成册或存入电脑随时调用。资料档案的内容主要有:物业开发可行性研究报告;物业开发建设时的有关图纸、记录等资料;物业管理方案及物业管理招标投标时的有关资料;历年物业管理工作报告和财务报告;房地产权属关系的有关资料以及物业用户的有关资料等等。

其次,在物业验收交接时,还应该注意以下事项:

① 应该选派素质好、业务精通、对工作负责的技术人员参加验收工作;

② 应该站在业主的立场上,从今后物业使用与维修养护的角度进行验收;

③ 验收中发现问题应明确记录在案,督促施工单位修整;

④ 认真落实物业的保修事宜；

⑤ 坚持合格一项验收一项，未经调试合格验收的不能签字接管；

⑥ 移交工作应办理书面移交手续，写明接管日期，以便划清责任。

(2) 用户入伙管理

一般来说，只有严格遵循以下程序，才能把用户入伙管理工作做好。

① 用户接待。用户携带与房地产发展商共同签署的购房合同以及产权证(或租赁合同)、身份证到物业管理机构办理入伙手续。

② 发放资料及钥匙。物业管理机构查验用户的上述各种文件齐全后，即可发放以下资料及钥匙。用户入住验收表住户须知或用户手册及使用说明书物业管理公约装修申请表和其他宣传资料、规定。

③ 用户验收。物业管理公司带领用户按用户入住验收表所列的各项内容查验拟入住物业的结构部件、水电设备以及水、电、气表，并应尽快填写表格，以便有问题时及早处理。

④ 收回表格存档。

⑤ 搬迁入伙(进户)。物业管理机构应调整好用户的入伙时间，并加强安全及交通的管理，保护好各种易受搬迁影响的公共设施。此外，物业管理机构还可自行组织或替用户联系搬迁公司，以解决用户的后顾之忧。

案例 64　入住前装修住房，是否一定要向物业管理公司申请？

某业主刘某新买一套商品住宅，开发商很快便把房屋交付给他，刘某非常高兴。可是在接收房屋准备入住时，住宅小区物业管理公司告诉他，需要先办理一系列手续，其中包括装修申报手续。

刘某非常不解:住宅是自己买的,为什么自己装修自己的住房,还要先向物业管理公司申报呢?

简要说明:

随着人们的物质生活水平不断提高,人们对住房的要求也不断提高,并且十分重视房间的内装修,以此来体现自己的个性与品味,这当然是无可厚非的。问题的关键是在装修房屋前,一定要向房屋的管理者,即物业管理公司进行申报。

详细评析:

我们认为,可以从以下几个方面来考虑。

第一,自己的房屋是否全部是"自己的"？或者说,不进行装修管理是否可以？

要回答这个问题,首先必须正确理解和界定住宅的共有部位和自用部位。国家有关法规规定,建筑物包括共同部位和自用部位两个方面。建筑物共同部位主要包括楼盖、屋顶、梁、柱、内外墙体和基础等承重结构部位和外墙面、楼梯间、走廊通道、门厅、电梯厅、楼内车库等。房屋建筑共用设施、设备包括共用的上下水管道、落水管、邮政信箱、垃圾道、烟囱、供电干线、共用照明、天线、中央空调、暖气干线、供暖锅炉房、高压水泵房、楼内消防设施设备、电梯等。业主自用物业建筑物部分和自用设备是指户门以内的部位和设备,包括水、电、气户表以内的管线和自用阳台等。

由此可见,即使是自己买的房子,也不是所有的部位都是自己的,还有很多部位是同一栋楼全体业主所共有、共用的,对于全体业主所共有、共用的部位,单个的业主显然没有权力去进行改变的。同时,这还不单单是权力的问题,更重要的是涉及建筑物的安全使用问题。单个业主从自己使用方便角度进行装修,可能会破坏承重结构、防水层等,轻者会损害其他业主的利益(如造成房屋漏水),重者则会带来房屋的倒塌,造成人身和财产的重大损失。这又从另外一个角度说明了,不进行装修管理实际是不行的。

第二，住宅小区管理公约是否已经规定装修管理是物业管理公司的管理内容之一？

物业管理公约（也称"业主公约"或"公共契约"）是一种物业的产权人和使用人自我约束的文件。其主要目的是反映广大业主和使用人的共同意愿，满足其共同的安全、舒适、方便等要求。但是，物业管理公约属于协议、合约，不是法律，不能约束业主和使用人的全部行为，而只能约束因物权而产生的客观行为，其目的是为了维护物业的正常使用。

物业管理公约对全体业主以及管理者均有约束力。公约应在入伙时要求住用人签字或在购房时要求产权人签字，当这些人中有半数以上的人无异议并已签字时，物业管理公约即可生效，对于未签字的住用人也必须遵守公约。

物业管理公约的主要内容包括：①有关概念的定义；②业主的权益、义务和责任；③物业开发商应享有的权利；④物业管理公司的权利与责任；⑤物业共用部位及共用设施的管理；⑥物业的各类设施、设备的维修与保养；⑦物业管理费用的规定；⑧法律责任（违约责任）；⑨其他相关事项。房屋的装修直接影响着广大业主的利益，也是房屋管理的一项重要的内容，对物业管理公司和业主管理委员会来说，自然都不能忽视。也就是说，房屋的装修管理是物业管理公约不可缺少的重要内容之一，作为物业管理公司，有充分的理由对住户的装修行为进行监管。

第三，装修是不是不需要提前申报？

很显然，物业管理公司必须从装修设计开始就进行装修审查与管理。如果不是这样，等装修完毕才开始，装修带来的损害实际上已经形成，不但很难纠正和改变，而且也给广大业主的人身和财产安全带来了威胁。所以说，住户在进行装修之前，就应提前申报，向物业管理公司申请登记，而物业管理公司则必须从装修方案的审查开始就着手装修管理工作，以确保整个装修工程在规定范围内，并保护毗邻房产、结构安全、公共设施、卫生环境等。

装修管理通常程序如下：

(1) 装修申报申请。业主向物业管理公司提出申请。

(2) 同意申请。物业管理公司提供《装修申请表》、《装修施工责任书》等表格,请业主详细填写。

(3) 审批。业主填好表格之后,上缴物业管理公司,物业管理公司在收到申请表之日起10日内应进行审批,并将结果通知业主。

(4) 施工。装修申请批准后,业主应到物业管理公司缴纳装修押金(有的地方不交),并请装修施工队负责人在《装修申请表》、《装修施工责任书》上签字。在各种手续完成以后,领取装修许可证,即可施工。

(5) 验收。施工结束后,物业管理公司要组织验收。

附:坍楼:与住户有关

加强对住房装修的管理是当前物业管理中的一个突出问题。

说到坍楼事故,人们往往只归咎于房产开发商的设计缺失和建筑商的施工粗滥,殊不知坍楼也与住户有关。破坏性的过度装修,无异于釜底抽薪,潜伏着楼坍屋毁、人员伤亡的隐患。这种人为造成的"豆腐渣工程",其危害不亚于白蚁的内里蛀空,居住在这样的生活空间,不啻身居"空中楼阁",头顶上时时悬着一把达摩克利斯之剑,令旁观者发出"噫吁兮,危乎高哉"的惊呼。

如何加强对住房装修的管理是当前居住物业管理中的一个突出问题。一家一户自行其是的室内装潢,处于放任自流的无序状态,形成了对居住环境的极大干扰,甚至危及住宅的质量和安全。

举其种种危害,主要表现在这些方面:

有的在装修中"开膛剖肚"、"伤筋动骨",擅自拆除墙体或将承重墙体移位,改变平面布局,影响整体结构。"乾坤大挪移"终将"天地大冲撞",这并非危言耸听。

有的在敷设暗线暗管时凿墙打洞,殃及左邻右舍,在与邻居共有的隔墙上多"掘进"一寸一分便以为自家的"容积率"提高了一些,为此不惜用冲击钻"开边拓疆",而不顾墙穿顶塌的风险。特别是卫生间动的"外科手术"问题最大,渗漏水的现象屡屡发生。

有的改换门窗,封闭阳台,为达成居室打通的"一体化"、"共享性",每每敲掉承重墙,动摇"擎天柱",使支撑房间的作用力不均衡地落实到不胜重荷的支点上。以致户外刮大风、卡车开过,室内也会发生"共振"、"房颤",平添了不稳定因素。

综观这些住户及其花钱请来的施工队,大都不懂得建筑力学,也不懂得装潢美学,只图外观上的花架子,不讲内质上的安全性,"金玉其外,败絮其中",危机四伏,险象环生,自以为躺在"安乐窝",未曾想坐在"火山口"。对此,有必要向他们大喊一声:在住房装修时,你想过明天的安全吗?!

为什么住房装修会"异化"为"出了大钱买风险"?这还与不少住户的认识误区有关。有的住户认为,自己买了房,取得了产权,就拥有了处置权,可以在装修中随心所欲地"自由"行事了。实际上买房取得的房产权只是一种不完全的财产权。这种不完全性一是表现在房产依附的土地使用权是有时限的;二是表现在多层或高层建筑的住宅中,每一套住房的墙体、楼面和屋顶都是与相邻人家所共有而不可分解。房屋产权的这种不完全性决定了房产权在很多情况下并非一种完全的、纯粹的私有财产权,住户于情、于理、于法都不可能对房产拥有完全的自由处置权,因而在装修过程中受到某种限制是必要的、合理的、合法的。

无序装修不绝如缕的深层次原因则是由于法规的不健全。《上海市居住物业管理条例》施行两年了,物业管理行业出现的新情况、新问题亟待这项地方性法规完善。在前不久由上海市房屋土地管理局和上海市房地产法制研究会共同举办的本市首届房地产法制论坛研讨会上,市人大常委会法制工作委员会处长王宗炎在主题发言中提出:"加强对居室装修的管理,显然属于《物业条例》的调整范围,但是现在很多地方这一管理不到位,引发的纠纷和矛盾很多。这与《物业条例》中的有关规定不尽完善有一定关系。例如第28条中列举的'禁止行为'、'损坏房屋承重结构'、'破坏房屋外貌'等概念,在执行中有时难以界定。"虽然法规有疏漏,但在事关人命的住房装修上,还是不钻法规的空子为好,因为这种"擦边球"一旦"出界",酿成的恶果不仅仅是家庭财产的损失,更有可能造成楼坍人亡的惨祸。万一不幸因此踏上不归路,悔之晚矣!

(摘自《解放日报》)

案例65 装修改变结构只需经过街道办而不需经过物业管理公司吗?

1998年2月,张某经过某房管所统一购买了产权属市房管局的成套住宅一套(此前本套住宅为张某租住)。6月8日获得住房产权证。8月15日,张口头向街道办某主任请示:打算将自家住宅临巷的一面墙打穿改做门面,是否可以?某主任答复:房子是你的,你想怎么样就怎么样。张某遂破墙开门,做成门面房后出租给他人做生意。1998年12月5日,住在张某上面的住户向物业管理单位反映,其住宅墙面出现裂缝,称系张某破墙开门所致,请物业管理单位出面解决。经物业管理单位与市房管局联系和共同的现场勘察,确认该住户反映情况属实,当即责令张某恢复住宅原结构。张认为,房子是自己的私有财产,法律保护公民的私有财产,个人有权对自己的财产作任何处理;况且事先已征得街道办的准许,不违法。请问,张某的看法对吗?

简要说明:

有很多时候,公民知道自己拥有那些权利,然而却不知道怎样去行使它们,在这里我们要强调的是,当您行使自己的权利的时候,不要妨碍他人的合法权利,对于房屋也同样如此。

详细评析:

很明显,张某的看法是错误的,我们可以从以下两个方面来说明。

第一,从个人对自己财产的处分权角度看。张某获得产权证,因而他拥有住宅的所有权是毫无疑义的,根据我国《宪法》和《民法通则》的规定,公民个人所有的房产是受法律保护的,所有权人依法对自己的财产享有占有、使用、收益和处分的权利。在一般人看来,原告对属于自己产权的住宅改变结构和用途是产权人依法行使处分权的合法行为。于是,就有那位街道办事处主任"你想怎样就怎样"的表态。

实际上,张某和某街道办主任对所有权行使的理解是只知其一,不知其二,是片面的。所有权人张某虽然有依法享有对自己的住宅进行处分(改造门面)的权利。但是,我国法律同时又规定了:"城市私有房屋所有人必须在国家规定的范围内行使所有权,不得利用房屋危害公共利益、损害他人的合法权益。"也就是说,私人对所有权的行使,应该限于在法不禁止的范围之内,不能违背法律和社会公共秩序,否则,就会给他人权利和社会利益带来损害。张某对自己的住宅破墙开门的同时,造成了对邻居的危害,损害了他人的合法权益。从法律上讲,其行为已构成侵权,并负民事责任。

第二,从对装修管理的权限来看。前面已经提到,装修管理是物业管理公司管理的重要内容之一,作为物业管理公司,有权利、同时也有义务对业主或住户的装修行为进行监管,而作为政府基层单位的街道办,则没有权利从政府的角度出发对业主或住户的装修行为做出决定。如果这样做的话,只能说明一些街道办干部法律知识的欠缺,也说明了社区管理干涉了物业管理,应该予以纠正。

案例66 装修物堵塞下水道损失谁赔?

李某住某小区一楼,由于该楼六层业主张某装修,将装修残余物等倒入下水道,形成堵塞。楼上各单元排出的污水不能流出,逐渐由李某的房间地漏处冒出,造成了损失。李某认为物业管理公司未尽到管理职责,遂向其提出索赔要求。物业管理公司是否应该赔偿?

简要说明：

物业管理公司应履行的义务、承担的责任、享有的权利，均由相关法律、法规及各类物业管理合约、协议等赋予与规定。如果物业管理公司没有遵守甚至违反法律及相关契约的规定，而给业主带来各种损失，那么物业管理公司必应承担相应的民事责任。反之，物业管理公司就不应承担任何民事责任。

详细评析：

我们认为，本案例中的责任应该具体问题具体分析。

首先我们来看物业管理公司是否履行了自己的职责。这里分两种情况，第一，物业管理公司已经根据各类物业管理合约、协议的规定，制定了多数业主(业主管理委员会)认可的装修管理办法，并确实按照该管理办法对业主或住户的装修行为进行了监管，同时，按时、按质、按量完成该楼污水管道的例行清理，也就是说，物业管理公司已经完全尽到了装修管理和设备日常维护的职责。这种情况下，物业管理公司没有任何责任。第二种情况，假设物业管理公司没有制定相应的装修管理规定，也没有对业主与住户的装修行为进行有效的监管；或者虽然制定了装修管理规定，但没有按照规定履行装修管理的职责，则物业管理公司就负有不可推卸的责任，就理所当然地赔偿受损业主或住户的损失。

其次，假设物业管理公司没有赔偿责任，我们来看到底谁有责任？这时候，只有两种可能，一种就是张某没有按照小区物业管理公约的规定，装修前没有向物业管理公司申报，没有领取装修许可证，张某委托的装修单位也没有严格遵守小区房屋装修管理规定，把装修垃圾有意或无意抛进下水道，结果造成下水道堵塞，给李某带来一定的损失。这时候，张某以及受其委托的装修单位，都有赔偿的责任。我国《民法通则》第一百零六条规定："公民、法人由于过错侵害国家、集体的财产，侵害他人财产、人身的，应当承担民事责任"，建设部《家庭居室装饰装修管理试行办法》第十九条明确规定:"因进行家庭居室装饰装修而造成相邻居民住房的管道堵塞、渗漏水、停电、物品毁坏等,应由家庭居室装饰装修的委托人负责修复和赔偿;如属被委托人的责任,由委托人找被委托人负责修复和赔偿"。

另一种情况是,张某已按照小区物业管理公约的规定,装修事先已向物业管理公司申报,并领取了装修许可证,但张某委托的装修单位没有严格遵守小区房屋装修管理规定,把装修垃圾有意或无意抛进下水道,结果造成下水道堵塞,给李某带来一定的损失。这种情况下,装修单位就负有赔偿的责任,应由张某找装修单位赔偿李某的损失。

还有一种特殊情况,就是查不出下水道堵塞的明确责任人。这时候,业主发生的损失就应该由本楼层以上全体业主负责赔偿。因为下水道为公用设施,属于大楼相关用户公有和公用,发生的问题,自然由全体业主负责。

本案例中反映的情况并非单个和偶然,它是长期以来我国对物业管理行业定位不准、关系没有理顺的结果与表现。随着物业管理的发展,这种情况将会越来越少。

案例67 业主装修影响他人,物业管理公司应否协调?

业主刘某投诉:隔壁装修施工噪音过大,一天到晚不停地打墙、锯木,噪音很大,请物业管理公司尽快处理。物业管理公司赶忙派人去查看,发现刘某反映的情况属实,于是提醒施工单位注意文明施工,不要影响他人工作。次日,刘某又打电话来,说打墙声音小了,但锯木声音不停,而且还不时传来施工人员的吵闹声,简直令他们无法正常生活与休息。如果再这样下去,他们将拒交以后的管理费,并且将向有关行政主管部门投诉。物业管理公司回话说,已经告知他们了,但装修单位现在要赶工,没办法。装修噪音肯定会有的,新入住的住户都有这样的经历,谁也没有办法!刘某听后很生气,业主装修影响他人,物业管理公司就不能有效协调或制止吗?

简要说明:

几乎每一个新建的小区都有装修扰民的事情发生,但有些小区的物业管理公司就能够协调好业主之间的关系,这既是物业管理公司的权利,也是他们的责任与义务。因而当类似事情发生时,物业管理公司不能推卸责任,应当在入住前就做好各项准备工作,规定好装修时间,以免业主之间再次发生不必要的矛盾。

详细评析:

业主装修影响他人,物业管理公司理应想方设法予以协调与制止,这是物业管理公司的权利,也是物业管理公司的责任与义务。业主既然把装修管理的权利赋予物业管理公司,物业管理公司就应该去行使这项权利,履行这项义务。否则,就是违反了合同,业主也就可以据此投诉物业管理公司,严重时,业主甚至可以通过业主管理委员会炒掉该物业管理公司。

当然,物业管理公司不是政府行政单位,没有行政的权利,不可能强行禁止施工,但是物业管理部门可以请双方业主、业主管理委员会、居委会、街道办、派出所人员一起来协商解决,这样做一般业主都是可以接受的,效果往往也是很明显的。

另外,为了避免室内装修对邻居的干扰,物业管理公司还可以采取如下主要措施。

(1)装修前发通知给同一楼层及上下楼层住户,让他们做好思想准备和采取一些预防措施。

(2)在用户提交装修申请时,提醒住户选择信誉好、实力强、人员精的装修队,并尽量缩短装修工期。

(3)明确规定装修作业的时间,要求装修垃圾及时清理。

(4)对噪音大的工具、大功率工具、电焊等要限时、限地使用,保障公共道路、用地通畅、整洁不被侵占。

(5)加强对装修单元的监管,即使听取邻居们的意见,对违规施工人员视其情节轻重分别给予口头或书面警告、停止装修、暂扣装修工具、责令赔偿损失等处罚。

物业管理公司应让所有业主和装修公司都有章可循,同时也为解决纠纷提供依据。

附:装修住房时要遵守哪些规则?注意哪些行为?

住宅小区(大厦)内的业主(住户)在装修住房时,应当遵守有关法律、法规,按照业主公约或物业管理公司制定的有关装修规定,本着有利于物业使用、安全以及公平合理的原则,正确处理供水、排水、通风、采光、环境卫生、环境保护等方面的相互关系。装修时须遵守以下物业使用规则。

(1)业主装修住宅,应当事先告知物业管理公司,物业管理公司应当对装修住宅活动进行指导和监督。

(2)住宅不得改变使用性质。因特殊情况需要改变使用性质的,应当符合城市规划要求,其业主应当征得相邻业主和业主委员会的书面同意。

(3)任何单位和个人不得占用物业管理区域内的道路、场地。因物业维修或者公共利益需要临时占用,挖掘道路、场地的,应当与物业管理公司签订协议,并在约定的期限内恢复原状。

(4)业主转让或者出租住宅时,应当将《业主公约》作为住宅转让合同或者租赁合同的附件。

除了遵守以上四点规则以外,还要注意以下行为。

(1)不得损坏房屋承重结构和破坏房屋外貌;不能在混凝土圆孔板上凿洞、打眼、吊挂顶棚及艺术照明灯具。

(2)不得占用、损坏住宅的共用部位、共用设施设备;未经房屋安全鉴定部门鉴定的房屋装饰,在承重墙、共用部位隔断墙、外围护墙、抗震墙等墙体上不得随意打洞。

(3)不得在天井、庭园、平台、屋顶以及道路或者其他场地私搭建筑物、构筑物。

(4) 不得侵占绿地,毁坏绿化。
(5) 不得乱倒垃圾、杂物。
(6) 不得在建筑物、构筑物上乱张贴、乱涂写、乱刻画。
(7) 不得排放有毒、有害物质或者发出超过规定标准的噪声。
(8) 其他一些国家法律、法规禁止的行为。

案例 68 物业管理公司能指定装修吗？

A公司即将迁往新址办公。在洽谈租赁合时,大楼租务部向A公司推荐装修公司——大厦惟一指定装修商B公司。A公司反问如果另行指定装修单位是否可以时,得到了肯定答复,只是被告知空调系统以及消防控制喷淋系统需要由大厦指定单位来做。可是到了A公司委托的装修单位前来与物业管理部门接洽时,该部门提出了一系列难以达到的要求和条件,极尽刁难之能事,最后迫使A公司不得不委托大厦推荐的B公司负责其租区的装修工作。A公司非常疑惑,作为物业管理公司,是否可以为客户指定装修公司?

简要说明:

业主室内装修管理是管理公司一大重点工作。一些管理公司为了保证物业的安全使用,往往指定装修公司及机电公司。而业主则认为,既然买了物业就拥有物业的所有权和使用权,就可以任意在物业内进行室内装修,因而管理公司无权指定装修公司及机电公司。实际上,物业管理公司和业主的做法或想法都是有问题的。

详细评析:

第一,业主的观点,即买了物业就拥有物业的所有权和使用权,就可以任意在物业内进行室内装修,明显是不对的。关于这方面的原因,前面的案例已经予以解释。

第二,物业管理公司不能指定装修公司。业主购买了房屋后,自然有权雇请装修公司进行一般的室内装修,如做家具、油漆、间隔墙等,管理公司不能向业主指定装修公司。个别物业管理机构或其有关负责人搞强行指定或变相强行指定承包商的做法,有违行业的职业道德,在一定程度上侵害了租户或使用单位的合法权益,应予纠正。当然,第一条已经提到,业主虽然可以聘请装修公司进行室内的一般装修,但却不可以随意装修,对于一些专业性很强的项目,物业管理公司往往还有权指定装修单位。

第三,管理公司可指定机电装修公司。现在的住宅和商业用房一般都不是独门独户,因而个别业主的室内安全直接影响到楼内其他住户的安全与利益。尤其是一些机电设备的装修,往往会危及整幢大楼。如果任由每个小业主自行聘请机电装修公司,则可能出现以下问题:①不同业主请的装修队伍素质和装修水平、安全防范能力等有较大差别;②这些装修公司对大厦的结构、设备状况性能等不了解,往往容易带来危险;③业主和管理公司很难或者说不可能及时对各个装修公司的员工实施跟踪监管。而由管理公司指定统一的机电装修公司,往往可以避免以上缺陷。同时,指定的机电公司员工素质通常较高,公司信誉较好,装修质量较稳定,对物业的设备设施熟悉,对物业管理规定理解,因而可保证装修质量,管理公司和业主无须对其实施太多的监管。正因为这样,管理公司往往对业主的室内装修进行严格的审核和监管,并指定机电公司负责水、电、消防、空调、电话等的安装工作。

当然,管理公司指定的机电公司不能与管理公司有任何不正当的利益关系。也就是说,管理公司不能对机电公司索取回扣、收管理费等。为了保证业主利益,管理公司必须指定至少两家品牌优、质量好的机电公司供业主选聘。同时,物业管理部门应对这些承包商给予正确的指导和严格的管理,监督各承包商遵守相关的规定,确保物业项目内的正常管理秩序得到维护,最终使各方面权益得到有效保障。

附：小区装修该不该专营

"外来施工队一律不许进入小区,如有发现视为非法施工;住户自请施工队,应向小区物业管理部门交纳装修押金2万元,但小区业主装修选择物业管理公司指定的装修公司,那么业主的装修押金可以免交。"这则看来很不合理的"规定"在北京不少小区都在执行着。那么小区统一装修有利还是有弊,社区装修专营是否符合规定?记者近期对此事进行了采访。

装修业主:自请装修队为什么不能进小区?

在新建成的该小区,正准备进行装修的业主王女士告诉记者,她是3月底入住的,本来已经找好一家装修公司在4月底进行装修。但没想到,该小区的物业管理公司在4月份出台了一条规定,禁止外来施工队进入小区,如发现视为非法施工。

当王女士向物业管理公司询问时得到的答复是,业主自己请装修队,必须向物业管理公司交纳2万元装修押金,垃圾清运费300元。不过,物管公司负责人最后表示,如果业主请物管公司指定的装修公司,这2万元的押金可以不交。

据了解,一般来讲,一个小区的物业管理公司有权对装修公司在小区的装修行为进行监督,而且装修的验收权也在物业管理公司手里。因此,王女士担心,"掌握大权"的物管公司会对业主自请的装修公司进行刁难。现在为止还没有一家装修公司听到该小区这个"规定"后愿意给王女士提供服务的。

王女士还向记者出示了一份小区物业管理公司提供的《房屋装修协议书》。协议书中规定:除了自请装修公司要交纳物业管理公司2万元押金外,装修的业主还要向物业管理公司交纳3000元装修管理费。

王女士对记者说,在小区内搞装修垄断,对业主是不公平的,此外,物业管理公司所指定的装修公司,施工质量能否保证,双方在私下里是不是有什么"交易"。

物业管理公司:统一装修便于小区管理

记者在采访该小区物业管理公司有关负责人时了解到,对业主自找的装修队收取2万元保证金是为了业主着想,万一装修队出了什么问题,这笔钱可以补偿给业主。比如,装修队损坏了房屋的承重墙或者损坏了小区的配套设施,如果没有保证金装修队跑了怎么办?到时候业主和小区都将受到损失。再说,这笔装修押金在施工完毕后,在没有违规的情况下还是要退给装修队或者业主的。

那么物业管理公司指定的装修公司就不会出现这种情况了吗?该负责人介绍,指定装修队便于小区的管理,小区内每户居民装修,找来的装饰公司都要到物业办理手续,物业工作人员都要向其交待该小区楼房的结构情况、各项规定、各种要求,而固定一家公司给小区内所有住户装修,这种交待工作只做一次,物业管理公司当然愿意自己的工作简化。

装饰公司:统一装修褒贬不一

关于小区装修垄断的现象,北京金丰装饰公司的负责人袁先生告诉记者,装修过程中难免磕磕碰碰,物业管理公司要想从中找毛病非常容易。因为装修是否合格并没有一个统一的标准,物业说不合格就不合格,往往2万元装修押金说扣就扣,而装修公司装修一套房子工钱连2万元都达不到(比如包清工,一套房整个下来也不过5000元的清工费)。对于规模不大、"公关能力"不强的装修公司来说,都不敢轻易进驻已有指定装修的小区"干私活"。

对于被小区指定的装修公司自然会为统一装修叫好,据驻扎在某小区的一家装饰公司的负责人介绍,被指定的装修公司往往要一次性交给物业管理公司一大笔押金。根据项目的规模,也许是50万,也许是20万,总之是个大数目。拿着这么多资金做保障,即使是哪户装修出了问题,解决起来也容易多了。另外,这样的装饰公司往往在项目立项之初就参与进来了,与开发商和设计单位密切配合,对楼体结构的细枝末节都了如指掌,决不会有破坏楼房结构的现象出现,而少数零散的装饰公司可能考虑不到利害关系,为了迎合业主的要求,偷偷地拆改,然后表面做遮掩。如果家家都这样做,将给小区留下很多安全隐患。

因此,物业管理公司会选一家各方面信得过的装饰公司,这样物业管理公司首先把了一道关。而那些业主自己找装饰公司的小区,往往会出现这样的问题:少数物业管理人员向业主推荐某装饰公司或施工队,从而拿这些公司、施工队的回扣,为了能拿到这笔回扣,他会将这家公司吹得天花乱坠,而真实的情况却不得而知。

看来,统一装修无论在小区里还是装修行业都存在着较大的争议,但在争议的背后尚没有一个可以解决这种矛盾的法规条文。正如北京市物业管理职能部门负责人介绍的状况,目前北京许多小区的装修纠纷往往表现在装修押金、装修管理费、垃圾清运费的收取上。北京市目前的物业管理条文中,还没有明确指出小区强令统一装修是否违规。但该负责人同时表示,小区内的纠纷很大程度上缘于业主与物业管理公司缺乏沟通,小区装修问题也一样,要解决此类问题,还需业主与物业管理公司之间进行协调。

(北京青年报　文/思杨　本报记者　卜晶玮)

案例69　住户遭抢物业管理公司有无责任?

某小区女业主刘某上午9时一人在家洗澡时,3名歹徒从楼梯间的窗户爬进他们家的厨房,将其双手、双脚捆绑起来,并用菜刀威胁她,抢走价值2万多元的现金和首饰。据调查,刘某家的厨房的窗户与楼梯间的窗户仅有1米左右的距离,楼梯间的窗户没有安装防盗窗,歹徒也正是利用这一点从楼梯间翻入他们家实施抢劫。该业主买房时,物业管理公司承诺:"提供封闭式防盗系统和24小时固定岗哨,定时保安巡逻"。事发后,业主家人找到该小区物业管理公司讨说法。物业管理公司认为,自身没有责任。那么,住户遭抢,物业管理公司到底有无责任呢?

简要说明:

我们认为,只要小区的保安做到了尽职尽责,而且,只要合同上没有与财产、人身安全保障相关的条款,那么,物业管理公司就不应该承担责任。否则,物业管理就应承担相应的责任。

详细评析:

新浪网曾发文介绍了几方的看法,我们先看看律师、开发商和物业管理协会的观点。

律师:物业管理公司有责任

重庆渝都律师事务所的主任黄跃说:"物业管理公司对此应该负责任。"

黄律师认为,收取了物业管理费就意味着物业管理公司对业主的财产、人身安全负起了责任。业主在自己的家里被抢劫,无论怎样,物业管理公司都负有责任,只是责任的大小有区分而已。他举例说,如果歹徒是从小区的大门或翻墙进来实施抢劫的,则物业公司负有直接责任;如果是小区内的人员实施抢劫,则物业公司也负有间接的责任。如果该小区楼梯间的窗户没有安装防护栏(如果防护栏应由物业管理公司安装),导致歹徒得以进入业主家,那么物业管理公司负有不可推卸的责任。

黄律师表示,虽然该小区仅仅是在广告上承诺"封闭式防盗系统和固定岗哨,24小时保安巡逻",但是广告是面向社会宣传,可以作为合同的附件,不履行,就是欺诈行为。

开发商:物业管理公司不等于保险公司

"物业公司不是保险公司,无法对业主的每件事负责。"江山多娇的开发商刘飞昨日接受记者采访时如是认为。

他认为,小区的住户被歹徒入室抢劫,主要应该看小区的保安是否做到了尽职尽责。如果是保安的工作没有到位,那物业管理公司就应该承担责任;如果保安的工作没有疏忽,没有问题,那物业管理公司就不应该负有责任。

物业管理协会:关键看合同

物业管理协会一位黄姓负责人就此事对记者表示,一般来说,物业公司对业主的财产、人身安全无太大的责任。在判定有无责任时,主要是看双方签订的合同上是否有与财产、人身安全保障相关的条款。在本次事件中,则要看在发生抢劫时,物业管理公司的保安有无失职之处。楼梯间没有安装防护栏,应该由房屋的开发商负责,与物业管理公司没有什么关系。解决此事最好的办法是通过法律途径来解决。

我们倾向于开发商和物业管理协会的意见。总结起来,就是:只要小区的保安做到了尽职尽责,只要合同上没有与财产、人身安全保障相关的条款,那么,物业管理公司就不应该承担责任。否则,物业管理就应承担相应的责任。

案例70 业主家中被盗,物业管理公司是否负责?

1994年,王某入住北京市某小区某楼一层。1998年王某因公外出回家时,发现其外出期间家中被盗,丢失现金、项链、戒指等物品价值人民币3万余元。在报案后发现盗贼是将防护窗钢筋电焊点掰断后打碎窗户玻璃进入室内的。根据她出差后第3天即下雨直至第10天回家仍有积水留在窗台上这一细节判断,窗玻璃应是在下雨前被打碎的。但小区保安直至她报案后才知道一层住户防盗窗及窗玻璃破损。这说明物业管理公司尽管收保安费,但根本未尽到职责。遂向法院起诉小区的物业管理公司。

王某认为她已按合同向被告交纳了物业管理费和保安费,且防护窗是由她出资由物业管理公司统一负责安装的。而物业管理公司在收取管理费和保安费后,在日常管理中未尽职责,致使盗贼入室盗窃,给其造成经济损失,故起诉要求物业管理公司承担赔偿责任,赔偿其经济损失3万元。那么,业主家中被盗,物业管理公司是否应当负责呢?

简要说明:

应当说,本案例并不离奇、复杂,问题的关键与难点,也就是本案双方当事人争议的焦点,是在住户交纳保安、管理费后,小区物业管理公司是否应对住户室内财产的丢失承担赔偿责任。我们认为,如果合同没有专门提出室内财产由物业管理公司负责的话,物业管理公司就是没有责任的。

详细评析:

一般的业主都认为,只要自己交了社区管理费、保安费,物业管理公司就应当对自己的人身与财产安全负全部责任。实际上,这是一个错误的看法。保安费并非财产保险,也非人身保险。就北京市来说,1997年颁布的《北京市普通居住小区物业管理服务收费暂行办法》之《普通居住小区物业管理服务收费标准》中,明确规定,保安费的服务内容是让保安维护管理小区中的公共秩序,诸如车辆停放、保护草坪、不让小商小贩进入小区,进行日常巡视等事务,保安费的服务内容仅限于此,对于属于个人生活范围的居室,保安无保护义务。也就是说,保安服务的内容不包含对住户室内财产的安全保卫工作。就服务标准来说,上述《普通居住小区物业管理服务收费标准》中也明确规定,收取保安费的服务标准包括:①积极与派出所配合,保护小区安全;②24小时昼夜巡逻值班;③对小区可疑人员进行查问;④对小区内违法犯罪分子,与派出所配合进行处理;⑤巡逻时发现火警事故或隐患、治安事故、交通事故,要及时处理,并上报有关部门。

由此可见,只要保安部门的服务标准达到了规定的要求,物业管理公司就没有任何法律责任,就不应对业主居室的失窃承担赔偿责任。除非业主在与物业管理公司签订的合同中,明确提出物业管理公司对小区或大厦业主或住户的人身与财产安全负责。当然,这一条很难在合同中规定,物业管理公司难以做到,也不会随便答应。退一步讲,假设合同中确实有这一条的话,那么物业管理公司收取的保安管理服务费就不是普通小区的收费标准了。而且,该保安事实上也就成了保镖了。

案例 71 小偷从楼下的窗户护栏爬到业主家行窃,物业管理公司有责任吗?

张某是某花园小区的业主,家住在二楼,窗外就是小区外围的公路。今年上半年,张某楼下的住户在外墙窗户上安装了四个窗户护栏,张某当时就认为楼下安装的窗户护栏已经给自己家里造成了一定的安全隐患。为此,张某要求楼下住户予以拆除,但楼下的住户对张某的要求一直没有答复。张某又找到小区管理处要求协助解决,管理处到现在也没有采取有效的行动。前几天的一个晚上,张某下班回家发现家中被盗,损失财物价值3万多元。经公安机关现场勘查鉴定,认定小偷是从楼下的窗户护栏爬到张某家中的,为此张某想要求楼下住户和管理处赔偿自己的损失,请问,张某的要求能否得到法院的支持呢?

简要说明:

楼下住户安装窗户护栏的行为,构成了对张某住宅安全的事实上的危害,张某完全可以要求楼下住户拆除窗户护栏,但却不能要求楼下住户承担赔偿的责任。而对物业管理公司来说,由于具体情况不一样,是否赔偿也要具体分析。

详细评析:

案例中提出的问题可以分两个方面来解答。

(1) 楼下住户是否应当承担赔偿责任?

我国《民法通则》第八十三条的规定,不动产的相邻各方应当正确处理相邻关系,给相邻方造成妨碍和损失的,应当停止损害,排除妨碍,赔偿经济损失。张某与其楼下住户的关系属于相邻关系,作为楼下的住户负有不设置对上层住户构成潜在危险的设施的义务,楼下住户安装窗户护栏的行为,构成了对张某住宅安全的危害,而且这种危害事实上已经发生,因此,按照《民法通则》第八十三条的规定,张某完全可以要求楼下住户拆除窗户护栏。如果楼下住户拒不拆除窗户护栏,排除安全隐患,张某可以通过法律途径强制要求楼下住户拆除窗户护栏。

需要明确的是,楼下的住户安装窗户护栏这种行为本身并不构成对张某的侵害和妨碍,只是这种行为给张某带来了潜在的安全隐患,可能成为犯罪分子实施犯罪行为的条件,这种条件与张某家中被盗不能形成法律上的因果关系,也就是说,如果没有楼下住户的护栏,张某家中并不一定不被盗。因此,张某只有对楼下住户要求消除危险的请求权,而没有主张楼下住户赔偿自己家中被盗经济损失的请求权。

(2) 物业管理公司管理处是否应当承担赔偿责任?

回答这个问题需要从两个方面来考虑:第一,小区的物业管理在保安措施上是否存在过错和这种过错是否与张某家中被盗构成法律上的因果关系。我们认为,这个问题的答案一般是否定的,也就是说,通常物业管理公司管理处的保安人员很难杜绝此类问题的发生,即使保安员严格按照保安服务的要求或标准,进行24小时巡逻监视,也不能保证住户家中出现失窃事件。除非张某能够提供明确的证据来证明保安员有失职的行为,并且就是该失职行为才导致自己家中被盗,否则,物业管理公司是没有责任,也不会承担对张某的赔偿义务的。第二,物业管理公司在对张某楼下住户的装修审批和装修监管上是否存在一定的过失。从目前的法律规定来看,物业管理公司在装修的审批和监管上需要审核的只有两点,一是看装修是否破坏了房屋的安全结构,二是看装修是否影响了房屋的外观整洁。是否构成对相邻权的损害不是物业管理公司装修审批的必然条件,退一步讲,即使相邻权内容是物业管理公司装修审批和监管的必然条件,这种过失也不能从法律上证明与张某家中被盗形成因果联系,因此,张某也无权要求物业管理公司管理处承担自己家中被盗的经济损失。

那么,张某家中被盗造成的损失到底由谁来赔偿呢?我们认为,张某最好到保险公司投保,一旦出现失窃案件,一经查实,保险公司将负有不可推卸的赔偿责任。

附:住宅区的保安与治安

近几年来,住宅区内刑事案件时有发生,从盗窃、抢劫、绑架、行凶、直到用炸药毁楼杀人,以致使上百名无辜者罹难,严重地影响着社会治安秩序,引起了全社会的关注。保安服务在住宅区安全防范工作中能有什么作为,已成为政府关心、百姓关注、法界观望、行业忧心的焦点。

一、犯罪活动增多的原因

(一) 居住环境的变化

随着新建住房在设计上都以家庭为单位,形成独立的生活空间格局,却带来了社会学中的新问题——邻里关系疏远。

(二) 治保有关的单位和组织组建滞后

居民基层组织和公安派出所的建设迟缓。许多新建小区在居民入住后很长时间,还不能成立居民委员会(以下简称居委会儿无法及时做到治安工作的群防群治,容易提高发案率)。

(三) 相关机构相互推诿责任

派出所、居民委员会和物业管理服务中的保安公司或保安机构(以下简称保安)都与住宅区公共安全相关,但有时职责不清,出现"三个和尚没水吃"的现象。

物业管理保安属于企业行为,国家对保安的责任没有明确规定,一些企业比较注重门卫的站姿,巡逻时的步伐以及谈吐仪表等。他们认为实质性的治安保卫工作应由人民警察负责,由此弱化了保安对社会治安的协同作用。

二、有关单位和团体在公共安全工作中的职责分析

从广义上讲,每个公民和每个组织对于社会公共安全工作都负有义不容辞的责任。但在整个社会结构中应有明确的社会分工,法律规定了各个单位和组织在住宅区治安工作中的不同职责。

(一) 公安派出所及其警察

按照《中华人民共和国警察法》(以下简称《警察法》)的规定:

"人民警察的任务是维护国家安全,维护社会治安秩序,保护公民的人身安全、人身自由和合法财产,保护公共财产,预防、制止和惩治违法犯罪活动"。公安机关的人民警察按照职责分工,依法履行下列职责:

(1) 预防、制止和侦查违法犯罪活动;

(2) 维护社会治安秩序,制止危害社会治安秩序的行为。

法律也规定了警察一些特殊权利和允许配置的必要装备,为其创造了相应条件,使之维护社会治安秩序成为可能。《警察法》规定:"公安机关的人民警察对违反治安管理或者其他公安行政管理法律、法规的个人或者组织,依法可以实行行政强制措施、行政处罚";"公安机关的人民警察对严重危害社会治安秩序或者威胁公共安全的人员,可以强行带离现场,依法予以拘留或者法律规定的其他措施。"同时还规定:"对有违法犯罪嫌疑的人员,经出示相应证件,可以当场盘问、检查"另外,依照《中华人民共和国人民警察使用警械和武器条件》规定:"人民警察制止违法行为,可以采取强制手段;根据需要可以依照本条例的规定使用警械;使用警械不能制止,或者不使用武器制止,可能发生严重后果的,可以依照规定使用武器。本条例所称警械,是指人民警察按照规定装备的警棍、催泪弹、高压水枪、特种防暴枪、手铐、脚镣、警绳等警用器械;所称武器,是指人民警察按照规定装备的枪支、弹药等致命性警用武器。"

从这些规定中可以看出,维护住宅区治安秩序应当由公安机关的人民警察负责。

(二) 居民委员会

《中华人民共和国城市居民委员会组织法》明确规定:"居民委员会是居民的自我管理、自我教育、自我服务的基层群众组织。"现在有些城市把居民委员会作为政府的基层单位,居民委员会主任由国家公务员来担任。不管居委会的性质怎样,该法所规定的"居民委员会的任务"中包括了"协助维护社会治安"事项。居委会可以起到处理公共事务的作用,是维护社会治安必不可少的组织。

虽然法律上授予了居民委员会协助维护社会治安的任务,但其成员大多不具备这方面的专业知识和技能,不能直接对抗犯罪分子。他们最多只能起到组织联防和信息传递作用。

(三)物业管理区域内的保安

目前,国家对于保安服务工作尚未立法,有些城市订立了市有关保安服务的管理办法,但多为限制性条款。《天津市保安服务业务管理规定》明确指出:"保安服务公司及其保安人员不得参与治安案件、刑事案件的调查处理,不得参与客户的经济纠纷或者为客户催款讨债及其他国家禁止的服务和经营项目。保安服务的主要责任是协助公安机关维护社会治安和公共秩序为客户提供巡逻、安全检查和安全防范咨询等服务"。

在物业管理区域内的保安服务,是物业管理服务内容量的组成部分,这种服务是属于企业行为,没有任何执法权利。物业管理是一种委托代理行为,其保安服务的权利和义务是与被代理人在合同中约定的。但这种约定的权利不能超越被代理人本身的权利,被代理人就是业主群体,其权利和义务都是以物业的权属关系为基础。保安所能提供的服务仅仅是维护物业使用秩序,所能处理的多为民事问题,对于刑事案件和治安案件保安无权处理。保安在救助时,所能行使的权力仅为《中华人民共和国刑法》(以下简称《刑法》)规定的正当防卫权。

根据法规规定,居委会和保安对社区的治安工作只能从旁协助。他们无权、无力独立处理住宅区内的刑事案件和治安案件,为此也不应承担此类责任。

三、如何解决住宅区的治安问题

(一)充分发挥保安作用,建立住宅区治安防范关系

在住宅区内,一定要形成一个以派出所为主导、以居委会和群众为基础、由保安密切配合的治安防范体系。这样就可防患于未然,使一些犯罪倾向不能发展成为犯罪行为,还可将现行的犯罪活动及时控制和制止。

(二)住宅区的设施要满足安全防范的需求

随着科学技术的发展,越来越多的安全防范设施应用于住宅区,如:电视监控、防盗报警、紧急呼救、出入口管理、周界防越和巡逻管理等。这些新技术的应用,无疑对预防犯罪以及对各种案件的侦破,起到决定性作用。今后政府的建设主管部门,对建设项目的安全防范设施,应根据条件适当提出一些要求。这种导向作用,必定会使开发商逐渐认识到这些设施的必要性,从引导需求变为自主需求。而且有些报警设施最好做到与物业管理中心和派出所联动,物业管理中心和派出所同时接听报警电报,必要时警察可以及时出动。

(三) 法规政策的调整

按照我国现行政策,新建住宅区必须实行物业管理。但对旧区未作硬性要求,其实旧区物业管理也是十分必要的。在石家庄爆炸案中,犯罪分子一夜之间出入几个住宅区,连续安放炸药引爆雷管,竟然如入无人之境。我们可设想一下,如果这些住宅区已经实施物业管理,深更半夜汽车载货出入势必会引起保安注意,进而对其进行监视,或许能避免这起爆炸案的发生。因此国家应抓紧政策调整,让旧区也实施物业管理,但可把服务标准和收费标准降低,使业主能够承受消费成本。

(四) 警力的合理分布

随着城市建成区的不断扩大,公安机关对住宅区的控制确实有鞭长莫及的感觉,警力的补充是在所难免的。公安机关与规划部门、房地产管理部门保持热线联系,新建住宅区一定要及时组建派出所,按规定的户数比例配足警察。

(五) 提高保安人员的素质

保安人员虽然不是警察,但因需要协助公安机关维护社会治安,应具备较好的素质。

(六) 创造业主交流的条件

根据一些物业管理的成功经验,沟通业主感情使之逐渐熟悉起来,对维护住宅区安全是十分有益的。物业管理公司可以经常在住宅区内搞些社区文化活动,增加业主交流机会,使业主关系由生疏变熟悉。在住宅设计上,应在公共部位多设置一些攀谈交流的场所,创造交流条件。业主亲情关系的建立,也可以起到遏制犯罪行为的作用。

只要从基础工作抓起,注意以上所说的各个环节,充分利用保安的力量,建立起治安防范体系和紧急救援体系,降低住宅区刑事案件和治安案件的发案率是能够做到的。在住宅区内,创造一个良好的治安环境也是完全可能的。

(来源:不详)

案例 72　业主在家被害,物业管理公司是否应当赔偿?

北京市居民李某向 A 公司购买了亚运村内两居室住宅一套,1995 年 6 月入住,双方未签订物业管理书面合同,但 A 公司承诺,实行封闭管理,有 24 小时保安巡逻。1995 年 12 月某日深夜,李某与其子(10 岁)在房间收看电视时,一蒙面男子入室抢劫并将李某杀害。之后其子向院内保安人员报案。目前该抢劫案尚未侦破。调查认定,案发时住宅小区仍在施工,可以自由出入,未做到封闭式管理,李某阳台门不是防盗门,可以打开入室。

李某之子与其外祖父、外祖母向法院起诉,诉讼理由是:A 公司收取了保安费,但保安巡逻有名无实,而且没有履行封闭式管理的承诺,此外阳台门质量有问题。诉讼请求是:A 公司应对李某遇害承担民事赔偿责任,各种赔偿金额总计约 185 万元。A 公司答辩理由是:24 小时保安是针对小区内设有可视防盗对讲系统的高级公寓业主,死者购买的是普通住宅,没有必要的监视设备,只能提供一般的 24 小时巡逻保安。小区建设有 1/3 尚在施工,但已经实行 24 小时保安巡逻,且凶手是死者的熟人、生人以及如何入室等尚不得而知。物业公司曾几次建议死者安装防盗门封闭阳台,但均遭死者拒绝,且死者只在购房的第一月交纳了保安费,至案发已经 5 个月没有交纳保安费。被告认为不应承担赔偿责任。

那么,业主在家被害,物业管理公司是否应当承担赔偿责任呢?

简要说明:

如果单就安全管理中保安的职责来看,住户在家中被害,物业管理公司是不负责任的。但因为物业管理公司对自己的一些承诺没有兑现,所以,案例中物业管理公司是有责任的。

详细评析:

该案例目前已经宣判,我们可以看看《半月谈》、《北京晚报》等媒体的综合报道。

北京的这起住户在家被害一案,不仅北京以前没有,我国也没有先例。出于慎重,此案审理经北京市中、高级两级法院研究后再请示最高法院,最高法院又征询了行业主管部门建设部的意见,商讨后的基本认识如下:我国物业管理起步较晚,这起案件的审理影响很大,必须依法审慎处理,以避免发生误导。国际上物业管理已经运行了一个世纪,就所掌握的材料,香港和其他国家物业管理部门均未规定物业公司应承担住户人身与财产的安全责任,也没有发现物业公司承诺对住户人身和财产安全负有保险责任。我国各地的物业公司一般都有24小时保安巡逻的服务承诺,但也没有发现安全保险方面的承诺,不少物业公司还特别明确了这方面责任。如沈阳一家与新加坡合作开发的住宅小区,管理契约中明确规定:"甲方或委托公司对小区发生的刑事或民事案件造成的损失没有赔偿的义务。甲方或受托公司雇请之保安人员负责小区内治安秩序的管理,加强防范措施,提高安全性,并不承担安全方面的赔偿责任。"就上述情况,该案确定了这样的处理原则:保安不是保险,保安人员不是保镖,保安人员的职责是通过昼夜巡视配合和协助公安部门进行安全监控。小区住户的人身、财产风险应通过购买保险来解决。就此案责任的具体情况,由于A公司没有依据承诺完成小区的封闭管理,现场比较混乱,管理有不善之处,应承担相应的责任,初拟判决被告补偿原告2~3万元。

附1:封闭式小区能否封住危险

小区封闭式管理是现在很多地产项目的招牌优势

温泉命案来龙去脉

据首都一家媒体报道,3年前一位姓李的女士在广告中得知温泉花园实行全封闭式管理并承诺24小时保安巡逻,便购买了温泉花园的一套两居室住房。

但入住半年后,李女士便被人在房中杀害了,凶手至今未归案。事发后,被害人家属一纸诉状诉诸法院,状告温泉花园的物业管理公司没有履行"全封闭式管理以及24小时保安巡逻"的承诺,以至于间接造成被害人死亡,要求物业公司赔偿抚养费、赡养费等共计180余万元。被害人家属的理由是,既然物业公司承诺了全封闭式管理,但事发之时小区尚没有封闭围墙,也没有保安巡逻,在一定程度上,小区物业管理公司对此案有不可推卸的责任。后法院经过调查核实,案发时,小区二期工程尚在施工,未做到封闭式管理,小区东侧搭的围墙仅有1.7米高,而且旁边还有缺口,人可自由出入,给凶手留下了可乘之机。

而作为被告的温泉花园物业部门认为,发生这种事情并不是物业公司愿意看到的,凶杀案的责任应全部由凶手来承担,案发时小区1/3仍在建设当中,东面也没有正规围墙,所谓封闭式管理,只有小区完全建成后才有能力完全实现,而且它的实现还取决于开发商建房的进度以及其他一些方面的完善,因此,原告把所有责任都推到物业公司身上是不合理的。

虽然双方各执一词,历时3年之久,但法院最终于本月初对本案进行了一审判决,法院认为,被害人购房后虽交纳过每月6元的保安费、清洁费,被告也承诺了保安服务,但保安并非财产和人身保险,我国现行的法律条文中尚没有物业管理部门对业主的人身和财产安全负全部责任的规定,但物业公司未履行承诺的封闭式管理的承诺,应承担违约责任,因此法院做出一审裁决,被害人所买的温泉花园住宅退给被告,被告温泉花园则退还被害人家属

130800元,并补偿原告7万元。

温泉命案虽初步有了结果,但在业内却引起不小的震动。其中三个焦点问题引人瞩目:首先,事发时小区还在建,而建房的责任人是开发商,缘何出了事却由物业公司一家承担,毕竟,物业管理仅是房地产的一个环节;其次,拿人钱财替人办事是中国人的一个传统思想,物业公司明知自己并不能实现封闭式管理,却每个月还照收保安费,出了事必定会"惹火上身",究竟是物业管理公司为了正常运营还是因贪小便宜吃了大亏?第三,目前许多小区都打出"封闭式管理"的旗号,它与普通小区有何区别,以至于购房人对此趋之若鹜,"封闭式管理"究竟为何物?这些问题,都是目前京城业界对此案讨论最多的话题。

小区出事　物业公司该负多大责任

开发商常说,房地产活动中,建设、销售、物业管理是三大环节,其中物业管理是体现整个房地产好坏的最重要的一个环节。但目前北京乃至全国有不少物业的开发商和物业管理公司都不同程度地存在着职权不明朗、磨合不力等诸多问题,造成不少开发商出现失误或问题,而使物业管理部门代人受过。

就本案而言(并非说此案与开发商有关),京城一些开发商与物业管理公司就有不同的见解。被采访的多数物业管理者认为,法院对此案的判决"也只能这样判,毕竟物业公司有一定责任",但责任全部归结于物业公司使他们"不能完全接受"。

广渠门附近一家物业公司的总经理章先生说,开发商不能在住宅建完后把所有事都推给物业管理公司。他认为温泉花园案件中,事发之时,小区工程还在建,并非物业管理公司不想实行封闭式管理,开发商还要建设,这势必造成开发与管理上的矛盾,封闭式管理在当时几乎是不可能的。"我认为,开发商在此案中也是一个较重要的责任人。"章先生说。

像章先生所言一样,不少物业管理人均对房地产建设与管理的矛盾上体会颇深。一位人士说,物业公司受聘于开发商及业主,但开发商建设的质量直接影响到物业公司的正常运营,开发商物业有问题,住户就可以不交这样那样的管理费,这对物业公司的打击是非常大的。

而作为开发商在对此案进行评论时,则一方面体现出物业公司在此案中所负责任要比开发商大的本意,另一方面亦表现出对目前出现的物业公司与开发商磨合不力的担心。

一位不愿公开姓名的开发公司人士说,开发商既然聘请了物业公司,后者便有义务为开发商做好售后服务工作,以及开发商工作出现遗漏之时,物业公司更应该及时填补,比如温泉命案中,物业公司既知工程正在建设,就更应当加倍注意小区安全,对保安工作更加严格要求才对。同时该人士还坦言,开发商与物业公司的关系应该是荣辱与共的,但如何避免误解,加强合作,是摆在双方面前一个很重要的问题。

物业公司缘何承诺未兑现却收费先行

温泉命案中,受害者家属向物业管理公司索赔一个很重要的原因是,物业管理公司每月均向住户收取保安费,收了钱就该服务到位,出了事,不找你找谁。

那么,物业管理公司为何明知自己达不到所承诺的封闭式管理,还要向住户收取保安费呢?

谈及此问题,大多数物业管理人士表示"这是不得已而为之"。据了解,目前许多小区刚完成一期工程,便让住户入住,这时,便会有物业管理公司接手小区。众所周知,物业管理公司也是一个经营性质的实体,是通过收取物业管理费来维持自身正常运营的。客户入住,双方便发生服务与享受服务的关系,经营活动开始,住户虽少,但也必须交纳物业管理费来享受服务。其实在这段时间里,物业公司大多是赔本经营的。

记者曾经采访过一家物业小区,小区当时入住率尚达不到50%,但地产公司承诺的24小时热水供应,却不能不实现,因此,物业管理公司便开通管道,实行24小时供水,由于管道是联通的,没有入住人口的空房也有热水,而物业管理公司向入住的客户收取的热水费远远低于整个供水的费用,物业管理从某种程度上讲赔本了，只有从开发商卖房的利润中把这份损失补回来。因此，许多物业管理人士认为温泉花园先收物业管理费不存在不当。"如果住户不交钱，小区正常的保安服务更无法兑现，也许还会发生别的事情"，一位人士谈到温泉命案如是说。

另据了解，封闭式管理小区收取的物业管理费比普通物业略高，是按照物价部门制定的普通物业收费标准之外，加上封闭式小区所付出的服务营业运作成本价得出的。

封闭式管理为何物？

人们在了解了温泉命案后，不仅对耳熟能详的"封闭式管理"提出疑问：封闭式管理有没有一个明确的概念呢？它真的安全吗？

封闭式管理在北京房地产市场上已喊了好几年，它真正的含义何在？恐怕连一些实行此管理方式的开发商或物业管理者也说不明、道不清。正如一位开发公司经理所言，封闭式管理是一个经营念，也就是一个安全的保证。它目前并没有固定的管理模式。

目前对于封闭式管理的概念是：一、小区由高墙隔断，只开其中几个门；二、出入小区，检查制度完善，本区住户发给停车证，访客车辆出入都需登记；三、小区保安24小时巡逻；四、每户均安有可视电话，住户不出门便知来客是谁，这些普通人都能望文生义的解释也就是许多开发商对此管理方式达成的"共识"。

北京市物业小区管理办公室的李女士告诉记者，北京市的物业小区登记，有关部门只对小区的资金、人员配置、办公场所、规章制度等事宜进行审核，而物业小区是否是封闭式管理，它与普通物业管理有何区别在政策上并无要求、规定。

而实行封闭式管理的小区在处理日常的小区事务中也是随机而定，北京东部一处销售不错的封闭式小区物业管理公司负责人胡先生在谈到"如果小区出了事怎么办"时说："我们负我们应当负的责任，如果由于我们工作疏忽使小区出了事，我们理所应当负全责，比如由于保安员明显脱岗，使业主丢了车或家中失窃，我们在与保险公司斡旋的同时，会根据实际情况承担我们的责任。"但谈到封闭式管理是否有一个明确的责任条款时，胡先生表示目前北京市尚没有一个有规可循的模式。

看来,封闭式管理方式在北京的物业管理模式中尚处于"摸着石头过河"的阶段,"得其表而不解其意"是现阶段封闭式管理的现状,温泉命案已事出在先,人们在对此事扼腕叹息的同时,也许更多地对"封闭式管理应当如何办"投入了更多的关注。

(北京青年报 文/张剑)

附2:业主在住宅区内被害,法院判物业公司赔偿

在深圳,一起因业主在住宅区内被杀害,业主家属状告物业管理公司并向其索赔的案件,引起人们的关注和争论。5月31日,深圳市罗湖区人民法院开庭审理了这一案件,当庭判决物业管理公司赔偿被害人家属10万元。

物业管理公司不服,称如此判决会引起整个物业管理行业的混乱。有关人士说这是全国首宗业主因在住宅区受到侵害而状告物业管理公司的案例。

业主在住宅区内被劫持和杀害

1998年4月4日晚10时20分,家住深圳市笔架山庄3栋3楼的明某,开着奔驰车从外面回来,走到他住的3栋1楼楼道时,被突然蹿出的两个人绑架到该楼空置的104房间里。明某的家人寻找了一夜,次日凌晨在管理处人员的协助下,在104房内找到了明某的尸体。被害人是一位事业有成的民营企业家。

经侦查,明某是被黄珂和冯俊杰杀害的。1998年春节时,曾经在笔架山庄打过工的黄珂与冯俊杰密谋到笔架山庄绑架勒索钱财。3月30日,两个人带上了乙醚和作案工具来到笔架山庄,从3栋104房的阳台窗翻入,潜藏在这间没人住的房子里,在暗处观察楼内住户的出行情况,选择作案目标。

经过几天的观察,他们发现3栋303房的男主人明某每天都是晚上11时左右独自回家,而且他年龄较大容易对付。4月4日晚,两罪犯把明某绑架到104房后,先用乙醚将其迷倒,然后把他的手脚捆绑起来,从明某的手提包和钱包里,搜出现金1.1万元、

手机一部、提款卡3张和汽车钥匙一串等财物。

由于两个人都没能将明某的奔驰车车门打开,就放弃了原来的绑架计划。黄珂怕明某认出自己,提出杀人灭口,冯俊杰表示同意,两个人用电线使劲勒明某的脖子,又在其胸部、背部连扎20余刀,明某因失血过多而死亡。两个罪犯逃离后,各分得5500元。

此案被列为广东省的重大要案,2000年7月14日,深圳市中级人民法院以故意杀人罪、抢劫罪判处两人死刑,并处罚金5000元。两罪犯不服提出上诉,广东省高院驳回上诉,维持原判。

被害人家属认为物业公司有责任

笔架山庄由深圳深业集团物业管理公司负责管理,随着刑事案的审结、事件真相大白以后,被害人家属认为,该物业管理公司对于明某的死,有不可推卸的责任,遂通过民事诉讼将这个物业管理公司告上法庭,要求赔偿丧葬费、财物损失、收入损失共人民币139万元。

原告代理律师、广东中安律师事务所的詹昊在法庭上陈述道:自从被害人入住笔架山庄并向被告交纳物业管理费以后,就同物业公司形成了物业管理服务合同关系。1996年2月9日,国家计委、建设部发布的《城市住宅小区物业管理服务收费暂行办法》第8条规定:住宅小区公共性服务收费的费用构成包括保安费。深圳市物价局和住宅局联合制定的相关文件也规定:物业管理服务项目及内容包括治安防范。管理处24小时值班,保安人员24小时巡逻值班,维护小区(大厦)的公共秩序。

詹律师认为:被告收取了一级物业管理服务费,按合同等价有偿原则,被告的注意义务,较一般物业管理者更高。但被告的种种行为严重违反了物业管理的合同义务,例如被告在笔架山庄设有前后两个岗亭,但后门岗亭部分时间无人值守,给罪犯造成了可乘之机;3栋104房业主尚未入住,房间钥匙在管理处保管,但管理处对104房阳台窗未加注意,致使罪犯轻易地进入隐藏;罪犯在104房隐藏4天,其间多次外出购物,保安人员对于陌生人员进出没有进行询问;管理处工作人员陈某,4月2日亲眼看到罪犯在104房间出现,且正是陈保管着104房间钥匙,他明知该房没有入住,居然对此不闻不问,案发后方引起警觉。

作为本案被告的物业管理公司在法庭上辩称:我公司提供物业管理服务与被害人遇害之间没有因果关系。我公司在笔架山庄物业管理过程中,自始至终遵守有关规定、履行合同,不存在过错,如由7名保安分3班24小时巡逻值班,每班有2名保安员当值,尽了保安义务。另外,我方从未承诺、也未约定在笔架山庄实行封闭式保安管理,而物业管理法规、规章和相关文件也未要求物业管理公司必须提供封闭式管理,原告要求我方对陌生人进出小区予以察觉,没有法律和合同依据。

法院认定物业公司的失误将住户置于极不安全的境地。

法庭当庭作了宣判,认为被害人自交纳了物业管理费之日起,就与物业公司建立了事实上的服务合同法律关系,物业管理公司应该履行保护被害人人身、财产不受非法侵害的义务。本案事实证明,物业公司对空置的3栋104房疏于管理,对可疑人员未引起应有的注意,这一失误将住户置于极不安全的境地。物业公司没有全面、认真地履行合同义务,应当承担违约责任,酌情判处被告赔偿被害人家属10万元。

原告对此判决没有提出异议,被告表示要上诉。

业内人士称深圳是内地物业管理最成熟的地方。但从本案可以看出,物业管理究竟应该提供和怎样提供服务,人们仍然存在着分歧,这也显现出物业管理在某些方面还有"盲区"。

深圳市物业管理协会李秘书长评论道:小企业办社会的物业管理模式,越来越不适应社会发展需要。物业公司越来越不像企业,倒像政府的派出机构,什么都管,结果什么都管不好,与业主的冲突日益加重。物业公司要把代行的一些非本职功能从服务职能中剥离出来。

谈到物业公司的保安问题时,李秘书长说,尽管物业公司实行24小时值班和巡逻制度,也收取了业主少量的保安费,但物业公司的保安,充其量只能为小区的公共秩序提供有限的防范性服务,无力提供更有效的服务,也无力承担因此所致的损害赔偿。

"物业管理服务合同可操作性差,尽是协助、负责、维护等大而化之的义务,由于立法的缺憾,公共场所包括住宅区的物业管理者,在尽到注意义务、行使管理职能时,对具体的程度、内容、范围难以把握,所以法律规章应当细化,使管理者的注意义务更加清晰明确。"律师詹昊说。

被告人家属表示,如果被告尽到了责任,就不会在住宅区内发生凶杀案。其实,赔偿多少钱也无法弥补我们家庭遭受的创伤和损失,我们打这个官司就是要讨个说法,也为了今后物业管理能够更健全、更正规,给忽视物业安全管理的单位和个人提个醒。

住宅区发生刑事案,物业管理公司应不应承担责任?看来深圳还存在争论。随着物业管理在全国日益普及,这种争论将在越来越多的地方发生。

(中国青年报　文/李桂茹　张文惠)

附3:物业管理公司不承担人身保护责任

轰动一时的"笔架山庄命案",引出被害业主家属首开先例将物业管理公司告上法庭,该案经披露后引起了各方关注。一审判决深业集团物业管理公司败诉。不满一审判决的物业管理公司上诉至深圳市中级人民法院,该院已于日前作出物业管理公司胜诉的终审判决。

评析:本案涉及以下几个问题

1. 合同不含人身财产保险保管责任

市中级法院在下达的判决书中称:《物业管理合同》第二条第七项约定:"物业管理公司仅是配合协助当地公安机关进行安全监控和巡视等保安工作(但不含人身、财产保险保管责任)。"第五条第十二项约定:"物业管理公司不承担对业主及非业主使用人的人身、财产的保管保险义务(另有专门合同规定的除外)。"

法院还称,根据《深圳经济特区住宅区物业管理条例》实施细则第四十条第二款的规定:"物业管理公司所收取的管理费不包含业主与非业主使用人的人身保险、财产保管、保险费。"因此,合同的约定、法规的规定均明确排除了上诉人对住宅区业主及非业主使用人的人身、财产安全保护、保管等义务。

2. 业主人身财产保护不属附随义务

本案一大焦点是,对业主人身财产进行保护是不是合同的附随义务?一审法院认为,根据物业管理服务合同的性质、目的和行业习惯,避免住户人身、财产受到侵害,是此类合同的附随义务。

而中级法院则认为,合同的附随义务是合同当事人未约定,但依据合同性质、目的和交易习惯等,而由法律直接规定的一种义务,但如果合同当事人以合同形式明确排除等的,则不应将该内容作为合同的附随义务。

3. 物业管理公司不负无限责任

该案辩护律师、广东万商律师事务所的张志律师称,物业管理行业存在着一些误区。一方面许多物业管理公司为了竞争的需要,往往做出一些不实际的承诺,另一方面不少业主认为交了管理费,小区什么事情都该由物业管理公司负责。他认为,为明确各自责任,物业管理公司应对现行的一套体系进行检讨。

(来源:不详)

案例73 住户高空抛物,物业管理公司怎么办?

一日,某住宅小区4栋3楼的业主怒气冲冲至管理处,投诉楼上住户往下倒剩饭剩菜于2楼阳篷上,而该阳篷与3楼业主家阳台处于同一水平面。一家人本高高兴兴地在聊天,却被这突如其来的高空抛物搅得兴致全无。"以前还只是扔个纸团、烟蒂什么的,今天竟然往下倒起饭菜来,太不讲公共道德了",业主气愤地说,并强烈要求管理处拿出一个具体的措施来制止这种行为。那么,作为物业管理公司,应该怎么办呢?

简要说明:

本案例虽是楼上向楼下倒饭菜的问题,反映的事情却是很严重的。弄不好,就会带来重大的人身伤害和财产损失。作为物业管理公司,首先应该给予足够的重视,其次,也确实应该采取行之有效的对策,以防止以后同类事情的发生。

详细评析:

就本案例来说,物业管理公司管理处应该首先安慰业主,同时应该迅速派保洁员前往清扫。之后,迅速派保安员重点监控,看是哪层楼住户所为。如能查明,对以后处理问题应该是很有利的。

等该事件暂时稳妥解决以后,物业管理公司管理处就可以发一张针对性的通告,将所发生的事情及管理处拟采取的措施,如重点监控、公布不讲道德的业主的名字、根据规定予以惩处等详细写明,然后投放于2楼以上各住户的信箱。这样做既可以让全体住户都能受到教育,也可让倒饭菜的住户在收到这份通告后,引起警觉,不再高空抛物,同时还可避免物业管理公司管理处跟住户之间的正面接触,不致引起管理处与住户之间的冲突,这对于今后的工作是有益处的。另外,如倒饭菜的住户收到通告后,依旧我行我素,管理处再前往处理时,相对来说处理的方式要更为灵活、空间也要更为广阔。

高空抛物在物业管理工作中是一个较常见的现象,只有从提高住户的公共道德意识着手,搞好小区的社区文化建设,形成独有的文化氛围,才能从根本上杜绝它。

附:高楼抛物　丢了住宅

——新加坡三户居民被限令搬家

新加坡3户居民7日尝到了向窗外抛掷废弃物带来的苦果。国家建屋局强行收购了他们的住房,限令其在月底前搬出住房。

这3家住户分别抛下的东西是:玻璃酒瓶、1个榴莲壳、1个塑胶容器和3个玻璃杯。在被勒令搬出住房前,他们已分别被判坐牢18个星期、1个星期和3个星期。

新加坡国家建屋局将按原来的售房价格或建屋局规定的价格

强行收购这三户家庭的住宅。这两种收购价格都低于目前的市场价格,以惩罚高楼抛物危及他人生命安全的人。

今年5月1日,一名5岁的女孩被高楼坠下的花盆击中,当场身亡。高楼抛物或放置物品不当的行为受到广泛谴责。迄今,新加坡建屋局共向高楼抛物者发出了35封警告信。

向窗外扔塑胶容器和3个玻璃杯的人出狱后,满以为一切都过去了,当接到建屋局的通知时,夫妻俩都愣住了。他们没有想到自己的行为会受到这么严厉的惩罚。丈夫说,我非常后悔自己当天的行为,致使如今无家可归。

(来源:不详)

案例74 小区广告脱落造成人员伤亡,物业管理公司是否应负责赔偿?

一天,赵某的一个朋友到小区来拜会赵某。刚进小区,楼上悬挂着的一幅广告宣传画就脱落下来,把他砸倒在地。后送医院治疗,用去医疗费六千余元,赵某认为,广告宣传画脱落与物业管理公司管理不善有关,因此,与自己的朋友一起起诉小区的物业管理公司,要求给予赔偿。那么,赵某与他的朋友的要求能否得到法院的支持呢?

简要说明:

随着建筑技术的进步,以及城市土地的日益紧张,目前已有越来越多的高层住宅建筑拔地而起,但仍有不少住户由于过去的习惯或其他原因,在高楼抛掷物品,给他人造成或大或小的伤害。这不但是管理的问题,更重要的是道德的问题,需要有关部门不断进行思想道德教育,不断提高城市居民的道德思想素质,只要这样,才能减少,甚至杜绝该类事件的发生。

详细评析:

我国《民法通则》第一百二十六条规定"建筑物或其设施以及建筑物上的搁置物、悬挂物发生倒塌、脱落、坠落造成他人损害的,他的所有人或者管理人应当承担民事责任,但能够证明自己没有过错的除外。"根据这一法律条款的规定,住宅楼上这幅广告宣传画的所有人和管理人是本案的赔偿义务人。除非他们能够证明自己并无过错。

那么,小区的物业管理公司是否应当承担赔偿义务呢?根据上述规定与论述,这就很明确了:只要物业管理公司是这幅广告宣传画的所有人或管理人,则物业管理公司就有承担赔偿责任的可能。那么小区物业管理公司是不是这幅广告宣传画的所有人或管理人呢?物业管理公司是不是这幅广告宣传画的管理人,不能单纯从小区的物业管理这个方面来判断,而只能根据物业管理公司与广告所有人之间签订的广告悬挂协议,如果协议中规定了物业管理公司有对这个广告的管理义务,物业管理公司就是这幅广告宣传画的管理人,反之,则不是。

根据《民法通则》的免责规定,本案例中最终确定这幅广告宣传画的所有人或管理人是否应当对赵某的朋友承担赔偿义务,还要看这幅广告宣传画的所有人和管理人能否提供明示的证据,证明这幅广告宣传画的脱落是由于大风、地震以及其他人有意或无意损坏等不属于自己过错的自然灾害或意外造成。如能提供此类证据就构成了对本案的免责。反之,则应当赔偿赵某的朋友因此所遭受的所有经济损失。

附1:玻璃飞下高楼幼童重伤　　管理者产权人赔偿四万

近日,北京市东城区法院就一男童被高层建筑物上掉下的玻璃砸伤一案进行了公开宣判,一审判决建筑物的管理者和产权人北京市东城区建成房屋管理服务公司和北京市世源城市建设综合开发公司赔偿被害男童谷鹏飞医疗费等各项损失4万余元。

去年3月5日下午5点40分左右,6岁的谷鹏飞坐在外公骑的小三轮车上,三轮车在非机动车道由南向北行驶。在经过安定门外大街6号楼时,楼上突然掉下玻璃砸中谷鹏飞头部,他当即头破血流,伤势严重,被送往附近医院紧急救治。经医院诊断伤势为"头皮裂伤、左面神经损伤、左顶骨骨折"。

谷鹏飞的法定代理人(其父)在法庭上诉称:谷鹏飞经治疗虽已出院,但左眉不能抬起,双眼大小不一,左眼及视力受损,脸部大面积瘫死,头颅骨折及碎片影响智力和身体发育,并有其他神经系统遗留症状等。二被告作为6号楼的管理者及产权人,理应承担全部责任,并负担谷鹏飞今后整容等继续治疗所需的全部费用。

被告建成房屋服务公司和世源城市建设公司在法庭上出示了事发当日的天气情况,证明谷被砸伤时的风力为一二级。他们辩称:现在没有任何证据证明致谷鹏飞受伤的玻璃是从楼上窗户脱落下来的。谷受伤的地点距6号楼有10米之远,按当时的风力,即使楼上窗户玻璃因某种原因脱落掉下,也无法落到谷受伤的地方。且谷头部多处受伤,不可能为一块玻璃所致。因此,造成谷受伤的真正原因应系有人从楼上向下抛掷玻璃。对此,我们不能承担任何责任。但出于人道主义考虑,在法院确认我方不负民事责任的前提下,愿负担部分医疗费用。

法院调查:

东城法院在审理中查明,被告建成房屋服务公司系被告世源城市建设公司的下级单位。东城区安外大街6号楼系世源公司所有之房产。就该楼的管理问题,二被告订有《房屋委托代管合同》,建成公司负责楼内房屋及附属设施以及公共设施的日常维修和安全检查,世源公司支付管理费并有权进行监督、检查。经法院去出事地点现场勘验,6号楼位于东城区安外大街东侧,西面临街处每层均为公共通道,通道窗户向外开启,玻璃向外安置,已有部分缺损。谷鹏飞受伤地点位于安外大街东侧非机动车道,距6号楼公共通道外墙约11米,有树1棵,树冠覆盖了受伤地点。在勘验过程中,谷的法定代理人(其父)当场确认10至15层共有5扇窗户所缺玻璃有可能砸伤谷鹏飞。但经向该楼居委会及住户调查取证,均称上述玻璃在谷鹏飞受伤之前已经脱落。

被告没错？

审理此案的东城法院认为，依据我国《民法通则》第126条"建筑物或者其他设施以及建筑物上的搁置物、悬挂物发生倒塌、脱落、坠落造成他人损害的，它的所有人或者管理人应当承担民事责任，但能够证明自己没有过错的除外"之规定，被告能否证明自己没有过错是此案如何处理的关键。虽然被告在庭上极力辩称不排除人为抛掷玻璃的可能，但未能提供证据予以证明，仅以当时的风力为依据进行了推测，是站不住脚的。6号楼位于繁华的公共道路一侧，被告本应对可能威胁公共安全的关键部位加强管理，但现场勘验显示，该楼临街一面的公共通道窗户玻璃多处脱落，长期缺损，被告未采取有效维护措施。因此，本案事发原因与被告疏于管理、未尽到监督检查职责有直接关系，被告应承担谷鹏飞无辜被砸伤的全部责任。

案后思考：

当今社会，高楼鳞次栉比，而且越建越高，其本身就给周围安全带来隐患，因此，法律对建筑物的所有人和管理人规定了更加严格的责任，促使其加强管理，减少事故发生。但目前，一些产权人和物业管理者还没有意识到此事的重要性，还没有引起足够的重视。另一方面，如果能通过更具体更详细的立法来加强高层建筑的管理，相信类似本案谷鹏飞所遭遇的情形将会越来越少。

(北京青年报　曾小华)

附2：城市居民住宅安全防范设施建设管理规定

中华人民共和国建设部公安部令 第49号（自1996年2月1日起施行）

第一条　为加强城市居民住宅安全防范设施的建设和管理，提高居民住宅安全防范功能，保护居民人身财产安全，制定本规定。

第二条　在中华人民共和国境内从事城市居民住宅安全防范设施的建设和管理，应当遵守本规定。

第三条　本规定所称城市，是指国家按行政建制设立的直辖市、市、镇。本规定所称居民住宅安全防范设施,是指附属于住宅建筑主体并具有安全防范功能的防盗门、防盗锁、防踹板、防护墙、监控和报警装置,以及居民住宅或住宅区内附设的治安值班室。

第四条　城市居民住宅安全防范设施,必须具备防撬、防踹、防攀缘、防跨越、防爬入等安全防范功能。

第五条　城市居民住宅安全防范设施的建设,应当遵循下列原则:

(一)适用、安全、经济、美观;

(二)符合消防法规、技术规范、标准的要求和城市容貌规定;

(三)符合当地居民习俗;

(四)因地制宜。

第六条　城市居民住宅安全防范设施的建设,应当纳入住宅建设用地并同时设计、同时施工、同时投入使用。

第七条　设计单位应当依据与住宅安全防范设施建设有关的规范、标准、规定进行设计。

第八条　建设行政主管部门组织审批的有关住宅建筑设计文件应当包括城市居民住宅安全防范设施部分。对不符合安全防范设施规范、标准、规定的设计文件,应责成原设计单位修改。

第九条　施工单位应当严格按照安全防范设计要求进行施工,不得擅自改动。必须修改的,应当由原设计单位出具变更设计通知书及相应的图纸并报设计审批部门重新审批后方可进行。

第十条　城市居民住宅安全防范设施所用产品、设备和材料,必须是符合有关标准规定并经鉴定合格的产品。未经鉴定和不合格的产品不得采用。

第十一条　城市居民住宅竣工后,工程质量监督部门和住宅管理单位必须按规定对安全防范设施进行验收,不合格的不得交付使用。

第十二条　城市居民住宅安全防范设施建设所需费用,由产权人或使用人承担。

第十三条　城市居民住宅安全防范设施的管理,由具体管理住宅的单位实施。公安机关负责城市居民住宅安全防范设施管理的监督检查。

第十四条 居民住宅区的防护墙、治安值班室等公共安全防范设施应由产权人和使用人妥善使用与保护,不得破坏或挪作他用。

第十五条 公民和单位有责任保护居民住宅安全防范设施,对破坏居民住宅安全防范设施的行为有权向公安机关举报。

第十六条 违反本规定,有下列行为之一的,由城市人民政府建设行政主管部门责令增补、修改、停工、返工、恢复原状或采取其他补救措施,并可处以罚款。

(一)未按有关规范、标准、规定进行设计的;

(二)擅自改动设计文件中安全防范设施内容的;

(三)使用未经鉴定和鉴定不合格的产品、材料、设备的;

(四)安全防范设施未经验收和验收不合格而交付使用的。

有(三)、(四)行为之一,造成经济损失的,由责任者负责赔偿损失。

第十七条 违反本规定,破坏居民住宅安全防范设施,由公安机关责令其改正、恢复原状,并可依据《治安管理处罚条例》的规定予以处罚;构成犯罪的,依法追究刑事责任。

第十八条 本规定由建设部、公安部负责解释。

第十九条 省、自治区、直辖市人民政府建设行政主管部门、公安行政主管部门,可根据本规定制定实施细则。

第二十条 本规定自1996年2月1日起施行。

案例75 业主停在公共区域的车辆丢失,物业管理公司应否赔偿?

原告王某于2000年购买了某小区一套住宅,并与被告物业管理公司签订了《小区物业管理协议》,缴纳了全部物业管理费。2001年3月,王某放置于小区内的一辆摩托车失窃。原告认为被告未尽到保管方的责任,应当承担赔偿责任。在向被告交涉未果的情况下，原告向物业所在地的区法院提起民事诉讼，要求被告赔偿原告相应的财产损失。经调查，原、被告双方签订《小区物业管理协议》后，原告未向被告缴纳车辆保管费，亦未将其使用的摩托车停放于存车处内，而是停于小区的公共区域。那么，物业管理公司是否应当承担赔偿责任吗？

简要说明：

在这一案例中，物业管理公司是否和车主形成了车辆保管关系是问题的关键。车主并未根据合同支付相关的费用，也未曾办理相关的手续，所以显然车辆保管关系尚未形成，被告无须承担原告车辆丢失的法律责任。

详细评析：

很显然，这是一个典型的涉及车辆保管合同的纠纷。物业管理公司是否应当赔偿车主的损失，关键要看物业管理公司是否和车主形成了车辆保管关系。

那么，物业管理公司是否和车主形成了车辆保管关系呢？或者说，物业管理公司与车主之间是否有事实上的车辆保管合同？所谓保管合同，是指双方当事人约定一方当事人保管另一方当事人交付的物品，并返还该物的合同。其中保管物品的一方为保管人，其所保管的物品为保管物，交付物品保管的一方为寄托人。一般来讲，保管合同是实践合同，即寄托人只有将保管物交付予保管人，保管合同才成立。即使寄托人与保管人之间事先有口头或者书面的保管约定，只要保管物未交付予保管人，保管合同就未成立。当然，寄托人与保管人可以就保管合同的成立要件进行特殊约定。

根据保管合同的定义，只有原告到被告物业管理公司办理相关寄存手续，领取停车牌，并将需要寄存的车辆放置在被告指定的寄存地点后，保管合同才能成立。而本案例中"原告未向被告缴纳车辆保管费，亦未将其使用的摩托车停放于存车处内，而是停于小区的公共区域"的事实,说明了原告并没有将需要保管的财产交付给被告。因此,原、被告之间并未形成车辆保管合同关系,因此,被告无须承担原告车辆丢失的法律责任。

需要特别提出的是,在寄托人与保管人没有特殊约定的情况下,保管合同的成立是以交付保管物为要件的。也就是说,只要原告确实按照被告的要求到物业管理公司办理相关的寄存手续,并将需要寄存的摩托车放置在指定的停车地点以便物业保管员保管,车辆保管合同就已经成立,而不论车主是否交纳车辆保管费。

有不少人认为,只要交纳了物业管理费,则在小区内发生的一切问题,比如人身安全、财产损失等,就都归物业管理公司负责,这显然是错误的。不同的物业管理费用有不同的服务范围,就保安费来说,前面已经提到,物业管理公司收取该费用仅用于维持小区公共秩序和日常巡视,并非是对小区内特定的人、财、物予以管理,也不承担因盗抢等犯罪行为致人伤亡或财物丢失、毁损的赔偿责任。

随着我国先进物业管理模式的迅速开展,业主与物业管理公司间的管理纠纷也将日渐增多。在预防和处理该类纠纷过程中,作为物业管理公司与业主应该注意什么呢?

(1)就业主来说,首先应该了解物业管理协议中物业管理的具体内容,并应当严格履行合同。

业主在与物业管理公司签订物业管理协议时,首先应了解物业管理的具体内容。一般来讲,物业管理的内容仅仅是指物业管理公司对各种用途的房屋、构筑物及其设备、公用设施、公共场地的养护、修缮和管理以及对小区内环境卫生、公共秩序、安全保卫的管理。一些物业管理公司出于对自身规模和管理能力的考虑,在对具体物业管理内容的制定方面会出现特别规定。因此,业主在与物业管理公司签订《物业管理协议》时,应当认真了解物业管理的具体内容,熟悉业主所享有的权利和应承担义务。

其次,业主还应当严格履行物业管理协议。在与物业管理公司签订《物业管理协议》后,业主应当严格履行《物业管理协议》。业主希望物业管理公司提供什么服务项目,就应当签订相应的合同,缴纳相应的物业管理费用。比如,需要物业管理公司提供车辆管理的服务,就应当签订车辆保管合同,交纳车辆管理的费用;需要物业管理公司提供室内安全服务,就应当签订室内安全合同,交纳室内保安的费用。否则,很难保证自己的权益不受损害。

此外,对广大有车族来说,还应注意以下几点:①为自己的车辆投保险,这样无论自己的爱车停放在何处,都无后顾之忧。②停放车后,都应将车上的贵重物品带走,以免留在车上丢失。③在停车泊位上停车时,应尽量靠里停正,以免车辆的突出部分被其他通过的车辆划伤碰坏。

(2)就物业管理公司来说,如想免除部分赔偿责任就必须明示。

由于小区车辆管理(特别是常住户的车辆管理)情况比较复杂,如车主的车辆是何时停进小区泊位的?甚至是否真的停进小区?停在小区泊位上的车辆以前是否有损伤?车辆中有哪些物品?是否有贵重物品?这些问题小区物业管理公司很难每天、每次都搞清楚,一旦出现纠纷,双方均无法举证。何况,目前在法规中仅规定了物业管理公司对小区停放车辆的看护职责,但是因物业管理公司失职而造成的损失如何赔偿,无明文规定。因此,在明确物业管理公司对停放在小区内的固定停车泊位上的车辆应尽保管义务的前提下,如果物业管理公司想有条件地免除其部分赔偿责任,应以明示的方式告知相对人。比如物业管理公司与小区业主或居民签订专门的《车辆保管合同》,或者在双方签订的《物业管理合同》中专设车辆保管条款,以便明确双方的权利义务和不同条件下应尽的责任。

附1:停车保险费:失车赔偿的"良方"

报载外地某大厦住客胡先生,支付100元的月保,将汽车停放在大厦停车场。其车后来被盗,法院判大厦物业管理公司全责赔付30万元。这一判决在物业管理行业引起广泛的关注,有的认为物业管理公司负责保管车辆,车失当然要赔偿;有的却说物业管理公司提供的只是停车位服务,不是车辆保管业务;有的进而说,收取微不足道的车位租金,却要背负车辆丢失后的巨额赔款,权利与义务不相称,对经营者不公平。

物业管理公司究竟要承担多大程度的责任?如果有人偷车,管理人员与盗贼搏斗负伤甚至牺牲,谁赔偿给他?物业管理公司如果尽了全力保护车辆,是否还要全责赔偿?如何解决停车场丢失车辆的赔偿责任,有个提议供大家参考:保管费应包括两项内容:车位租金与停放保险。

首先明确了物业管理公司提供的是车辆停车位还是保管车辆的服务?如果车主觉得有必要的话,可以支付所有费用;如果只付车位租金,那么物业管理公司就无须承担保护车辆的责任。

其次,即使车辆丢失,物业管理公司亦有能力赔偿,车主的权益由此得到保障。物业管理公司可购买停车保险,让保险公司来分担风险。而保险公司开展这项业务的同时会监督物业管理公司的经营管理。收取车辆保险,会使保管费相应增加,但有利于解决停车场失车引起的纠纷。

(来源:不详)

附2:也谈车辆在停车场丢失物业管理公司应否赔偿的几个法律问题

车辆在物业管理公司经营的停车场丢失,物业管理公司应否承担赔偿责任?认定这种赔偿责任的依据属于一种什么性质的民事法律关系?在当前物业管理立法滞后的情况下,物业管理公司应如何来防范和化解因经营停车场而产生的风险?本文将结合法院的具体判例,对上述问题做深入的剖析。

个案简介

案例A:1994年3月,原告购得丰田佳美3.0型轿车一辆,并在公司办公地点某大厦获得被告物业部提供的车位一个,按月向被告缴纳车辆保管费90元。按被告的规定,汽车进入某大厦均应交收《某大厦出入证》。出入证上载明:汽车出入某大厦须领取此证方可入内,汽车驶出某大厦须交回此证方可放行。1996年7月6日晚,原告工作人员胡先生开车返回某大厦,入门时从门卫处领取车辆出入证125号。将车停在靠近自行车门卫一侧的第二个车位上。次日上午10点,胡外出办事取车时,发现车子不见了,即找某大厦保安人员询问,保安人员陈某称,7月6日晚9点45分,该车开出某大厦时,他向司机要出入证,司机说出去接人就回来,同班的王某便将道闸放开,将车放出。胡就找到保安负责人及物业管理部的谢经理告知车被盗一事,并于上午11点到海岛派出所报案。事后,原告要求被告赔偿。被告承认车辆被盗之事实,但认为原告交的是车位租金,不是车的保管费,不同意赔偿。原告认为,其向被告物业管理部按月缴纳的是车辆保管费,应视为是双方订立了有偿保管合同。而原告经登记,领取出入证并将车停放于指定车位,保管人此时即开始负有保管义务。按出入证注意事项第二条之规定:"汽车驶出某大厦须交回此证方可放行"。但是,1996年7月6日晚,该部负有保管责任的保安人员在该车驶出时,未收回出入证,擅自将车放出,未尽到保安人员的妥善保管义务,违反了出入证之规定,其主观上具有重大过失,对原告所受的损失负有不可推卸的责任。现原告汽车被盗迄今三月余,经多方查找未果,原告向被告的物业管理部多次提出赔偿请求,该部均以种种理由推卸,拒不赔偿。要求法院判令被告赔偿价值40万元的丰田佳美3.0轿车一辆。

被告答辩称:我公司未与客户订立车辆保管合同,原告缴纳的是场地租用费。我公司对原告车辆丢失不负有赔偿责任。

海口市振东区人民法院经审理认为:原告按规定向被告申请,在某大厦内获得停车位一个,并按月向被告交纳车辆保管费90元。几年来汽车出入某大厦均按出入证规定领取和交回出入证,故原、被告之间已形成车辆保管关系,被告对在某大厦小区内的车辆负有保管义务。1996年7月6日晚上,原告的车辆被人驶出某大厦时,被告的执勤保安人员未按规定收回出入证便将车放行,造成该车被窃,被告对此负车辆失窃的赔偿责任。

案例B：1999年7月9日，厦门某维修公司驾驶员驾驶车号为闽D231×号的"美鹿"牌小轿车到某大厦办事，驾驶员交付5元停车费后，将车停放在由厦门某物业管理公司经营的停车场，后驾驶员要提车时，发现轿车已丢失，驾驶员立即报案，但至今未将失窃的轿车追回。维修公司遂起诉至法院，要求物业管理公司赔偿。

案情分析：从上述两个判例可以看出，停车场车辆丢失争议的焦点是停车场停放车辆的关系是单纯的停车位有偿使用合同关系，还是车辆停放的保管合同关系。怎样区分、确定这两种不同的关系呢？

一、根据经营者经工商核准的经营范围来确定。我国《公司法》第十一条规定："公司的经营范围由公司章程规定，并依法登记。公司应在登记的经营范围内从事经营活动。"物业管理公司经营停车场，收取车主的一定费用，这种经营活动属于何种性质，应在公司的经营范围中有所明确。

二、根据物业管理公司依据的收费标准来确定。物业管理公司经营活动的收费标准应根据物价部门颁布的标准执行，物业管理公司收费依据的是场地使用费标准，还是车辆保管费标准，这是确定是哪种法律关系的重要依据。

三、根据物业管理公司与车主的约定来确定。这主要是从业主委员会与物业管理公司签订的《物业管理委托合同》中体现，停车场车辆停放究竟属于什么性质，应该在合同中明确。这种明确的车辆停放关系应对所有的业主具有同等的法律效力。

四、根据物业管理公司对外明示的服务性质。物业管理公司对外提供停车场服务，应该明示服务的性质，以使车主根据停车场明示服务的性质来决定是否接受这种服务，同时也能清楚接受这种服务时自己应尽的注意义务。如果停车场没有明示这种服务的性质，车主或公众以保管关系来看待，就是一种正常的看法。

具体到案例A，被告主张未与客户订立车辆保管合同，原告缴纳的是场地租用费，但并未提供充足的证据来证明场地租用关系的存在。也就是说，被告未从其经营范围、收费依据、物业管理合同及对外公示几个方面提供证据来证明其与原告之间仅存停车位有偿使用合同关系。与此相反,原告从被告不但提供停车位,而且对进出停车场的车辆实行严格的进场领取出入证、出场应交回出入证的管理措施上相信被告提供车辆保管服务,应属常理。

本案一审法院没有从保管合同成立的要件来说明原、被告之间保管合同的成立,而仅以原告按月向被告交纳车辆保管费,几年来汽车出入某大厦均按出入证规定领取和交回出入证为由,认定原、被告之间车辆保管关系成立,显得说理不够清晰、充分。

从保管合同的概念和特征来分析。保管合同是保管人保管寄存人交付的保管物,并返还该物的合同。保管合同的成立,不仅须有当事人双方的意思表示一致,而且须有寄托人将保管物交付保管人的行为。具体到本案,从表面上看,原、被告就是否为保管关系的意思表示并不一致。但被告设道闸凭出入证实际控制车辆的行为已说明其对车辆具有保管的意思表示,而原告正是以此行为来判定被告对车辆进行保管,双方的意思表示应该说是一致的。原告的车辆进入停车场时,被告的管理人员发放了125号出入证,原告接受这张出入证后,其车辆就已实际交付给被告,该车辆已完全置于被告的实际占有控制之下。出入证实际是保管人向寄存人给付的保管凭证。本案原告持有125号出入证,说明保管合同关系已经成立。

保管合同可以是有偿的,也可以是无偿的,因此,本案原告按月向被告缴纳90元的停车费,其属何种性质并不影响保管合同关系的成立。《合同法》第三百七十四条规定:"保管期间,因保管人保管不善造成保管物毁损、灭失的,保管人应当承担损害赔偿责任,但保管是无偿的,保管人证明自己没有重大过失的,不承担损害赔偿责任。"据此,在认定原、被告之间保管合同关系成立的情况下,只要是车辆在保管期发生灭失的,除法定免责事由(本案不存在免责事由)外,被告方均应负责赔偿原告车辆丢失的全部赔偿责任。事实上,本案负有保管责任的保安人员在涉案车辆驶出时,未收回出入证,擅自将车放出,未尽到保安人员的妥善保管义务,其主观上具有重大过失,即使在认定无偿保管合同的情况下,被告也应承担赔偿的全部责任。

案例B的案情与案例A的案情有所不同,其根本的差别在于案例B的物业管理公司仅为车主提供了停车位,并未提供任何带有保管性质的服务,即物业管理公司并未主动向维修公司索要车钥匙及行车证明,也未设道闸向车主签发取车时验车放行的凭据,说明物业管理公司没有对车辆进行保管的意思表示。维修公司的司机停车时并未主动要求物业管理公司对车辆进行保管,此种情况说明,双方就车辆保管的意思表示并未达成一致。在物业管理公司不可能对车辆进行有效控制的情况下,双方就保管的车辆并未实际交付。因此,双方之间保管合同关系不能成立。一审法院仅从物业管理公司经营停车场,向车主收取5元的停车费,就认定双方之间存在保管合同关系,并认为物业管理公司未尽到妥善保管的义务,应对自己的过错行为承担赔偿责任的判决,是缺乏事实和法律依据的。物业管理公司未提供保管服务,其值班人员(保安)就没有义务在有人开出涉案车辆时检验有关手续,因此,物业管理公司并无过错,也不应承担过错责任。

二审法院不以5元停车费作为判决双方是否存在保管合同关系的依据,而是从保管合同成立的要件出发,否定了双方之间存在保管合同的可能性,所依据的法律和事实清晰,令人信服。在否定了保管合同关系存在的前提下,二审法院依据事实认定双方之间停车位有偿使用关系成立。其主要从物业管理公司经营范围、对外明示、收费的性质及依据《物业管理委托合同》四个方面来判决停车位有偿使用关系是否成立。二审法院查明:(1)物业管理公司的经营范围中并无保管业务,停车场亦未对外明示其提供车辆保管服务;(2)物业管理公司收取5元停车费的性质属交通工具停放场所的管理费;(3)物业管理公司与某大厦业主委员会签订的《物业管理委托合同》明确约定,物业管理公司对交通与车辆停放秩序进行管理,露天车位、地下车库的收费属车位使用费。据此,二审法院认定物业管理公司与维修公司之间停车位有偿使用合同关系成立,物业管理公司上诉主张其与维修公司之间不存在保管合同关系的理由成立,并依法对一审予以改判,驳回维修公司的诉讼请求是正确的。

合同的收益与合同的风险问题

针对案例A,有一种观点认为被告向原告每月仅收取90元的费用,一年共计也仅有1080元,而此案判令被告承担几十万元的赔偿款,被告的收益与风险承担显失公平。这种观点是否成立?这涉及关于合同关系双方权利义务对等和一方承担的风险责任关系问题。合同关系双方权利义务对等,是指双方可换价的事项而言。如案例A这种关系,双方可换价的,在原告是按月支付给被告90元的停车费,在被告是按月为原告提供停车服务,两者基本上是等价的。而合同一方应承担的风险责任,是法律规定的合同一方对自己的行为带来的一切后果应由自己承受的效果,它并不依合同双方所交换的价值来衡量。具体到本案来说,这种风险责任就是被告对在其停车场内的车辆发生损害、灭失应承担的赔偿责任。因为在停车期间,改变了物的占有状态,物的损害、灭失风险随被告占有车辆而转移给被告,即对原告负有保证责任,保证在交付车辆时,车辆完好无损。凡是基于合同而改变物的占有关系的合同关系,如保管人对保管的物,承运人对运送的物,承租人对租赁的物,都负有这种保证责任,交付时不能交付的,即负有照价赔偿的责任。合同双方交换的价值和合同一方应承担的风险责任,完全是两种不同层面的法律问题,不能混为一谈,合同的收益与合同的风险是根本不能等量齐观的。所以,被告的收益与风险承担显失公平的观点是根本不可能成立的。

丢车案可以适用《消费者权益保护法》吗

针对案例B,有一种观点认为:既然停车位有偿使用关系成立,物业管理公司收取车主的停车费,以赚取利润为目的经营停车场,这种经营服务必定是一种有偿消费服务性质,应当纳入消费法律关系来考查双方的权利义务内容。《消费者权益保护法》第七条规定:"消费者在购买、使用商品和接受服务时享有人身、财产安全不受损害的权利。第十八条规定："经营者应当保证其提供的商品或者服务符合保障人身、财产安全的要求。"可见，在停车位有偿使用关系成立的情况下，经营停车场的物业管理公司仍然负有保障车辆安全的义务。如果物业管理公司在经营过程中有过错的，即违背法定义务，应当承担赔偿车主损失的民事责任。本案中，物业管理公司收取维修公司的停车费，并提供车位，就应对维修公司的车辆负安全保障义务。但物业管理公司停车场的值班人员（保安）在有人开出涉案车辆时，在未检验有关取车手续的情况下就放行，这是一种重大过失行为。因此，依据《消费者权益保护法》第七条、第十八条、第四十四条的规定，物业管理公司应对自己的过失行为承担赔偿责任。

笔者认为，此种观点值得商榷。首先，物业管理公司提供的这种服务是停车位和停车秩序，并不包括车辆保管服务。事实证明，停车位本身并没有造成维修公司的车辆灭失，车辆的灭失也不是因停车秩序造成的，所以，物业管理公司提供停车服务本身并不存在过错。其次，物业管理公司既然不提供保管服务，就不能要求物业管理公司停车场的值班人员（保安）对车辆进出进行检验，此时，保安人员也没有这种检验的权利，所以那种认为物业管理公司停车场的值班人员（保安）有重大过失行为的观点是错误的。第三，如果物业管理公司停车场的值班人员（保安）发现有人盗窃车辆，而未及时制止、告知车主或报警，应是一种重大过失行为。本案中，原告并未提出此种主张，法院也未查明有此种事实发生，所以不能认定物业管理公司在提供服务时存在过错。

依据《消费者权益保护法》来重新考察案例A，假设原、被告之间保管关系不成立，车位有偿使用关系成立，被告应否承担赔偿责任？笔者认为，答案应是肯定的。被告声称不提供保管服务，那么，其停车场实行停车领证、开出交证的出入验证制度也应是停车场有偿服务的重要组成部分。而被告的值班人员疏于执行自己制定的制度，使窃车人得逞，说明被告在保障业主财产安全上有过错，车辆的失窃与被告的行为之间有因果关系，而且是直接的因果关系。被告的这种制度,也在于使客户相信停车的安全保障,诚信原则是双方合同关系的根本基础。故而双方关系确属停车位有偿使用关系,依被告应负的法定义务和诚信原则的要求,被告的过错也是不能免责的。

物业管理公司应该努力的方向

在我国,物业管理是一个新兴的行业,这一行业的快速发展不但满足了住房产权私有化引致的管理社会化需求,而且在城市物质文明和精神文明建设方面发挥着越来越重要的作用。然而,我国至今没有物业管理的国家立法,只有许多各式各样的立法技术高低不一、立法权限各不相同的地方性法规可资参照。物业管理的内容、范围、服务标准及各方主体之间的权利义务关系尚未十分明确,这是导致物业管理纠纷不断的一个重要原因。

一般认为,物业管理服务是一种综合性的服务,停车场管理仅是物业管理服务的一个组成部分。实践中,物业管理公司不但向停车位使用人收取费用,而且还对其管理范围内进出的车辆实行较严格的控制,这些措施包括在进出口有专职保安把守,并实行严格的出入证检验制度。当然,这些措施主要是为控制管理区内车流量和区内秩序,另一方面也是为了保障区内业主的人身和财产安全。物业管理公司对停车场的这种经营方式到底属于何种性质,有待于国家在今后的物业管理立法中予以明确。

在有关停车场车辆丢失赔偿的案例当中,本文所引用的案例B是比较特殊的(法院依据充足的事实证据,认定了双方当事人之间仅存停车位有偿使用合同关系)。事实上,大量的有关停车场车辆丢失的案件当中,物业管理公司只声称收取的是停车费,不是保管费,但却无法提供充足的证据来证明这种单纯停车场有偿使用合同关系的存在。多数情况下,法院依据保管合同的特征,认定物业管理公司负有对车辆的保管义务,进而根据物业管理公司在管理服务上的过错,判决物业管理公司承担赔偿责任。在没有法律明确规定的情况下,法院判决物业管理公司承担赔偿责任,有利于保护弱者(车主),促进物业管理公司改进服务,提高管理水平。这种判决对于减少车辆丢失案件的发生,对于维护正常的社会秩序和经济秩序具有积极的现实意义。

从前述的分析中我们可以看出,物业管理公司要证明其收费仅是停车费,而不是保管费,就必须在其经营范围、收费标准、对外明示及物业管理委托合同中找到相应的证据。同时,在停车位有偿使用合同关系成立的情况下,物业管理公司如果同时提供停车场进出证检验服务,就必须保证在提供这种服务时尽职尽责,不存在任何过错,否则,依《消费者权益保护法》仍然要承担赔偿责任。

也许有的物业管理公司认为,为减少因提供停车场进出证检验服务可能带来的责任风险,不如取消这项服务。可以想象,一个开放的、车辆出入自由的小区,一个没有任何安全保障的小区,势必会导致车辆丢失案件频繁发生。那么,业主就有充足的理由相信物业管理公司不能为其提供一个安全、舒适的生活空间,也就具有充足的理由来解聘这家物业管理公司。看来,物业管理公司要减低因赔偿丢失车辆而承担的风险,就必须提高管理服务水平,这才是物业管理公司应当真正努力的方向。

(深圳《物业管理》)2001年第11期　作者:刘长森)

案例76　物业管理公司能否改变原来设计擅设停车场?

某花园小区数位业主反映,原本他们在楼前楼后停车,今年年初,物业管理公司未经小区业主管理委员会同意就把楼前楼后划上线,改成临时停车场并进行经营。该小区内的业主管理委员会对停车场的经营提出异议,多次与物业管理公司协商,但都未达成一致。无奈之下,业主管理委员会将物业管理公司告上法庭,要求停止侵权并赔偿损失。那么,业主管理委员会的要求能否得到法院的支持呢?

简要说明:

该案例中涉及较为复杂的法律关系,楼前楼后的场地的管理权、使用权的归属成为问题的焦点。就本案例来说,物业管理公司是无权擅自改变小区的原有规划的。

详细评析:

我们认为,业主管理委员会的要求能得到法院的支持。

第一,根据相关规定,小区内道路和公共场地的建设费用已分摊进住房销售价格,因此,小区内的道路和公共场地的使用权归小区全体业主所有。全体业主的代表是业主管理委员会。业主管理委员会不仅是业主的代表,而且是小区公共土地使用权范围内一切权益的所有者、决定者和代表人。任何人要使用公共场地,都必须得到全体业主或者是业主管理委员会的同意。也就是说,只有小区业主管理委员会,才能在国家允许的范围内,对小区的土地行使处置权、收益权,作为物业管理公司,仅仅是小区业主管理委员会聘请来的管理者,其管理行为不应侵犯业主的权利。

第二,小区的规划在建设之前已经经政府相关部门的批准,一旦更改规划,还必须得到政府部门的同意,如果没有经过政府部门的同意,那就不仅仅是侵犯业主的权利,而是有违法之嫌了。而且,即使在小区建设完毕后,物业管理公司经政府部门同意,更改了小区的规划,只要小区全体业主或业主管理委员会不知情,或没有同意,物业管理公司同样对业主构成侵权。此时,政府部门也同样是侵权者之一。北京市已经有这方面相关的案例,就是规划局批准建成后的小区更改规划,业主到法院投诉,法院最后判决规划局侵权。

顺便提及一下,目前一些小区还涉及住宅区停车场功能的改变或收回的问题。住宅区停车场的功能改变或收回,往往会引出很多法律后果,无论是政府收回改作他用,还是政府拟改变使用功能,都会涉及住宅区业主的利益。收回改作他用的,应当与业主协商,如果是全体业主共同拥有的,就要取得业主大会的同意,并给予相应的补偿(这里是指土地使用期满前出现的状况)。不收回用地但改变使用功能的,也应与业主协商,政府无权强行改变业主享有业权载体(土地)的使用功能,包括停车场用地的功能。因为停车场是作为住宅区公用配套设施存在的,如果改变其功能,实际上是取消了政府对建设住宅区必须配备必要的公用设施的责任。同时,也取消了业主对共享设施享有的权利。因此,住宅区停车场及其他必要的公用配套设施原则上是不能任意改变的。如因规划和社会公众利益而必须改变,也应采取相应的补救措施。

附:试论机动车辆的保管关系与停车位有偿使用关系的界定

停车场的机动车辆被盗问题,已经成为物业管理行业的一大公害,成为阻碍物业管理行业健康发展的热点、难点问题。由于我国法律的立法滞后,往往在机动车辆被盗后的赔偿责任追究中,使众多的物业管理公司都陷入了不公平的索赔纠纷之中。

一、现实误区:有偿使用包涵保管之义

根据现行的《深圳经济特区住宅区物业管理条例》第30条:"物业管理公司应与车主明确车辆保管关系或车位有偿使用关系,并按有关规定收取相应的保管费或车位使用费。"中的规定,目前在深圳经济特区的物业管理行业中,针对停车场机动车辆的保管关系与停车位占用的有偿使用关系问题,一般都只是从市场交换的平等性、公平性和合理性来理解认识。认为要真正测算停车场的管理成本,每次收取机动车辆停放的5元钱,至多只能保管价值10万元的人货车。如果再加上保管责任,那么充其量只能保管三轮摩托车。要以这5元钱来保管价值100万元的奔驰或宝马车,那保管关系显然不符合市场经济的价值规律,只能是停车位有偿使用关系。但是,不仅工商行政管理部门不承认《深圳经济特区住宅区物业管理条例》所确立的停车位有偿使用关系,只核发停车场车辆保管的工商营业执照,而且就连税务部门所印制的发票,也只有车辆保管发票,而没有停车位有偿占用发票。至于法院更是不承认停车位有偿使用关系,广东省高级人民法院1998年3月13

日粤高法发[1998]7号在《转发〈广东省法官协会民事审判专业学术委员会审理损害赔偿纠纷案件研讨会纪要〉的通知》中就明确规定:"凡提供停车场地让车辆停放,收取所谓的'场地出租费'、'停车服务费'等费用的,收费人虽自定不负保管责任,仍应视为保管关系成立,不能认定是场地租赁关系。如停放车辆丢失,收费人应承担赔偿责任。"因此,《深圳经济特区住宅区物业管理条例》中关于"明确车辆保管关系或车位有偿使用关系,并按有关规定收取相应的保管费或车位使用费"的规定,目前其实只是一纸空文,并没有发挥法律约束的效力。

二、国外对保管关系的法律界定

要公平彻底地解决车辆被盗的赔偿责任问题,单凭朴素的价值观的不平等来矫正显然是远远不够的。我们必须从法理上深入探讨和研究,以一个明确具体的判定标准,正确、公平、合理的界定停车场机动车辆的保管关系与停车位占用的有偿使用关系。因此,我们有必要借鉴美国判例法的典型案例,从保管合同的法律渊源和法理理论入手,对停车场机动车辆的保管关系与停车位占用的有偿使用关系认真地进行分析和研究。

1. 保管(寄托)关系的法律释义

所谓保管合同,又称为寄托合同、寄存合同或委托占有。保管合同发源于罗马法,罗马法上称为寄托(deposito)。在法国民法中,寄托分为通常寄托和讼争物寄托两类。通常寄托是指寄托合同期满后保管人将保管物原物返还寄托人的寄托。讼争物寄托是指将相互争执的物品在判决生效前进行保管,于判决生效或当事人和解后将物支付取得所有权的人的寄托。德国民法典没有对寄托合同类型进行划分,但规定了旅店主人对旅客旅游中物品的责任。日本民法中将寄托分为一般寄托和消费寄托,消费寄托是指保管人取得保管物的所有权,于合同期限届满,只负返还种类、品质、数量相同的物品义务的寄托类型。原苏联民法典中称寄托为保管,我国亦沿用了保管的称呼。

在英美法系中,寄托这个词义在英语中是与委托占有相同,都称为"bailment",是指动产的所有人或有权占有人(通常称为寄托人 bailor)将动产交付给受寄托人(bailee),而受寄托人接受该动产并根据明示或默示的协议将该动产归还给寄托人或寄托人指定的人的行为。交付给受寄托人的该动产只是临时转移了动产的占有权,因此也称为委托占有。所谓委托占有是指非财产所有者受财产所有者之委托对财产所实行的合法占有。占有者不是财产的真正主人,而只是受财产所有者的委托而代行保管,受托人有义务照管该财产并如约将其送交财产的所有者。

在英美法中,寄托有三个构成要件:(1)寄托人必须对所寄托的财物拥有所有权或占有权;(2)寄托人必须将对所寄托的财物的排他占有(exclusive possession)和实际控制权交付与受寄托人;(3)受寄托人必须自愿接受和控制所寄托的财物,并且知道他有按寄托人的指令归还该财物的义务,愿意承担对该财物的保管和控制的责任。

2. 保管关系的案例分析

为了清楚地了解寄托的这三个构成要件,我们首先来看看下面芝加哥与田纳西州的停车场丢失车辆的两个截然不同的判案。

威廉先生将车驶近了芝加哥市机场的普通停车场,停放在停车场的停车位上,由于该停车场停车并不需要预先付停车费,而是将车开离停车场时在出口处交付停车费,于是威廉先生锁好车,然后自己拿着车钥匙离开停车场去办理自己的事。当威廉先生办完事回到停车场时,发现自己的车丢失了。威廉先生只有持车辆的保险合同向保险公司索赔,保险公司赔偿了威廉先生车辆丢失的损失,同时也从威廉先生那里取得了代位权(submgation),保险公司以停车场作为受寄托人应该承担车辆丢失的损失为由,向停车场提出索赔要求。停车场认为威廉先生只是租用了停车场的一个停车位,在威廉先生与停车场之间并没有委托占有的寄托关系。芝加哥法院判决认为,停车场并未实际控制威廉先生的车辆,威廉先生和停车场之间也不曾有任何口头或其他方式的协议,因此,威廉先生与停车场之间并没有产生委托占有的寄托关系,所以停车场不应赔偿威廉先生丢失车辆的损失。另一个案例是由田纳西州最高法院所审结的一个有关现代化停车场车辆丢失赔偿的上诉案。案情大致为:上诉人是田纳西州一家名为海特的多层高级旅馆的主人。紧挨着旅馆主楼的后面是一个具有现代设备、现代管理方式的现代化停车场。该停车场只有一个进口和一个出口,单一进口处由售票机控制着,单一出口处由一位停车场工作人员控制,出口与进口相对,停车场工作人员在出口处的一个小亭子里可以随时观察到进出口的一切动静。停车场雇佣几名保安人员,都身着特制的保安服装,平时有两名保安值班,负责在旅馆以及所属场地包括停车场巡逻。停车场不仅供旅馆的住客使用,同时停车场经营也面向社会公众提供有偿使用服务。一天早上,被上诉人艾伦先生将自己的一辆新轿车开到该停车场的进口处,从自动售票机上取下停车票,售票机便自动打开停车场进口的栏杆,允许艾伦先生的车进入。艾伦先生将车开上四层,停放好车、锁上、取出钥匙,乘电梯离开了停车场。当艾伦先生几小时后返回停车场取车时,发现自己的新轿车不见了,艾伦先生找到出口处的停车场工作人员,得到的答复是:"噢,车没有从这里开出来。"艾伦先生便报告给上诉人雇佣的安全部门,然后又报告了警察,但艾伦先生的新轿车始终没有找到。艾伦先生作为该案的原告,对海特旅馆提起诉讼,要求被告赔偿。法院做出了有利于原告的判决,被告不服,向田纳西州最高法院提起上诉。

田纳西州最高法院经审理后,法官的判词为:在本案中,法院考虑到当车主将汽车停放在一个商业经营性的停车场而被盗丢失的情况下,便存在该停车场主人自然和外延的责任问题。下级法院根据本州以前的判例裁定,当车主将汽车停放在一个现代的、室内、多层楼与大型旅馆连接在一起的由上诉人所经营的停车场,并锁好自己的车时,委托占有的寄托关系便已产生。田纳西州最高法院判决这个裁定是合理的,因而维持下级法院的判决,旅馆应当赔偿原告的损失。

从上述两个案例中,我们可以清晰地看到,寄托是否创立的界定要根据具体情况进行判断。

如果车主将车停泊在停车场,自己拿着钥匙并可以随时将车开走,在停车场所停放汽车的实际控制权就没有交付给受寄托人的停车场,那么,法院就应该认为这是停车场的一个停车位的场地租赁关系,双方之间就不具备委托占有的寄托关系。自然该车的保管合同关系就不成立,法院就不可能判决这个没有该车的实际控制权的停车场,承担该车丢失或损坏的赔偿责任。

如果车主将车开到某停车场停放,由停车场管理员或自动售票机给车主取车凭证,车主只有持此凭证方可将该车从停车场取出,这就表明了停车场作为受寄托人接受了该车的交付并实际控制了该车的占有。既然所寄托的汽车在停车场的实际控制下,停车场就对该车有责任和义务保管,并按要求的时间和地点将该车归还给寄托人,收回取车凭证。那么,法院就可以认定,对该车的委托占有的寄托关系就被车主与停车场双方所创立,自然就构成了保管合同关系。因此,法院就应该判决有实际控制权的停车场承担车辆丢失的赔偿责任。

因此,机动车辆的委托占有的寄托关系与停车位的租用关系是截然不同的两种法律关系,自然就形成了两种不同的法律责任,而判断和区分这两种不同的法律关系的关键就在于车主是否将其机动车辆交付给停车场实际控制。若交付给停车场实际控制,则委托占有的寄托关系就成立,否则没有交付给停车场实际控制,那么就只能构成停车位的租用关系。这两种泾渭分明的法律关系不仅在英国、爱尔兰、美国、澳大利亚、新西兰、印度、巴基斯坦、孟加拉、缅甸、马来西亚、新加坡以及非洲和中南美洲等包括我国香港地区在内的英美法系国家和地区有着明确的法律规范和区别,就连德国、法国、加拿大、奥地利、西班牙、日本、比利时、荷兰等大陆法系的国家也都在各自国家的民法典中以成文法的形式区分地一清二楚。目前在上述这些国家普遍推行的"咪表停车收费",就按照车主没有实际交付车辆的排他性占有和实际控制权的原则,确认了市政管理部门不承担车辆丢失损坏的赔偿责任,认定了车主与市政管理部门之间的占用市政道路的停车位有偿使用性质。

三、深圳在车辆保管方面的法律实践

我国由于长期以来受到全民公有制的计划经济体制的影响,至今都没有从法律上确立停车位租用关系,只承认机动车辆停放的保管关系。在全民公有制的计划经济体制下,土地的所有权和使用权都是国家所有,不仅停车场的土地占用不用交付土地使用费用,甚至停车场的建设费用也是由国家承担,机动车辆也是全民所有制的国家所有,因此机动车辆的停放就根本不存在要租用车位交费的问题。所以,直到现在,我国的法律制度中没有停车位租用的法律关系,保管关系与停车位租用关系混为一体,惟有用保管关系来同意调整。

1996年9月20日深圳市人民政府第52号令《深圳经济特区住宅区物业管理条例》实施细则第31条中,首次以市政府规章的形式,提出了物业管理"应与车主明确车辆保管关系或车位有偿使用关系,并按规定收取相应的保管费或车位使用费"的问题,并且在深圳市人大常委会1999年6月30日修改后的《深圳经济特区住宅区物业管理条例》的第30条中,以全国人大常委会授权立法的形式再次从立法上确认和重申了上述问题。由于《中华人民共和国合同法》第367条规定:"保管合同自保管物交付时成立,但当事人另有约定的除外。"虽然从合同法立法的原意来看,保管物的交付实际上就是要将保管物的实际控制权和排他占有交付给保管人,但由于法律条文没有明确这一点,同时对于如何来明确地界定区分车辆保管关系或车位有偿使用关系没有一个准确的判定标准、实际措施及方法,因此,往往只要机动车辆停放在停车场,在司法审判中法官就可能将车辆保管关系与车位有偿使用关系这两种截然不同的法律关系混淆在一起,仍然判定成为车辆的保管关系。针对这个问题,我们在去年起草《深圳经济特区物业管理条例(草案)》中组织深圳的物业管理专家进行了专题研究,依据《中华人民共和国合同法》第十条:"当事人订立合同,有书面形式、口头形式和其他形式。法律、行政法规规定采用书面形式的,应当采用

书面形式。"的规定，在《深圳经济特区物业管理条例（草案）》第70条中以授权立法的形式明确规定："物业管理区域内的机动车辆的保管责任由物业管理企业或业主大会与车主以书面形式签订保管合同，未以书面形式签订保管合同的只可收取车位使用费。"同时也明确规定公安、工商、税务等相关部门要按照这个规定的原则，分别给停车场出具车辆保管或停车位有偿使用的许可证、营业执照和税务登记手续，出具不同的发票和报销票据供停车场使用。

从深圳目前许多物业管理公司的具体做法上看，普遍存在着一些非常危险的方法，这种方法往往非常容易地就使物业管理公司陷入败诉赔偿的陷阱之中。例如，许多停车场改变了过去以行驶证换领车辆停放证，取消了车辆进出停车场的车辆停放证，换成为出入凭条或者进出记时牌，并在出入凭条和进出计时牌上都注明了依照《深圳经济特区住宅区物业管理条例》规定，只收取车位有偿使用费，而不承担保管责任。岂不知这种做法只是掩耳盗铃而已！事实上无论是车辆停放证或者出入凭条，还是进出计时牌，其实都是事实上获得车辆控制权的一种有效凭证，同时也是保管合同关系成立的有效证据。因为没有这些凭证，停车场是不允许这些无凭证的车辆驶出停车场的。如果车主持着这些凭证称车辆丢失了，法院不判你停车场赔偿才怪呢？！至于所注明的不承担保管责任，按照《中华人民共和国合同法》以及《中华人民共和国消费者权益保护法》的规定，这只是一种无效的格式合同条款，没有法律的约束力。深圳就已经有过这样的典型案例，在法庭上法官就凭车主所持有的这类凭证，当庭判决车主交纳5元钱"保管费"（其实车主也可不交纳这5元钱），停车场所属的物业管理公司赔偿65万元的车辆丢失损失费。深圳这个典型案例曾经在物业管理行业内引起了很大的轰动，引起了业内人士的谴责，但现在看来这个判例从法理上是有道理的。

就目前深圳物业管理行业的硬件条件和软件管理水平来看，承担车辆保管的条件早已具备。惟独是收费没有体现出质价相符的服务原则,目前仍由政府制定统一的车辆保管费的价格标准,既不符合社会主义市场经济的价值规律,现实中政府也不会去这样做。因此,就必须按照契约自由的原则,通过车主与物业管理公司另行订立书面的车辆保管合同来明确双方的权利与义务,明确车辆保管费用的收取数额和方法,明确车辆丢失的赔偿责任。当然,如果车主所支付的车辆保管费不能体现质价相符的服务原则,物业管理公司也可不与车主签订书面的车辆保管合同,那么,车主与物业管理公司的停车场之间也只能是车位有偿使用关系了。

综上所述,停车场机动车辆的保管关系与停车位占用的有偿使用关系的界定,关键就在于车主是否将其机动车辆交付给停车场实际控制。我们应该充分利用深圳经济特区具有授权立法的优势,明确停车场机动车辆的保管关系与停车位占用的有偿使用关系的界定标准,公平合理地解决机动车辆管理上的立法滞后问题,使物业管理行业走向健康发展的正确轨道。

(www.pmabc.com,作者:李钊 曹阳)

案例77 业主砸坏邻里车辆,物业管理公司是否有责?

北京某小区内发生了一件荒唐事:一名住户因为与物业管理公司的保洁员发生争吵,余怒未消的住户第二天将物业管理公司设在小区门口的传达室玻璃打破。几天后的一个深夜,该住户再次找到传达室,声称要进屋打电话报警,在遭到值班人员的阻拦后,转身从路边捡起砖头将小区内停放的十几辆小轿车的车窗玻璃一一打碎。一边砸还一边嚷嚷说:"这全是物业闹的,你们找物业赔去吧。"当时楼下除几名物业公司的工作人员站在一旁外,附近的居民有四五十人也都被惊醒而来到了楼下。多名居民先后拨打了110后,及时赶来的民警将该住户带走。

同住一栋楼的刘先生是十几位车主中最后一个得知"倒霉事"的住户,他为此找物业公司交涉了几次,但物业公司却表示,自己尚没有对小区内的车辆进行管理,也并未向用户收取停车费,所以物业管理公司不会对车主承担任何责任。

那么,业主砸坏邻里车辆,物业管理公司是否承担责任呢?

简要说明:

该案例中有两点很说明问题。首先,业主缴纳了物业管理费,不等于所有的问题都要由物业管理公司负责。其次,用户的砸车行为也与物业管理公司没有直接关系,所以物业管理公司不必承担直接责任。但物业管理公司管理不力的责任是难以推卸的,所以物业管理公司必须承担连带责任。

详细评析:

不用想,大家都会认为,无论砸车的住户由于什么原因,是否具备行为能力,她都是损坏他人车辆的直接动手者。或者说,正是该住户的不理智行为,才造成了别人的财产受到侵害,所以,她或她的法定代理人(监护人)都必须承担相应的责任,并应当向车辆受损害的用户进行相应的赔偿。

大家意见可能不一致的地方,就在于物业管理公司是否应当承担责任?有人会认为,物业管理公司的说法很有道理,即物业公司尚未对小区内的车辆进行管理,也未向有车的住户收取任何车辆管理的费用,用上面案例的说法就是物业管理公司和车主之间并没有形成车辆保管的关系,因此,不应当承担任何责任。

也有人会认为,小区业主缴纳了物业管理费,物业管理公司就应当对业主的人身安全、财产安全负责,现在业主的车辆在小区受到损害,而且该损害是因为住户与物业管理公司闹矛盾造成的,所以,是不是向砸车住户说的那样,"这全是物业闹的,你们找物业赔去吧。"由物业管理公司承担车辆受损的赔偿呢?

当然不应该!首先,前面已经提到,业主缴纳了物业管理费,不等于所有的问题都要由物业管理公司负责,而是交纳什么费用,物业管理公司承担该费用服务范围内的责任。其次,住户与物业管理保洁员发生争吵,与门卫发生冲突等等,并不是该住户砸车的必然原因,也就是说,物业管理公司与砸车住户的矛盾并不与砸车行为构成直接的因果关系。所以,不能因为该住户与物业管理公司有冲突,该住户的行为就应该由物业管理公司负责。

那么,本案例中物业管理公司就没有一点责任吗?也不是。在物业管理公司管理范围内的小区里,发生如此严重的损坏行为,而且时间也不是短暂的,这实际上已经破坏了小区内应有的治安秩序。另外,住户砸车时,还有几名物业公司的工作人员站在一旁,但并没有制止,物业管理不力的责任是难以推卸的,所以物业管理公司必须承担连带责任。

案例78 居民小区出车祸,物业管理公司是否负责?

某日上午,家住北京市某封闭式管理小区的业主张女士在小区里行走,当她横穿过路时,被一辆突然驶来的白色小面包车撞倒在地。张女士家属赶紧将不省人事的她送往医院实施颅脑手术。手术后,张女士暂时脱离了生命危险,但仍旧昏迷不醒。

张女士的儿子找到物业管理公司,小区物业管理公司的门卫说:"车上没有小区证件,可司机说她就住在小区内,我就放车进去了。"

张女士的家属找到公安部交通管理局事故处,有关人士说:"对于发生在小区,包括在林场、矿区、自建道路上的事故,公安机关一般是比照公共道路交通事故处理的办法,出具一个成因报告,配合单位或者当地公安、治安部门进行处理。"于是,辖区交警就车祸出具了《事故成因分析书》,认为当事双方均未保证安全,是造成事故的原因。

那么这起车祸,到底该由谁负责呢?张女士家属决定上法院讨个公道。由于肇事司机拒不露面,张女士的家属只好找到她的雇佣单位,要求公司与肇事司机承担连带赔偿责任,同时还要求小区物业管理公司承担一定的赔偿责任。

肇事司机与其雇佣单位承担赔偿责任是不容置疑的。问题是,物业管理公司是否也应当承担赔偿责任呢?

简要说明:

该案例较为典型,处理过程比较复杂。我们认为,作为小区的物业管理公司在车辆进入小区管理方面,没有严格查证放车,给该事故的发生创造了条件,在这方面物业管理公司是有过错的。所以,应当承担相应的责任。

详细评析:

该案例是发生在北京的一个典型案例,为了给以后该案件的处理提供参考,这里特别把案例的审理过程、各方观点以及法院的判决介绍如下。

张女士家属的看法

张女士的儿子拿到辖区交警就车祸出具的《事故成因分析书》后,说:"我母亲在小区里被撞成这样,却和肇事方承担同等的责任,这个结论,我无论如何是不能接受的。小区的居民,有在小区里自由自在生活和行走的权利,车辆进入小区,理应有注意小区居民,特别是老人和小孩安全的义务。"张女士的家属认为,司机应负全部责任。

张女士家属还认为,小区物业管理公司每月收取3元的保安费,就有义务保障小区居民的安全。小区对外来车辆疏于管理,也是张女士被撞的原因之一。

肇事司机的代理律师的看法

肇事司机的代理律师认为:"如果老太太走路时注意路况,事故不就避免了?就是因为双方都没注意,才出了事。我认为双方的责任是对等的。"

小区物业管理公司的看法

小区物业管理公司认为:"3块钱保安费并不是人身保险费或

人身保障费,它是付给保安的部分费用。"发生车祸小区是旧式居民区,还不属于完全的物业管理小区。小区物业管理公司负责人觉得,在安全管理上,他们已经尽到了相应的职责。

审理过程

某日,北京市某法院开庭审理了此案,在法庭上,原、被告争论的焦点依然是:这起车祸究竟该由谁负责?小区物业管理机构要不要承担相应的责任?原告说:"门卫听信肇事司机谎言,放车进入小区。就是这一过错,直接引发了事故。"被告反驳:"门卫已经拦截了车辆,如果不拦截,可能事故造成的损失更大。"

法院判决

两个月后,北京某法院作出一审判决。法院认为:肇事司机在开车驶入小区非公共道路时,没有积极注意行人安全,应对车祸负全部责任,判处其雇用单位赔偿张女士医疗费10万余元。小区物业管理公司对外来车辆管理不力,是造成车祸的间接原因,判处其退还张女士1年的小区保安费36元。

我们认为,作为小区的物业管理公司,收取的保安费虽不是人身保险费或人身保障费,物业管理公司在该方面的看法也没有什么错,但物业管理公司在车辆进入小区管理方面,没有严格查证放车,而是听信司机的谎言,给该事故的发生创造了条件,这方面物业管理公司是有过错的,所以,应当承担相应的责任。

案例79 员工违规操作造成的法律责任由谁负?

一天,某清洁公司的一名保洁员在公司实施物业管理的一栋高层住宅楼清扫楼道时,发现了一块小木板,便顺手将木板抛到窗外,正好将楼下路过的小区业主王某砸伤,王某为此要求清洁公司赔偿他的医疗费用和相关经济损失。清洁公司认为:公司曾经多次教育员工在工作期间严格遵守操作规程,严禁高空抛物,且事发后,清洁公司已将该保洁员辞退,王某的医疗费用应当由王某自己向该名保洁员索赔,与清洁公司无关。请问,员工违规操作带来的损失,清洁公司是否应当赔偿?

简要说明:

案例中,员工在工作时间之内,从事工作职责范围内的一切活动,无论该活动是否已经超出了法人规定的行为规范之外,都是法人行为。企业法人对它的法定代表人和其他工作人员的经营活动,承担民事责任。因此,清洁公司应当对事故负责。

详细评析:

首先需要弄清楚一个概念:什么是法人行为? 所谓法人行为是指法人的工作人员为了履行其工作职责而实施的行为。我们日常所说的法人行为,其实都是通过法人的法定代表人和其他具体工作人员来实施的,法人本身是不能实施任何行为的。通常有人认为,员工只有在法人许可范围之内的行为才能认定为法人行为,超出法人许可范围之外,员工实施的行为只能是员工的个人行为。但是从严格的法律意义上讲,员工在工作时间之内,从事工作职责范围内的一切活动,无论该活动是否已经超出了法人规定的行为规范之外,都是法人行为。

我国《民法通则》第四十三条的规定:"企业法人对它的法定代表人和其他工作人员的经营活动,承担民事责任。"法律条款的这一规定,明确指出法人行为的民事法律责任由法人承担。因此,确定清洁公司是否需要承担王某的医疗费用,首先要确定清洁公司的保洁员所实施的行为是否属于法人行为,以及保洁员实施的行为是否超出了许可范围。根据法人行为的概念,我们可以非常容易地得出保洁员的行为属于法人行为的结论。所以,王某向清洁公司提出的索赔要求是完全合法的。清洁公司应当为自己员工的行为付出代价,赔偿王某的损失。当然,清洁公司在赔偿王某的经济损失后,还可以依据公司的管理制度和相关法律规定,就该项赔偿向该名保洁员予以追偿。

本案例中,清洁公司简单地辞退掉有过错的保洁员,并声称保洁员的错误由保洁员自己承担的做法,显然是错误的。正确的做法,至少应在问题解决以后才能炒掉该员工。

需要说明的是,法人对其工作人员的超出许可范围以外的行为只承担民事法律责任,若工作人员的行为触犯刑法,其刑事法律责任将由行为人自负。

案例 80　清洁公司是否应该承担责任?

据中央电视台《今日说法》报道,业主某先生,买了房后把岳父母接到自己家中居住。一日,他觉得应该请人把房间好好打扫一下,于是就在晚上给一清洁公司打了一个电话。清洁公司决定第二天上午派人来为其打扫房间。因为是夜晚,某先生就没有给其岳父母打招呼。第二天上午 8 点 30 分,清洁公司所派三名员工到达某先生家中,某先生交代完毕就上班去了,留下岳母在家照看。因为是三居室,老太太跑前跑后,而其岳父因不知清洁公司来人一事还像往常一样已去晨练。在清洁过程中,一名清洁工突然捂着肚子叫喊疼痛,借口出去看病。老太太没有多想,也没有时间考虑,就眼看该员工出门。其他员工开门把该员工送出去后继续工作。不久,岳父晨练回来,看见清洁工到家,很是诧异,急步来到自己私下放钱的地方,发现钱已不见,就抓住留下的员工,要求其把钱拿出来,经过解释,大家推测可能是已走的员工把钱拿走。可是没有能够找到。该家庭把清洁公司告上法庭,要求其赔偿自己丢失的 4 万元人民币。清洁公司称,钱是否丢失,是否被窃,难以确定,老先生提供的丢失数额也没有明确的证据。即使是自己公司的员工偷走,也应该由责任人负责,自己不负任何责任。经调查,该员工是由一职业介绍所介绍而来,该职业介绍所不具备给外地人介绍职业的资格,因为审查不严,把这个一直具有小偷小摸习惯的青年介绍给清洁公司。清洁公司把这个还不是正式员工,上班仅两天的员工派到某先生家,造成该事件的发生。那么,清洁公司是否应该赔偿某先生岳父的 4 万元人民币? 职业介绍所是否也应该负有一定的责任?

简要说明：

某业主的岳父是否真的丢失了4万元人民币是问题的关键。如果可以证实该业主的岳父确实已经丢失4万元人民币，则就需要搞清这4万元人民币是否为保洁员偷拿走。如果是，则清洁公司有责任进行赔偿。至于职业介绍所，与保洁员的行为没有直接关系，我们认为其没有责任。

详细评析：

我们认为，判断清洁公司是否应当赔偿某业主岳父丢失的4万元人民币，需要考虑两点。

第一，要弄清楚某业主的岳父是否真的丢失了4万元人民币？这就需要调查，而不能推理，也不能仅凭业主岳父的一面之词。如果经过调查不能证实该业主确实已经丢失4万元人民币，则赔偿的事情也就很难提起。

第二，如果可以证实该业主的岳父确实已经丢失4万元人民币，则就需要搞清这4万元人民币是否为保洁员偷拿走。如果能够把走掉的保洁员找到，并且能证实他确实偷拿了业主岳父的钱，那么，赔偿问题自然很好解决。在找不到该保洁员的情况下，虽然我们可以怀疑该保洁员，该保洁员也确实存在重大嫌疑，但是不能就简单地认为该保洁员就偷窃了钱。所以，如果该业主的岳父能够提供确实的证据，在法院认可的前提下，清洁公司就应理所当然地赔偿。原因上述案例已经讲明：该保洁员的行为属于法人行为，该企业应当为该法人行为承担民事法律责任。如果该业主的岳父不能提供法院认可的、确实的证据，要求清洁公司赔偿也是很难得到法院支持的。

至于职业介绍所是否承担责任的问题，我们认为，职业介绍所虽然存在一定的过错，但它的过错与钱的丢失没有必然的因果关系，因此，不应该承担赔偿责任。

案例81 路滑带来人身损害,物业管理公司应否赔偿?

某日上午,原告徐某去厂房上班,在朝通往厂房载货电梯的台阶上走,因当天厂房三楼漏水正好滴在台阶上,由于天气寒冷出现结冰。原告走上台阶,被告曾劝原告不要走此台阶,以免滑倒摔伤,但原告不听劝阻,仍走上台阶,结果滑倒摔伤,经司法鉴定,结论为:被鉴定人(原告)滑倒致左肩肱骨大结节撕脱骨折伴肩关节脱位。为此,原告起诉到法院,要求物业管理公司(被告)承担赔偿责任。原告徐某诉称:原告摔伤皆由被告物业管理不作为所造成,故请求法院判令赔偿原告医疗费、营养费、误工费、护理费、精神损失费及司法鉴定费等。那么,物业管理公司是否应当赔偿原告的损失呢?

简要说明:

本案例中,被告方作为物业管理公司,对于其负责的公共配套设施没有进行及时的修理维护,所以是负有责任的。而原告也是有责任的,他不停劝告、执意乘坐货梯造成意外发生,因此对事故负有主要责任。

详细评析:

本案例可以从两个方面来分析。

1. 被告物业管理单位应承担侵权的民事责任

被告作为厂房的物业管理单位,应对物业公共配套设施完好起保养维修的责任,负有保障物业使用方便、安全的义务,这种义务应属专业管理人应尽的特别注意义务。在接到厂房漏水报修通知后,理应及时修理,但未提供及时安排修理的有效证据。由于被告发现结冰后未及时清除或积极的防范措施,故对原告滑倒致伤应承担一定的责任。

2. 原告有过错,应对自身伤害承担主要责任

本案中,原告对自己摔伤有明显的过错:第一,厂房外侧电梯系载货电梯,是该厂房内所有职工应知的,原告作为公司员工,上下班应走人行通道。原告惰于登楼梯,执意乘载货电梯,主观上存在故意;第二,原告应当看到台阶上有结冰,从安全起见,原告应走人行通道,其主观上有过失;第三,原告在朝载货电梯行走时,被告曾劝原告不要走此台阶,以免滑倒摔伤,但原告不听劝阻,仍走上台阶。《中华人民共和国民法通则》第131条规定:"受害人对于损害的发生也有过错的,可以减轻侵害人的民事责任。"据此,原告应当对自己的过错行为承担主要责任。被告物业管理单位虽未及时修理、清除结冰或采取积极的防护措施,但已尽到了及时警示和告知的义务,应当减轻其赔偿责任。

(主要参考《金地物业》)2001年第2期　刘长森)

附:地滑摔成骨折起诉物业公司

市民刘某向其居住小区的物业管理公司索赔3万多元。

在小区会所打乒乓球时摔成骨折,能否向地板主人讨个说法?前天下午,在天河区法院,市民刘先生与其居住小区的物业管理公司对簿公堂。

去年10月8日晚上8时左右,刘某与邻居到所住小区的高级会所乒乓室打乒乓球,在扣球时突然滑倒,造成右腿髌骨粉碎性骨折,当晚即被送入广州市第六人民医院手术治疗。此后,刘某辗转三家医院治疗,至今仍未痊愈,还留下了不小的后遗症,时常要到医院打针用药,令他痛苦不堪。

今年3月8日,刘某曾书面致函雅怡阁物业管理公司要求赔偿损失,被拒。无奈之下,刘某向广州市消费者委员会投诉。4月5日,天河区消委会进行调解,物业公司称没有任何责任,顶多给两三百元安慰费。

原告认为,此次骨折事故,完全是由于乒乓球室的木地板太滑,作为提供体育场所的物业公司,未能保障消费者的人身安全,

应负全部责任。今年9月13日,刘某一怒之下将小区物业公司告上法庭,要求赔偿医疗费、误工费、营养费等共计31088.44元,并承担今后继续治疗的费用。

被告雅怡阁物业管理公司在答辩中认为,乒乓球室的木地板并不存在安全隐患,原告摔伤与自己的技术、经验有关,且原告当时是穿拖鞋去打球的,完全应自己负责。原告反驳称,自己是和场内的人一样打赤脚进去的,管理人员并未制止这种行为,由于地板太滑,该乒乓球室已不止一人摔伤,但不见任何安全警示标识。

(羊城晚报 余 颖)

案例82 在电梯内受到他人伤害,物业管理公司应该赔偿吗?

1999年某月某日晚约9时,某业主学习归来,在自己的住宅楼电梯内遭到他人攻击、抢劫、伤害,该业主顽强自卫,并大声呼叫,侵害人才匆匆离开电梯溜走。该业主的生命保住了,但这突如其来的事件造成该业主头颅开裂长达8公分,满脸鲜血;还造成该业主身体上和精神上的无法弥补的后果。

事后,该业主到法院起诉小区物业管理公司,要求:1.判令被告给付原告违约损害赔偿金;2.解除原、被告之间的物业管理合同。

那么,法院是否会支持该业主的上述要求呢?

简要说明:

业主的两项要求之间没有直接的关系,应当分别讨论。物业公司的赔偿责任是否存在主要取决于物业管理合同对于电梯的规定。而关于物业管理合同,个别业主是无权解除的,只能由物业管理公司或者是业主委员会来决定。

详细评析:

我们就业主的两项要求分别予以分析。

(1) 被告物业管理公司是否承担赔偿责任?

判断物业管理公司是否应当承担赔偿责任,首先应该看物业管理公司是否存在过错。那么,物业管理公司是否存在过错呢?就本案例来说,我们可以分析以下几点:

第一,该楼电梯是否交由小区物业管理公司来管理?如没有,而是由业主自己管理,或由电梯公司管理,则物业管理公司不承担任何责任。电梯的安全包括行使的安全、使用的安全以及电梯内乘客的人身与财产安全等,都应该由相应的责任人来承担。即是说,如果业主自己管理或电梯公司管理负责电梯管理的一切问题,并有相应的合同或凭证,则由全体业主自己或电梯公司负责。如果电梯内乘客的人身与财产安全没有包括在电梯管理的内容之内,则本案例中业主的损失应该由保险公司或该业主自己承担(如抓住罪犯,则由罪犯负责承担)。

第二,如果该电梯已交由小区物业管理公司管理,而且合同明确规定电梯内应有专人24小时负责电梯的管理,包括安全管理,则不管司机是否在岗,物业管理公司毫无疑问都应当承担赔偿的责任。

第三,如果该电梯已交由小区物业管理公司管理,但合同中并未规定电梯内应有专人负责电梯的管理,或者说,该电梯本身就是自动电梯,不需要24小时派人操作,则物业管理公司应该没有赔偿责任。

(2) 被告能否解除原、被告之间的物业管理合同?

我们认为,本案例中受侵害业主要求解除与被告的物业管理合同无法得到法律支持。

第一,解除物业管理合同与本案是两个法律关系,不属损害范围;

第二,合同的解除要有合适的主体来行使。物业管理合同涉及房屋管理、相邻关系、国家政策规定,所以只能由签订合同的一方或双方来解除,即由业主管理委员会或物业管理公司来提出解除,个别业主无权提出解除合同的要求。

案例 83　电梯工成了杀人犯，物业管理公司是否应承担责任？

1993年某日下午，某物业管理公司电梯工孙某在上班时间趁无人之机，于电梯内对乘电梯的某业主的女儿张某强行非礼，在搏斗中张某窒息死亡。嗣后，孙某为掩盖罪行，将张某尸体从大楼阳台上抛向地面，伪造自杀假象。

经公安机关侦察，确认了孙某的犯罪事实。1996年上海市第一中级人民法院以故意杀人罪，将罪犯孙某判处死刑，上海市高级人民法院下达执行死刑令。

罪犯虽已伏法，但张某的父母亲认为，自己女儿的死与物业管理公司有关，并向法院递交诉讼书，状告某物业管理公司，招聘刑满释放人员孙某为该大楼的电梯工，要求物业管理公司承担相应的责任，赔偿自己赡养费、精神损失费及女儿丧葬费等。

那么，自己的电梯工成了杀人犯，物业管理公司是否应当承担责任呢？

简要说明：

电梯工作为物业管理公司的员工，在其工作时间内进行犯罪活动，他的行为是代表物业管理公司的。招聘了曾多次被判入狱的刑满释放人员，让其担任电梯工。物业管理公司客观上存在违法行为，主观上也有着明显的过错。因此，从各个方面来看，物业管理公司对于这一事件是有责任的。

详细评析：

孙某杀人害命，法院判决其死刑是应当的、正确的。问题的关键是，物业管理公司是否应当承担一定的赔偿责任。

我们认为，张某之死虽系孙某犯罪行为所致，但作为该楼的物业管理者，对此也负有不可推卸的责任。物业管理公司既然向大楼居民收取了物业管理费,就负有为大楼住户提供合格的工作人员、保障大楼住户安全的责任。然而被告却违反了有关规定,招聘了曾多次被判入狱的刑满释放人员,让其担任电梯工。物业管理公司客观上存在违法行为,主观上也有着明显的过错。

另外,杀人犯孙某杀人是在其工作时间以内,这就意味着,他是代表公司的,作为物业管理公司,自然应当为此承担责任。

综上所述,物业管理公司应当因此承担相应的赔偿责任,包括赔偿张某父母的赡养费、精神损失费及女儿丧葬费等。

附:北京市电梯安全使用管理规定
[1996]326号——北京市劳动局

第一条 为加强对本市电梯的安全管理,保障电梯安全运行。依据《北京市劳动保护监察条例》和劳动部《起重机械安全监察规定》等有关规定,制定本规定。

第二条 本规定适用于本市行政区域内电梯产权单位以及受其委托的电梯使用管理单位(以下简称产权单位)。

第三条 本规定所称的电梯是指各类电梯、自动扶梯、杂物梯。

第四条 电梯的产权单位应对电梯使用过程中的安全负责,严格执行国家有关规定,并应履行下列职责:

(一)设置专人负责电梯的日常管理,记录电梯运行状况和维修保养工作内容,建立健全各项安全管理制度,积极采用先进技术,降低故障率;

(二)确定合理的电梯运行时间,加强日常维修保养,住宅楼电梯应根据本市关于加强居民高层住宅楼电梯管理,改善运行服务的有关规定,做好运行服务。住宅电梯无故障运行不得低于7000次;

(三)新安装、大修改造的电梯,除按国家标准进行各项试验外,其控制线路中应加装有锁紧装置的计数器,无故障试运行不得少于3000次;

（四）安装、维修保养人员和电梯司机均应持市劳动行政部门核发的特种作业操作证上岗，并定期参加复审；

（五）在便于接到报警信号的位置设立电梯管理人员的岗位，制定紧急救援方案和操作程序，在接到报警信号40分钟内排除设备故障，解救乘客；

（六）在电梯出入口明显位置张贴安全警示标志、使用准则，电梯出入口应有足够照明，住宅电梯和病床电梯不得以无司机状态运行；

（七）应当在电梯轿厢内明显位置张贴《电梯安全使用许可证》，注明：注册登记及检验合格标志、电梯管理部门、管理人员、安装企业、维修保养企业以及相应的应急报警、投诉电话号码；

（八）发生事故应积极组织抢救，报告市及区（县）劳动行政部门，通知维修保养企业。

第五条　安装、改造电梯，产权单位应在安装、改造工程施工前将电梯的有关资料报送市劳动行政部门备案，经核准后，方可施工。工程完工后，产权单位应向电梯安全技术检验机械申请检验。

第六条　电梯的产权单位应使用市劳动行政部门统一制定的《起重机械安全技术档案（电梯类）》，对电梯逐台建档、建卡、注册登记。电梯技术档案资料应包括：

（一）《起重机械安全技术档案（电梯类）》和《起重机械登记卡片（电梯类）》；

（二）产品质量合格证明；大修改造的电梯应有质量验收证明（或质量验收报告）；更改部分须有变更设计的证明文件；

（三）电梯安装验收证明和报告；

（四）运转、保养、维修记录；

（五）定期安全检查和事故记录；

（六）电梯随机文件，至少包括：井道及机房土建图、电气控制原理图、电气敷设图、电器元件代号说明书、安装调试说明书、使用维护说明书、出厂明细表（装箱单）等技术资料。

第七条　电梯的产权单位应建立健全各项安全技术管理制

度。各项安全技术管理的规章制度应包括：

（一）岗位安全操作规程；

（二）维修保养制度；

（三）岗位责任制；

（四）岗位交接班制度；

（五）维修保养人员、电梯司机操作证管理及培训制度；

（六）设备档案管理制度；

（七）设备安全使用管理制度（包括：乘客须知）。

第八条 电梯的产权单位应持电梯技术档案资料和安全技术检验报告书逐台向劳动行政部门申报。经劳动行政部门审查合格后，发给《电梯安全使用许可证》。《电梯安全使用许可证》有效期为一年。凡未取得《电梯安全使用许可证》的电梯不得使用。

第九条 电梯的产权单位应在《电梯安全使用许可证》有效期到期前申请下一年度的安全技术检验，经检验合格的，换发新一年度的《电梯安全使用许可证》。

第十条 除定期检验外，下列情况必须申请安全技术检验：

（一）新安装或经过大修改造后的电梯。

（二）经过重要改装或严重损坏后，经过修复的电梯。

（三）停止使用超过半年，需重新启用的电梯。

（四）发生重大事故，修复后需重新启用的电梯。

第十一条 电梯的产权单位应加强对电梯的维修保养和日常检查，制定维修保养计划，保证电梯在运行时技术状况良好，并根据设备状况、运行时间、累计工作量确定检修周期。

第十二条 电梯产权单位应与持有市劳动行政部门核发的安全认可证书的企业签订安装、大修改造、维修保养合同，并明确被委托企业的责任。

第十三条 产权单位如需自行维护保养电梯，应按电梯数量及工作状况配备足够的维护保养人员，其管理部门应将电梯管理人员、维护保养人员、联系电话及有关资料报送设备所在区（县）劳动行政部门，经核准后，方可自行维护保养。

第十四条　电梯变更产权时,其产权单位应将随机的《起重机械安全技术档案(电梯类)》、《电梯安全使用许可证》等全部技术档案资料一同转交给新用户,并到劳动行政部门办理转户手续。

第十五条　电梯机构部分发生严重腐蚀、变形、裂纹等缺陷,电气控制系统紊乱,存在严重不安全隐患,已无法修复或无修复价值时,应报废。报废的电梯,其产权单位应报劳动行政部门备案注销。报废后的电梯严禁继续使用。

第十六条　凡发生电梯事故,产权单位应立即向市及设备所在区(县)劳动行政部门报告,并负责保护事故现场;发生人员伤亡的,应立即组织抢救,防止事故扩大,并按有关规定向公安部门、检察机关报告。

第十七条　自动人行道的安全使用管理,参照本规定执行。

第十八条　本规定自发布之日起施行。

案例84　电梯低层不停合适吗?

前两天,我到某小区去看患病的朋友,拎着大包小包汗流浃背地走到电梯口,却遇到了一件尴尬事:低楼层电梯不停。工作人员说是"上面"有规定,不让停。后来听住在三楼的朋友说:这事还有个说法——电梯设备不好,不能频繁地开关。那么,电梯低层不停合适吗?

简要说明:

电梯管理是物业管理中的一个重要环节,电梯管理工作的好坏,直接影响住户的方便与安全。目前高层楼房越来越多,遇到这种情况也会增多,此类问题也会越来越多。因此,需要有关部门根据不同小区的情况,专门发文对此做硬性的规定。

详细评析:

我们认为,从道理上说,业主只要交付了物业管理费、电梯费，就应该享受到相应的服务，而电梯也是服务中的一项内容。这是堂堂正正的消费行为，任何人也无权剥夺。但实际上，一些小区的物业管理公司为了减少电梯维修的费用，增加电梯的使用寿命，经过与业主管理委员会商量，经业主大会批准，做出低层不停或其他电梯管理的规定，我们认为也是合理的、可行的。问题的关键是，本案例中的"上面"是不是业主管理委员会？如果物业管理公司没有经过业主（代表）大会和业主管理委员会的批准，私自决定电梯的停与不停等其他重大、敏感的管理措施，则是不合适的。

当然，做出低层楼不停电梯的规定可能会给一些人带来不方便，比如，年老体衰者、来访者中有不适合爬楼的人，等等。遇到这种情况，我们认为物业管理公司的电梯管理人员应该在可能的情况下对他们予以照顾。

例：电梯运行也分单双号？

电梯实行单双号制，听起来是奇闻，说白了就是物业管理不到位问题。

居民虽买了房却没有得到商品房的待遇，物业管理公司虽管了房却收不到应得的物业管理费。因此像电梯这样的"高档消耗品"，只能尴尬地运行下去，而最终结果是：出现了单双号。

造成尴尬局面的源头显然是被出售的公房。社会处于转型期必然会存在过渡产物，被出售的公房就是其中之一。既承袭着传统，又要在住房商品化的形势中扮演角色，公房本身也存在着尴尬。出现电梯问题只是其尴尬处境的表现之一。而购买了公房的住户们同样尴尬：买房的同时也得买管理，既然没花那份钱，也就不可能与买下商品房的住户们享受同等的物业管理。

家在木樨园附近的一位先生说，去年居民入住之后，小区的物业部门就贴出一张告示：为了延长电梯使用寿命，小区内的电梯不能层层都停，而是单数年单数层停，双数年双数层停。

楼是住户买下来的，电梯层层停是天经地义的这位先生所住的小区内有三座高层塔楼。三栋楼结构一样,都是22层的塔楼。楼是圆圈形的,一层有11户,一座楼是200多户。每座楼里装了两部电梯,一部运行,一部备用。他家在16层,去年1998年是双数年,所以电梯都是停在他家门口的,那时候他对这个单双号制度没什么感觉。可一到今年,1999年了,电梯改在单数层停了,每天下了电梯还得上一层楼,渐渐感觉到这是个大问题。"我们这三栋楼的楼梯和别的楼不一样。我们的楼梯只有一段,楼梯陡难爬不说,晚上有的地方还没灯,这爬起来不是挺危险的吗。如果家里有老年人,或是到了该换煤气的时候,真觉得这不是个事儿。而且亲戚来了怎么办,本来是个转圈楼,门就不好找,还得让人家再找楼梯,再爬楼梯,非把人家转晕了不可。"

一些住户也觉得,多爬一层少爬一层并不是问题的关键。既然楼是住户买下来的,交了电梯费和物业管理费,电梯该维修维修,该保养保养,该报废报废,不关住户的事。享受电梯就是住户的权利,电梯层层停是天经地义的。

楼是住户买下来了,但从未交过电梯费

据了解,这三栋塔楼是某单位职工宿舍楼,物业管理人员、电梯工以及大部分住户都是单位职工。据物业管理站的一位先生说,电梯隔层停,是上级单位的规定,物业管理站是照章执行。上级的文件上说的就是为了延长电梯的使用寿命,才采用单数年单数层停,双数年双数层停。

据这位先生说,他们没有收过电梯费和物业管理费,电梯义务为居民服务,怎么停当然是按上级的规定办。那么问题就出来了,居民们认为电梯应该层层停的根据,就是自己是业主,自己交了物业管理费,乘电梯是权利。

这与物业部门的说法有点出入,为什么呢?

据了解,这三栋楼的出售形式是职工出一部分钱,再用工龄折一部分钱。一套两居室买下来大约五六万元;而且所谓的物业管理费,是在入住时跟着房款一起交的。大多数住户已经说不清这笔钱到底是多少了。据一位住户回忆,大概是200多元。从去年入住以后,至今物业部门没有收过物业管理费。

而如果是严格意义上的商品房,物业管理费每月最少要200元到300元,这里面的反差是显而易见的,电梯的日常运营费用、电梯的保养和维修费用,基本上还是由原工作单位出。所以物业部门认为:"电梯是义务为居民服务"。

既然是白用,有电梯已经不错了,用物业部门的话说:"居民的要求多了,能满足得了吗?"

电梯质量不好,层层停做不到

电梯为什么要实行单双号制,电梯工有另外一种解释。一栋塔楼的电梯工这样说:"电梯层层停对我们来说没有什么不行的,上班时间是一定的,多按两下钮就是了。关键是这个破电梯做不到。电梯造价低,性能不好,逐层停就容易上下颠;写的满载14人,只要超过10个人电梯就不动,就拒载;平时我必须两部电梯轮着开,老开一部就容易坏。开这样的电梯我也觉得不保险。我听说,其他地方的很多电梯也是隔层停,只不过人家可能是一星期一换、一月一换,不像我们是一年一换。其实对于老年人、换煤气的、搬重物的,我们都照顾。隔层停,年轻人就得辛苦点多走两步,这是没办法的事儿。"

电梯分单双号哪有此事

这三栋塔楼物业管理站的上级单位的一位先生坚决否定有过这样的规定。"从没有过这种通知",他说:"我们所说的电梯分单双层停,是指两部电梯同时开,一部单数层停,一部双数层停。如果只有一部电梯运行,那就得层层都给住户停。可能是具体执行人有误解。"

这位先生同时又表示,电梯隔层停也是出于无奈,他们单位是想推行物业管理制度,但管理费很难收上来。"住户这方面,他们觉得自己对单位有贡献,买了房子还要交管理费,他们很难接受。我们这方面,很多工作还没做到位,确实没有理由像社会上的小区那样收物业管理费。"所以,电梯的运行成本、保养费、维修费都是由公家出。而他们单位的效益又不好,经费很少。造房子的时候,因为造价低只能用国产电梯,这些电梯性能不好,层层停磨损很快,老换换不起。不省着用没办法,所以才有了隔层停的做法。

他还说,他们现在准备向上级多申请一些经费,把小区的综合环境搞得好一些,这样也可以争取住户的支持,把物业管理费收上来,让包括电梯在内的小区物业管理正常运转。另一方面,他们也会多与住户沟通,让他们能理解,现在的很多不方便是因为不到位,以后会好起来的。

(北京青年报 文/郑悦)

案例85 业主刚入住,房屋出现问题责任由谁负?

某小区一业主,单位分给他商品房6个月后,墙面出现渗水现象。物业管理公司认为,住户刚搬进来住,是在建筑保修期内,此事应找建筑商索赔;但建筑商认为此房已建好两年多了,早过了保修期,责任不应由他们来负,应找单位负责;而单位管房领导认为,该房虽购买两年多,但该房子分配到职工手中才几个月,仍属于保修期内的问题,应由建筑商负责。业主不明白,他刚分了6个月的房屋出现问题到底应该由谁负责?

简要说明:

国家对房屋建筑的保修期有具体规定,上述案例中涉及的问题,完全可以依照相关的规定进行处理。

详细评析:

根据国务院第279号令《建设工程质量管理条例》(2000年1月10日发布执行)以及建设部第80号令《房屋建筑工程质量保修办法》(2000年6月26日发布执行),国家对房屋建筑的保修期有以下具体规定：

在正常使用条件下，建设工程的最低保修期限为：(1)基础设施工程、房屋建筑的地基基础工程和主体结构工程，为设计文件规定的该工程的合理使用年限；(2)屋面防水工程，有防水要求的卫生间、房间和外墙面的防渗漏为5年；(3)供热与供冷系统为两个采暖期、供冷期；(4)电气管线、给排水管道、设备安装和装修工程为两年；(5)其他项目的保修期限由发包方与承包方约定。建设工程的保修期，自竣工验收合格之日起计算。

需要注意的是，国家规定的是保修的"最低年限"，而一些有实力的施工单位常常会提供更长的保修期限，因此，实际上建设单位与施工单位签订的保修合同中可能会对"保修期限"有更高的要求。北京市2000年9月最新发布的《房屋建筑工程质量保修书》(示范文本)中的保修期限是空白的，需经双方协商填写。

另外，需要特别说明的是，建设工程的保修期，自竣工验收合格之日起计算。一般来说，开发商的保修期应从业主购买商品房之日起到建设部规定的有关期限止。在购房保修期内出现的商品房质量问题应由物业管理公司找开发商帮助修理；如果在购房保修期内，同时又在建筑竣工以后的保修期内，商品房质量问题应由建筑商负责修理。如果建筑商不在现场，则由开发商负责保修，并向接管单位(物业管理公司)预付保修保证金，物业管理公司需要时用于代修，保修期满按实结算。

现实中，可能常常会出现房屋过了保修期的问题。房屋过了保修期由谁负责呢？这方面建设部已经颁布维修基金管理方面的规定，也就是说，房屋过了保修期，房屋的公共部位、公共设施设备方面的大问题，由物业管理公司负责用业主交纳的维修基金来维修处理。对于一些小修项目，北京等一些地方用收取小修费的形式筹集维修资金。

本案例中的情况是，房屋已出售2年多，但对于屋面防水工程，有防水要求的卫生间、房间和外墙面的防渗漏，国家规定为5年，也就是说，本案例中的外墙面渗漏问题还没有过保修期，所以，应该还由开发商与建筑商负责。

买房人办理入住手续后,有时会发生诸如房屋漏水、暖气跑水、墙皮脱落等情况。这时,已经和开发商"脱离"关系的居民往往把气撒在物业管理公司身上。这种做法有失偏颇。按照有关规定,一般开发商在交房后有房屋质量保证期。在此期间,房屋发生的质量问题,大多由开发商负责处理;而保修期过后,则多由物业管理公司负责日常养护与维修。因此,居民遇着房屋质量问题,最好区分出责任在谁,找该找的人。同时别忘了,入住时开发商在与物业管理公司签订物业合同时,一定要将开发商保修期过后,物业管理公司应负的责任一一写明,避免在纠纷发生时引起不必要的麻烦。

案例86 公有住房房屋出现问题谁负责?

邹某购买了单位一栋5层楼的顶层住房。经过几年的使用,该栋楼房顶已多处漏水而影响居住,必须及时维修。但当邹某等向其他楼层的购房户提出共同修缮楼顶时,他们以不是顶层住户没有直接使用楼顶等理由而不同意共负维修责任。原售房单位也不给解决此事。邹某非常苦恼,公有住房出现问题到底应该由谁维修呢?

简要说明:

关于公有住宅售后维修管理的问题,建设部专门颁发了《公有住宅售后维修养护管理暂行办法》。根据该办法,本案例中的楼顶漏水问题,应当由原售房单位组织人员负责维修。

详细评析:

随着我国住房制度的改革深化,原有的国家公有住房都在作价出售给职工,产权由过去单一的国家所有部分转变成个人私有的局面。这样也出现了一个关键问题:在公有住房出售给个人之前,由于各种原因导致房屋损坏,可找房管部门上门修理服务,费用由国家负担,而如今国有公房出售给个人,房屋出现损坏,由谁负责维修呢?

第一,根据建设部颁发的《公有住宅售后维修养护管理暂行办法》第四条第三款规定:住宅的承重结构部位(包括楼盖、屋顶、梁、柱、内外墙体和基础等)、外墙面、楼梯间、走廊信道、门厅、楼内自行车存车库等,属于住宅的共享部分,不属于某一住户所有,任何一层居民都没有专用权。因此,楼顶等共同部分,按照民事法律"权利义务相一致"的原则,各个共有人在共享权利的同时,应当共负维修养护责任。

第二,根据该办法第六条和第七条规定,公有住宅出售后,住宅共有部分和共享设施设备的维修养护由原售房单位承担,原售房单位可以按照规定比例向购房人收取维修养护费用。但是,如果住宅的共有部位和共享设施设备属于人为损坏的话,则应当由损坏人负责修复和赔偿。

第三,根据《办法》第五条规定:公有住宅出售后,住宅自用部位和自用设备的维修养护,由住宅所有人承担维修养护责任,住宅所有人可以自行维修养护,也可委托代修。

因此,根据以上规定,楼顶的防水维修,应当由楼内所有的购房人按规定的比例向原售房单位缴纳维修养护费用后,由原售房单位组织人员负责维修。

案例 87 出租房屋出现损坏,谁负责修复?

王先生承租了一套二居室,房屋下水管道最近出现了严重漏水。王先生通知房东李某来修理。但李某认为,管道是在王先生使用期间出问题的,应由王先生负责修理。两天后,王先生不在家时,漏水导致家具电器等被水浸损坏,损失约2000元。王先生要求李某赔偿损失,李某不同意,说是王先生自己造成的。那么,承租的房屋损坏到底应该由谁负责呢?

简要说明：

建设部《房屋租赁管理办法》第 21 条规定："出租住宅用房的自然损坏或合同约定由出租人修缮的,由出租人负责修复。不及时修复,致使房屋发生破坏性事故,造成承租人财产损失或者人身伤害的,应当承担赔偿责任。"

详细评析：

出租住宅用房如果有损坏,应由出租方还是由承租方负责修缮,是在出租住宅中经常遇到的问题。根据建设部《房屋租赁管理办法》第 21 条之规定,我们在判定责任谁负时,可以考虑两种情况：

第一种情况,即下水道漏水是由于下水管道使用期限已到,应当更换新管才能阻止渗漏。这种情况下,因为是自然损坏,属自然原因,即使是双方在租赁合同中并未约定修缮责任的问题,维修也应属出租人的责任范围,应由其修理。李某无理拒绝,造成损失进一步扩大,损失当然由出租人承担赔偿责任。

第二种情况,下水道漏水是由于使用不当或有人故意破坏所致。这种情况下,要么由使用不当的承租人自己负责,要么由故意破坏的责任人负责。出租人则没有任何责任。

案例 88　管道堵塞,造成水浸,责任应该谁负？

张某住在某大厦二楼。最近,由于一楼与二楼之间的排污管道堵塞,污水从他家浴室地漏回涌,将木地板及部分家什侵湿。木地板也因此拱起,需更换。张某认为：排污管是公共设施,因公共设施出现故障而造成他的损失,应该由物业管理公司赔偿。因此向物业管理公司追偿。但物业管理公司认为,他们没有赔偿责任,因而不予赔偿。那么,管道堵塞,造成水浸,责任到底应该由谁负责呢？

简要说明:

类似的情况还有一些,如刘女士住某小区一楼,由于该楼某业主进行装修,将装修残余物等倒入下水道,形成堵塞。楼上各单元排出的污水不能流出,逐渐由刘女士房间地漏处冒出,造成了损失。从道理上说,水浸是由公共排污管道堵塞引起的,公共设施维护保养由物业管理公司负责,故物业管理公司赔偿损失是顺理成章的。其实处理该类事件首先需要查明原因,才能依据追究责任。

详细评析:

一般来说,分析此类案例应考虑三种情况。

第一,由于设计不合理或建造工艺处理不当容易堆积垃圾,从而造成公共排污管道堵塞。此类情况业主可向发展商和施工单位追究责任,由发展商的施工单位负责维修以及处理连带的其他损坏。楼宇通常是有保修期的,如果在保修期内,一般比较容易处理。如果超过保修期,但有充分的证据证明排污管确属此原因所致,仍可争取得到赔偿。

第二,由于年久失修,没有按有关规定和维修计划进行维修保养造成堵塞。此类情况属于物业管理公司没有履行职责,造成事故,可视为物业管理公司失职。业主可依据有关的管理规定向物业管理公司追究责任。

第三,人为弃置异物造成堵塞。此类情况下,若管理公司尽职尽责,完成了委托管理合同中规定的公共工程维护工作,管理公司没有责任。假如排污管堵塞是由于楼上住户将毛巾等卡塞管道对象投入排污管,或装修时将装修垃圾冲入排污管导致堵塞,则应向有关住户追究彻查,管理公司应协助解决问题。

案例89 物业管理公司私自撬门维修房屋,是否承担赔偿责任?

张先生是某住宅小区四楼的住户,因为工作关系,经常出差在外。一次,张先生家突然漏水,使楼下王小姐家里的天花板、家具、衣被受到损害。因为水流不止,王小姐便请求管理处前去维修。管理处在联系不到张先生的情况下,私自将张先生家的房门撬开,入内维修。张先生认为,管理处未经同意便擅自将房门撬开,侵犯了自己的权利,因此要求物业管理公司赔偿损失。那么物业管理公司应当赔偿吗?

简要说明:

物业管理公司采取的行动属于紧急避险行为。这种行为在我国的法律中是得到认可的。对于这种行为造成的损失,应当有受益人负责补偿。

详细评析:

本案中,家中漏水时,张先生出差在外,而水流不止,并且已经和正在进一步对楼下王小姐家中财产造成损害,所以当时的情况是非常危险的,如果不及时采取措施,肯定会对楼下住户造成更大的财产损害。管理处为了他人(王小姐及其他住户)的利益免受正在发生的损害,在无法及时与张先生联系的情况下将房门撬开进行维修,完全符合紧急避险的条件。所谓紧急避险,是指为了本人或第三人的人身或财产或者公共利益免遭正在发生的,实际存在的危险而不得已采取的一种加害于他人人身或财产的损害行为。紧急避险行为因其保护的利益大于其所造成的损害,具有正义合理性,所以被我国法律所认可。我国民法通则明确规定正当防卫和紧急避险为抗辩的正当理由,可以以此主张具有正当性和合法性的侵权行为不承担民事责任。

最高人民法院《关于贯彻执行〈中华人民共和国民法通则〉若干问题的意见(试行)》第156条规定:"因紧急避险造成他人损失的,如果险情是由自然原因引起的,行为人采取的措施又无不当,则行为人不承担民事责任。受害人要求补偿的,可以责令受益人适当补偿。"因而本案中,业主长期不在家,而家中却突然漏水,说明漏水不是人为因素引起的,可能是水管等相关设备自然老化或其他自然因素引起的。如果是这种情况,王小姐作为紧急避险的受益人,应当给予张先生适当的补偿。但该紧急避险的行为减少了积水对张先生家的损害,所以该住户实际上也是受益人之一,因此张先生也应当承担一部分损失。

本案管理处作为第三人实施紧急避险行为,如果采取的紧急避险措施没有超过必要的限度,则不应承担赔偿责任。作为物业管理公司而言,工作中必然会由于特殊原因而对业主造成一些损害而不应该承担民事责任,否则谁也干不下去。问题的关键是,如何把免责条款在合同中予以详细规定,并得到广大业主的认可。

案例90　外墙渗水,家具霉烂谁负责?

某住宅小区业主黄某住在三层楼,发现每逢遇有大雨天就会有水渗入房内,此情况已有两年多了,为此他多次找过物业管理公司,物业管理公司也派人对外墙进行修理,但渗水问题始终未解决。两年多来业主黄某一直受到渗水问题的困扰,屋内墙壁更因长期渗水而剥落发霉,部分家具壁柜也因此而霉烂。业主黄某认为内墙的损坏是由于外墙渗水所致,因此,要求物业管理公司赔偿其家具的损失。那么,物业管理公司是否应当赔偿呢?

简要说明:

这样的问题较常见,但是处理方法却要具体情况具体分析。就本案例来说,如果确能证明是由外墙渗水而导致内墙霉烂,物业管理公司也有责任为其修补,并赔偿业主家具的损失。

详细评析：

房屋出现墙面渗水应视不同情况处理。

第一，倘若黄先生与开发商签订的房地产买卖合同中对此渗水、开裂等质量问题有约定的，则按约定处理。

第二，倘若无上述约定，则我国法规对房屋建成后可能出现的问题，有保修期的规定，房屋墙面的保修期一般为五年。在房屋保修期内，发现渗水，可以要求开发商确定的维修部门上门维修。即使住宅的保修期已过，建筑施工单位仍有责任将外墙和受损的内墙修理妥当。

第三，倘多次维修仍存在渗水问题，则多数因房屋质量瑕疵所致。黄先生可委托房屋质量鉴定部门对房屋质量进行鉴定，如确属房屋质量问题的，如施工质量粗糙，甚至填充墙未填实砌块，或者建筑材料水泥、砂浆、砖块质量低劣等，且该质量问题影响购房人居住的，居住人可凭房屋质量鉴定报告依法向人民法院起诉，要求退房。当然，黄先生亦可通过同开发商协商，来解决此事。

外墙属于公用部位。如不能向建筑开发商或建筑施工单位追讨责任，则有关的一切维修及保养工作应由物业管理公司负责，因此物业管理公司有责任维修外墙，为住户解决渗水问题。至于有关家庭内墙维修责任问题，如果能证明是由外墙渗水而导致内墙霉烂，物业管理公司也有责任为其修补，并赔偿业主家具的损失。

案例91　工程款能否抵消供暖费？

戴先生以小区物业管理公司的上级单位拖欠其工程款为由，拒付物业管理公司供暖费。而物业管理公司则认为，其上级单位与物业管理公司是两个不同的法人，因而不能用拖欠的工程费抵消供暖费用，并要求戴先生补齐供暖费用，同时按规定承担滞纳金。戴先生搞不明白，物业管理公司的上级单位欠他工程款，他为什么就不能以工程款抵消供暖费？

简要说明：

这一案例中的债权债务关系是解决问题的关键，显然戴先生与物业管理公司、戴先生与其上级单位之间的债权债务关系，是两个不同的民事法律关系，所以要求这两个独立法人之间互相抵偿债权债务的要求是不合理、不合法的。

详细评析：

我国民法通则第36条规定，法人是具有民事权利能力和民事行为能力，依法独立享有民事权利和承担民事义务的组织。因而物业管理公司和其上级单位是两个独立核算的法人，他们依法享有民事权利，并独立承担民事义务。戴先生与他们之间的债权债务关系是两个不同的民事法律关系，因此，戴先生提出的在与自己分别构成债权债务关系的两个独立法人之间相互抵偿债权债务的要求，是不成立的。

正因为这样，物业管理公司作为供暖单位，已按规定的供暖时间、供暖质量为戴先生提供了正常的供暖服务，戴先生作为采暖用户，就有义务按规定的时间向供暖单位全额缴纳供暖费。戴先生未按规定时间缴纳供暖费，其行为已侵犯了物业管理公司的合法权益，应承担民事责任。所以，戴先生除应全额缴纳供暖费外，亦应承担逾期滞纳金。

其实，现在很多业主在交纳供暖费方面都存在误区。在计划经济体制下，供暖费一直不需要由公民个人负担，但随着市场经济的发展，房改政策的全面落实，越来越多的公民个人拥有了自己的私人商品住房，此时的采暖就像用水、用电一样，实际上也成为了一种家庭消费，这种消费费用自然要由个人负担。

例：供暖如何市场化？

提前到来的寒冬天气，一下子把现行供暖体制的弱点暴露了出来。

　　应该说,政府部门对供暖是非常重视的,国务院有供暖日期安排,有关方面有最低室温限制,每当供暖期快要到来时,相关部门还要组织各种检查,对供暖出问题的地域甚至要进行处罚,可谓想得周全做得仔细。供暖企业一到11月份就会如临大敌,除了燃料储备、管网调试、阀门检修外,工作人员还要深入居民家中进行摸查,有的企业在职工发不出工资的情况下仍然以大局为重,咬紧牙关送温暖,那种心系全局的精神也颇令人感动。如果不是老天爷突施杀手锏,让气温陡然降到零下,这个供暖季应该也会安然度过。

　　在供暖日期之前出现寒冷天气应该怎么办呢?政府部门如果以行政命令的方式要求提前供暖,则会加大供暖企业的负担,对于自负盈亏的供暖企业来说无疑有失公平;而供暖企业自身也面临着困境,燃油涨价拉动成本飙升,采暖费拖欠严重,企业严重营养不良,自然也没有心情积极主动地提前送暖。要改变这种两难局面,除了加大现行供暖体制的改革力度,似乎没有别的办法。

　　在计划经济体制下,供暖是一种政府行为,所有的居民都有单位托着,都不用为冬天的取暖操心,涉及供暖费也是公对公解决。当经济体制向市场化转变的时候,供暖者和取暖者的身份都复杂化了。供暖单位没有国家保底,如果采暖费收不上来,如果成本高于价格,当然就会难以为继。取暖者也由以前的干部、职工变成了居民,没有单位的居民必须由个人自己缴费,这就加大了供暖费的收取难度。如果暖气变成了一种商品,借鉴现有的供电制度,采取一家一表的方式进行计量收费,不光可以解决目前收费难的问题,也可以有效地减少资源浪费。只要收费瓶颈问题解决了,那么,根据中长期天气预报的结果灵活供暖自然也是顺理成章的事。诚然,暖气市场化涉及现有管线的改造问题,但是,不走商品化、市场化的路子必然会遇到难以解决的问题。据了解,在一些新建小区,这样的供暖制度已经开始实行,提供了一些有益的借鉴。当然,供暖市场化也需要一些辅助性的政策,比如,对经济确实困难的居民提供暖气补贴;建立政府供暖保障金,在特殊情形下支付给供暖企业等。

(北京晚报　蔡方华)

案例 92　暖气跑水,物业管理公司是否有责?

张先生购买了某小区商品房屋一套。装修入住后不久,因公司的生意而到南方出差。一个多月后,张先生回到家,发现自己屋内的地板全部被水泡坏,一打听,原来是物业管理公司供暖前试暖,自己家里发生了漏水。张先生认为,物业管理公司试暖不慎,因此,要求物业管理公司赔偿其损失。那么,物业管理公司对此是否应当承担赔偿责任呢?

简要说明:

案例中提及的这种意外应该分几种具体情况进行分析,物业管理公司是否在试暖之前进行了通知,张先生是否接到了通知或者说张先生是否知道试暖的时间,以及张先生是否积极配合了物业管理公司的工作都将成为判定责任由谁负担的关键。

详细评析:

根据有关规定,作为供暖单位,物业管理公司在每一年度正式供暖前有两个必须履行的义务,即:9月底前的维修、养护或更新改造;10月底前的试暖。物业管理公司只有尽到了以上义务才算是对供暖设备尽到维修了义务。如果物业管理公司没有对暖气进行维修,就构成了违约。

另外,在供暖试暖前,物业管理公司应提前以通知方式告知住户检修时间,至于通知的具体方式,《物业管理合同》中有约定的,应按照约定方式履行,没有约定的,物业管理公司应尽其管理人的义务,以确保通知每一个住户,方能算尽到通知的义务,这样才能保证试暖时住户能够配合物业管理公司对暖气管道进行检修,以确保适时、安全地供暖。

根据上述原则或规定,我们再来分析以下本案例中物业管理公司的责任。

第一种情况,物业管理公司已发出通知并且业主张某已经知道检修时间,但由于客观原因,比如急于出差而未能配合物业管理公司的检修工作,那么业主在暖气管道因未能及时检修而发生的漏水并造成财产损失方面就存在一定的过错。而物业管理公司因没能就未检修的住户另行采取适当的处理方式,以确保每一住户的暖气管道安全无损,也有一定过失。所以,本案例中张先生家中的损失应由张先生与物业管理公司共同承担,即物业管理公司只在其应承担的部分责任范围内对张先生进行适当赔偿。

第二种情况,如果物业管理公司已多次对张先生发出检修通知,张先生没能给予必要的配合,以致物业管理公司无法对业主的暖气管道进行检修的话,则物业管理公司就可因没有过错而无需承担责任。也就是说,张先生家中的损失只能由张先生自己承担。

第三种情况,如果物业管理公司并未发出检修通知,只发出了试暖通知,而业主张先生由于客观原因,如已出差而未能看到该通知从而无法配合试暖,更无从知晓暖气管道所存在的隐患,导致了暖气漏水后的财产损失的话,则物业管理公司对于损失的造成就应承担全部责任,只要张先生能够提供相关证据(包括物业管理公司未对暖气管道进行必要的检修、有关通知自己未知晓,比如自己出差的时间、车票以及财产损失清单等),物业管理公司就要对此进行全部赔偿。

案例93 大堂管理员有义务帮客户看管物品吗?

王先生购买了酒店式公寓一套。某日,王先生要外出出差,到大堂时,发现自己忘带了公司的合同,便想返回去取。因其携带了很多行李,所以想先请大堂管理员代为看管,可管理员却婉言拒绝了。王先生认为管理员没有尽到职责,而大堂管理员则认为自己没有义务替他看管行李。请问,大堂管理员有义务帮客户看管物品吗?

简要说明:

　　管理员是否有义务替客户代管物品,关键要看管理公约是如何规定的,如果该公寓管理公约规定了管理公司有责任为客户保管物品,管理员就应当履行这一规定,不然的话,就是没有尽到责任与义务。相反,如果管理公约没有这方面的规定,则管理员就没有义务为客户保管物品。

详细评析:

　　通常情况是,管理公约一般都不会作出管理公司有责任为客户保管物品的规定。其原因有很多,主要有:

　　第一,提供这种为客户保管物品的服务所涉及的问题很多,包括:财物具体内容的核实难度大、财物遗失的赔偿等等,这些难题都是物业管理公司所不愿看到的。

　　第二,提供这种服务往往缺乏可靠性,而且会造成不必要的矛盾与纠纷。这主要是因为大堂是一个人流量很大的公众地方,管理员不可能熟悉每一个过往的客户。同时,如果万一出现问题,不仅对物业管理公司,而且对客户都是一个不小的损失。例如,拿错物品,造成重要机密失密,容易给客户带来莫大的损失等等。

　　第三,大堂管理员不是专职物品保管员,大堂上的诸多工作已经足够他们应付,包括接待来往的客人,解答客人的询问,维持大堂的秩序,观察电梯的运行,监督清洁人员的工作,留意大堂各种设备设施的运行情况等等,因此很难保证保管好客户的财物的。所以,无论是从保护自己的利益,还是从被保管者的利益出发,物业管理公司都不会同意,更不会自己在公约中规定大堂管理员有义务代客保管物品这一条的。

第四,前面已经提到,大堂是一个公共地方,人流量较大。同时,大堂管理员又不可能查明被保管物品的属性,这样就有可能造成潜在的威胁。所以,从公众安全的角度考虑,管理公约也不会贸然规定管理员要为客户看管物品。

那么,作为管理员在遇到这种情况时应该怎么办呢?很简单,首先应婉言拒绝,并向其做出适当的解释;如客人执意要求保管,则可向上级主管报告,由上级主管处理。另外,如果发现大堂有客人遗留的物品,管理员应报告保安部,由保安部派人察看,根据实际情况决定是由保安人员打开检查还是请公安人员处理。若发现有客人遗留如钱包等小件物品,大堂管理员不应单独开验,应报告上级主管交保安部门处理。国外不少公共场所不明物品爆炸的案例,特别是美国"9.11"事件之后的影响,管理员在这方面会更加谨慎。

案例 94 楼宇外墙业主自己能擅自挂招牌吗?

业主顾某日前下岗,他利用自己底层的住房,在家兴办了一个百货超市。由于自己的住房位于小区的路口,地段好,为了招引更多的消费者来光顾,他在自己家的外墙上安装了一块小型光管招牌,谁知刚装好不久,便收到物业管理公司的警告函件,以影响整个住宅小区外墙观光为理由,要求业主顾某将招牌立即拆去。顾某迷惑不解,在自己家的墙上挂了一块招牌就不许可吗?物业管理公司是否有权做出拆招牌的要求呢?

简要说明:

通常我们认为,物业管理公司是有权力这样做的。这个问题的根本在于建筑物外墙是建筑物不可分的一个部分,全体业主都对其享有权益,不能有个别业主决定其用途。

详细评析：

我们可以从以下方面来考虑本案例中的问题。

第一，建筑物具有物理上的不可分离性。楼宇的外墙看起来是属于某个业主的，实质上，它是整栋楼的全体业主所拥有的，应该属于共用部位，因此，个别业主在外墙上擅自安装广告或招牌是不合适的。一方面，该行为侵犯了全体业主的权益和部分相邻业主的直接利益，另一方面，也可能对建筑物的美观带来一定的影响。正因为这样，不少社区的管理公约都有外墙上禁止擅自安装广告或招牌的明确规定。

第二，可按照规定，申请挂招牌。一般来说，公共部位是物业管理公司的管理范围。因此，个别住户确需要安装招牌时，正确的途径是向物业管理公司提出申请，同时提供有关招牌的资料，如面积大小、安装位置等。管理公司在收到申请后，应到现场察看，并根据有关规定进行研究，同时也应征求有关业主们(上下、左右邻居等)的意见，以确保其不会对其他业主带来不良影响。若此装置招牌建议遭到其他多数业主反对，物业管理公司可能不会批准，则该业主就不能继续坚持安装招牌。若业主未经物业管理公司或其他业主同意而擅自安装，物业管理公司有权以影响住宅小区(大厦)外观为理由，要求其将招牌拆去。

第三，属于共用部位的外墙单独归某个业主使用，这个业主应该为此给其他业主以一定的补偿，即物业管理公司经过业主管理委员会的同意，可以向该业主酌量收取租金，并将租金收益拨入管理费之中。当然，对于下岗职工是否照顾，则又是另外一个问题，而且还需要业主委员会的同意。

附：上海市户外广告设置规划和管理办法(摘)

第二条　适用范围

本办法适用于本市行政区域内设置户外广告及其相关的管理活动。

第三条　词语解释

本法所称的户外广告设施,是指以下列形式设置的户外商业广告设施:

(一)利用公共、自有或者他人所有的建筑物、构筑物、场地、空间等(以下统称场地)设置的路牌、灯箱、霓虹灯、电子显示牌(屏)、实物造型等;

(二)利用公共、自有或者他人所有的场地设置的彩旗、条幅、气球等。

第四条 (管理部门)

工商行政管理部门是本市广告业的主管部门和户外广告管理的综合协调部门。市或者区、县工商行政管理局(以下简称市或者区、县工商局)负责户外广告设置的经营资质审核和户外广告内容登记、监督管理以及综合协调。

市或者区、县城市规划管理局(以下简称市或者区、县规划局)负责本市户外广告设施设置的规划建设审核以及监督管理。

市或者区、县市政管理委员会办公室(以下简称市或者区、县市政委办公室)负责本市户外广告设施设置的市容审核以及监督管理。

本市市政、园林、公安、公用、房地、财政、物价、广播电视等部门按照各自职责协同实施本办法。

第五条 (设置原则)

设置户外广告设施应当符合城市规划要求,与城市区域规划功能相适应,合理布局、规范设置。

户外广告设施应当牢固、安全,并与周围环境协调,符合美化市容的要求。

第六条 (场地规划和技术标准)

本市重要地区和重要道路应当编制户外广告设施设置场地规划。

在本市重要地区和重要道路设置本办法第三条第(一)项规定的户外广告设施,应当符合户外广告设施设置场地规划。

户外广告设施设置场地规划由市规划局会同有关部门编制。

设置户外广告设施应当遵守户外广告设施设置技术标准。户外广告设施设置技术标准由市规划局会同有关部门,结合户外广告设施设置场地规划的要求制定。

第七条 (场地使用权的取得)

户外广告设施设置场地的使用权可以通过协议、招标、拍卖等方式取得。

利用本市重要地区和重要道路的公共场地设置户外广告设施的,场地使用权应当通过招标、拍卖或者其他公开竞争方式出让。

第八条 (禁止设置的情形)

有下列情形之一的,不得设置户外广告设施:

(一) 利用交通安全设施、交通标志的;

(二) 影响市政公共设施、交通安全设施、交通标志使用的;

(三) 妨碍生产或者人民生活,损害市容市貌或者建筑物形象的;

(四) 利用行道树或者损毁绿地的;

(五) 在国家机关、文物保护单位、优秀近代建筑和名胜风景点的建筑控制地带设置的;

(六) 在市人民政府禁止设置户外广告的区域内或者载体上设置的。

第九条 (设施设置期限)

户外广告设施的设置期限一般不超过3年,电子显示牌(屏)一般不超过6年;期满需延长设置的,应当于到期之日前30日内向原审批机关办理延期手续。

举办大型文化、体育、公益活动或者举办各类商品交易会、展销会等活动,需设置临时性户外广告设施的,应当于活动结束后7日内予以撤除,但经原审批机关一致同意允许保留的除外。

户外广告设施应当自审核批准之日起6个月内设置;逾期未设置的,其审批即行失效。

第十条 (设置申请的受理权限)

设置户外广告设施的申请,按下列权限受理:

(一) 在重要地区和重要道路设置的,由市工商局受理;

(二) 在本条第(一)项规定以外的其他区域设置的,由区、县工商局受理。

第十一条 (申请设置户外广告设施应当提供的材料)

申请设置户外广告设施,应当提供下列材料:

(一) 营业执照;

(二) 广告经营许可证明;

(三) 具有户外广告设施设置场地使用权的证明;

(四) 户外广告设施设计图、效果图。

申请设置户外广告设施进行自我宣传的,应当提供前款规定的第(一)项、第(三)项和第(四)项材料。

第十二条 (设置户外广告设施的审批程序)

本办法第三条第(一)项规定的户外广告设施设置的申请和审批,按照下列程序进行:

(一) 申请人应当按照本办法第十条的规定向市或者区、县工商局提出申请,填写《上海市户外广告设施设置申请审批表》(以下简称《申请审批表》)并提供本办法第十一条规定的申请材料;

(二) 市或者区、县工商局对申请人的申请进行经营资质审核,经审核同意的,在《申请审批表》上加盖印章后,将其与申请材料一并转市或者区、县规划局;

(三) 市或者区、县规划局对申请人的申请进行规划建设审核,经审核同意的,在《申请审批表》上加盖印章后,将其与申请材料一并转市或者区、县市政委办公室;

(四) 市或者区、县市政委办公室对申请人的申请进行市容审核,经审核同意的,在《申请审批表》上加盖印章。

本办法第三条第(二)项规定的户外广告设施设置的申请和审批,由市或者区、县工商局和市或者区、县市政委办公室按照前款规定的程序进行。

通过招标、拍卖或者其他公开竞争方式出让户外广告设施设置场地使用权的,市或者区、县工商局应当会同其他审批机关对户外广告设施的设置以及参与竞争者进行预审。

第十三条 (相关手续的办理)

申请设置户外广告设施,经本办法规定的审批机关审批同意后,申请人应当凭经本办法规定的审批机关盖章确认的《申请审批表》办理下列手续:

(一) 向市或者区、县市政委办公室缴纳市容整治费;

(二) 向市或者区、县规划局办理建设工程规划许可证(零星);

(三) 向市或者区、县工商局办理户外广告内容登记;

(四) 向电力、市政或者其他相关部门办理用电、掘路或者其他相关手续。

第十四条 (户外广告内容登记)

办理户外广告内容登记,应当向市或者区、县工商局提供下列材料:

(一) 证明广告内容真实、合法的文件;

(二) 广告样稿;

(三) 广告合同;

(四) 合法有效的《申请审批表》。

依据法律、行政法规规定,户外广告内容在发布前必须经有关行政主管部门审查的,还须提供有关行政主管部门的批准文件。

户外广告内容需变更的,应当办理变更登记。

第十五条 (审核期限)

市或者区、县工商局和市或者区、县规划局以及市或者区、县市政委办公室应当自受理户外广告设施设置申请或者接受申请材料之日起10日内办妥有关审核手续。逾期不提出审核意见的,视为同意。

第十六条 (设施设置变更的限制)

设置户外广告设施应当按照批准及登记的地点、时间、规格、设计图、效果图实施,不得擅自变更。确需变更的,应当按照申请设置的审批程序办理变更审批手续。

第十七条 (对户外广告内容的要求)

户外广告内容中公益宣传内容所占的面积或者时间比例,不得低于10%。

户外广告内容必须真实、健康,符合法律、法规、规章规定,不得以任何形式欺骗用户和消费者。户外广告使用的汉字、字母和符号应当符合国家规定。

第十八条 (设施维护)

户外广告设施设置申请人应当保持户外广告设施的整洁、完好,及时维护、更新,并定期对户外广告设施进行安全检查,遇台风、汛期应当采取安全防范措施。

第十九条 (设施撤除)

户外广告设施设置期满后,设置申请人应当及时撤除。

因城市规划调整或者社会公共利益的需要,需撤除户外广告设施的,市或者区、县规划局和市或者区、县市政委办公室可以按照各自职责,书面通知设施设置申请人撤除。有关受益单位应当对设施设置申请人进行适当补偿。

由于前款规定的原因,经市或者区、县规划局或者市或者区、县市政委办公室书面通知撤除户外广告设施,而设置申请人拒不撤除的,市或者区、县规划局和市或者区、县市政委办公室有权代为撤除,所需费用由设置申请人承担。

第二十条 (市容整治费的减免)

通过招标、拍卖或者其他公开竞争方式取得户外广告场地使用权的,其市容整治费的征收标准应当低于通过协议方式取得场地使用权的征收标准。

按照规定发布公益宣传内容的,可以按照公益宣传内容占户外广告内容的面积或者时间比例减缴市容整治费。

第二十一条 (市容整治费的存储和使用)

市或者区、县市政委办公室收取市容整治费后,应当上级财政专户存储,专项用于市容整治。

第二十二条 (经营中的禁止行为)

户外广告经营活动中,禁止任何形式的垄断及不正当竞争行为。

负有户外广告审核、监督、管理职能的行政机关,不得以任何形式从事广告经营或者接受广告经营单位的挂靠。

第二十三条 (违反工商行政管理规定的处罚)

在从事户外广告活动中违反工商行政管理规定的,市或者区、县工商局应当责令改正,并可处以警告或者按照下列规定处以罚款:

(一) 未经登记擅自发布广告的,处以5000元以下的罚款;

(二) 户外广告内容变更,不办理变更登记的,处以2000元以下的罚款;

(三) 公益宣传内容占户外广告内容的面积或者时间比例低于10%的,处以5000元以上2万元以下的罚款。

违反工商行政管理其他规定的,由市或者区、县工商局按照工商行政管理的有关规定予以处罚。

第二十四条 (违反市容管理规定的处罚)

在户外广告设施设置活动中违反市容管理规定的,市或者区、县市政委办公室应当责令改正,并可处以警告或者按照下列规定处以罚款:

(一) 未经批准擅自设置户外广告设施的,处以5000元以上3万元以下的罚款;

(二) 经批准设置户外广告设施,到期后不按时撤除又不办理延期手续的,处以2000元以上2万元以下的罚款;

(三) 违反技术标准或者不按照批准的地点、设计图、效果图设置户外广告设施的,处以5000元以上2万元以下的罚款。

违反前款第(一)项、第(二)项规定设置户外广告设施的,市或者区、县市政委办公室可以责令限期撤除;拒不撤除、情节严重的,可以代为撤除,并责令支付代为撤除的费用。

第二十五条 (违反规划或者其他有关规定的处罚)

在户外广告设施设置活动中违反规划管理规定的,由市或者区、县规划局按照规划管理的有关规定予以处罚。

在户外广告设施设置或者内容发布活动中违反其他有关规定的,由有关部门依法予以处罚。

第二十六条 (行政监督)

上级户外广告设施设置审批机关对下级户外广告设施设置审批机关做出的不适当审批决定,应当要求其改正或者予以撤销。

第二十七条 (民事赔偿责任)

户外广告设施设置申请人未及时维护、更新户外广告设施,致使发生户外广告设施倒塌、坠落等事故,造成他人人身或者财产损失的,应当承担民事赔偿责任。

第二十八条 (处罚程序)

有关行政管理部门做出行政处罚决定,应当出具行政处罚决定书。收缴罚款应当出具市财政部门统一印制的罚没财物收据。

罚款收入按规定上缴国库。

第二十九条 (妨碍职务处理)

拒绝、阻碍有关行政管理人员执行职务,违反《中华人民共和国治安管理处罚条例》的,由公安部门依法处罚;情节严重,构成犯罪的,依法追究刑事责任。

第三十条 (执法者违法行为的追究)

有关行政管理人员应当遵纪守法,秉公执法。对玩忽职守、滥用职权、徇私舞弊,尚未构成犯罪的,给予行政处分;构成犯罪的,依法追究刑事责任。

第三十一条 (复议和诉讼)

当事人对有关行政管理部门做出的具体行政行为不服的,可以按照《行政复议条例》和《中华人民共和国行政诉讼法》的规定,申请行政复议或者提起行政诉讼。

当事人在法定期限内不申请复议,不提起行政诉讼,又不履行具体行政行为的、做出具体行政行为的部门,可以依法申请人民法院强制执行。

第三十二条 (另定事项)

利用车辆、船舶、飞行器等特殊载体发布户外广告,以及户外公益宣传设施和内容的管理办法,由市人民政府另行规定。

案例95 物业管理公司能决定地下室的使用吗?

张先生最近买了某高层住宅楼的一套住宅,和其他大多数已入住业主一样,张先生不久就发现了一个问题,即管理该楼的物业管理公司,把该楼原设计作为存放车辆的地下室改作旅社。因为不是高档的旅馆,来住的人也就很杂乱,这样,楼内不仅脏、乱,安全也很成问题,有很多人家被撬,楼内居民怨声载道。不少业主询问,物业管理公司有权决定地下室如何使用吗?

简要说明:

与此案例类似的问题——公共的地下室、停车场、顶楼的权益问题,还是比较常见的。这些问题的关键在于这些公共部分的所有权到底属于哪一方,根据所有权的归属不同,有不同的解决方式。

详细评析:

我们来分两种情况分析本案例。

第一种情况,开发商把大楼的地下室作为公共部位出售给全体业主,也就是说,地下室的建造成本等已分摊到各个买房人的房价之中。这种情况下,地下室的所有权应该属于整幢楼房全体产权人共有,也就是说楼房的产权人对地下室拥有共有产权。正是基于各个产权人的共有权,对地下室的经营及其经营收入,各产权人也就具有相应的决定权和支配权。当然,这种决定权与支配、决策权,一般是通过业主(代表)大会,或通过业主管理委员会实现的。也就是说,对于地下室如何使用,收益如何分配或使用,业主(代表)大会,或业主管理委员会有绝对的决定权与支配、决策权。

所以,从这个角度出发,物业管理公司是不能擅自做主、决定地下室的使用的。特别是把地下室改为旅社这种扰民,同时又违反规划的项目,必须要得到业主(代表)大会或业主管理委员会的批准。

另外,政府主管部门有要求的,还要征求政府的批准或按照政府的规定来执行。例如,2002年北京市工商行政管理局规定,从事餐饮、歌舞娱乐、提供互联网上网服务场所和洗浴等四类经营活动的公司,不能以居民住宅楼、商住两用楼(含居民住宅楼和商住两用楼的底商楼层)房屋作为企业(或个体工商户)住所(经营场所)。申请以居民住宅楼房屋作为企业(或个体工商户)住所(经营场所)从事上述四类经营活动以外其他经营活动的,须提交申请住所所在地居(家)委会、业主委员会或能够代表该地区居民行使权力的其他居民自治组织出具的同意函,否则不予受理。

第二种情况,开发商不把大楼的地下室作为公共部位出售给全体业主,也就是说,地下室的建造成本等不分摊到各个买房人的房价之中。这种情况下,地下室的所有权应该属于开发商独有。作为产权人,开发商对地下室所拥有的权利比共有时单个业主要大得多。但是,考虑到地下室的使用会影响其他业主的利益,因此,开发商或者其他第三人使用地下室进行经营活动时,应符合小区物业管理的有关《公约》和规定,不能给小区居住环境和功能造成不利的影响;也不能对其他产权人的权利造成损害。作为物业管理公司,可以接受开发商的委托,在遵循上述原则的情况下,按照与开发商签订的委托经营管理合同来进行经营决策。

本案例中,物业管理公司把地下室改成旅社,给居民的安全、卫生的生活环境带来重大影响,因此,理应迅速予以改正。否则,业主们可以通过法律手段要求解决。

附:地下室缝纫厂扰民引发纠纷

日前,记者来到了位于劲松南路的一栋居民楼,在提供新闻线索的该楼居民葛女士的带领下,"参观"了设在该楼地下室的两家缝纫加工厂。

走进这家服装公司的加工车间,不足20平方米的房子里摆放了十六七台机器。20多名工人各自忙着自己手中的活计。由于房间里十分嘈杂,说话时必须很大声。

楼内居民:"我们只希望有个安静的居住环境"。

住在二层的葛女士表示,1996年、1997年地下室都是用来存自行车用的,而且家委会还贴出告示。去年底,物业公司准备出租地下室时把居民所有的自行车都搬到了上面。最初他们说用地下室做仓库,今年年初却被负责该楼物业管理的物业公司租了出去。而现在居民每天都要听刺耳的"嗡——嗡——"声。"我为什么反应这么强烈,因为我家正好在加工厂的楼上,感到非常的吵。如果物业公司不能解决问题,我就只能走法律途径,告上法院了。"

在谈到地下室出租问题时,另一居民崔先生说,"物业公司强调没出租前地下室好像不安全,所以就租出去了。对这种解释,我们居民无法理解。"

居委会:"有问题,扰民似乎不是太严重"。

作为居民楼的管理部门,居委会的王主任在接受记者采访时认为物业公司出租地下室是有问题,但扰民似乎不是太严重。

谈到出租地下室前,物业公司是否同居委会进行了协商,王主任表示,"出租之前还用通知我们吗?这是它的管辖范围。再说,居委会还属于物业公司领导,没有什么可协商的。我们可管不了物业公司。"

对于出租地下室的问题,王主任认为基本上是解决不了,"我们这栋楼是多产权,最大的产权单位占1/3的产权。其他的单位有占一层的,有占半层或两层的。居民买的是有限产权,但真正的产权还是在单位。单位都不主动管,让我们怎么办?再说了,业主单位中确有不交物管费的,物业公司认为你不交费,我就可以出租地下室来进行补偿。"

物管公司:"出租的目的是以楼养楼"。

记者采访了负责居民楼的物业公司副总经理朱女士。针对物业公司为什么要出租地下室,朱经理谈了3点原因:首先,好多人反映地下室以前没有好好管,显得又脏又乱,而且还常有外面的人到里头搞对象,特别不安全。其次,该楼是多产权楼,管理费很难收,去年的管理费还有两家没有交。物管公司负担很重,公共部分也由物业公司管,得付好多钱。为了以楼养楼,于是决定出租地下室(在记者的追问下,朱经理表示两家拖欠费用单位的总户数为14户,而该交物管费的总户数,朱经理告诉记者没有统计过)。第三,该楼设了居委会,但又没有办公场所,所以物业公司就想将地下室弄出一个角的部分给居委会,其他三个角的部分用于出租。

当记者问到有没有文件规定公共区域可以出租时,朱经理认为像楼道等公共部分不应属产权单位,因为是"公用的"。至于有关文件,她不是没有找到,而是根本没有找,这样做是参考了别的物业公司的做法。

对于出租地下室前为什么没有和居民、居委会协商,朱经理认为有些是可以通知居民的,如催收煤气费、电梯大修,谈到出租地下室这类问题,则没有必要同居民协商。同时她还强调,出租地下室快一年了,还没有哪家产权单位明确向物业公司提出质疑。

问及出租收益的用途时,朱经理表示出租所得都用在居民楼的维护上了。当记者询问是否可以公开账目让业主查询时,朱经理表示可以公开账目,但只能让产权单位查询,"居民来查可能不行,因为他们什么也看不懂。"

市小区办:"物管企业擅自出租配套设施即是违法"。

市小区办有关人士明确表示,如果这家物管公司不是住宅楼的产权人,出租地下室即是违法。从配套设施改变使用性质来说,产权人和使用人若认为自己的利益受到了损害,可以向两个部门进行举报:一个是区、县人民政府,一个是原规划设计的审批部门,请他们来处理。

(北京楼市周刊 吴京辉)

案例 96　小区应不应该允许饲养宠物？

南方某一大厦内业主胡某家中饲养了一头狼狗以及其他小宠物,平时狼狗经常吠叫,影响别人的休息。此外,狗的主人还纵容狗在大厦内随意便溺,影响公共卫生,多数业主联名写信要求物业管理公司采取措施。此问题应该如何解决呢？

简要说明：

类似的情况还有一些,如最近,北京一位业主反映他所居住的小区里养狗已经泛滥成灾。对小区养狗,很多业主都有意见,但到目前,北京也没有专门的法规提到不能在小区养狗。这种情况下,只好由小区的业主管理委员会和物业管理公司自己灵活决定了。

详细评析：

我们认为,本案例中这样的情况可以通过如下方式解决。

第一,物业管理公司与业主委员会协商,争取在业主公约中规定禁止饲养宠物,之后再根据业主公约,严禁各业主饲养宠物,违者必究。对于在《业主公约》中不能规定禁止饲养宠物的,物业管理公司则应通过业主委员会或业主大会,向大家说明私自饲养宠物对全体业主生活、工作环境带来的破坏,争取得到广大业主的认可与支持。

第二,制定细则,管理好宠物的饲养。物业管理公司应根据公寓、大厦的实际情况,制定较为细致规范的条例。对饲养宠物的业主有一些约束,即不得妨碍其他业主的生活。此外,还应通过宣传教育,使饲养宠物的业主能够自觉约束自己的宠物。否则,管理公司有权要求有关业主将宠物带离该处。

第三,业主胡某家中饲养狼狗是不允许的,根据公安局有关规定,个人不允许私自饲养狼狗,如果饲养的话,必须要得到公安机关批准。物业管理公司应该与有关公安派出所联系,共同处理好此事。

第四,业主受到一些宠物滋扰,应向物业管理公司投诉,由物业管理公司根据情况采取措施,解决问题。

第五,对物业管理公司来说,出现该类问题,应该以教育、调解为主的方式解决,不要动不动就找派出所,以免小事变大,影响管理者和用户之间的融洽关系,妨碍以后管理工作的顺利开展。

附1:万科花园7只宠物犬被人毒死

腊肠、麦町、黑贝、京叭……一只只原本活蹦乱跳的爱犬突然口吐白沫、高烧不退、浑身抽搐直至死亡,万科花园的养狗户像是做了一场噩梦。从前天夜里到昨天凌晨,7只万科花园住户畜养的爱犬相继死亡,成了当地轰动一时的新闻。

据给本报打来热线的参加抢救中毒犬的宝贝屋宠物医院的杨子大夫介绍:7只狗离奇死亡后,住户要求物业管理部门进行搜查,在万科花园桃花园的绿地发现一些可疑的狗饼干和排骨,可能被投放了毒药。目前此案已有警方介入调查。

令人担忧的是,疑为毒物的投放地距孩子们玩耍的社区娱乐设施很近,幸亏没有小朋友误食有毒物品。

据一位不愿透露姓名的读者在电话中透露:当地有传言,毒杀的狗掩埋后被不明身份的人挖出,切去头颅、抛进水沟。

据了解,目前本市规定晚8点至次日凌晨7点注册养犬户可以遛狗,而万科花园的部分居民对于养狗户不按规定遛狗十分不满,双方有一定的对立情绪。

(北京青年报 程胜)

附2:小区养犬,可以管好

顺义某知名项目中常住居民800户,饲养的狗竟有130只之多。去年,小区居民因为这些狗产生了不少分歧与矛盾,但现在这种矛盾已经不存在了。该项目物业管理公司秦小姐详细介绍了调解双方矛盾的经过:首先,先后召开了几次讨论会,有双方都派代表参加的,还有单为养犬户召开的。其次,成立了养犬协会,旨在产生能对养犬户有所约束的组织。养犬协会确实发挥了作用,比如,逢年过节,协会以他们的名义贴出一些告示,提醒养犬户管理好自己的爱犬。这让不养犬的居民知道对方也为自己着想了,心理上也平衡多了。再如,因狗产生的纠纷交给养犬协会处理,协会的人批评养犬户时,养犬户容易接受。

北京市许多小区的物业管理公司对宠物管理的工作都开展得有条不紊,不少经验非常值得借鉴,有的物业管理公司制订了十分详细的《养犬公约》,在本小区里实行;有的物业管理部门要求养犬户把养狗的相关证件交到管理处存档;还有的外销别墅,由于外国人好养大型狗,物业管理公司便苦口婆心地与之交涉,最终大型狗在小区内消失得无影无踪了。

记者在采访过程中,问及养犬户应尽的义务有哪些?物业管理部门普遍认为其义务为:养犬户应遵守北京市1996年颁布的养犬规定或小区内的养犬公约。按规定时间遛狗,在溜狗时要用皮带拴好并挂牌。不允许狗在小区里随地大小便。不应乘坐电梯,如确有困难非携狗乘电梯的,主人应将其抱起或装入口袋。不要养大型狗、劣性犬。小孩不要牵大狗等。

(北京青年报 黄兰)

附3:北京市有关养犬规定(摘选)

第六条,本市东城区、西城区、崇文区、宣武区、朝阳区、海淀区、丰台区、石景山区为重点限养地区(以下简称重点限养区)。远郊区、县为一般限养地区(以下简称一般限养区)。

第九条:一般限养区内个人和单位养犬,必须向所在地公安派出所申请,由所在乡、镇人民政府审核批准。外国人申请养犬,由市公安局审核批准。公民个人经批准养犬的,每户只准养一只。养犬许可证每年注册一次。

第十三条:经批准养犬的,必须遵守下列事项:

(一)不得携犬进入市场、商店、饭店、公园、公共绿地、学校、医院、展览馆、影剧院、体育场馆、游泳场、车站、航空港以及其他公共场所。

（二）不得携犬乘坐公共交通工具(小型出租汽车除外)和电梯。

（三）小型观赏犬出户时，必须挂犬牌、束犬链，并由成年人牵领；

（四）一般限养区内准养的大型犬应当实行拴养或者圈养，不得出户。

（五）养犬不得侵扰他人的正常生活。

（六）定期为犬注射预防狂犬病疫苗。

第十七条：违反本规定第十三条、有下列行为之一的，由公安部门对责任人处以200元以上1000元以下的罚款，情节严重的，没收其犬、吊销养犬许可证。

（一）携犬进入公共场所或者携犬乘坐公共交通工具及电梯的。

（二）违反规定携犬出户的。

（三）养犬侵扰他人正常生活经教育不改的，未按期为犬注射预防狂犬病疫苗的。

案例97 物业管理公司能否组织赈灾募捐活动？

1998年我国南方发生特大洪灾，陈小姐所在小区的物业管理公司组织居民募捐，陈小姐对此次募捐的表示怀疑。那么，作为管理公司，能否组织赈灾募捐活动呢？

简要说明：

当国家遭受到巨大的自然灾害，如长江特大洪水灾难时，全国人民纷纷捐钱捐物，向灾区人民伸出援助之手和表达爱心。许多大厦或小区的业主(用户)要求管理公司组织募捐，以方便业主(用户)表达爱心。对于业主们的要求，管理公司是不能想当然地予以满足的。因为,国家民政部对组织募捐专门制订了《救灾捐赠管理规定》。

详细评析:

我们认为,物业管理公司不能随意根据业主们的要求来组织募捐。

第一,组织募捐的主体是有限制的。根据国家的有关规定,凡单位或个人组织社会募捐,一概要经政府民政部门的批准。不能因为募捐的目的是支援灾区,募捐的性质是社会救济就可以人人组织募捐。组织募捐与个人捐献是两回事。要保证募捐到的钱财如数上缴民政部门,并通过民政部门送到灾区人民手中,就必须对组织募捐的单位或个人予以限制,防止居心不良的人利用人们的善良愿望擅自募捐、私吞财物的不法行为。所以,管理公司未征得民政部门的同意是不能组织募捐的。

第二,物业管理公司可以努力争取,以获得组织募捐的资格。首先,对于业主强烈的捐献愿望,管理公司要做出合理、积极的解释,以消除业主对管理公司的不满情绪;其次,物业管理公司还应积极联系合法的募捐点或募捐组织单位,帮助业主实现送温暖献爱心的愿望。此外,还可积极向民政部门申请组织募捐,如获批准,则可大张旗鼓地开展募捐活动。

附:民政部《救灾捐赠管理规定》(摘)

第一章 总则

第一条 为了规范救灾捐赠活动,加强救灾捐赠款物的管理,保护捐赠人、救灾捐赠受赠人和灾区受益人的合法权益,根据《中华人民共和国公益事业捐赠法》,制定本办法。

第二条 在发生自然灾害时,自然人、法人或者其他组织向救灾捐赠受赠人捐赠财产,用于支援灾区、帮助灾民的,适用本办法。

第三条 本办法所称救灾捐赠受赠人包括:

(一)县级以上人民政府民政部门;

(二)经县级以上人民政府民政部门认定具有救灾宗旨的公益性社会团体。

法律、行政法规另有规定的除外。

第四条 救灾捐赠应当是自愿和无偿的,禁止强行摊派或者变相摊派,不得以捐赠为名从事营利活动。

第七条 在发生特大自然灾害情况下,国务院民政部门组织开展跨省(自治区、直辖市)或者全国性救灾捐赠活动,县级以上地方人民政府民政部门组织实施。

在本行政区域发生较大自然灾害情况下,经同级人民政府批准,县级以上地方人民政府民政部门组织开展本行政区域内的救灾捐赠活动,但不得跨区域开展。

县级以上人民政府民政部门统一组织救灾捐赠工作,各系统、各部门只能在本系统、本单位内组织救灾捐赠活动。

第八条 对于在救灾捐赠中有突出贡献的自然人、法人或者其他组织,县级以上人民政府民政部门可以予以表彰。对捐赠人进行公开表彰,应当事先征求捐赠人的意见。

第二章 接受捐赠

第九条 县级以上人民政府民政部门接受救灾捐赠款物,根据工作需要可以指定专门机构或者设立临时机构组织实施。

乡(镇)人民政府、城市街道办事处受县(县级市、市辖区)人民政府委托,可以组织代收本行政区域内村民、居民及驻在单位的救灾捐赠款物。

第十条 救灾捐赠受赠人应当向社会公布其名称、地址、银行账号等。

第十一条 自然人、法人或者其他组织可以向救灾捐赠受赠人捐赠其有权处分的合法财产。

法人或者其他组织捐赠其自产或者外购商品的,应当提供相应的发票及证明物品质量的资料。

第十二条 救灾捐赠受赠人接受救灾捐赠款物时,应当确认银行票据,当面清点现金,验收物资。捐赠人所捐款物不能当场兑现的,救灾捐赠受赠人应当与捐赠人签订载明捐赠款物种类、质量、数量和兑现时间等内容的捐赠协议。

捐赠人捐赠的药品、生物化学制品应当符合国家医药监督管理和卫生行政部门的有关规定。

第十三条 救灾捐赠受赠人接受救灾捐赠款物后,应当向捐赠人出具凭证。

第十四条 国务院民政部门负责制定全国统一的救灾捐赠接受凭证格式,省级人民政府民政部门负责制作。

第十五条 救灾捐赠情况由县级以上人民政府民政部门向社会公布。

第七章 物业管理收费

案例98 买了房子为什么还要交管理费？管理费为什么比房租还高？

最近我家把一套一居的旧房卖掉并买了一套三居，这套三居价格适中，房型也不错，对此我们一家都很满意。但在办理入住手续时，物业管理公司却要我们交付物业管理费，而且我发现物业管理费比我家以前的房租还高，听说还有上升的趋势，其他城市好像也是如此。我感到很不明白：

（1）我没买房前不交管理费，我买了房，房子是我的了，为什么还要交管理费？

（2）物业管理费为什么比房租还高？

简要说明：

上述两个问题是不少居民都感到疑惑的问题，眼下也是影响很多市民买不买房的问题之一。实际上，目前一些业内人士对此认识也不是十分清晰。要理解和解决这些问题，关键是要弄清买房得到的房产与以后需要的物业管理服务的关系问题。

详细评析：

（1）买了房为什么还要交管理费？

这个问题其实比较简单，我们可以拿一个例子来说明，比如车。在你没有买车前，如果你用车，一般只需交纳车租费，而不需交纳其他任何费用；但假如你买了车，你就要交纳养路费、停车费、泊位费等一系列费用,同时,你还要掏钱来对自己的车进行定期擦洗与养护,否则,它就会经常出问题,而且会很快老旧下来。

不买房,租房住,房子的主人是别人(单位或个人);而买了房要有人日常维护,保证你的生活质量,你是房主,前者你要付的是租房子的钱,而你为后者支付的是一些人为你服务的钱。这些钱实际上也是你对自己住房的一种投资。一栋楼盖好后,卖给了一家一户,楼的主人便是这各家各户。这些业主接着聘请来物业管理公司,干得好的物业管理公司能使业主得到优雅、舒适、便捷的办公或居住环境,房子的使用功能多了,房子的附加值也必然得到提升。这时,业主们每月付出的管理费,便成了投资的一部分。

另外,你以前居住的旧房应该是没有进行物业管理的住房,你又不是业主,所以你也接触不到物业管理,现在你居住的新房应该已经实行物业管理,作为业主,你当然应该为自己的住房支付各种物业管理费用。

(2)物业管理费为什么比房租还高?

首先需要说明的是,物业管理费和房租其实并没有可比性。而且,也不一定有物业管理费比房租高的结论。目前,我国公房房租基本上在每月 3 元/平方米(私房更高),而物业管理费除高档公寓与别墅外,一般都低于这个数值。以北京为例,眼下买了普通商品房的,每月每平方米要付的物业管理费,北京市规定是:"不得高于 2.5 元。"具体是普通住宅每月每建筑平方米 1.10 元、乙类住宅每月每建筑平方米 1.40 元、甲类住宅每月每建筑平方米 1.65 元,经济适用房每月每建筑平方米 0.5 元(以上标准未含电梯和水泵的运行费、维修费及税金)。而上海的公共服务费一般每平方米建筑面积在 0.30 元到 1.20 元。

当然,如果出现物业管理费比房租高的现象,也应该把它看成是物业管理市场的正常现象。市场化的物业管理收费应该根据市场,根据消费者愿意并能够承受的水平来确定。如果消费者可以接受,愿意接受,同时希望获得更高水平的物业管理服务和更高的享受,物业管理公司完全可以提高价格。

另外,顺便提及房屋租金是否可以抵消物业管理费的问题。一般均认为,房屋租金不能抵消管理费,仅能抵减。房屋产权人委托物业管理单位收取房屋租金的,可以房屋租金抵减物业管理服务收费标准中产权人交纳的费用,如管理费、维修费等。房屋租金超过物业管理费,物业管理单位须返还租金余额,房屋租金不够物业管理费的,产权单位必须补足。

案例 99 物业管理费何时收取?一次能收多少年?

我是一名购房者,所买的房子已于今年8月初完工并通过验收,我也早已将全部房款付清,根据合同规定,应于8月底拿钥匙。在办理入住手续时,开发商告知,须向指定的物业管理公司交齐两年的物业管理费才能入住,我发现物业管理费是从贷款公证日期起计算的,我感到很困惑,请问:

(1) 物业管理费是从贷款公证日期起计算的吗?
(2) 物业管理费能一次收取两年吗?

简要说明:

本案例中问题目前比较常见,也是很多购房人非常关心的有代表性的问题。实际上,北京市对这些问题都有原则性或专门的规定,只是因为宣传和人们的注意力等方面的原因,很多普通购房人才对上述问题模棱两可。

详细评析:

(1) 物业管理费是从贷款公证日期起计算的吗?

根据"谁享用,谁负担"的原则,物业管理公司收取物业管理费应当自其为业主提供物业管理服务时开始,实践中业主缴纳物业管理费是在开发商将其出售的房屋交付给业主时起,即物业管理公司一般以住户办理入住手续时开始计取管理费,也有的物业管理公司是从购房人验收房屋,签字认可后,开始计取物业管理费。如果购房人在购房时,开发商与购房人双方对物业管理费计取另有约定的除外。例如:有的开发商在卖房时承诺免第一年物业管理费,就属于这种情况。

案例中提到的将物业管理费从贷款的公证日期算起没有任何道理,因为假如贷款公证日期比合同规定的房地产商交房日期提前半年的话,业主在办入住手续时也要付这半年的物业管理费,这显然不合理,也没有事实和法律依据,而且还违背"谁享用,谁负担"的原则。如果物业管理公司这样收取费用,业主不但不应该满足这种无理要求,而且可以向您房屋所在区县或者城市物业管理部门投诉,也可以向物价主管部门投诉或向人民法院提起诉讼。

(2)物业管理费能一次收取两年吗?

物业管理费一般应按月、按季度或按年收取,物业管理公司通常不能一次收取两年或多年的物业管理费。这方面不少城市都有规定,如早在1998年,北京市居民小区管理办公室就发布了《关于禁止一次性收取多年物业管理费的通知》(京小区办字[1998]第011号),明令禁止一次性预收多年的物业管理费。

实际物业管理中,一些物业管理公司可能会预收3个月的物业管理费。对于能否预收该费用,一些城市已有规定,如《广东省物业管理条例》第30条就物业管理预付金规定:(业主)入住时,物业管理费用原则上按月收取;但"经约定,可以预收,但预收期限不得超过3个月"。这个规定,可能比禁止预收更符合实际情况,因为业主有时由于出差等原因不能按时缴费,物业管理公司可以用预付金垫付,避免因业主不能按时交纳而对业主进行罚款和收取滞纳金。当然,物业管理公司要预收,就必须经业主同意,如果业主不同意,物业管理公司就不能采取强迫行为。业主与物业管理公司从法律角度上讲属于雇佣关系,雇主只需按月支付工资,没有义务预付。

案例 100 不交物业管理费就不给钥匙的做法合法吗？

2000年8月,刘先生向某房地产公司购买商品房一套,双方签订合同约定,房产公司应于同年10月31日交房。合同附件还约定,如不能按期交房,自同年11月1日起要承担总房价1.2%的违约金。合同签订后,刘先生于2000年10月付清最后一笔购房款。房产公司也给刘出具了入户登记通知单。当刘先生到房产公司处办理入户手续时,房产公司要求刘交付物业管理费,否则不予办理入户手续。刘先生以合同中没有物业管理费一项为由拒绝交纳,由此,房产公司也一直未将房屋交付刘先生。

于是,刘先生将房产公司推上了被告席,要求房产公司履约,并支付违约金。庭审中,房产公司否认违约,称其按时向刘先生发出了入户通知书,刘亦在入户通知书中签字,入户手续完成。按有关政策规定,出售房屋应有物业管理,刘拒办此项手续,拒付物业管理费,故不能将房屋交给刘。房产公司认为,房屋的钥匙之所以未能交付责任在刘一方,因此不存在支付违约金的问题。那么：

（1）不交物业管理费就不给钥匙的做法合法吗？
（2）房产公司是否应向刘先生支付违约金？

简要说明：
不少城市的绝大多数楼盘在交房的时候都有这样的情景：业主去办理入住手续的时候,被告知要找物业管理公司办理。物业管理公司让业主填表、签订物业管理公约、交费、给钥匙等等。如果业主由于某种原因拒绝交费、签约等,有些物业管理公司（或开发商）就会采取不给钥匙的做法。这种做法实际上是不合法的,它既构成开发商对业主的违约,也是对业主权益的非法侵害。

详细评析：

开发商不能以业主未交管理费而不给钥匙。这样做了的话，就应向业主支付违约金。

首先，开发商与购房者是平等的民事主体。业主购买房屋，就与房屋的开发商之间形成了一种房屋买卖关系，房屋买卖合同就是他们之间这种法律关系的反映。根据买卖合同，开发商最根本的权利是收取业主的购房款项，最根本的义务是向业主交付房屋。业主按照房屋买卖合同的约定，向开发商付了全部的购房款，开发商就应该履行其向业主交付房屋的义务。这个履行首先是"自己履行"，房屋买卖合同是业主与开发商签订的，购房款也是交给了开发商，那么开发商就应该自己交付房屋，不能让物业管理或其他机构来履行交付房屋的义务。如果确实有困难，可以让其他机构代理办理入住手续，那么，作为代理人的其他机构不能以自己的名义出现，而只能以开发商的名义交付房屋。同时，这个履行还是"全面履行"，只要业主没有违约情形，开发商就应该向业主交付房屋，不能增加业主的责任与义务，而物业管理公司作为代理交付房屋的机构，只是替开发商完成交房事务，不能在此过程中加入自己的权利内容，增加业主的责任义务。

其次，从法律角度上讲，房屋买卖关系与物业管理法律关系是两种独立的法律关系，不应该互相混淆。不管业主与物业管理公司之间如何，都是物业管理法律关系的内容，与房屋买卖法律关系无关。作为房屋买卖关系当事人的开发商，必须向业主交付房屋，而不能把物业管理法律关系中的内容再强加到房屋买卖关系中来。如果开发商以业主完成物业管理法律关系中的义务作为交付房屋的条件，这就是变相增加业主的合同义务与责任，是不符合《合同法》等法律规定的。

再次，"交物业管理费方可交钥匙"是临时附加的条件，未经购房者的同意，所以对购方不产生任何的效力。如果开发商将交钥匙的义务委托物业管理公司代为履行，而物业管理公司以购房人不缴纳物业管理费为由拒绝交钥匙，也应视为开发商的违约行为。

最后,如果开发商以不交付房屋钥匙相要挟,迫使购房者做出违背其本意的行为,即构成胁迫,这种行为在法律上也是无效的。

本案例中,双方所签的房屋销售合同合法有效,房产公司虽兼有物业管理的职能,但由于在房屋销售合同中未明确物业管理的内容,因此,刘某按约交清了全部房款,房产公司就应按期交房。房产公司以业主未付物业管理费而拒绝交房的行为,违反了双方订立合同规定,构成违约。此外,合同附件更是明确了违约金承担的比例。合同附件与销售合同具有同等效力。因此,房产公司应依法、依约向刘先生交付违约金,并赔偿因迟交住房给刘先生可能带来的损失。

案例 101 发展商要求购房人用美元交纳物业管理费,合法吗?

某购房人2000年购买了一套外销房,到2001年该房建成。购房人支付剩余价款后,要求发展商交付住房,但发展商却声称必须先用美元交付物业管理费,否则不能交付物业。购房人对此感到非常困惑:发展商要求购房人用美元交纳物业管理费,合法吗?购房人能否因此而拒交物业管理费?为什么?

简要说明:

一些来自境外的物业管理公司以自己是境外公司,又雇佣了一批境外人士为由,在物业管理收费单上以美元标价,有地甚至直接以以美元计价结算;还有一些中外合作合资的物业管理公司,或是中外合资的房地产开发公司物业部,也理直气壮地声称他们管理的是涉外物业,当然应用美元标价;很多业主特别是境外业主也认为以美元计价收取物业管理费是理所当然的事,甚至认为以美元计价结算并直接以美元流通也是合法的,等等。实际上,这些物业管理公司和这些认同以美元收费的业主,都犯了违反了中华人民共和国现行外汇管理条例的严重错误。

详细评析：

发展商要求购房人用美元交纳物业管理费是违法的，购房人可以因此而拒交物业管理费。

中华人民共和国国家计划委员会和国家外汇管理局于1994年6月17日颁布的《涉外价格和收费标准、计价管理暂行办法》第二条规定："境内机构（包括境内所有企业事业单位、机关和社会团体）在境内涉外经营活动中，除国家另有规定者外，对价格和收费均应实行以人民币明码标价和计价结算。"

1996年1月29日，中华人民共和国国务院令第193号颁布的《中华人民共和国外汇管理条例》第六条规定："中华人民共和国境内禁止外币流通，并不得以外币计价结算。"

上述办法和条例很清楚地表明，在中华人民共和国的土地上，人民币是当然的法定流通货币，任何外来货币的流通都要受到中华人民共和国外汇管理条例的约束。因此，一些物业管理企业明码标价以美元收取管理费的做法是不符合法律规定的。

对于违法的收费行为，作为中华人民共和国的公民，当然应当予以坚决抵制，在拒绝缴纳物业管理费的同时，还应积极通过正常的方式向有关部门反映。

案例102 房子存在质量缺陷，业主能否拒交物业管理费？

李先生期盼已久的房子最近终于入住了，可他却高兴不起来。因为房子存在着质量问题：卫生间渗水、墙面有裂缝、门窗歪斜。李先生找开发商和物业管理公司后，他们只是把裂缝补了补，渗水及门窗歪斜问题还存在，严重影响了李先生的使用。所以，李先生不准备再付物业管理费了，请问这种做法是否合理合法？

简要说明：

李先生的做法显然是不合理、不合法的,房屋质量问题是由开发商造成的,不属于物业管理公司负责的范畴。目前,由于种种原因,物业管理公司与开发商之间可能存在着某种联系,以至于拒付物业管理费的情况在情理上显得可以理解,但这并不能够真正解决问题。我们该做的还是理清它们间的法律关系。

详细评析：

首先需要明白的是：物业管理与房屋买卖是两种不同的独立的法律关系,物业管理公司与开发商是两个不同的企业法人,购房人一般不应该因为开发商的问题而拒绝向物业管理公司交付物业管理费。购房人只要实际接收了物业,在占用、使用该物业的过程中已经享受了服务,就必须向物业管理公司支付费用。对于房屋质量缺陷,购房人可以另行与开发商协商维修及赔偿的问题,如果保修服务可以解决的,通过保修服务解决。通过保修服务解决不了的问题或者其他非保修方面的问题,应该由开发商负责解决。开发商应该按照国家法律、法规、合同约定等,承担相应的民事责任。

此问题出现的背景主要是：第一,一些开发商在盖完房子后摇身一变,直接成立个物业管理公司管理自己的楼盘；有些楼盘的开发商,干脆连物业管理公司都不成立,只是组建自己的物业管理部来提供物业管理服务。第二,很多开发商在广告中,将物业管理作为一个卖点,有些在促销活动中,还将优惠、免收物业管理费作为一种促销手段,甚至将物业管理费、物业管理服务的条件、标准、内容等写入了房屋买卖合同。这就足以使广大的业主认为,物业管理活动是房屋建设、销售的一部分。既然这样,业主往往认为,自己在入住后的抗争当然就可以针对着物业管理公司。第三,目前物业管理行业发展不完善,真正市场化竞争与运作、发展的格局没有形成,很多物业管理公司往往极度依靠开发商,与开发商有千丝万缕的联系,业主只能将开发商与物业管理公司理解为是一回事、一套人马两块牌子,等等。

在物业管理法律关系中，业主应该向物业管理公司给付物业管理费，业主是债务人，物业管理公司是债权人；而在房屋买卖关系中，由于前期的质量问题或其他问题，开发商应该向业主给付赔偿或者补偿等，业主是债权人，开发商是债务人。虽然两者法律关系不同，但如果物业管理公司确实是开发商的一个部门或者有其他的资产纽带关系，那么，当物业存在的质量问题确属严重到可以解除合同的程度时，业主应该可以拒交物业管理费，这实际上可以理解为一种债务的抵消。不过也有一些律师认为，这种情况下，购房人以拒交物业管理费来"抗辩"情理上虽然可以理解，但这种"抗辩"不属于合同法的同时履行抗辩权或不安抗辩权，购房人无权行使。

另一种情况是，如果物业管理公司与开发商确实是单纯的、互不相干的两个民事主体，则他们之间是相对独立的，互相之间不应为对方承担民事责任。业主不能要求物业管理公司为开发商前期的建设质量等问题负责，因此不能提出以物业管理费抵消前述遗留问题产生的损失，应该按照合同约定向物业管理公司交付物业管理费，否则，就是业主自己违反了物业管理合同，就可能既解决不了房屋质量问题，还可能因此受到物业管理合同的制裁。

案例103 房子我没住过一天，为什么让我交物业管理费？

王小姐两年前在郊区买了一套房子，1年前开发商通知王小姐入住，王小姐考虑自己不常去住，自己又一直忙，所以就一直没有去办理手续。最近，开发商聘请的物业管理公司多次通知王小姐，要求王小姐补交1年的物业管理费、利息及滞纳金。王小姐不明白，这房子她一天都没有住，也没有办理手续，为什么要交1年的物业管理费、利息及滞纳金？

简要说明：

与本案例类似的情况还有一些，如某外销房的购房人买房后

3年都在国外,被要求补交近10万人民币的物业管理费;某人因工作关系一年不能住房子,物业管理公司要求其支付1年的物业管理费,等等。这些情况无论从道理上,还是法律上看,相关责任人交付物业管理费及相关费用都是应当的。

详细评析:

尽管住房王小姐一天都没有住,也没有办理手续,但王小姐仍然应当交纳1年的物业管理费、利息及滞纳金:

第一,这里所说的物业管理费严格意义上是公共性服务收费,像保安、清洁、绿化、公共部位和公共设施的维修等,都是为整个楼宇、整个小区服务的,即使某位购房人没有居住,他(她)的房产也享受到了因这些服务而带来的保值和增值,他(她)理当为这些保值和增值承担相应的费用。

第二,公共性服务的特性类似于公共物品,一般没有排他性。也就是说,不管某位或某些购房人是否居住,或者多居住几户、少居住几户,基本上都不影响这些服务的提供,包括其质量和数量,例如,保安不会因此少几个,清洁不会少几次等,也就是说,某位或某些业主是否居住,对物业管理公司的成本开支而言,基本没有什么实际意义。

第三,如果某些购房人以自己不在住房内居住为由而拒绝交纳物业管理费,从表面看好像是业主和管理处或物业管理公司之间的事,只是侵害了物业管理公司的合法权益,与他人(其他业主)没有利害关系,但从深层次看,其实质是损害了小区全体业主的合法权益,侵占其他业主的共同利益。因不按期交纳或拖欠物业管理费的业主,他同样享用其他业主交付的物业管理费所提供的物业管理服务。如果不按时交纳或不交纳拖欠物业管理费,将造成因物业管理费不到位,影响物业管理服务水准,导致小区建筑物及配套设施、设备及公共场所(地)的日常维修和养护不能正常进行,其结果影响了建筑物及配套设施、设备的正常使用功能,最终导致建筑物的配套设备、设施的加速老化,直接损害了绝大部分业主的合法权益和共同利益。

第四，物业管理公司收取物业管理费并不以业主是否真的入住为标志，而以业主及其物业是否接受了物业管理服务为条件。有些地区，如《深圳经济特区住宅区物业管理条例》实施细则第三条明确规定："《条例》所称入住，是指入住人收到书面入住（入住）通知后并办理相应手续；入住人收到入住（入伙）通知后在限定期限内不办理相应手续的，视为入住。"少数购房人存在这样一个误区，他们认为只要付清房款，拿到产权证就可以了。至于办理入户手续并不十分重要，以至于在收到物业管理公司发出的入住通知书，请其办理入住手续时，往往置之不理，他们的理解是，房子暂时不去住，若是办了入住手续即要支付物业管理费，开销不小，不如等住进去以后再办。这就是一个误解。其实只要开发商及时有效地对购房人发出了入住通知，购房者在签订合同认可交房时间后，超过规定期限或者不管购房人是否去居住、居住频率如何，原则上讲，都要支付物业管理费。同时，物业管理公司要求业主缴纳滞纳金也是有依据的，因为委托合同一般都会有这样的规定，有关法律对此也认可。

当然，业主如果没有居住，则户内小修费等因居住才会发生的费用，物业管理公司是不应收取的。这时，业主可以与物业管理公司进行协商，以求适当减免。

案例104　开发商在自己开发的房屋没有销售完毕前交不交物业管理费？

某几位业主在谈及交纳物业管理费时认为，开发商声称在房屋没有销售完毕前自己是小区物业的大业主，有权首次聘用物业管理公司。而作为业主，交纳物业管理费是其应尽的义务，因此，开发商也应当交纳物业管理费。那么，是否像这几位业主所言，在自己开发的房屋没有销售完毕前，开发商也应该交纳物业管理费？

简要说明：

案例中所提到的问题，目前我国还没有统一的规定。各地的处理方式也略有不同。北京市目前也还没有明文规定，但从行业惯例来看，开发商的空置房都交纳物业管理费。

详细评析：

开发商的空置房交不交管理费，目前我国还没有统一的法规予以确定，不同的城市有不同的做法，如上海市物价局发布的(1997)第346号《关于规范住宅管理的空置、代理经租、办理入住手续等收费问题的通知》，第二条"关于商品住宅空置费"规定，新建商品住宅未实现销售的部分，应由住宅出售（产权）单位按所占建筑面积比例向物业管理企业缴付全部或部分物业管理服务的各项费用。明确规定开发商的空置房也要交纳物业管理费。

《广东省物业管理条例》中也明确规定："建设单位未售出的空置物业应当分摊物业管理、维修费用，分摊比例应当不低于收费标准的50％，但不得因此而增加其他业主的负担。"

北京市目前还没有明文规定。但从行业惯例来看，开发商的空置房都交纳物业管理费。至于交纳物业管理费的多少，按照《房屋使用、管理、维修公约》中确定的标准执行，在执行过程中五花八门，有的开发商不交任何物业管理费，有的承担50％的管理费。

我们认为，开发商为空置房交纳物业管理费可以从以下方面找到根据。

第一，如果有没有销售出去的空置房，开发商就还是业主。从民法角度讲，开发商享有业主享有的一切权利，即对房屋可以占有、使用、收益、处分；从物业管理的角度上讲，开发商名下的房屋虽然空置，但也与其他业主的物业一样同时得到物业管理服务，例如说保安、绿化、水电管路维修保养等。有了物业管理服务，开发商的物业才会保值增值，才会继续得到消费者的欢迎，因此，开发商应当为此向物业管理公司支付费用。

第二，发展商的房屋卖不出去，长期空置，物业管理企业如果不收费,就必然会把这部分物业管理服务的成本摊到其他业主的头上,这对其他业主而言显然是不公平的。

第三,从物业管理服务收费成本构成上看,对未销售商品住宅协商收取全部或部分费用的规定是合理的。根据建设部《城市住宅小区物业管理收费暂行办法》的规定,物业管理服务收费的成本构成包括人工费、公共设施设备运行维护费、绿化管理费、清洁卫生费、保安费、办公费、固定资产折旧费以及法定税费。未销售空置商品住宅的所有人,即开发商并未享受物业管理公共性服务的所有服务,因此其应纳的物业管理服务费亦可合理减少。

案例 105 买房送物业管理费,是否合理合法?

某城市一家房地产开发商在传媒上发布了这样一条极具煽情的广告,赫然提出:"首100家业主,免终身物业管理费"。不久,这家开发商继续跟进造势,在媒体上再发广告:免物业管理费的轰动之举"又准又狠","开盘10天成交200套";还仔细为"抢先认购"的业主们算了一笔账:以单位面积75平方米为例,50年总共可免交物业管理费56.25393万元,相当于不用花钱白得两套相同的高档住宅。那么,物业管理费真的能终身免除吗?

简要说明:

本案例中的情况目前在我国不少城市都比较多见。类似的案例还有:一些项目在房地产的广告版中声称"永远不收电梯费"、"免年管理费";还有一些发展商是这么规定的,如果购房客户是学士学位,则免一年物业管理费;如果是硕士,则可以免两年;以此类推,如果是两院院士,最高可以免五年的物业管理费,等等。实际上,这种做法是不合适的。

详细评析:

坦白地讲,现行的有关规定中并没有强制性禁止销售中赠送物业管理费的做法,但我们认为,一般来说,买房送物业管理费或买房免物业管理费既不合法,也不合理,而且可操作性也成问题。

首先,买房送或免物业管理费不合法也不合理。

第一,免收物业管理费的承诺隐含欺诈性。免收物业管理费的承诺对承诺期内物业管理费用的免收进行了保证,但不保证物业管理的质量。有些发展商的前提是让他管理物业就送,并没说达到什么标准。一段时间后,物业管理亏本,他管理就会粗糙。如果他管不好,或故意管不好,让业主炒掉,就不会再送。即使把广告承诺写进合同,也没有办法。因为是业主炒他,不是他不管。另外,在开发商的承诺中,承诺期内物业管理的费用及标准为多少是不明确的,而这些恰恰是合同中应该明确的关键内容。

第二,国家工商行政管理局在1996年12月30日发布的《房地产广告发布暂行规定》第三条指出:房地产广告必须真实、合法、科学、准确,符合社会主义精神文明建设要求,不得欺骗和误导公众。第十九条指出,房地产广告中涉及物业管理内容的,应当符合国家有关规定;涉及尚未实现的物业管理内容,应当在广告中注明。开发商对小区物业管理公司的选聘权只有两年期限,如果超出法定期限进行承诺,第一不现实,属于无效承诺;第二是侵犯了后面的物业管理公司、业主委员会和全体业主的权益。即使后面的物业管理公司和业主委员会认可开发商的早期承诺,也是对大多数业主权益的侵害。因为管理费的收支就是用大家的钱办大家的事,不允许少数人享受"免费午餐"。

第三,物业管理费不完全是物业管理公司的收入,其中很大的一部分是要投入各种消耗。一般住宅小区,其物业管理的收费标准是相对固定的。如果有一部分业主免缴物业管理费,物业管理费总额要么就会减少,相应地用于管理和服务的款项就会有所削减,提供的物业服务也会相应减少;要么部分免收的管理服务费用最终摊到了其他业主头上,这对按时缴纳物业管理费的业主来说,是有失公允的。

第四,物业管理费是管家用来养房、服务的钱。合理收取物业管理费天经地义，它不仅为绝大多数业主所理解和接受，而且已明确载入国家有关条例和规定之中。目前国际上公认的物业建设费和管理费之比是1:3.5到1:4，而在我国即使以最高物业管理收费标准计算也只有1:1.05。物业管理经费保障水平过低，不仅会影响业主的生活质量和生命财产安全，而且会使物业本身出现功能障碍而影响其寿命。在这种情况下，这组广告还提出要为100家业主免终身物业管理费，并计算出每家可免56.25393万元，仅这一项就要免收5625.393万元，可以说这是完全不可能的。如果说开发商愿意掏这笔巨款，那么"羊毛出在羊身上"，他必然要加大售楼的价格，钱最终还是要由所有买楼的业主来出。如果这种承诺只是一个促销手段，从一开始就没有去想怎么兑现，那么就是欺诈，就是商业陷阱。

第五，根据法律规定，居住小区已交付并且入住率达到50%以上时，应当成立业主管理委员会。业主管理委员会将决定物业管理企业的续聘或解聘。即业主们有权选择自己满意的物业管理企业，这也是业主的一大民主权利。如果物业管理费由开发商代交，甚至于和自己的物业管理公司内部消化，业主们可能失去这一自主选择管家的权利。这实际上是对业主和业主委员会自治管理权利的不尊重，也是对国家有关政策法律的挑战。

其次，买房送或免物业管理费操作性差。

第一，开发商所提出的三年、五年甚至终身免费享受物业管理服务的承诺实际上是无法实现的。业主要想在开发商的承诺期内享受到免费的物业管理服务，必须以牺牲自身的自治自主权为代价，这种"牺牲"的结果，自然就谈不上什么"享受"。在开发商的承诺期内，业主如若行使正常的权利改聘另外的物业管理公司，新的公司要生存就要有收入，肯定是要收费的，这就不免要发生纠纷。

第二，赠送物业管理费的一种做法是开发商按照现行的物业管理费的标准，一次性将多年的费用替业主交清，并开具发票。以物业管理费每月每平方米1元为例，如果100平方米的房子免10

年,合计 $1 \times 100 \times 12 \times 10 = 12000$ 元。实际上,物业管理费的收取标准需要不断调整,也许三五年后就不能适应当时的实际情况。如果提高收费标准,业主是否要补交物业管理费,如果标准降低,能否再退还一部分费用,这些都容易引起争议。

第三,长期以来存在开发商补贴管理费的现象,但这并非法律行为和合同行为。依靠开发商长期或无限期补贴管理费是不现实的。开发商是企业,企业有法定的经营期限,谁能保证自己的企业存在 50 年而不发生变化?即使开发商现在就与物业管理公司签订了明确的补贴物业管理费协议,并且又有将补贴的物业管理费真正进入专项存储的手段,也不可能解决今后几十年内因物业管理费而产生的一切问题,只能造成管理混乱。

案例 106　个别业主能否以未签物业管理合同为由拒交物业管理费?

某花园住宅小区某栋,于 2000 年 6 月经综合验收合格交付业主使用。该楼共有业主 150 户,2000 年 8 月,该楼 148 户业主与某物业管理公司签订了《物业管理合同》,委托该物业管理公司进行物业管理。而另外两户以未签《物业管理合同》为由,从 2001 年 1 月起拒交物业管理费,同时拖欠水电、卫生、消防等费用,物业管理公司多次催交无效,遂将这两户告上法庭。请问,个别业主能否以未签物业管理合同为由拒交物业管理费?

简要说明:

这个问题在生活中是比较常见的,也是人们比较关心的。根据有关法规的规定,我们认为,个别业主不能以未签物业管理合同为由拒交物业管理费。

详细评析:

我们认为,个别业主不能以未签物业管理合同为由拒交物业管理费。

第一，物业管理委托合同属于集体合同，是物业管理公司与业主的代表——开发建设单位或业主管理委员会签订的，而不是与某单个业主签订的。物业管理合同应该是物业的产权人与物业管理公司订立的合同，但由于物业的产权人是一个分散的群体，很难达成统一的认识，因此，物业的产权人一方的意见是由物业管理委员会（即由业主组成的业主委员会）来代表的，物业管理委员会是物业的产权人选举产生的，产权人在选择物业管理委员会代表其订立物业管理合同时实际上就意味着放弃其单独对外选择物业管理公司的权力，代之以由物业管理委员会来代理行使这项权力，当然物业管理委员会的选择也是多数小业主的选择，很难说是每一位小业主的选择。业主委员会所代表的是一种集合的意志，从这个意义上说，物业管理合同在某种程度上具有集体合同的特征。需要说明的是，作为集体合同，它只能代表大多数业主或使用人的意志，而不可能代表所有业主或使用人的意志。正因为这样，有些业主或使用人会感觉到合同的某些条款对自己明显不利，也有些业主或使用人会认为某些合同条款并不是自己意思的表示，因而有意或无意地去破坏或不执行合同。

第二，住宅房屋具有物业（公共部位、共用设备设施）不可分割和管理服务共享的特殊属性，不因个别业主不签《物业管理合同》，而使整个小区（楼栋）都不参加物业管理。本案例中某小区150位业主中有148位已经签订物业管理委托合同，实际上已经代表了绝大多数业主，甚至可以说，委托某物业管理公司管理实际上就是全体业主的意志，是业主管理委员会的意志，因此，个别业主以自己没有签订委托管理合同为由拒绝交纳物业管理费，其理由是站不住脚的。

第三，物业管理公司对被告住宅楼公共部位和共用设施设备提供的管理维修保洁、代收发报刊信件、代收缴杂费、物业档案管理等一系列服务，双方已经形成事实上的合同关系，被告理当履行交纳管理服务费的义务，并应承担相关利息、滞纳金及诉讼费用。

第四，案例中的业主不但拖欠物业管理费，而且同时拖欠水电等费用，更是错上加错。一般来说，水电等并不是物业管理公司供应的，物业管理公司只是管理者，只是水电费用的代收代缴者，使用了水电供应部门的水电（构成行动合同），支付相关费用是理所当然的事情，拒绝交纳水电费实际上又违反了水电供应服务合同，业主更不能以没有签订物业管理委托合同为由来拒绝交纳。

案例107 物业管理公司单方面决定增加物业管理费是否可行？

某商住楼业主刚刚入住不到半年，就常发生失窃事件。为了加强治安管理，物业管理公司又增加了治安护卫员，进行24小时巡逻，同时贴出告示，告知全体业主（住户），将每户的物业管理费提高。物业管理公司在事先未征求业主意见的情况下，自己做主将物业管理费提高，一些业主对此十分不满，甚至出现拒交物业管理费的现象。那么，物业管理公司能否单方面增加物业管理费？

简要说明：

这是物业管理中较常见的问题。我们认为，物业管理公司单方面决定提高收费标准是欠妥当的做法，应该通过更加适当的方式进行。

详细评析：

我们认为，物业管理公司在未征求业主或业主委员会同意的情况下，单方面自行决定提高管理服务收费标准，做法是欠妥的。

首先，我国没有对商住楼之类的房屋物业管理费标准做出统一的规定，一般都是在物业管理招投标的过程中，由招投标双方确定后报送当地物价局审核，一旦物价局定出指导价或予以确认后，物业管理公司就应当按照与业主及物价局共同认可的收费标准收费。因为物业管理服务定价涉及物业管理公司及业主或使用者的切身利益,直接影响到物业管理能否顺利进行。因此,一旦计费项目和标准为业主接受后,就应保持相对稳定,至少应保持两年左右不变。

其次,由于业主(或使用者)收入水平将逐渐提高;观念也将不断更新,接受物业管理和支付物业管理费的能力得到加强;物业管理水平和服务质量有了很大提高;加之社会经济环境的变化(如通货膨胀)等等,物业管理服务价格也不可能长期不变。所以,管理服务价格允许有一定的灵活性,一段时间后(如两年后),物业管理公司可以对该价格作适当的调整,但前提必须是在与业主或业主管理委员会充分协商的基础上进行,而不能擅自对物业管理收费标准进行修改。

再次,本案例中,业主入住不足半年物业管理公司就要调整物业管理费,这表明管理者在制定大厦管理预算方面不够完善,原因可能是物业管理公司未能准确估计大厦的真实开支,以至因为估计过低而出现赤字,也有可能物业管理公司未能预计到一些特殊的支出。但不管怎么样,都是物业管理公司自己的管理经验或决策失误造成的,这种失误带来的后果只能由物业管理公司自己承担,物业管理公司决不能因此擅自提高价格或者降低服务标准。

最后,虽然有些地区管理公约明确规定物业管理公司通过成本核算,发现管理费收入确实不足,支出超出收入时,物业管理公司有权增加管理费,但在增加管理费时,应召开业主委员会,通报情况,征求意见,在获得同意的情况下实行。上述案例中业主才入住半年之久,大厦可能还未成立业主委员会,此时物业管理公司应当通过其他途径征求业主意见,而不能独断专行。在得到业主或业主管理委员会同意的前提下,报送物价及房地产行政管理部门审批。获得批准后,物业管理公司还应张榜公布,并要在政府物业管理相关部门备案。

案例108 垃圾清运费、垃圾处理费该不该交？

我是北京的一个市民。最近我购买了一套内销商品房，在办理交房手续时，物业管理公司向我收取了物业管理费、维修基金和垃圾清运费等费用，后来居委会又向我收取了垃圾处理费。对此，我有疑问，我不一定装修房屋，物业管理公司既然已经收取了保洁费，为什么还向我收取垃圾清运费？居委会收取的垃圾处理费到底是做什么的？

简要说明：

本案例中提到的装修房屋垃圾外运费、保洁费、垃圾清运费和垃圾处理费只是北京的收费项目。从案例中可以看出，这位读者实际上是对这些收费存在误解。

详细评析：

（1）装修房屋垃圾外运费

根据北京市物价局、北京房屋土地管理局1997年颁布的《北京市普通居住小区物业管理服务暂行办法》的规定，装修房屋垃圾外运费是针对业主装修新居而一次性收取的费用，费用标准为20元/自然间，服务内容是清运因室内装修而产生的建筑垃圾，服务标准是日产日清。需要说明的是，如果住户在入住时明确表示不装修并作出书面承诺，或者住户承诺自运，物业管理公司是不能收取这项费用的。

（2）保洁费

收取依据同上规定。物业管理费中的保洁费是用于小区内日常保洁服务所需的费用，由住户向物业管理公司按月交纳，每月每户的标准大致在2～5元之间，具体标准由各区县物价部门制定。其服务内容为楼宇内公共部位及小区内道路环境的日常清洁保养；服务标准是：道路每天一清扫，垃圾每天一清运，楼梯及扶手每天清扫、擦拭一次,院内道路、庭院绿地废弃物及时清理。

(3) 垃圾清运费

根据北京市物价局、财政局颁布的《关于调整委托清运垃圾托运费及垃圾消纳场管理费收费标准的通知》京价收字 1999 第 253 号的规定:居民生活垃圾外运费为每户每年 30 元,由产权人向环卫局交纳,可由物业管理公司代收代缴。服务内容是环卫部门从小区垃圾中转站将垃圾运到垃圾消纳场。

(4) 生活垃圾处理费

根据北京市人民政府办公厅 1999 年第 68 号文件《北京市人民政府办公厅关于转发市环卫局等部门制定的北京市征收城市生活垃圾处理费实施办法(试行)的通知》的规定:本市居民应交纳生活垃圾处理费,标准为每户每月 3 元,按规定应办理暂住证的来京人员,每人每月 2 元。费用由街道办事处和乡、镇人民政府收取,可委托居委会收取,该费用主要用于城市生活垃圾的处理。

案例 109 业主为物业管理公司交纳税金合法吗?

我是北京某小区的一名业主,最近我听说在我们每年交纳的物业管理费中,有不少是用来交纳"税金"的。请问,我们为物业管理公司交纳税金合法吗?或者说物业管理企业的税金是否应包括在物业管理费中?

简要说明:

物业管理企业所收的物业管理费中,应该包含营业税。物业管理公司不能以交纳税金为由,把所得税等税金转嫁给普通消费者。

详细评析:

本案例中问题的实质是物业管理费中是否应包括税金,我们认为,这个问题的答案应该是肯定的。

第一,国家计委、建设部1996年颁发的《城市住宅小区物业管理服务收费暂行办法》中第八条明确规定:住宅小区公共性服务收费的费用构成应包括八个部分:(1)管理、服务人员的工资和按规定提取的福利费;(2)公共设施、设备日常运行、维修及保养费;(3)绿化管理费;(4)清洁卫生费;(5)保安费;(6)办公费;(7)物业管理单位固定资产折旧费;(8)法定税费。可见,在全国来说,法定税费都是物业管理企业的成本构成。

第二,《国家税务总局关于物业管理企业的代收费用有关营业税问题的通知》(国税发[1998]217号)规定,物业管理企业代有关部门收取水费、电费、燃(煤)气费、维修基金、房租的行为,属于营业税"服务业"税目中的"代理"业务,因此,对物业管理企业代有关部门收取的水费、电费、燃(煤)气费、维修基金、房租不计征营业税,对其从事此项代理业务取得的手续费收入应当征收营业税。维修基金,是指物业管理企业根据财政部《物业管理企业财务管理规定》(财基字[1998]7号)的规定,接受业主管理委员会或物业产权人、使用人委托代管的房屋共用部位维修基金和共用设施设备维修基金。

第三,北京市地方税务局1997年8月26日发布的《北京市地方税务局关于对物业管理服务业务征收营业税问题的通知》(京地税营97386号)中对税费征收和税率进行了明确规定:除物业管理单位代供热单位、自来水公司、供电局、煤气公司和有线电视台收取暖气费、水费、电费、燃气费、有线电视收视费后,与上述委托单位实际结算发生额外,对其从事物业管理服务取得的其他全部收入(含规定收费标准基础外各种加收金额),应按照服务业税目5%税率计算征收营业税。

第四,1997年北京市物价局和北京市房屋土地管理局颁发的《北京市普通居住小区物业管理服务收费暂行办法》第12条规定:"本办法规定的收费标准中不含营业税。凡按国家有关规定需交纳营业税的,物业管理单位可在本办法规定的收费标准基础上加应纳税金向产权人收取。"除营业税外,物业管理企业另有其他几项税金,须从其利润中支取。

根据上述四个方面,物业管理企业所收的物业管理费中,是应该包含营业税的,但物业管理公司不能以交纳税金为由,把所得税等税金转嫁给普通消费者,否则就违反了上述的法规规定。

案例110 业主能以物业管理公司管理不善为由拒交物业管理费吗?

某住宅小区业主入住时与某物业管理公司签署了前期物业管理公约,并交纳了三个月的物业管理费,自那以后,该业主就一直以物业管理公司管理不善等理由拒付物业管理费以及部分保洁、保安费,物业管理公司在多方解释调解不成的情况下,向法院提出起诉。那么,业主能否以物业管理公司管理不善为由拒交物业管理费吗?

简要说明:

本案例中出现的拖欠物业管理费用的问题、试图通过拒交物业费来解决物业管理中存在问题的情况都是很常见的。但是显然这两种情况都是不适当的,要解决问题不能采取这样的方式方法。

详细评析:

一般情况下,本案例中的被告业主应交付拖欠物业管理公司的物业管理费和保洁保安费,同时还要按前期管理公约的规定支付拖欠款的利息及滞纳金。

(1) 按时缴纳物业管理费是业主应尽的义务

物业管理公司是企业,其工作开展需要一定资金保证,它的经费来源主要是靠收取业主的物业管理费,因此,作为业主来讲,应遵守前期物业管理服务协议,按时缴纳物业管理费,否则物业管理公司由于经费不足,将无法开展管理服务工作,或者导致管理服务水平真的有所下降。换个角度看,部分业主不交物业管理费、保洁保安费,不仅违反了与物业管理公司的约定,实际上也侵犯了其他正常支付物业管理费的大部分业主的权益。

(2)业主有意见,可以通过正常的渠道来解决

一个小区,可能居住着成百上千户业主,物业管理公司一般不可能让每一个业主都非常满意,因此,部分业主对物业管理公司有意见也比较正常。问题的关键是,业主有问题及意见,应该"桥归桥,路归路",要按照有关规定向物业管理公司反映,向业主委员会反映(甚至向政府行政主管部门反映),必要时由业主委员会向物业管理公司下达整改通知。如果物业管理公司接到通知后仍不认真改正,那么业主委员会有权提前解聘和辞退物业管理公司,如果物业管理公司不理,可依法诉讼,讨回公道。作为个别业主,不能用自己的观点来看物业管理公司的服务质量好坏,更不能因此拒绝交纳物业管理费及其他费用。

(3)事先有承诺,要按照承诺办

如果物业管理公司为了表示自己的服务周到,向业主发出书面承诺:"如果服务不周到(需有具体标准)时,业主可以拒绝缴纳物业管理费。"并把承诺作为前期物业管理服务协议的补充条款,那么,如果业主确实感到服务质量不高或管理不善,并且确有证据,可以按照承诺办,拒缴物业管理费。

案例111 维修基金应由谁收取? 归谁所有?归谁管理使用?

我是一个普通的商品房购买者,开发商在收取我的房价款的同时,要求我按购房价款的2%缴纳一笔有关物业管理方面的收费,说是维修基金。这2%的收费对于我来说,还是一笔很大的开支,我不明白:这笔维修基金用处何在?以后归谁所有?由开发商收取这笔经费合法吗?维修基金由开发商管理,还是由物业管理公司来管理?

简要说明：

本案例中提及的几个问题，都是我们平时缴纳维修基金的时候就比较关心的问题，对于这些问题，国家有相关的规定。

详细评析：

本案例中的问题，涉及维修基金的政策问题，我们根据国家的有关规定予以解答。

(1) 维修基金是用于住房共用部位与共用设施设备大修理、更新、改造的基金

建设部《住宅共用部分共用设施设备维修基金管理办法》(建住房[1998]213号) 第二条规定，在直辖市、市、建制镇和未设镇建制的工矿区范围内，新建商品住房(包括经济适用住房，以下简称"商品住房")和公有住房出售后的共用部位、共用设施设备维修基金的管理，均适用本办法。该办法第四条规定，凡商品住房和公有住房出售后都应当建立住宅共用部位、共用设施设备维修基金(以下简称"维修基金")。维修基金的使用执行《物业管理企业财务管理规定》(财政部财基字[1998]7号)，专项用于住宅共用部位、共用设施设备保修期满后的大修、更新、改造。

(2) 维修基金应归全体业主所有

维修基金与物业管理服务费有本质区别，物业管理服务费是业主对物业管理公司服务所支付的酬金，归物业管理公司所有；而维修基金是房产所有人对小区内共用部位、共用设施和设备进行正常维修保养所提供的资金。维修基金来自所有业主，其所有权归所有业主。建设部《住宅共用部分共用设施设备维修基金管理办法》(建住房[1998]213号) 第五条和第六条规定，商品住房销售时，售房单位代为收取的维修基金属全体业主共同所有，不计入住宅销售收入；公有住房售后的维修基金来源于两部分，第一部分由售房单位按照一定比例从售房款中提取，该部分基金属售房单位所有，第二部分由购房者按购房款2%的比例向售房单位缴交

维修基金。售房单位代为收取的维修基金属全体业主共同所有,不计入住宅销售收入。本案例中属购买商品房,因此,维修基金既不属于购房者个人,也不属于开发商或物业管理公司,而是属于小区的全体业主共同所有。

(3) 维修基金由售房单位(如开发商)收取

建设部《住宅共用部分共用设施设备维修基金管理办法》(建住房[1998]213号)第五条和第六条规定,商品住房销售时,售房单位代为收取维修基金;公有住房售后维修基金一部分由售房单位按照一定比例从售房款中提取,另一部分由购房者按购房款2%的比例向售房单位缴交。本案例中购房者购买的是商品房,因此,应向开发商交纳。当然,也有人认为由开发商代为收取维修基金不合理而且存在风险。其理由有二,第一,开发商一般不进行物业管理,收取维修基金不合适;第二,从安全性方面讲,没有人敢保证发展商对于收取业主的这一大笔维修基金能妥善保管。我们认为,由开发商收取,可能更有效率、更方便、更实际、否则应由谁收取呢?

(4) 维修基金最终应归业主管理委员会管理使用

国家建设部于1998年11月颁布的《住宅共用部位共用设施设备维修基金管理办法》规定,维修基金应该由售房单位代收并存入维修基金专户,在业主办理房屋权属证书时售房单位应当将代收的维修基金移交给当地房地产行政主管部门代管;业主委员会成立后,经业主委员会同意,房地产行政主管部门将维修基金移交给物业管理企业代管;物业管理企业代管的维修基金,应当定期接受业主委员会的检查与监督;业主委员会成立前,维修基金的使用由售房单位或售房单位委托的管理单位提出使用计划,经当地房地产行政主管部门审核后划拨;业主委员会成立后,维修基金的使用由物业管理企业提出年度使用计划,经业主委员会审定后实施;维修基金不敷使用时,经当地房地产行政主管部门或业主委员会研究决定,按业主占有的住宅建筑面积比例向业主续筹;物业管理企业发生变换时,代管的维修基金账目经业主委员会审核无误后,应当办理账户转移手续;账户转移手续应当自双方签字盖章之日起10日内送当地房地产行政主管部门和业主委员会备案;业主转让房屋所有权时,结余维修基金不予退还,随房屋所有权同时过户;因房屋拆迁或者其他原因造成住房灭失的,维修基金代管单位应当将维修基金账面余额按业主个人缴交比例退还给业主。

关于维修基金的监管,有人提出两条建议,我们可以参考:建议之一,组建托管机构。其理由是,物业管理企业在被解聘或合同期满后,扣压维修基金的现象已有发生,因此,政府主管部门应指导组建维修基金托管机构——如各区的物业管理协会,由该机构统一保管本行政区域内的商品房维修基金;同时授予该机构一定的监管职能,对业委会在管理和使用维修基金过程中有不合法行为的,有权行使止付权。建议之二,委托专业公司。①维修基金的使用聘请专业财务公司操作,由业委会进行监督,并请专业的审计单位对财务公司进行审计。②请政府有关部门对业委会成员进行这方面的专业知识培训。

(参考《申江服务导报》)

案例112　19万元维修基金该不该用?

某小区第一批业主入住时间为1995年8月,1996年5月成立了业主委员会,1996年11月初,开发商自己成立的物业管理公司,将代收的378户购房业主缴纳的房屋维修基金移交给业主委员会,基金总数154万元,移交时物业管理公司扣除了19万元,并称这笔钱用于小区绿化补种、交通车的修理、CATV改造、避雷装置检修等等。对于这笔经费支出,业主委员会与物业管理公司有着不同的观点,争论的焦点是19万元维修基金该不该用?

简要说明:

我国关于维修基金的性质与支付范围、维修基金的使用时间都有明确的规定。这一案例中涉及的问题在其中都可以找到答案。就本案例来说,物业管理公司不应该使用19万元维修基金。

详细评析:

我们认为,19万元维修基金不应该使用。

第一,维修基金的性质与支付范围。根据建设部、财政部1998年11月颁布、自1999年1月1日起开始施行的《住宅公共部位共用设施设备维修基金管理办法》(建住房98213号)规定,维修基金是住宅共用部位、共用设施设备维修基金的简称。专项用于住宅共用部位、共用设施设备保修期满后的大修、更新、改造。财政部《物业管理企业财务管理规定》(财基字[1998]7号)同时指出,房屋共用部位维修基金是指专项用于房屋共用部位大修理的资金。房屋的共用部位,是指承重结构部位(包括楼盖、屋顶、梁、柱、内外墙体和基础等)、外墙面、楼梯间、走廊通道、门厅、楼内存车库等。共用设施设备维修基金是指专项用于共用设施和共用设备大修理的资金。共用设施设备是指共用的上下水管道、公用水箱、加压水泵、电梯、公用天线、供电干线、共用照明、暖气干线、消防设施、住宅区的道路、路灯、沟渠、池、井、室外停车场、游泳池、各类球场等。本案例中,绿化补种及交通车的修理显然不属于维修基金开支的范围,而只能从物业管理费中支出。

第二,维修基金的使用时间。有关规定指出,在两年的住宅保修期内,任何单位不得使用维修基金,更不能用房屋维修基金来支付共用部位、共用设施设备的修理。这期间的修理、更新和改造费用应由开发商或施工单位负责。本案例中的CATV及避雷装置虽然属于共用设施设备,但因为在保修期内,因此,物业管理公司把19万维修基金挪作此用显然不正确。

案例113 底层(一层、首层)住户能否免缴电梯费?

某购房人购买了一套带电梯的首层住房一套。他不但对住宅周围的环境比较满意,而且认为自己住在首层对照顾年迈的父母很有利。不久,负责小区物业管理的物业管理公司向其收取时,提出要收电梯分摊费用,该购房人坚决拒交,声称自己住的楼盘有28层高,但他住在最底层,从来不乘坐住宅电梯,也不用上下楼梯,却要分摊电梯、楼梯等公用设施所引发的费用,是何道理?而物业管理公司却认为,电梯是楼内全部产权人的共享财产,因此电梯运行维护费用理应由楼内全体产权人共同承担。那么,底层(一层、首层)住户能否免缴电梯费?物业管理公司的看法正确吗?

简要说明:

我们认为,判断底层(一层、首层)住户能否免缴电梯费的关键,是要看底层(一层、首层)业主是否是电梯运行管理维护的受益人,以及受益的多少如何?而不能以业主是否使用电梯或电梯是否属于该住户所有为根据。

详细评析:

(1)底层(一层、首层)业主是电梯运行管理维护的受益人。

就一栋带有电梯的住宅楼或大厦而言,电梯是住宅楼或大厦物理上的有机组成部分,同时也是其价值的重要组成部分。假设该电梯突然损坏,造成多起伤亡事故,而且业主们并不想予以修复投入使用,则可想而知,该住宅楼或大厦就很难会有新的买主,原来的业主多数也会移居他地。该住宅楼或大厦二层以上的业主除迁走外,要么自己也迁走,要么只好过着极不方便的生活,这种情况只能导致该住宅楼或大厦贬值,相应地,底层(一层、首层)住宅也自然会跟着贬值,这绝对不是底层(一层、首层)业主所愿意看到。所以说,尽管底层(一层、首层)业主不使用电梯,但电梯的运行管理与维护将使底层(一层、首层)业主直接受益,即获得自己物业的保值和增值。

(2)底层(一层、首层)业主因电梯运行管理维护而受益和享受程度相对较小。

就一栋带有电梯的住宅楼或大厦而言,全部业主都是电梯运行管理维护的受益人,都能获得自己所有的物业的保值与增值。但相对而言,高层业主除获得物业的保值与增值外,还必然地获得电梯的运行管理维护所带来的上下方便,直接地享受到了电梯运行管理维护方面的服务,一旦电梯受到损害,高层业主将首先失去生活上的方便,而因为底层(一层、首层)业主不使用电梯,没有享受到相应的服务,电梯的好坏、是否能正常运行等,一般在短期内很难为其生活带来不利的影响。因此,我们说,底层(一层、首层)业主因电梯运行管理维护而受益的程度相对是较小的。

(3) 享有电梯的所有权,也就意味着享有收益和享受权。

一般认为,电梯(含电梯间)、周边外墙、垂直投影范围内的土地使用权、地基基础以及相互间的连体墙,均为本幢大厦所有业主所共有。这是权利客体(住宅楼)的物理性能决定了整个大厦的业主们将共同拥有,这就是"部分共有"产权理论。

既然底层(一层、首层)业主和其他楼层业主一样享有电梯的所有权,也就必然意味着他同样享有因所有而带来的收益和享受权,即是说,他将因拥有电梯的部分所有权而享有电梯运行管理与维护带来的收益和享受,而且他所拥有的所有权和享有的收益与享受权应该和其他楼层的业主一样是相同的,但在前面的论述中,大家会发现,这些方面实际上是不同的,某种程度上说,底层(一层、首层)业主缺少了其他楼层业主所享有的电梯运行维护管理带来的方便和享受。

(4) 合理、公平的分摊费用。

一方面,既然底层(一层、首层)业主和其他楼层的业主一样享有所有权,他就必然具有与其他共有人一样对电梯共同保养、维护及承担修缮费用的义务。现在一些高层楼宇收缴的电梯费中,既含有乘坐电梯所消耗的电费等成本,同时也包含一些维护保养费。因此,凡是大厦内的住户都应该分担承受。但如果从另外一个方面来看,如前说述,底层(一层、首层)业主没有享受到其他楼层业主所享有的电梯运行维护管理带来的方便和享受,没有使用电梯,电梯费少收一些,也是合情合理的,这才真正体现了公平、公正的原则。当然,电梯费是否少收,少收多少等最好要由物业管理公司与业主委员会商议后再决定。

补充介绍一下广州市的情况。2000年5月广州市物价局颁布的电梯费用摊分是采取按楼层系数法,即按门牌号码,1-5层(不包含首层)为第一段,系数为1;6-10层为第二段,系数为1.2;10-15层为第三段,系数为1.4。如此5层为一段类推,每段系数按20%递增,首层不使用电梯的用户不用摊分。对此,广州市物业管理协会副秘书长王友华认为,按楼层系数法来摊分是根据"少使用少付费,多使用多付费"的原则,但有很多费用是难以绝对公平分摊的。电梯运行费用是按电梯电表计费,反映的是总体运行费用,而要体现每一户的具体使用费用,这在物业计费设施的配套上是做不到的。但按总量分摊也会面临难题是:如何确定谁用得多,谁用得少。通常认为高层住户相对使用得较多,但电梯的运行费用除了与升降楼层有关,也与运行次数有关。他还指出,这种分摊方法还可能带来诸如使用二次供水系统的楼宇水泵耗电费、治安费、绿化费等分摊方面的争执。实际上住户在物业管理中享受到的是综合水平的服务,管理费用的收取也是一种综合前提下的公平,不宜分得太细,也不可能分得太细。当然这种分摊办法是在业主委员会没有成立时才采用的。若业主委员会经全体业主一致认为部分人的费用可以减免,物业管理公司也能接受的,则另当别论。

当然,由于按楼层楼段的不同而确定不同的收费标准在实际操作过程中较为麻烦,所以在物业管理服务收费标准制定过程中,一般都不采用这种办法。

有必要说明,北京市现行的情况是,带有电梯的住宅楼或大厦,所有业主全部交纳同样的电梯费。

案例114　业主提出要查物业管理公司的账目可否允许？

物业管理行业运作有其特殊性，其行业的利润是按为业主提供服务所支出费用总额的一定比例提取的。因此，管理费用的开支成为业主最为关心的问题。在批准物业管理公司的年度收支预算之后，监督各项费用按计划支出成为物业管理财务监督的一项重要内容。那么是不是每一位业主都可以以监督财务账目的名义检查物业管理公司的账目呢？

简要说明：

当业主以个人身份查账时，管理公司有权拒绝，否则每个业主都可以滥用自己的查账权，这样只会严重干扰管理公司的正常运作。业主管理委员会是惟一有权对物业管理公司的账目进行核查的权利主体。

详细评析：

通常，业主提出要查物业管理公司的账目是很难被允许的。

第一，业主查物业管理公司的账目难以为全体业主和物业管理公司双方所认同。应该说，作为费用的支付人，业主有财务监督的权利，但行使此项权利的方式并不是通过业主私人检查管理公司的账目。查账的目的是监督管理公司财务支出的公开性与透明度，是否符合预算项目，有没有在支出方面弄虚作假欺骗业主。作为监督方与被监督方都需要就检查结果作为出权威的、有法律效力的结论。而一般的业主不具备专业的财务知识，即使是专业财务人员也无法以个人身份提供具有合法效力的审计证明。因此，当业主以个人身份查账时，管理公司有权拒绝，否则每个业主都可以滥用自己的查账权，这样只会严重干扰管理公司的正常运作。

第二，业主管理委员会是惟一有权对物业管理公司的账目进行核查的权利主体。业主管理委员会是全体业主的代表,是全体业主权益的维护人,一旦业主发现物业管理公司的账目有问题,而且业主管理委员会认为确有核查的必要,业主管理委员会有义务代表业主对物业管理公司的账目进行核查。当然,由于业主管理委员会的专业限制,事实上是不能亲自予以核查的,通常都是由业主管理委员会出面,委托专业事务所检查。只有国家法律承认的专业会计师事务所才能提供有效的审计报告以达到查账目的,维护双方的合法权益,同时也真正地帮助业主行使自己的合法权利。

案例 115 业主使用露天停车场应该缴费吗？

我刚刚在某高档住宅小区买了一套商品房,该小区有一个地上露天停车场。我入住后即把车停放在该停车场,但物业管理公司让我按月交纳停车费,我认为不合理,因为开发商在售楼广告中明确称有提供停车的配套服务,且停车场是小区的共用部分,归全体业主所有,既然是业主自己的理应不该收费,若是外来车辆则可收费,您认为我的观点合理吗？

简要说明：

本案例中主要涉及以下几个问题,全体业主对停车场具有共同的使用权,但是全体购房人所共有的停车场不应该由少数业主免费使用。停车场属特殊服务性质,须按物价部门审定的收费标准执行。

详细评析：

我们认为,有几个问题需要了解清楚。

（1）地上露天停车场是否为全体购房人所共有。

按照"谁投资,谁受益"的原则推论,在市场经济体制下"谁投资,产权归谁"是可行的。根据上述原则,住宅区停车场、位的所有权应该有以下几种情况:就准成本商品房而言,如果政府在出售准成本商品房时已将其开发停车场的投资分摊到每个准业主的成本里去的话,则此类住宅区停车场的产权应属于政府和全体准业主共有;如果政府未分摊投资成本,则产权仍归政府。从目前情况看,属前一种情况的居多。市场商品房的住宅区产权状况大致可分为这样几种:其一,开发商不将停车场投资摊入售房款中,则此停车场的产权应属开发商拥有;其二,开发商将停车场划分为每个具体车位另行出售,则此类停车场、位产权应属购买车位的买主和未售车位的开发商拥有;其三,开发商将停车场投资摊入售价但停车场未分割车位,则此类停车场产权应属全体业主共同共有;其四,开发商在售楼时部分分摊,部分自负,则此类停车场的产权应由开发商和全体业主共同拥有。

从本案例反映的情况来看,既然是最近购买的高档商品房,我们认为,一般来说,该露天停车场的所有权应该归全体业主所共有,所以全体业主对停车场具有共同的使用权是没有问题的。

(2) 全体购房人所共有的停车场是否允许少数业主免费使用

本案例中的露天停车场的所有权归全体业主所共有,全体业主对停车场具有共同的使用权虽然没有问题,但业主在享有共同使用权的同时,也必须承担相应的使用义务,这种义务即包括:分担停车场的管理、维护、修缮费用。实践中,居住小区《业主公约》应当就停车场的使用与交费规则作出规定,业主使用停车场应当遵守这种规定。目前居住小区停车场收费一般都由物业管理公司负责,该项收费主要用于弥补物业管理费的不足。此项收费最终体现在物业管理公司对停车场的日常管理、维护等支出上,是为保持物业的正常使用功能的必要支出,所以使用停车场的业主应当付费。

住宅区内所有设施的权属是全体小业主共同拥有,但不是个人私有,更不是所有设施都无偿使用。如专设的停车场和为解决实际问题而临时设立的露天停车场、位,因需要投入较大的建设费用和日常维护费用,加上雇请值班车管员的费用,因而必须收取停车服务费。另外,物业管理公司对车场投入较大的费用,目的不是为全体住户服务,而是为占小区比例较小的车主服务,如果具有车辆的业主和不具有车辆的业主承担相同的停车场管理、维护、修缮费用,对不具有车辆的业主来说显然是不公平的。按照"谁受益,谁付费"的原则,具有车辆的业主也应该承担付费的义务。再者,小区综合管理费不包括停车服务内容。因此,停车场属特殊服务性质,须按物价部门审定的收费标准执行。

(3) 外来车辆停车是否应该交纳停车费

可以肯定的是,既然本小区业主使用停车场应该交费,外来车辆交纳停车费更是不容置疑。小区业主是露天停车场、位的所有者,交纳的费用是建设费用和日常维护费用,甚至还可能包括管理费用,外来车辆更应该为使用别人的停车设施而承担必要的费用,否则,对停车场的所有者来说,是绝对不公平的,该所有者甚至还会以此为借口,拒绝交纳停车费,这就造成了物业管理公司管理、收费的困难。

案例 116 机动车进出小区到底应不应该收费?

我是一名出租车司机。前几天,我载一位乘客去他的居住小区。车开到小区大门口,被一位门卫同志拦住。门卫同志要求付 2 元钱才能将车开进小区。乘客不愿付钱,说他已经付过物业管理费。但他执意要求我将车开到他家门口,并说:"您不载我到我家门口,我向有关方面投诉,说您拒载!"

面对这位怒气冲冲的乘客,我只能将车开进小区,并送他到家门口。返回途中经过保卫处,门卫同志要我停车付钱。说这是上级规定,他也没有办法。为了尽快再去做生意,我只好先付了 2 元钱,然后向他要了一张收据。

对于某小区的做法,我想请问几个问题:出租车司机载客能否进入小区?门卫同志凭什么理要我们付"买路钱"?物价部门有否规定?出租车进入小区到底该不该收费?这样的收费是否属于

"乱收费"。

(摘自上海《房地产报》,有改动)

简要说明：

　　这一案例中涉及的问题,目前有几种不同的观点。但是,外来车辆进入小区是否收费,目前国家没有规定。一般来说,为全体居民服务的车辆不应该收费,而为少数或个别业主服务的车辆,从道理上说,具有交费的义务。

详细评析：

　　在回答本案例中的问题之前,请先参考上海《房地产报》1999年4月2日第8版上的文章,该文章有三种观点。

　　观点之一：出租车进入小区不应收费。门卫要出租车司机付费纯属乱收费。出租车司机完全不该付这钱,尽管只有2元钱。

　　门卫收取出租车司机的钱,我觉得司机被收的是"冤枉钱"。其实,大门口设门卫,是让他们保护小区的,他们的主要责任是做好保安工作,不能放进一个坏人进小区,而不是要他设下"路障",借这块"地盘"来收取额外的钱财,更何况是业主自己回家。当然,他收的钱不是放进自己的腰包,但收得不合理。哪怕就是不放进自己的腰包,也应该追究追究,为何要收这笔钱,钱到底又用到了何处。这是明显的一种不合理的收费。他的这种做法,显然是违背业主意愿的。让业主感到出门不便,出入不自由。乘出租车不能乘到自家门口,还有什么方便可言呢？

　　再说,业主们都已付过物业管理费了,也就是说,其中也包含了保洁费、保安费,门卫再收取这2元钱算什么名堂？！他是否经过物价局的核准？是不是经过业主管理委员会的一致同意？仅凭着上级的规定,这个上级就应该查查清楚。业主们都不愿意再付钱给门卫,而反而让出租车司机出钱,更是收得没道理！不是政府部门,仅凭一张收据,就可以收费,属明显的乱收费。

　　我觉得,这家物业管理公司应该好好反省一下,不要专门想着如何在业主身上"搞钱",越是这样,越是激起业主的反感,路也越走越窄。他们应该认真想一想,如何更好地为业主服务,满足业主的要求。相信只有周到的服务,才会让业主心甘情愿地拿出钱来。因此,这家物业管理公司应该向这位司机退回这2元钱,并向他赔礼道歉。

观点之二:收2元钱,何必小题大做。为了保护小区的安宁和安全,门卫同志对出租车进入小区收2元钱,区区小钱收得不多,不必小题大做。

①门卫同志收取的进入小区的费用不是落进自己的腰包,而是遵照上级的规定,上级规定要收2元钱,他代收一下,没有什么错,他是在尽自己的职责。

②收门卫费,也是为了小区的安全的安全和宁静。假如任何车子都随随便便开进小区,那么小区里就会"乌烟瘴气",杂乱无章。

③物业管理公司管理小区,也有个职责范围问题。小区里停放汽车、助动车、自行车,根据物价局的标准,都有不同的收费标准。那么,小区内临时开进汽车,收2元钱也不算过分。毕竟只有2元钱呀!

④车子进入小区,对路面也有影响和不同程度的磨损,收取2元钱虽然微不足道,但是可以积少成多,以后可做养路维修费,也未尝不可。

⑤业主付物业管理费,是不是已经包含了自己可以临时用车进入小区?如果物业管理公司与业主签订的合同中没有明确制定的话,这就表明此一项已经疏漏了,应该补上,不能说物业管理公司在"乱收费"。

⑥作为业主,也应主动与物业管理公司配合,毕竟小区是自己的家,维护小区的清洁,要靠大家一起来。其实,车子进入小区,门口收费,就是一种限制,为的是不让更多的车子进入小区。业主完全可以下车步行,保护小区的环境清洁。

观点之三:要收费也应由业主管理委员会说了算。我认为要对这一做法的合理性作出判断,是不能简单地归结为对与不对,而应当站在更高的法律高度进行具体的分析。

首先要肯定的是,如果撇开这一做法的合理性不谈,而从城市管理体制改革和发展的角度进行考察的话,这一现象的出现,有其必然性。

众所周知,随着城市建设的飞速发展,大量危旧房和老城区的不断拆迁改造,以小区物业管理为核心的社区管理已日益成为整个城市管理的基本形式和主要内容。根据有关法律,业主管理委员会是小区管理的最高权利机构。同时,《上海居住小区物业管理条例》也明确规定:除执行任务的治安、消防、抢险、救护、环卫等特种车辆外,机动车辆在物业管理区域内行驶、停放及其收费的规定,由业主管理委员会决定。因此,业主管理委员会在对出租车进入小区是否收费的问题上也应有权根据广大业主的意见,从有利于小区管理的角度出发作出决定。

明白了上述道理,对出租车进入小区是否收费的问题也就可以作答了。我不知道司机遇到的那个物业管理人员所说的上面的规定中的上面是指何人。如果指的是业主管理委员会,我认为该费就得收,如果仅指物业管理公司,那就应该归于乱收费了。但不管何种情况,出租车司机是没有义务来承担该项费用的。

看完上面的文章,我们再说我们的观点。

我们认为,出租车进入小区应该收费,原因有几条:第一,限制外来车辆进入小区,保证小区交通、人员、财产的安全。如果外来车辆,包括出租车可以随便进出,这就意味着小区内存在着诸多不安全隐患。第二,减少噪音、污染,保证小区的环境清洁,减少小区业主生活受到干扰的程度;第三,减少道路磨损和相应的维修费用,外来车辆带来的不利影响,应由外来车辆通过交费予以消除;第四,本小区车辆在小区停放尚且交费,外来车辆到小区如不交费,对小区内的有车业主来说,是不公平的。

但出租车进入小区实行收费必须有几个前提:第一,经过业主管理委员会批准;第二,经过物价部门核准;第三,费用应由受益人,即乘坐出租车的业主承担(如过桥费应由乘车人承担一样),业主以前交纳的管理服务费里不包括该项费用;第四,费用应切实用到补充物业管理经费上来,除部分代收费用外,物业管理公司无权把该费用作为自己公司的收入。

需要说明的是:第一,外来车辆进入小区是否收费,目前国家没有规定;第二,外来车辆进入小区收取的费用是一种补偿费用,不是停车费、保管费或保险费,车辆受到损失,物业管理公司和业主管理委员会不承担责任;第三,正在执行公务的政府公务车(如警车)、救护车、抢险车、消防车、环卫车等特种车辆进出小区,一般不应该收费,因为它们是为全体居民服务的,而为少数或个别业主服务的车辆,从道理上说,具有交费的义务。

案例117 已买了私家车位还交纳管理费吗?

某业主在购房时买了一个私家车位,等入住后就把车停在了私家车位里。一日,物业管理公司的一名收费管理员找到该业主,要求他支付私家车位的管理费。该业主非常奇怪,车位是自己的,物业管理公司的人有什么理由过来收费?

简要说明:

从观念上来说,人们不太容易接受私家车位还要缴纳管理费,但是问题的关键是车位是否接受了物业管理公司的服务。如果私家车位接受物业管理公司的管理与维护,那么,车主就应该向物业管理公司交纳管理费,如果是自己进行各种管理和维护工作,就可以不交费了。

详细评析:

本案例中的问题就是已买了私家车位还交不交管理费?我们认为,一般来说,不应该一概而论,而要具体问题,具体分析。

第一,如果私家车位接受物业管理公司的管理与维护,那么,车主就应该向物业管理公司交纳管理费。车位买了,并不意味着永远可以不再交钱。车位是私家的了,可车位和房子、汽车一样,也需要保洁、保安、维护和管理,以创造安全和良好的存放环境。车位的维护和管理成本一般由车场相关设施设备(如收费系统、监控系统、消防系统、照明系统、交通标志系统)的运行维护费用、设备及照明电费、保洁费用及相关人工成本等构成,有些停车场还会发生采暖费的成本。车主买下的只是车位的所有权,而并不是买下了车位几十年的管理与服务。卖车位的是开发商,卖管理服务的是物业管理公司。所以,一般小区对私家车位每月也要收取一定的管理费。

第二,如果私家车位不接受物业管理公司的管理与维护,而是自行管理与维护,那么,车主就不应该向物业管理公司交纳管理费。此时,虽然没有向物业管理公司交纳费用,但不等于车主就没有花费,可能车主需要花更多的时间、精力以及财力来对车位进行管理与维护。

现在,人们已对买车、养车的关系有了一致认识,并已开始接受买房要交物业管理费的做法,但花钱买服务的意识仍不够深入人心,对私家车位还要交管理费或还要有所支出的不解就是一种表现。

案例118 办了停车证为何还要交停车费?

北京某小区的一位车主,最近比较烦恼:他刚托人到某区办理了一个城八区停车泊位证,花了近2000多元,可前几天物业管理公司仍然找到他要求他交纳停车费。他认为自己已经花钱交了停车泊位费,不应该再交第二回停车费。那么,办了停车证是否还要交停车费?

简要说明:

这位车主显然是没有搞清停车泊位费与停车费、管理费之间的区别。停车泊位费与我们经常谈到的小区停车、管理费没有什么关系。有了停车泊位证明,并不等于车主有了车位,而有了车位,或者说到底,只要有车,只要委托物业管理公司管理,就必须交纳停车、管理费。

详细评析:

(1)停车泊位证的问题

对所有机动车上牌和检验时需检验停车泊位证明,早已是发达国家和城市作为规范交通管理的必要措施实行多年,随着我国改革的深化和经济的持续发展,北京市进入20世纪90年代以来,机动车保有量以每年15%的递增率持续增长,而道路基础设施建设相对滞后,特别是停车场设施更是极度缺乏,造成了持续增长的交通需求和有限供给的关系日趋紧张,车路矛盾日益加剧,直观反映就是道路交通拥堵和停车难问题越来越突出,已成为城市交通管理中的热点和难点问题。停车难直接导致乱停车现象愈演愈烈,不仅白天在交通繁华地区随处可见机动车乱停乱放,而且夜间在许多居民区、胡同和街道两旁到处可见大量占路无序停放的机动车,对此群众反应强烈。

为了切实解决这一难题,除了政府投资修建道路交通基础设施,北京市公安交通管理局1998年2月出台购买机动车必须出具交管部门认可的停车泊位证明政策。1999年2月,北京市交管局又发布通告,决定对1998年1月1日以后领取机动车牌证的,自1999年3月1日起年检时必须交验本年度经确认有效的停车泊位证明。据介绍,北京市实行这一政策的主要目的是控制机动车的增长速度,解决停车难的问题。

然而,许多单位内部停车位或者不被交管部门认可,或者出于种种原因不愿开停车泊位证明。目前北京交管部门和群众共同面对的客观事实是:一方面市区车主大部分开不出停车泊位证明,而交管部门又要求群众必须出具相关的证明,结果使得原本是不收分文的停车泊位证明在实际操作中却成为机动车驾驶员谈虎色变的高价证明,许多车主不得不花费 1000 元至 3000 多元不等的价格去"买"。这就是停车泊位费的由来。

(2) 停车费及管理费的问题

从上面对停车泊位费的介绍中,大家可以知道,停车泊位费与我们经常谈到的小区停车、管理费没有什么关系。有了停车泊位证明,并不等于车主有了车位,而有了车位,或者说到底,只要有车,只要委托物业管理公司管理,就必须交纳停车、管理费。

停车场地的类型很多,主要有三种:一是归单位;二属物业管理公司;三是营业性的。无论哪一种均应到交管局备案,备案的手续是不收费的。停车收费的标准由物价部门核准。

案例 119 非专用停车场该如何收费?

我们小区没有足够的停车位,不久前物业管理公司将楼前楼后划上线作为停车场,并向我们按《北京市住宅小区物业管理收费办法》(196 号文件)收费,即每月收取 150 元。我们很多车主都觉得不合理。北京市对非专用停车场收费有规定吗?

简要说明:

按照《北京市普通居住小区物业管理服务收费暂行办法》中机动车存车费的收取标准,对于专用停车场、位,每月大型车 210 元,小型车 150 元。北京市没有专门关于非专用停车场收费问题的规定。所以,由于非专用停车场不符合文件中的规定,其收费只能以 196 号文件的规定作为参考。

详细评析:

物业管理服务收费应当根据所提供的服务的性质、特点等不同情况,分别实行政府定价、政府指导价和经营者定价。实行政府定价和政府指导定价的物业管理服务收费标准,由物业管理单位根据实际提供的服务项目和各项费用开支情况向有关部门申报,由物价部门征求物业行政主管部门的意见后,以独立小区为单位核定。实行政府指导价的物业管理服务收费,物业管理单位可在政府指导价规定的幅度内确定具体收费标准。实行经营者将定价的物业管理服务收费标准由物业管理单位与小区物业管理委员会或产权人代表、使用人代表协商议定,并应将收费项目和收费标准向当地物价部门备案。

物业管理服务收费又分为普通小区和高级公寓、别墅区等两种收费标准。北京市普通居住小区物业管理服务收费暂行办法中机动车存车费的收取标准是:每月大型车210元,小型车150元,并且强调专用停车场、位收取此费用。对高级公寓、别墅区等高标准住宅小区的公共性和公众代办性服务收费可实行政府指导价,收费标准暂按《暂行办法》的有关规定,结合服务内容、服务质量和服务深度而定。

关于非专用停车场收费问题,北京市没有专门的规定。不过,楼前停车位不属专用停车场、位。专用停车场应以规划设定的停车场或经报批的停车场为准。因此,非专用停车场位不能依照196号文收费,只能比照它收费。

案例120 采暖季已过半,入住时收全款是否合理?

某小区的业主入住时发现,在物业管理公司开具的一系列交费项目中,包括整个采暖季的采暖费,而且供暖面积把阳台也包括在内。现在已是1月,采暖季已过一半,该业主认为自己没有享受到前几个月的供暖服务,就不该交全部费用。而且阳台里也没有供暖设施,更不应该计算在供暖面积内。那么,采暖季已过半,入住时收全款是否合理?在计算取暖面积时阳台应计算在内吗?

简要说明:

本案例中反映的情况在北方供暖地区较为普遍,但目前尚无政策法律上的明确规定。分析这类案例,关键还是要坚持保护供暖和采暖双方的正当权益的原则,在这个前提下,努力寻求这类问题的完满解决办法。

详细评析:

根据案例中的情况,具体问题还需具体分析。

其一,如果在入冬之前,开发公司已经向业主实际交付了房屋,小区供暖也已开始,而业主本人由于在对房屋进行前期装修,并未实际进住,这种情况下,供暖季的采暖费用理应由该业主本人负担。

其二,如果开发商的楼宇尚未交付业主或者在通知业主办理入住手续前,冬季供暖已经开始,业主所购置的楼盘也已纳入供暖范围,并已开始供暖,开发商则是供暖开始后才向业主交付房产,因供暖期已经过半,在此之前由于并未实际占有和使用,尚未享受到该项服务,按照供暖费用"谁受益,谁负担"的原则,业主就不应该交纳在此之前的供暖费用,而只需交纳入住后实际享用供暖服务期间的费用。

物业管理公司或供暖单位在计算取暖面积时,是按房屋所有权证上的面积。房屋所有权人在购买房屋时,阳台建筑面积已计算在房屋的建筑面积中。也就是说,供暖计费面积以房产证上标明的建筑面积为准,这个建筑面积包括两个部分:一部分是套内建筑面积,另一部分是共享分摊面积。对于还没有取得房产证的房屋,以开发商与购房人签订的购房合同上的销售面积为准。

案例 121 物业管理公司该不该收取装修押金和装修管理费?

某业主反映,在他居住的小区内,物业管理公司对正在装修的业主除了要收取 3000 元的装修押金外,还要求交纳装修管理费即 10 元/平方米以及每间 20 元的垃圾清运费。他想询问,物业管理公司收取装修押金和装修管理费有没有法律根据？

简要说明：
　　现在，当住户、租户进行装修时，几乎全部的物业管理机构都要收取一些费用。这些费用总体看来，分为两种类型，一是可以退还的，二是不退还的。要退还的部分，主要是装修押金，而不退的费用部分，则往往被称为装修管理费。

详细评析：
　　（1）装修押金的问题
　　对于物业管理公司是否应该收取装修押金，应按照购房人在买房时与开发商双方的约定为准，即按《房屋使用、管理维修公约》中的规定执行，很多城市的法律都没有明确的规定。我们的观点是，装修押金还是应该收取的。
　　实际生活中，确实有不少的装修工人在进行装修时，不考虑他人生活的方便、安全，也不顾及对建筑物、设施设备的保护，野蛮施工，随意抛掷垃圾，在不恰当的时间、地点进行施工等等，引起了其他业主的极大不满。为了保证住户装修不破坏房屋主体结构，保证房屋的安全使用，住户在装修时，必须向物业管理公司提出申请，经物业管理公司批准后方可施工，而且还必须与物业管理公司签订装修协议，明确装修的内容、装修时间、垃圾处理方式以及违约责任的处理等内容。物业管理公司如果发现在装修过程中出现损坏物业、破坏物业设施设备、给其他人造成生命、健康、财产方面的损失等情形时，可从这笔押金中支付。如果装修过程一切平安，没有出现上述情形，物业管理机构将把收取的押金奉还。应该说，这是一个比较好的监督、控制、补救的好办法。
　　（2）装修管理费的问题
　　对于装修管理费问题，很多城市同样也没有明确的规定。我们认为，是否应该收取装修管理费，关键看三个方面的问题：
　　第一，装修管理是否属于物业管理正常管理范围的工作，或者说,装修管理的有关费用是否已经在物业管理费中收取？这个问题很明显,如果装修管理的有关费用已经在物业管理费中收取,那些没有装修的业主肯定会说对他们不公平。事实上,只有服务,才能收取费用是非常明白的道理,如果物业管理公司没有提供服务,他们是不可能,也是绝对不能提前收取装修管理费的。

第二,物业管理公司是否需要进行装修管理？有的人说,物业管理公司只要收取装修押金了,就不必收取装修管理费,言下之意是物业管理公司就不需要对装修行为进行监管,只要出现问题,拿装修押金开刀就可以了。请问,这是不是拿人民的生命与财产开玩笑呢？举个极端的例子:国家是不是不需要对社会治安进行日常宣传与管理,而只要发现有杀人犯,就只需把其枪毙就可以了呢？这显然是绝对行不通的。所以说,物业管理公司必须介入装修管理中去,去发现问题,解决问题,提前把可能的隐患消灭在萌芽状态中,而不能等问题出现了,拿装修押金去解决问题。何况,如果出现人命关天的大事,并不是装修押金所能解决的,也不是罚款能够解决的。退一万步,即使这样能够解决,是不是已经造成了难以挽回的损失呢？另外,物业管理公司是否扣除押金,还需要对装修结果检查后才能做出,请问,一般的人员能够检查出来吗？这里面既需要专业知识与经验,也需要专业人员的脑力与体力劳动,物业管理公司付出的劳动和经验,是应该得到报酬的,而不应该是无偿的。

第三,装修管理是否额外增加了物业管理公司的工作量？这个问题也非常明显,如果没有装修,物业管理公司管理员工绝对要减少不少工作量。实际上,在业主装修过程中,物业管理公司要配合提供一些原始工程资料,上下协调各方面的关系(比如协调业主之间因装修干扰带来的纠纷;协调消防局、设计院等),又要对装修工人、装修材料、装修行为进行管理、监督,如纠正违章、进行电梯维护等,而这些工作当然会有人力、物力开支。换一角度讲,在装修管理中,物业管理公司不仅要投入大量人力、物力,而且更重要的是有一种无形的安全责任。

当然,装修管理费系实际发生的管理而收取的费用,如果物业管理公司事实上没有参与对装修进行管理,或者业主没有装修,物业管理公司是不应该收取该费用的。

另外,由于不少城市政府对此都没有明确的规定(上海市规定从 1997 年 7 月 1 日起,物业管理企业不再向业主或使用人收取管理费、服务费、装修保证金(押金)。),所以就需要业主与物业管理公司制定一个公约,就是否收取装修管理费,以及该费用的收取标准等进行充分的协商,以免以后出现纠纷时没有依据。

案例 122　大厦首层对外开门的底商是否应向大厦管理处交纳管理费?

某综合性大厦首层有间 200 多平方米对外开门的独立单元,此房被该市一家小有名气的快餐连锁公司买去开了一间快餐店,生意非常红火,由于该房层高有 4.8 米,被该店改造成二层后,每层都有门直通大厦商场部分,但当该大厦管理处向该快餐店收取物业管理费时,该店总是拒交,其理由是:其一,当时在购买此房时,该大厦发展商对其口头承诺,如果该公司购买此房,以后不用交管理费。其二,快餐店里的保安、保洁人员都是快餐公司自己的,快餐店又是对外开门的,因此,与大厦管理处在管理上没多大关系,管理处也没有为其服务,所以物业管理费也就理所当然的不交。那么,此店究竟该不该交管理费呢?

简要说明:

这一案例中的问题是比较常见的,开发商的口头承诺和物业管理公司的管理之间发生冲突,首先要考虑物业管理公司和开发商之间是否存在隶属关系,其次,开发商的口头承诺是不合理,也不合法的。

详细评析：

我们认为,该快餐店是否应该交纳物业管理费与大厦管理处是否隶属于开发商有直接的关系。

第一,如果大厦管理处隶属于开发商或开发商本身也就是大厦的物业管理单位,那么,案例中的快餐店可以理所当然地不交物业管理费。这是因为开发商已经口头承诺(当然,如到法院诉讼,开发商不承认,法院是否支持快餐店的说法也很难断定)。

第二,如果大厦管理处不隶属于开发商或与开发商没有一点直接的关系,只是开发商聘请来的管理单位,那么,案例中的快餐店是否应该交纳物业管理费,还要看开发商与大厦管理处的协议。如果开发商已就该快餐店不交管理费,而由开发商直接拨付给大厦管理处(或开发商其他的支付方式)达成一致,那么,大厦管理处就没有理由向快餐店收取管理费。否则,开发商做出的承诺,大厦管理处并不知晓或并不认同,大厦管理处是有理由向快餐店收取管理费。该理由可以解释如下：

其一,开发商的口头承诺既无道理,更不合法。开发商只是开发单位与物业管理无关,它无权代表物业管理单位做出承诺,即使做出的承诺,如果管理单位不认同,也是一种无效的承诺。从案例中的情况来看,开发商对快餐公司的口头承诺最多只能算是一种促销手段而已。

其二,此快餐店的营业场所,本身就是这座大厦整体建筑的一部分,饮用的水、电、中央空调等也都由该大厦管理处提供,由此而发生的公共部分的维修工作及维修费用就自然而然地被大厦管理处承担了,并且该店有两个门直通大厦的商场部分,该店的顾客与商场的顾客可以在两者之间自由来往,从这一点来看,也加大了大厦设施、设备的使用率,从而增加了大厦管理处的工作量及管理成本。所以,按照"谁受益,谁负担"的原则,该快餐店应为其受益向大厦管理处交纳物业管理费。

案例 123　无绿地,是否还交绿化费?

北京的一位业主入住自己买下的一处新商品房后,发现自入住后周边道路就没有清理干净,而且根本就没有绿化,可物业管理公司仍按全款向业主收取物业管理费,该业主问物业管理公司没有绿地为什么收取绿化费?物业管理公司解释说,收取绿化费正是为了建设绿地,请问,物业管理公司的说法对吗?

简要说明:

建设绿地的费用应由开发建设单位支付,而居住区和居住小区的绿化养护费用由房屋产权单位支付,也即小区住宅的业主支付。绿化费的用途则是对绿地进行养护和管理。物业管理公司所说的收取绿化费建设绿地的说法是明显错误的。

详细评析:

(1) 无绿地,不应该交纳绿化费

《北京市普通居住小区委托管理收费标准》所列项目基本是现在北京市居住小区物业管理单位普遍提供的服务项目。如果物业管理公司并没有提供某项服务,住户和产权人则不必缴纳该项费用。因此,小区无绿地,可不交绿化费。如果物业管理公司提供了收费标准以外的服务项目,费用标准双方协议。

(2) 收取绿化费不是为了建设绿地

《北京市城市绿化条例》(1997 年 4 月 16 日修正)规定,各项新建、改建、扩建工程的绿化建设费用,应当列入各该建设项目总投资;绿化工程应当和建设工程的主体工程同时规划、同时设计,按批准的设计方案进行建设,完成绿化的时间不得迟于主体工程投入使用后的第二个年度绿化季节;边建设、边交付使用的居住区、居住小区,已使用的楼房周围的绿化,也应当在第二个年度绿化季节完成;对未完成绿化的,责令限期完成。逾期不完成的,由绿化专业部门进行绿化,并对责任单位按实需绿化费用的1至2倍征收绿化延误费。建设工程竣工后,施工单位必须按有关规定拆除绿化用地范围内的临时设施,清理干净场地,为绿化创造条件;居住区和居住小区的绿化养护费用由房屋产权单位支付。由此可见,建设绿地的费用应由开发建设单位支付,而居住区和居住小区的绿化养护费用由房屋产权单位支付,也即小区住宅的业主支付。

另外,《北京市普通居住小区委托管理收费标准》中所列的绿化费也是指小区内的树木、花草、绿地等的日常养护和管理的费用,物业管理公司所说的收取绿化费建设绿地的说法是明显错误的。

案例124 承诺有线电视入户仍让交初装费对不对?

某业主反映,最近他入住新房时,被要求交纳300元的有线电视初装费。可在当初签合同时,已约定"有线电视入户"了。他想问,承诺有线电视入户仍让交初装费对不对?

简要说明:

许多购房人到物业管理公司办理入住手续时,物业管理公司都会收取有线电视初装费。了解这个问题,首先要对有线电视有个初步了解。由于有线电视的网络施工是开发商另行委托的,所以,干线的建设费用一般计入房屋建筑成本,但用户接用初装费并不减免。

详细评析:

了解这个问题,首先要对有线电视有个初步了解。

有线电视的布线有两种形式,一是串联式、一是并联式。串联式是最常见的形式。采用串联方式进入每家每户只有一个有信号的有线接口,也就是终端口,当光缆进入第一个终端口后,由这一个终端口再接出一条线连接下一个终端口。有线电视的信号,会随着线路的距离而衰减的,在公共线路上,每3～4个楼门会安装一个总的信号放大器,信号放大器可以将有线电视信号强度稳定在一定的数值内,从而保证信号放大器服务范围内的每个用户电视的接受质量。有些家庭在装修时,将有线电视终端口移动,或从一个终端口分出两条线路,供不同居室内的电视使用,结果发现电视接收质量很差。这种现象并不是工程质量问题,而是因为装修中,在延长线路或一带二时,没有考虑信号衰减的变化。

而并联式通入每个用户的终端口有两个或两个以上。串联式中,一条线路连万家,线路一断,沿线用户全受干扰。而并联式,若干线路连通用户,这样一根线路有问题,还可以使用另一条线路,保证一用一备,也可以双线同时使用,以免家庭内部因选看电视节目发生纠纷。

无论采取哪一方式,有线电视网络的施工并不由楼房的主体施工单位(总包单位)实施。一般情况,是由总包单位根据图纸,在墙体内预先埋设供有线电视线路使用的暗管。具体的布线,将来还要由开发商另行委托专业队伍进行。不过专业队伍必须是有相应资质,并要得到相应有线电视台的认可。

许多购房人到物业管理公司办理入住手续时,物业管理公司都会收取有线电视初装费。有线电视的初装费按用户终端接口计算。一个接口300元。所以串联用户是300元,并联用户要交600元。300元有线电视初装费包括两项费用,连工带料的设备安装费180元及有线电视光缆入网费120元。北京从2001年开始,需预存银行一年的有线电视收视费,就是每月每户每一根入户线要交的12元钱,由电视部门每月划拨,而不再由其他部门代收。由于有线电视的网络施工是开发商另行委托的,所以,干线的建设费用一般计入房屋建筑成本,但用户接用初装费并不减免。其实,楼内连接电话也有类似问题。

(主要参考《精品购物指南》)

案例125 抵押拍卖后的房产，物业管理费该向谁收取？

某业主因债务问题与某金融机构发生法律纠纷，诉讼期较长。在诉讼发生前，该诉讼的债权人，即某金融机构为了保证债券的回收，将该业主的一幢别墅设立了抵押，并在以后采取了诉讼保全的措施。

诉讼开始后，由于其他方面的债务问题，该业主停止了向物业管理公司交付物业管理费。物业管理公司认为只要该业主的房子还在，暂时不交物业管理费也没有什么关系，所以该物业管理公司也没有采取什么措施。

经过若干时间，法院的终审判决下达，因该业主无力偿还金融机构的贷款，法院将已经实施保全措施的房产进行拍卖，并由该金融机构参加竞买而一举成功。之后，该金融机构又将此房产通过房地产中介机构转让给了另一个新的业主。

这时，该物业管理公司才决定要正式讨回那笔物业管理费。首先，物业管理公司找到那家竞买成功的金融机构来偿付原业主应付而未付的物业管理费，当然遭到拒绝。之后，物业管理公司又向刚受让的新业主要那笔物业管理费，同样没有得到满意的答复；接着，物业管理公司又去找原业主，而原业主认为，房产已不是自己的，也拒绝交纳物业管理费。那么，本案例中的情况，物业管理公司应该向谁收取物业管理费呢？

简要说明：

这个案例中，物业管理公司、原业主、金融机构和新受让的业主之间，经过了一系列的法律程序，建立起了略显复杂的法律关系。但是这并不影响我们理清他们之间的债权债务关系。房屋所有权在几个主体之间传递，但是其所负载债务并不参与这种传递，也就是说，物业管理公司应该继续向原业主收取原来拖欠的物业管理费。

详细评析：

我们认为,该物业管理公司应该继续向原业主收取原来拖欠的物业管理费。

其一,物业管理费最先是原业主拖欠的,即债主是原业主,而不是以后的新业主。原业主的别墅等财产因债务已转让给他人,这只说明该业主与其他债权人之间的债权债务关系得到解决,并不能说明他与物业管理公司之间的债权债务关系也一起得到了解决,他仍然是物业管理公司的债务人,这一身份并没有因为房产等的转让而改变。所以,物业管理公司有权继续追索原来该业主拖欠的物业管理费。

其二,金融机构因为别墅的业主对其有债务而最终取得了别墅业主的房产,通过向法院诉讼这一合法渠道解决了自己与别墅业主之间的债权债务法律纠纷,金融机构向别墅业主要回的是自己应该得到的权益,而房产作为该权益的表现形式。从某种角度上看,金融机构是和权益"打交道",而不是和别墅的业主"打交道";要回的是权益,而不是别墅业主其他的债务。所以说,金融机构没有义务向物业管理公司补交原别墅业主拖欠的物业管理费用。

其三,新受让的业主更是没有义务替原别墅业主偿还债务,即交纳原别墅业主拖欠的物业管理费。新受让业主付出款项作为一种权益,换来别墅的所有权这项权益,这是一种对等的权益交换行为,新业主绝对不会"继承"原别墅业主业主的债务。其实,债务是人的债务,而不是物,即别墅的债务,所以,新业主也没有义务交纳原来的物业管理费用。当然,只要他接手该别墅,他就要为此向物业管理公司交纳以后的物业管理费了。

其四,作为物业管理公司,当原别墅业主拖欠物业管理费,别墅面临拍卖的局面时,就应该到法院主张自己的权利,而不是等到房产已被拍卖,权益已被分享之后,再来要求权益。这样做实际上是什么也得不到的。

案例126 业主要求上门收费，财务拒绝合不合理？

某业主由于生意很忙，一直没时间到管理处交纳管理费及水电费，又没有办理银行托收。因此，在接到2月份收费通知单5天后，才打电话到管理处，请财务部去收款。管理处财务人员拒绝了这一要求，并坚持要求业主自己来交款，另外建议该业主尽快办理银行托收。但该业主还是以生意太忙走不开为由，再次请财务部前去收款。于是管理处财务部告诉该业主，如果再不来交款就要加收滞纳金。该业主很生气，马上打电话到管理处投诉。那么，财务人员的做法对吗？为什么？

简要说明：

案例中出现的问题不是太普遍，也不是很容易界定相关人士的是与非。但是物业管理公司作为一个服务行业，就要树立为业主服务的思想，业主有困难就要想方设法为业主解决困难。本案例中，业主是愿意缴纳物业管理费的，作为物业管理公司财务人员更应该亲自上门收款，并帮业主办理好银行托收，这不仅体现管理处为业主的热情服务意识，也为业主解决了实际问题。

详细评析：

首先我们为该财务人员的官僚作风感到愤慨，然后又为该物业管理公司感到高兴。

作为物业管理公司的财务人员，不能因为现在工作繁忙，人手不足而不去体谅业主，不想业主所想，急业主所急，没有服务意识。业主因为工作太忙而拖交管理费，应该前去上门收缴。我们应始终以"人本善"的立场来对待业主，否则，就很容易产生与业主的对立情绪，影响今后的物业管理服务工作。物业管理公司要想收费，就要搞好和业主的关系,就要树立为业主服务的思想,业主有困难就要想方设法为业主解决困难。虽然这些费用可能并不是物业管理公司法定必须亲自收取的,但既然业主有困难,代为服务也是未尝不可的。物业管理公司财务人员应该亲自上门收款,并帮业主办理好银行托收,这不仅体现管理处为业主的热情服务意识,也为业主解决了实际问题。本案例中财务人员百般推托与拒绝,让人感觉他们确实是地地道道的债权人、官老爷,不能不为21世纪还出现这样的问题感到奇怪。

为该物业管理公司感到高兴的是,目前全国各地多数物业管理公司到处都为业主拒交管理费而头疼的时候,这个物业管理公司居然可以不用亲自上门催交管理费。尽管某业主生意忙,尽管不能亲自交纳物业管理费,但他还是愿意交纳,从内心上说,他不是故意拖欠物业管理公司的管理费。假如该业主一直拖欠管理费、利息、罚金都不交,作为物业管理公司,除了到法院还有什么办法呢?而到了法院,就是物业管理公司赢了官司,又有多大好处呢?

也许该物业管理公司有制度规定,不让财务人员亲自上门收取物业管理费,但作为财务人员,也有义务把自己的想法告诉公司决策层,是制度重要,还是收回资金重要呢?如果没有这样的制度,那财务人员更应该去亲自上门服务。假如做不到这一点,财务人员就不是合格的人员,让该类不合格的人员继续在公司财务部门工作,就是公司管理人员的不合格了。

案例127　业主不交物业管理费,开发商能拒办产权吗?

某业主购买了一处商品房,入住后对小区的物业管理有意见,便采取了不交物业管理费的办法进行反抗;没想到这样一来却惹怒了开发商,开发商声称:不交物业管理费就别想办产权证。请问,开发商这样做符合法律规定吗?

简要说明:

这一案例反映的问题在我国现阶段是比较普遍的。开发商、业主和物业管理公司为了维护自身权益的目的采取了各种各样的行动,拒绝缴纳物业管理费和拒绝办理产权证都是维权行动中的一种,问题的关键在于这些行动哪一种是合法的,哪一种又是不合法的。当纠纷发生的时候,我们应该尽可能地通过合法的、建设性的方法来解决问题。

详细评析:

我们认为,发展商的做法是不符合法律规定的。

首先我们还有必要再说一次商品房买卖与物业管理的关系问题。商品房买卖和物业管理根本就是两个不同的阶段,属于两个不同的法律关系。从表示形式上看,《商品房买卖合同》和《物业委托管理合同》是两个合同,两个合同的主体、权利义务和合同标的是不同的,是各自独立的。虽然购房者在这两个合同中都是签约主体,虽然有时开发商和物业管理公司是一家,但从法律关系上看,它们是各自独立存在的。

商品房买卖和物业管理既然是两个完全不同的法律关系,就应当各办各的事,不能混为一谈,不能因开发商和物业管理公司是一家及两份合同都有业主签名就将他们扯到一块儿。

就业主来说,对物业管理有意见,可以通过业主管理委员会解决,如果没有业主管理委员会,还可以向政府有关行政主管部门,如房屋土地管理局反映。单纯地采取不交管理费的办法,不但不能让物业管理质量让自己满意,可能还会因为违反物业管理合同而受到法律的惩罚。到时候不但自己要交纳拖欠的物业管理费,恐怕还要交纳拖欠管理费期间的利息、滞纳金以及诉讼费用。

就开发商来说,同样需要理智地看待这类事情,通过合法的途径解决问题。业主拒绝交纳管理费,可能有他们的理由,作为物业管理单位的开发商,应该考虑提高管理质量的问题,或者即使业主们有错误,开发商也可以通过到法院诉讼,要求主张自己收取物业管理费的权利,并通过法院收缴业主们拖欠的费用,而不能以拒绝办理产权证相威胁。假如真的这样做了,业主交纳了房款,履行了房屋买卖合同,他们就有充分的理由控告开发商违约,到时候,开发商自己的权益不但得不到维护,反而可能会遭受更多的损失。

案例128 小区健身园该不该收费?

家住北京某小区的一位居民说,去年秋天,办事处把原来路边的一片杂乱之地建成了健身园,不仅铺装了地面砖,而且还安装了健身设施。可没过多久,健身园收起了门票。每次进门要花5角,一张月票3元钱。钱虽说不多,可居民们总觉得有些别扭。"本来全民健身工程就是取之于民,用之于民的公益事业,这些健身器材又是用体育彩票收入购置的,为什么还要收费呢?"

简要说明:

这一案例涉及了公共事业是否可以无偿使用的问题,全民健身工程作为取之于民用之于民的公益事业,其兴建费用来自于体彩的收入,但是对于它的管理、维护和更新,是可以收取一定费用的,关于这些我们是有相关规定的。

详细评析:

我们先把有关规定介绍给大家。

《北京市全民健身工程管理暂行规定(试行)》指出:全民健身工程是指由国家体育总局统一组织,各级体育行政管理部门的体育彩票公益金作为启动资金,捐赠给城市社区、农村乡镇及公园、学校、机关等部门,由受赠单位兴建,旨在开展全民健身活动的公益性体育设施;全民健身工程兴建地的街道办事处、乡镇人民政府、公园、小区物业管理部门等单位,是全民健身工程的受赠单位,拥有受赠或受赠资金购置的体育器材、设施等产权,负责全民健身工程的建设、使用、维护和管理,保证使用的安全性和公益性;全民健身工程建设启动资金由国家体育总局和北京市体育局从本级体育彩票公益金中按一定比例投入。鼓励和提倡受赠单位从本单位实际出发,筹集和吸引其他资金共同投入;全民健身工程应当方便群众使用。不得利用全民健身工程进行以营利为目的的活动。确需收取费用的,应报当地物价等部门审批,所收费用必须用于全民健身工程的管理、维修和更新;对全民健身工程管理不善,不能保证公益性和安全性的受赠单位,由区、县体育行政管理部门提出警告,责令限期改正;对于损坏全民健身工程设施的,受赠单位应酌情责其赔偿或修复,对侵占和故意破坏全民健身工程设施者,除责其赔偿损失外,还应追究法律责任。

《北京市居住区配套体育设施管理办法(试行)》指出:居住区配套体育设施是指按照城市规划要求在居住区(含非规模居住区、居住小区,下同)中建设的用于居民开展健身锻炼的场地及设备;居住区配套体育设施应当向居住区内居住的产权人和合法使用人免费或优惠优先开放,并凭证(学生证、老年证)向非本居住区青少年学生和老年人优惠开放。居住区配套体育设施管理单位可收取适当费用,其收费标准以其场地日常维护和必要的管理人员费用支出为基础;居住区配套体育设施管理单位应当认真遵守《北京市体育设施管理条例》规定,加强对体育场地设施的日常维护和保养,保障体育设施的完好和正常使用,并不断改进管理工作,建立健全各项管理制度。

由上面的有关规定可以看出,小区健身园是否能够收费,关键要看收取的是什么费用,如果收取的是合理的费用,就应该可以收取,否则,无论是谁,都不能收。至于收费的标准,北京市物价局目前尚无具体的条文。

目前,北京不少小区都设立有健身设施,这些设施在为群众健身提供服务的同时,也带来了一些问题,比如健身设施的管理问题、收费问题等等。据不少群众反映,没有专人管理前,健身园里脏了没人收拾,一些年轻人不爱惜体育设施。夜里锁上门也没用,有人弄坏栏杆翻进来。如果有人管理,既可以解决这些问题,同时,每天有专人把这些器材擦一遍,给它们上油。也可以延长这些器材的使用寿命,对居民来说,当然是有益的。

专人管理当然需要一些费用,如支付卫生费和服务管理费。这些费用靠谁支付呢?在政府没有专门拨款之前,恐怕也只能用收费予以适当的弥补。本案例中,每次收费5角,每月收费3元,管理成本根本收不回来。尽管如此,多少也是对经费不足的一种补充,也是对健身设施的一种保护。

案例129　开发商赠送的阁楼是否交纳物业管理费?

北京的一位业主反映,当初购买别墅与开发商签约时,开发商没有把阁楼部分计入销售面积,仅将首层与二层的建筑面积之和写进合同书,合同书上标明的建筑面积为370多平方米,而物业管理公司在收取物业管理费时,却要求按此面积加上阁楼的100多平方米面积收取。物业管理公司认为,开发商与业主之间在售楼阶段达成的关于销售面积的让步不能影响到物业管理公司按实际面积收取物业管理费,业主则认为,阁楼属于开发商赠送的,不应该收取物业管理费。那么,开发商赠送的阁楼是否应该交纳物业管理费呢?

简要说明:

这一问题是比较普遍的,开发商为了促销等目的赠送的房屋面积或其他的优惠,物业管理公司应该如何进行收费?在处理这些问题的时候究竟以什么证明作为依据?怎样保护三方的利益?实际上,这些问题有关政策法律已有原则规定。

详细评析:

通常情况下,物业管理的计费面积是以房产证上标明的建筑面积为准,这个建筑面积包括两个部分:一部分是套内建筑面积,另一部分是公用部分分摊的面积。如果开发商在为买房人办理产权时没有对所送面积进行专门的说明,那么在收取物业管理费的时候,应该按照未送面积之前的面积计算。或者说,如果产权证上的面积没有将赠送的面积计算在内,买房人就不用交纳附赠阁楼的物业管理费用。

这里可能有一种情况,即假如收取物业管理费时,产权证还没有办理下来,应该怎么收费呢?一般来说,这时候,应该暂时以开发商与购房人签订的购房合同上的销售面积为准;最后以房屋测量部门实测的面积并写入房产证的建筑面积为准。当然,如果产权证上把阁楼的面积计算在内,别墅的业主就应该补交阁楼部分的物业管理费用。

实际中,可能一部分业主购买顶楼后,经过改造,把顶楼上面加上了阁楼。前面说过,这样做的后果是侵犯了其他业主的合法权益,但尽管如此,如果没有人追究,也可以继续存在。对于这部分阁楼,收不收取物业管理费用呢?同样是不应该收取。因为,产权证上绝对没有这部分阁楼的面积,所以业主自然会拒绝交纳。

当前,在一些城市,为了避免商品房销售中的面积纠纷,规定按套内建筑面积或使用面积来销售住宅,即通过提高单价、总价款不变,消费者明明白白买房,所买面积更加清楚明了。这样的住宅,物业管理计费面积就是以销售时规定的面积(套内建筑面积或使用面积)为准,当然,物业管理收费标准要比按套内建筑面积加公摊面积计费相对要高一些,但总费用应该是一样的。

案例130 物业管理公司能否以停水、停电的方式催交房款或管理费?

刘某所住小区物业管理公司由该小区开发商组建成立,具有相应的物业管理资质,系独立核算、自负盈亏的企业法人。日前,发展商给该物业管理公司发来一份通知,称该小区住户系分期付款购房,但其入住后却迟迟未将剩余房款付清。开发商为此要求对该住户采取停水、停电、停天然气的措施,以迫使该住户交款。该物业管理公司遂照此办理,使得该住户无法正常生活,刘某想问,物业管理公司有这种权利吗?假如业主拖欠物业管理费,物业管理公司能否以停水、停电的方式求解决?

简要说明:

住房制度改革的过程当中,各种各样的问题不断地发生,我们强烈呼吁有一套健全的法律体系来保证房地产交易与经营过程中各方的利益,划分权利和义务。但是在一套较完善的法律体系问世以前,我们只能通过借鉴其他地方的例子来进行判断了。就本案例来说,物业管理公司是不能擅自以停水、停电的方式来寻求问题的解决的。

详细评析:

(1) 物业管理公司不能按照开发商的要求以停水、停电的方式催交房款

本案例中的住户既是房屋买卖关系的主体,又是物业管理关系的主体。他未按期交纳购房款,说明他没有履行房屋买卖关系中按时付款的义务,那么他就应该承担相应的民事责任。开发商也有权要求其承担这种民事责任。开发商可以按照购房合同的规定要求该业主承担违约金、利息等责任,甚至可以要求解除合同等。

但如果该住户已经按照物业管理合同的规定交纳了物业管理费等,这就意味着他在物业管理法律关系中已经履行了自己的义务,那么他就应该得到完善的物业管理服务,包括水、电、气、暖等设施设备的良好使用等。物业管理公司应该保证其权利的实现,而其他人(包括开发商)则不能对这种权益进行侵害。

现在开发商要求物业管理公司用停水、电的方式迫使住户按时交款,其实质就是:由于住户未履行房屋买卖关系中的义务而不能享有物业管理法律关系中的权利。这显然是对住户合法行使权

力的阻挠,是不对的。而物业管理公司按照其要求对住户停水、电,则违背了其法定职责与义务,更是不对的。

(2)业主拒绝交纳物业管理费,物业管理公司可否停水、停电?

目前物业管理公司的做法通常是断电、断水,但由于这种做法缺乏法律上的依据,往往会遭到拒交物业管理费的小业主的强烈反对,致使矛盾激化。对管理公司来说,使用这种方法也是百害而无一利,不仅会恶化与业主的关系,使问题得不到妥善解决,更使管理公司恶名远扬。为避免这类问题的发生,这里推荐两条经验供物业管理公司学习。

其一,北京育新花园小区以用磁卡买电、买水的方式来控制管理费及其他费用的交付,小业主如拒交管理费,其选择的是主动的断电,而不是被物业管理公司停电、停水,在这种情况下问题容易解决一些,实践证明是比较有效的方法。但这需要相应设施的配套。

其二,香港的做法。香港也常发生的管理费拖欠的事。在香港,管理公司无权切断小业主的水、电供应。为了物业业主的公共利益,对于拖欠管理费的问题,香港的某些法律规定了物业管理公司可采取的手段。在治理业主欠缴管理费上,香港也有相应的追讨方式:一般大厦公约都会详细列明每个单位所占的应付管理费的比率及缴款日期。如业主将该单位出租,就算在租约上列明由住客支付管理费,管理公司仍有权向业主追讨欠款。总之,业主有责任准时缴付管理费,管理公司亦有责任代表其他业主向欠缴管理费的业主追讨。管理公司通常会采取以下途径:①向住客及业主同时发出通告,详列所欠款项、清还期限及说明管理公司会采取什么行动;②过期未付,管理公司可采取法律行动,假如所涉及的款项少于15000元港币,则可通过小额钱债审裁处解决;若款项超过此数,管理公司便需向地方法院提起诉讼。③假若管理公司无法与欠缴管理费的业主联络或者业主采取置之不理的态度,管理公司可向田土厅登记,特别注明该单位所欠管理费总数。当该单位转让时业主必须先付清所欠的管理费,否则便不能将该单位转让。④对于出租单位,如租约订明租金已包括管理费,但业主却不交管理费,那么管理公司可向法庭申请封租令,要求租客在缴付租金时扣除业主所欠的管理费,直接付与管理公司,剩余的租金才归还业主。

案例131　不交物业管理费能否做业主管理委员会委员?

某小区有位业主平时很热心小区事务,但近半年来却一直拒绝交纳物业管理费,理由是小区物业管理不到位,与物业管理公约的承诺不相符。在一次业主代表选举中,该业主尽管获票较多,但物业管理公司和部分业主认为此人不具备当选资格。那么,不交物业管理费能否做业主管理委员会委员?

简要说明:

这是一个典型的问题,对于物业管理服务不周的情况,究竟应该怎样处理是一个难于界定的问题。首先一个问题是,不交物业管理费是否能够解决问题? 其次,究竟哪一方有权力决定一个业主是否可以当选物业管理委员会的委员? 房地产开发商或者物业管理公司有没有这种权利? 我们认为,不交纳物业管理费和当选物业管理委员会委员没有必然的联系。

详细评析:

我们认为,不交纳物业管理费和当选业主管理委员会委员没有必然的联系。

首先,我们来解决不交纳物业管理费能说明什么的问题。如果该业主不交纳物业管理费是因为物业管理公司确实有问题,该业主等通过努力仍然解决不了问题,最后以拒绝交纳物业管理费来抗议,这种情况下,我们认为,最多是该业主采取的方式不对而已;如果该业主故意拖欠物业管理费,对小区物业管理持反感态度,对业主管理委员会没有兴趣,对大家的公益事业也不热心,这种情况下,我们认为,该业主确实不具备作为业主管理委员会委员的资格。从本案例中的情况来看,这位业主显然是前者而不是后者,所以,我们认为,他当选为业主管理委员会委员应该是没有什么可以怀疑的。

其次,作为业主管理委员会委员需要什么条件?法律并没有规定只要不交纳物业管理费,就不能当选为业主管理委员会委员,只是规定,必须满足是业主或是使用人这个条件。实践中,一般把这个条件进一步细化,具体为以下几个条件:①是业主或使用人;②公益性强;③工作热心;④身体健康;⑤具备一定的专业知识和组织协调能力;⑥法律没有明确禁止参与的其他条件等等。本案例中的业主只要满足以上条件,就应当允许其当选业主管理委员会委员。

最后,公民权不是谁都可以剥夺的,即使是犯过罪的人,如果法院没有剥夺他的公民权,他仍然可以参加选举。在小区里也同样,业主的选举权和被选举权不是房地产商、物业管理公司可以剥夺的,也不是某个政府主管部门可以剥夺的。

案例132 居住小区内既有解困房,又有商品房,应按照什么标准交纳物业管理费?

王某一家收入很低,住房十分拥挤,一直是政府的扶贫对象。最近,政府给他分了一套解困房。王某发现,在他居住的小区内,只有他家这个楼属于解困房楼,其他的几个楼都是商品房楼。王某问了一些先期入住的商品房楼中的业主,这些业主告诉他,每月每平方米要交一元多钱的物业管理费,王某感到很是吃惊,自己怎么能够交得起这个费用呢?那么,住宅小区内既有商品房,又有解困房,物业管理公司到底是以商品房的标准收取物业管理费,还是以解困房为标准收费?

简要说明:

这里确实有一个疑难,即假如以商品房的物业管理费用为收费标准,解困房部分岂不是收费偏高?但假如以解困房为标准,正常商品房的物业管理便有可能因为收费偏低而导致服务内容的减少或质量下降。分开收费吧,但它们同处一小区内,所享受的服务又是一样的。所幸的是,本案例中反映的情况虽然特别,实际中解决办法却还是有的。

详细评析:

实际上,在我国的各个城市物业管理收费标准中,都明确规定了解困房与商品房(多层)的物业管理收费是不同的,如广州市物价局1997年就制订了解困房、微利房、福利房住宅小区收费为每平方米0.26元,复式多层住宅小区收费每平方米0.4元。后来,广东省物价局又发文规定解困房的物业管理费为商品房的70%。

广州市物价局还规定,假如解困房与商品房混在一起,其物业管理费的收取标准则要视以下两种情况决定。

其一,解困房与商品房虽在同一小区内,但又相对分隔,且商品房的质量与服务配套设施又优于解困房,那么其物业管理收费则应有所不同。具体收费标准在业主委员会成立前,物业管理公司应根据政府物价部门制订的指导价收取;业主委员会成立后,则根据他们设施配备的不同,与业主委员会协商来收取不同的费用。

其二,解困房与商品房完全混在一起,并无截然分开的痕迹,那么,物业管理收费的标准则应相同,因为物业管理收费实行的是"公开、公平"的收费原则。解困房由于其与商品房的不可分割性,导致了解困房的业主实际享受到的服务与商品房业主一样,物业管理公司提供的服务也一样,因此支出的费用也应一样。至于具体的收费标准,在业主委员会成立前,由政府物价部门审批;业主委员会成立后,则由管理公司与业主委员会协商定价。

当然,如果让解困房的住户和商品房住户交纳同样的物业管理费,又会让解困房住户无法承受。为了解决这个问题,不少人都建议,我国一些城市实际上也采取了这个办法,就是由城市政府向解困房住户发放物业管理费补贴,这部分补贴可以直接按月拨付到物业管理公司的账户上,专款专用。

北京市的做法是:如果物业管理单位按普通居住小区服务内容、服务标准提供无法分开的公共性服务,如保洁、保安、各项费用统收服务、绿化等,高档住宅亦应享受同样服务的,则按普通居住小区物业管理服务收费标准缴纳;如果物业管理单位按高档住宅服务标准提供公共服务,普通住宅同样享受,则按高档住宅服务缴费。为普通住宅和高档住宅分别提供的服务项目,如楼体维修,普通住宅按普通住宅小区物业管理收费标准的规定缴费,高档住宅的维修可不执行此收费标准。

另外,对于同一物业管理区域(楼盘)内含有租住公房、售后公房和商品住宅等几种类型住宅的费用测算及分摊的有关规定,可以参考上海《解放日报》刊登的益晨旭的文章。

物业管理区域内的费用分摊

同一物业管理区域(楼盘)内含有租住公房、售后公房和商品住宅等几种类型住宅的费用测算及分摊应按如下规定进行。

1. 先测算出同一物业管理区域(楼盘)内不同类型住宅所需共同分摊的费用,包括以下方面:(1)管理、服务人员的工资和按规定提取的福利费;(2)楼内公用设施维修及保养费;(3)绿化管理费;(4)清洁卫生费;(5)保安费;(6)办公费;(7)物业管理单位固定资产折旧费;(8)法定税费。物业管理服务收费的利润率不超过15%。

以上各项费用由房屋所有人支付。房屋租赁人除缴房租外,同时应缴付以上第(4)项、第(5)项费用。

2. 同一物业管理区域(楼盘)内不同类型住宅的费用分摊按以下方法和程序测算:(1)测算出本区域内一个期间可能发生的总费用。(2)按建筑面积计算出各类型住宅占本区域内总面积的比例。(3)计算出各类型住宅按比例应承担的各自费用。(4)以商品住宅房部分应承担的费用为依据,按有关规定拟定出商品住宅物业管理服务费等的标准。(5)租用公房、售后公房仍按有关规定收费;商品住宅按上述第(4)条并经物价部门认可的标准收取。

3. 关于同一物业管理区域(楼盘)内不同类型住宅的费用分摊的几种特别规定:(1)同一管理区域内的高层住宅的电梯和水泵运行成本应一并测算,再按建筑面积平均分摊,向住户收取。底层和原始结构中电梯不停靠的楼层住户,其高层电梯、水泵运行费不予摊算。(2)社区服务与物业管理有交叉的,谁收费谁服务;同一收费项目不得重复收费;相近内容的收费项目,如楼内与小区内的清扫、大楼门卫与小区巡逻等应并为同一收费项目。费用统一收取后,可分摊使用。

第八章 物业管理新时代

案例133 保姆式服务进入普通人家

上月,北京嘉悦房地产开发有限公司和北辰信和物业管理有限公司在北京国际会议中心签订协议,首次推出公寓保姆式服务,推出新型的住宅模式——公寓式住宅。

所谓保姆式服务,就是在提供各种常规物管服务的同时,将服务场所从庭院、车场走入家庭,经过严格培训的服务人员会为业主提供打扫卫生、洗衣、熨烫、代为购物、代为邮寄信件、接送小孩、交纳手机费、做饭等等"贴身"服务。

北辰信和物业管理公司是隶属于北辰实业总公司的一家专业物管企业,承担汇园公寓和汇园国际公寓的物业管理。这次嘉悦委托信和向其业主提供保姆式服务,使这种原来高档公寓才能享受的服务模式走进普通人家。

(《北京晨报》见闻)

案例评析:

物业管理的服务模型有多种,本案例中提到的保姆式服务,应该是一种更周到、细致的服务。当然消费这种服务需要支付的费用肯定较高,这种高档服务能进入平常百姓家,自然是老百姓的福音。但这种服务模式的全面推开,恐怕还需要一定的时日。

案例134　我国第一批物业管理研究生将在深诞生

从有关方面获悉，深圳市物业管理进修学院与中山大学联合举办物业管理方向研究生函授班，学制两年，凡具有大学本科学历资格的人均可报名。报名时间定于2001年6月13日至7月20日，完成全部课程，考试成绩合格者，颁发由中山大学盖章，广东省学位办统一印制的研究生课程进修结业证书，符合国家有关研究生同等学力者，可以向中山大学申请硕士学位。有志于此的人士可到深圳市红岭西路莲花大厦19层深圳市物业管理进修学院索取详细资料。

物业管理是近年来兴起的新型行业，随着经济发展，物业管理市场也逐步走向成熟。但是，物业管理方面的专业人才奇缺，阻碍了物业管理的进步发展。目前在国内只有少数院校开设物业管理专业，在市场中那些具有物业管理专业素养的人才备受青睐。深圳市物业管理进修学院多年来一直从事物业管理方面的研究和探索，培养了许多物业管理专业人才，在这个过程中，积累了丰富的经验和雄厚的师资力量，完全有能力培养出合格的研究生。据了解，深圳市物业管理进修学院的这一举措，将为我国培养出第一批物业管理方向的研究生。

(《金地物业》2001年12期)

案例评析：

物业管理的健康发展需要高级的物业管理人才，我国物业管理首批研究生的诞生，必将为我国物业管理行业注入新的活力。同时对提高我国物业管理行业的社会形象、增强我国物业管理企业的国际竞争力也具有极其重要的影响。希望能有越来越多的高水平的物业管理研究生能够尽快培养出来。

案例135　成都流行"共管式"模式

一种让物管公司与业主共同参与、监督开发商工程质量的"共管式"物业管理新模式,最近在成都房地产界悄然流行起来。

据了解,目前推行"共管式"物管新模式的有武成碧云天、置信房产等多家知名房地产企业。这些房地产企业将工程承诺书交至业主手中,并让业主选举组成一个业主监督委员会,对该项目建筑施工及进度进行全方位监督。物管公司也提前在工程施工阶段和业主监委会一起介入对工程质量的监督和管理,及时向开发商提出有关建议。此举促使了物业管理从单纯售后服务向售前、售后双重服务转变。

(中国建设报　邹彤)

案例评析:

目前,我国城市物业管理问题层出不穷,其突出的表现之一,是业主因为房屋质量投诉物业管理公司的问题。严格来说,这并不是物业管理的质量问题,而是物业管理公司与开发商的交接问题,主要还是开发商的问题。但很少有业主认识到这一实质。因而,这一问题也一直难以真正解决。"共管式"物业管理模式的出现,为这一难题的解决找到了一条好的路子。

案例136　福建出现物管"零收费"

据中国房地产报报道,在物业管理越来越受到买房者关注,在人们热烈探讨物业收费和服务如何统一的问题时,福建一家房地产公司大胆提出"物业管理零收费",这一全国首创的物业管理新概念在业界和消费者中引发了不小的反响。

"零收费",也就是不收费。近期,该公司在其开发的项目开盘仪式上,向一部分业主发出了经过福州市公证处公证的《零物业费承诺书》、《服务项目标准承诺书》、《公共产权证书》。按照其中的承诺,该项目的业主将终生免交保安费、卫生费等物业管理费。

房地产公司是要赚钱的,不收物业费难道自己出?该项目开发商提出这一新举措有其基础,那就是项目将价值310万元近360平方米的黄金店面出租。

据该公司负责人介绍,根据测算,物业管理每月的各种成本支出估计约3.9万元,而店面租金加上其他收入则超过这一数目,二者相抵,保守估计总收入与总支出可持平并略有盈余。为了让消费者放心,该项目在给业主发放的公证书中,承诺保证物管费来源的店面"将永不出售、不转让、不抵押、不作为本公司资产抵偿债务或以其他方式转移该物业的所有权"。

话已经说得很明白了:不收费,而且资金有来源渠道。开发商的初衷是:"让购房者买得起也住得起"。但是,这毕竟是一件全国都没有过的新事物,到底运作过程中会怎样,一些拿到承诺书的业主还是不放心,提出了好多担心的问题。有的人担心,开发商前期承诺得很好,到入住时就不一样了;有的人担心"便宜没好货",不收钱可能服务水平打折扣;也有的人提出是否"羊毛出在羊身上",物业不收费而提高售价;最多的担心集中到,如果店面出租情况不好或出租后经营情况不佳欠交租金,到时的物管费由谁出等等。

对前两个疑虑,真的要等到运作以后才会见分晓;而对后面两个担心,该项目的负责人明确答复,项目的售价与周围楼盘比还略低,如果暂时出现店面出租经营情况不佳,物管费由该公司承担。

"物管零收费"是一个创意,但新的设想如何成为好的东西,的确需要实践检验,目前有这样那样的疑问也是必然的。这个举措是开发商的一种让利行为,一种尝试,能否成功还要看今后运作的情况如何。

(摘自《北京青年报》)

案例评析:

关于"物管零收费"的问题,本书编著者曾在2000年就已提出,并从理论上做了详细的说明。能否零收费,关键还要看物业管理公司能否从该管区其他方面取得收益。如果能够有其他收益补偿物业管理零收费的损失,执行起来当然没问题。本案例中提出项目将价值310万元近360平方米的黄金店面出租,租金收益自然可以抵偿物业管理费。但该黄金店面产权人是谁? 如果是全体业主的,恐怕收取租金的就不应该是物业管理公司,物业管理公司也就没有补偿零管理费的资金来源了。如果是物业管理公司的,那么物业管理公司又为什么愿意拿自己的钱为业主服务呢? 我们认为,如果管区的业主将管区多种服务的经营权无偿交给物业管理公司,则物业管理公司就有条件,也有义务提供零收费的物业管理服务了。

案例137 上海年轻人热衷应聘物业管理产业

虽然上个周六阴雨绵绵,但浦东房地大厦里人头密密匝匝地涌动,并吸引了很多过路人的眼光。

虽然年轻的周先生并非下岗人员,手头也有年薪4万元的工作,但看到了迎风而立的"物业管理行业人才交流洽谈会"的垂幅后,他毫不犹豫地购买了门票。周先生介绍,他正在一家物业公司中任物业经理。但他直奔一些较为著名的物业管理有限公司的摊位。因为他认为物业行当前景广阔,只是目前该行业正处在群雄逐鹿的"战国"时代,行业中的品牌公司将主导整个行业的发展。而他便想投靠一家品牌公司,寻求更大的发展空间,将来能大展宏图。

这些面孔成了整个市场里的主力军。他们大多具有大中专或本科以上的学历。他们新奇的眼神沿着墙壁,在张贴出来的具体职位单上搜寻、定位合适自己的职位。不少家长也来替自己的子女前来搜罗情报。

物业的老总们都很振奋。因为整整一天的招聘中,年轻人最踊跃询问的并不是收入和薪水状况,而是关心我的发展前景将会如何？是否有发展空间？

市房地局物业处就此指出，现在是物业公司吸纳人才的好时机。此次入场招聘的，除了应届的大中专毕业生外，原先任职于房地产开发公司工程部的人员也很多。房地产开发热潮正在逝去，产业调整过程中人才流向因此也在调整过程中。此时正是物业吸纳人才的好时机。

(摘自《上海青年报》)

案例评析：

物业管理一直被认为是安置下岗工人的、低知识型的行业，所以其社会形象在我国多数城市都普遍较差。物业管理行业也很难吸引和留住优秀的物业管理方面的高层次人才，这就是我国物业管理行业问题不断的重要原因之一。上海年轻人热衷应聘物业管理产业，应该是物业管理行业得到社会认可，并有可能给物业管理行业带来新的气象的一个信号。

案例138　深圳物业大举北上接楼盘

从新年伊始万科物业接管建设部大院，到7月14日深圳华侨城物业中标成为南京国展中心的"大管家"，深圳市物业管理企业北上西进势头强劲，一路闯关夺隘，上半年在全国35个城市中再拓展物业管理面积500万平方米。深圳市物业管理行业在全国市场的管理面积即将突破1000万平方米大关。

今年我市物业管理行业在深圳市物业管理面积基本全覆盖的形势下，把走出深圳，拓展内地物业管理市场作为提高行业品牌效应、实现集约化规模经营、保持可持续发展领先优势的一项重要内容来抓。经过不懈努力，深圳物业管理企业拓展全国市场北至黑龙江大庆市，西至重庆，中部有南京、武汉、南昌，在全国35个大中城市呈现"全面开花"的喜人局面。

据了解，今年上半年我市物业管理企业所接管的内地物业共分3种类型:以建设部大院、大庆市委市政府部门办公楼为代表的政府物业,以安徽邮电大厦、南京国展中心为代表的公共设施以及各地的高档住宅区和别墅类。接管的形式也从单一的直接管理转变成管理与咨询、顾问、合作等多种方式。各地政府对深圳物业进入当地物业市场给予了高度评价和大力支持。一些省、市领导说,深圳物业的进入不仅给当地物业管理带来了先进、规范管理的运作方式,更重要的是带来了改革的震撼和鞭策,激活了内地物业市场的竞争机制。

市住宅局有关负责人告诉记者,上半年,深圳物业的"数量"和"质量"指标都十分可喜。到目前为止,深圳市物业管理企业以不同方式在全国各地接管的物业面积已经在800万平方米左右,另外有些项目正在洽谈中,年内就可能突破1000万平方米的大关。根据国家建设部不久前的调查统计,在全国获得国优示范小区的总面积里,深圳也占了三分之一强。

(深圳特区报　阳光)

案例评析:

进入20世纪90年代后,全国各地的物业管理公司相继成立。据建设部不完全统计,2000年9月底全国物业管理企业已达2万多家,就业人数超过200万人。可以说,我国物业管理服务的供给主体已呈现出多样化的形势。多样化的供给主体及多种形式的物业,带动了供给主体竞争态势的形成。特别是加入WTO以后,我国物业管理企业又开始面临国外企业的竞争。在这种严峻的形势下,物业管理企业只有自己走向市场,积极参与竞争,努力占领市场,这样才能生存和发展。深圳市是我国物业管理搞得比较好的城市,深圳市的物业管理公司大举北上接楼盘,既是市场经济的必然,也给北方的物业管理公司认清形势提了个醒。

案例 139 徐虎收下民警徒弟全力做大物业品牌

东方网 7 月 29 日消息:全国劳模徐虎日前认了他平生第一位民警徒弟。原来,徐虎所在的上海西部集团徐虎物业经营有限公司与其管辖的普陀区芙蓉花苑发展商所在地东新路派出所,签订了一项特殊的警民共建协议,由徐虎的这位徒弟——派出所民警徐卫华,承担小区警民联系箱的开箱任务,三方共同维护小区治安。徐虎说,这是为提高物业管理水平,想出的新招,也是在激烈的竞争中,做大徐虎物业品牌的开始。

徐虎出任房管所转制后的徐虎物业公司首席董事已一年多。他说,当水电工时走街穿巷,从一些小区的警民联系箱得到启发,发明了徐虎水电报修箱,现在居民对物业管理要求提高了,小区安全至关重要,居民可通过警民联系箱及时反映治安问题,进行法律咨询,提高物业管理的保安水准。

徐虎说,现在各行各业都在搞物业管理,竞争非常激烈,提高管理品位和整体素质是关键。他希望不久的未来,管辖的物业能达到 250 万平方米,公司能吸纳更多的管理人才。

案例评析:

消费者要购买某种物业管理服务,应该能够比较容易地了解哪些物业公司提供该种服务?它提供的服务质量如何?价格怎样?服务的品种、档次、时间、具体提供者如何?怎样去跟这个公司联系?这个公司的管理服务特长是什么?等等。这些实际上又涉及物业管理的可识别性。物业管理服务的可识别性,也就是该种管理服务的"商标"与"品牌",或者就是该种管理服务的"色"、"香"、"味"。一个没有"商标"与"品牌",没有"色"、"香"、"味",用"黑袋子"包装的商品,消费者不但不能轻易识别,更不敢轻易地买来消费。徐虎算得上我国物业管理行业的名人,他在物业管理品牌建设方面所做的努力,值得业内众多人学习、借鉴。

案例140　上海劳模盯上北京物业

徐虎想到北京做物管

10月15日,在中国物业管理协会的成立大会上,建设部房地产业司司长、中国物业管理协会会长谢家瑾在谈到房管所转制的人员如何适应物业管理新机制时说:"这方面徐虎体会最深。"

从1975年开始,在上海中山北路房管所当了23年水电工的徐虎,凭着"辛苦我一人,方便千万家"的精神,成为全国劳动模范、十五大代表。1998年底,徐虎顺着市场经济的大潮下了海,在上海成立了全国第一家以个人的名字命名的物业管理公司——上海徐虎物管有限公司。在上周接受本报记者的采访时,徐虎说:"从房管所的水电工到物管公司的首席董事,最深的体会就是:从计划经济的管理服务转变为市场经济的服务管理。"

我每天晚上七点钟开箱,不管刮风下雨还是严寒酷暑,我马上就去居民的家里进行修理。

记者:1998年您被评为全国劳动模范,也被人民选举为十五大代表,我记得全国都在讲上海有个叫徐虎的房管所水电工,利用自己的业余时间为老百姓修理水和电,您的故事全国传扬。您是什么时候开始徐虎式的服务的?

徐虎:我记得是1985年6月23日,我开始在上海中山北路居民区挂上了便民箱,当时居民普遍都没有电话,居民家里水、电出了什么毛病,就把报修的单子填写好投到箱子里,我每天晚上七点钟开箱,不管刮风下雨还是严寒酷暑,不管年初一还是年三十,我马上就去居民的家里进行修理。白天我要工作的,我是利用自己的业余时间去做这件事。

记者:您还记得多年前您在便民箱上怎么写的吗?

徐虎:记得啊,我在箱子上写了"安民告示":凡附近公房的居民,如果遇到有房间水电急修,请写清地址,投入箱内,本人将提供热情的服务。开箱时间为每天晚上七点。

我认为,物业管理是个很好的行业,是个"安居工程"、"民心工程",如果把物业管理好的话,能起到很大的社会效应。

记者:身为全国劳动模范、十五大代表,您为什么"下海"?

徐虎:我能成为全国劳模是形势的需要,社会的需要,人民的需要。我自己感觉,宣传我是一种手段,其目的是通过对我的宣传能让更多的人在自己的普通岗位上把自己的普通工作做好,为他人提供更好的服务。那么对我来说呢,我又感觉到我自己一个人力量毕竟有限,我浑身是铁也打不出多少钉,我觉得应该发扬团队精神,让更多的人都来提供服务,也就能解决更多老百姓的后顾之忧。我记得是1994年4月1日,建设部发了33号令要求:全国各大中城市都要走社会化、专业化、企业化的物业管理道路。这就是市场行为了,这样一来,党员也好,劳模也好,都要走这条路,形势的需要,再加上我个人要发挥更大作用的话,不能一直开箱了。对我个人来讲开箱也没问题,我把自己贡献给人民,但是材料没办法,原来的房管所都转成企业了,如果把企业里的材料都送给你,你当然很高兴,但把材料都给你以后,企业没效益,没有经济基础,也没有凝聚力,人家也不会跟着我干。这样下去的话,会走向宣传的反面,老百姓也好,企业也好,最终都会得不偿失的,所以,在这种情况下,在地方政府、社会各界的关心下成立了上海徐虎物业有限公司。

记者:那您为什么成立一家物业管理公司呢?

徐虎:136年前,英国最早开始物业管理。工业革命之后,小城变中城,中城变大城,工业化越来越发达,农村人口涌向城市。中国现在也是这样,人口涌向城市之后,房地产开发成为支柱产业、新兴产业,接下来就是城市管理,住宅建成之后,接下来最重要的是如何把这个不动产管理好。我认为,物业管理是个很好的行业,是个"安居工程"、"民心工程"。环境能塑造一个人的素质,英国人的绅士风度,就是让人感觉到方方面面都很到位,如果我们把环境搞好,也不会有人再随便扔纸屑,随地吐痰了,环境搞好了,无形当中就把人的素质提高了。我们说一个国家,有了国,才有了家,有了小区,才有社会,如果我们把一个一个住宅区都管理好的话,功德无量。所以我觉得,人类不灭,物业永存,有人就有住房,有住房就有物业管理。

记者:您是何时成立的这个以您的名字命名的物业公司?

徐虎:1999年1月份。

记者:这是个什么性质的公司?

徐虎:是个股份制的公司,注册资金100万元,西部集团占大股。

记者:从去年1月份成立到现在已经1年多了,您的这家物业公司经营状况怎么样?

徐虎:物业管理是个新兴的行业,也是个微利的行业,根据上海市出台的物业管理条例规定,物业管理公司利润不允许超过15%。可以这么说,一年多来,我们公司经济效益不是很好,但社会效益很好,我们正在进行原始积累。

记者:到目前为止,您这个公司接管了几个小区的物业管理?

徐虎:在上海现在已经接管并已经进行物业管理的住宅项目有4个,而且现在已经进入了3个住宅项目的前期管理,另外一个11万平方米的小区已经入住了,现在业主委员会成立之后,业主要求我们参加物业管理,现在正在签约当中。到目前为止,我们参与了8个住宅小区的物管。我们现在是三级资质,明年我们能管理50万平方米住宅,可以升到二级资质。

记者:您已经接管的这些住宅小区目前物业费是多少?

徐虎:这8个小区,平均收费是每月0.65元/平方米(建筑面积)。

居委会、物业公司、业主委员会"三位一体",把小区软硬件都管理到最佳点,这就是我要做到的上海本帮特色的物业管理。

记者:您认为您的物业公司和其他比较优秀的物业管理公司相比有什么不同吗?

徐虎:我想通过我自己的努力,在上海创造一个"上海本帮"特色的物业管理。

记者:您怎么阐释您要创造或者形成的"上海本帮"特色的物业服务?

徐虎:国外物业管理,通过电影、电视我们也能看到一些,一栋公寓楼,门口坐着一位管理员,你家发生什么事情找管理员,管理员可以通过电话到市场上去找到相应的专业服务公司,也就是"管修分开"。我认为,我们以后也要做到"管理和维修"分开,我们现在的物业公司都是小而全、大而全,这样的话,物业管理费也降不下来,全部走上市场之后,你家水管坏了,可以找不同的专门修理水管的公司来修,也许这个公司收费3元,也许那个公司收费5元,客户可自己选择。

记者:也就是说,您认为未来的物业管理市场将会有更细的分工,修水有的一些专门的公司,修电、修管道都有专门的公司,而物业管理公司里面将不再安置水工、电工、管道工了。这就是您认为的上海本帮特色吗?

徐虎:应该是我要努力去做的,但是很难,因为如果"管修"分开,会把许多人推向市场,有的人会再次下岗。但我认为通过市场有序竞争之后,未来中国的物业管理市场也应该是这个发展方向。另外,我们中国特色是有街道,有居委会,国外没有,国外小区完全靠物业公司解决的,根据中国的国情,相当重要的是"三位一体",就是居委会、物业公司、业主委员会三方更好地团结起来,把小区软硬件管理到最佳点,这就是我要做到的物业公司特色。

我认为物业公司和业主之间应该从过去的"公仆和主人"的关系转变为"平等"的关系。

记者:从房管所的水电工到物业公司首席董事,身份的改变,给您的徐虎式的服务模式带来了什么样的改变?

徐虎:其实,从房管所的水电工到现在的物业公司负责人这种转变中,最深的体会就是从原来的"管理服务"转变为现在的"服务管理"。我们过去计划经济时期是管理服务,是抓管理,服务是以后的事情,市场经济转过来了,是先提供服务,使老百姓能够接受。我们过去的房管所都是"朝南开的"(衙门口朝南开),人家是来求你,现在完全不一样了,完全是靠服务,第三产业是没产品的,就是靠服务,有产品,我们可以做名牌,但是我们没有产品,只有靠我们自己品牌的服务。

记者:您有没有这种想法,除了在上海形成"本帮特色"的物业管理之外,如果其他城市,比如北京、深圳、广州等一些大城市请您去接一些住宅小区的物业管理,您去吗?

徐虎:天津、南京和山东都有房地产公司跟我联系,让我去接管住宅物业小区管理。我们正在协商之中。

记者:您愿意到北京来管理住宅小区吗?

徐虎:北京对我是个特别大的诱惑,我很愿意到北京来,只要成本和利润能够持平,我就来。

记者:您觉得现在物业公司之间竞争激烈吗?

徐虎:我们五十年代出生的人,都经历过了全民皆兵,全国经商,全国搞房地产,现在是全国搞物业管理,所以竞争是非常激烈。

记者:您认为物业管理公司之间和小区的业主之间,应该是什么样的竞争?

徐虎:我认为物业公司和业主之间应该从过去的"公仆和主人"的关系转变为"平等"的关系,一方面物业公司不能承诺超过自身职能的服务,另一方面,业主也有权利和义务。这是观念的问题。如果观念不转变的话,物业管理有序的、健康的市场就很难形成。我认为在这方面,媒体的作用是非常重要的,我们的媒体在不断宣传业主的权利的同时,也要不断宣传业主的义务。

记者:和其他优秀的物业公司相比,您这个公司有哪些优势?

徐虎:我有我的优势,也有我的劣势。优势可能就像好多人认为的"徐虎"这两个字是无形资产,具有一定的品牌竞争力。在上海我们接管的小区还确实因为我们公司的物业管理,对这个住宅小区的销售起到很大促进作用,这有小区,我们接了6个月后,售出80%。许多客户在买这个房子时说,有徐虎的公司管理,他们放心,当然,要是离开了"辛苦我一人,方便千万家"的精神,"徐虎"这个品牌也就不存在了。

记者：您如果打算创造"上海本帮"特色的物业管理，而且您又很愿意到北京接管一些住宅小区的物业管理，您认为您能够把"海派"和"京派"的物业管理都做好吗？

徐虎：其实，在哪里做物业管理，我认为都应该是："法治"不够，"人治"补，用感情和业主沟通，好多事情沟通好了，谅解了，就可以在萌芽状态把问题解决了。而且我除了把"海派"物业的细腻和周到等特点带到北京来，在北京我将提供菜单式的服务，您想享受几星级的服务，我就提供几星级的服务，每个住在我服务的小区住户，都会感受到徐虎式的服务。

(北京青年报　徐曼)

案例评析：

　　成为全国劳动模范、十五大代表后，徐虎没有因这些荣誉而固步自封，相反，他勇于开创新的事业，"下海"成立了以自己的名字命名的物业管理公司，并且对物业管理进行了很多的探讨和思索。现在，他又要到北京来接物业，希望能为物业管理行业作出更大贡献。案例中的介绍，至少能给我们两点启示：物业管理行业需要名人，需要品牌；物业管理行业需要创新，需要竞争。只要建设好品牌，靠品牌来参与竞争，一定能有好的未来。

案例141　深圳物业管理十大新走向

　　深圳市物业管理一直走在全国前列，其市场体系日趋成熟完善，物业管理成为深圳市每年可创造30多亿元国民生产总值的新兴行业，并形成了包括机电维修、清洁、维修、生活服务、物业中介等多个服务领域。其先进的管理模式和经营理念为内地物业管理发展所借鉴，它们主要有：

　　1. **管理新模式**：1拖N的管理模式最先为深圳市的名牌物业公司中海公司所创，1拖N即确定一个资深的小区管理处区域管理中心，由它对周边N个小区新管理处实行"4统4分的管理运作"(工作统一安排,分头实施;人员统一高度,分点驻守;管理统一标准,分片服务;财务统一收支,分别核算)。这种模式的优势在于使管理服务趋于规范化,管理人员和维修人员配比降低22%,提高了专业设备的使用率,使新小区的开办费平均减少了两成以上。

2、ISO9000质量体系:ISO9000是国际标准化组织(international standardization organization)发布的质量管理和质量保证系列,通过确认质量技术性标准以协助企业建立完善的文件记录和保持高效率的质量体系,以此履行对品质的承诺和满足用户的需要。许多国家的产品认证体系都把ISO9000作为基本要求,并纳入自己的标准体系。目前深圳市已有80多家物业管理公司获得了ISO9002或ISO14000国际质量体系认证。

3.智能化、信息化:当今物业的技术含量迅速攀升,服务科技化成为深圳物业管理企业竞争制胜的关键筹码,通过追逐前沿科技来重点发展如电梯等共用设备的维修和调试,智能化设施的设计与施工,物业管理软件开发等项目,促使物业管理的关键环节由简单维护型、劳动密集型向改进维护型、知识密集转变,从而保证了物业管理的科技实力始终与市场楼宇建设的科技发展同步,在服务市场和市场竞争中先声夺人。

4.集约管理、增质降价:集约化管理已成为深圳物管主流。它符合当前物业管理国际潮流,有效地解决了管理成本高,收费低,企业难以维持的困难。据测算当企业面积超过100万平方米后,每增加50万平方米,总体管理成本可下降10%以上。

5.专业化管理:深圳市已出现专业型的清洁公司、保洁公司、电梯公司。小区的物管部门针对不同的服务项目,将小区的具体服务分包给专业公司,所支付的开销远远少于专门去养一支庞大的物业管理队伍。由于这些专业公司专业性强,质量保证,物业管理公司对一个小区的管理只需要一两个通过严格考试选出的高级主管人员便可以满足要求。

6.个性化服务:即在管理区内,从实际出发,根据不同的住户类型提供不同的服务,体现物业管理"以人为本"的宗旨。

7. 无人化管理：最早由深圳万科公司倡导的无人化管理成为深圳市物业管理行业的亮点，在万科管理的景田城市花园，各种管理人员基本不见踪迹，但业主所需的各种服务却可随时取得，如开门、停车、浇花、收费等采用"零干扰服务"，无人售货、自动取款、网上购物等与人打资产交道的窗口行业则朝智能化方向发展。小区管理由劳动密集型管理向科技型管理转变。

8. 氛围管理：在住宅区内，注重营造出温馨、和谐的环境氛围，从而感染、教育和约束在此氛围中生活的业主。

9. 一卡制：业主在小区内发生的所有费用，包括水、电、有线电视、电话、物业管理费、特别服务费及维修费用等，都可以通过一张卡全部解决。

10. 打分制：通过一个衡量物业管理各环节的打分表，可让物业公司明白到工作各环节的不足之处，同时让业主了解物业公司做得好的地方。这种管理制度透明公平，特别是数字化的量化衡量工作，体现管理的科学化。

(焦点房地产网　王新辉)

案例评析：

深圳市物业管理一直走在全国前列，其很多先进的管理模式和经营理念一直为内地物业管理行业所借鉴。目前，在我国多数城市的物业管理出现这样那样的问题而难以解决的时候，在业主对物业管理几乎失望的今天，重新来学习和借鉴深圳市的物业管理做法，一定有好的作用。同时，我们也想，是什么原因让其他城市不能多走出自己新的物业管理之路呢？

案例142　社会化物业管理将活跃市场

在北京乃至全国物业管理行业正处在一种"诸侯割据、各自为战"、物业管理公司素质良莠不齐、引发纠纷不断的时候，北京一家名为三替城市管理有限责任公司的民营大型企业，率先提出"物业

管理社会化"的概念,其负责人、民营企业家李少华明确提出:

现行的物业管理是一个小而全、大而全的小社会,不具备社会化能力

据北京市小区办提供的数据表明:仅在北京,专门性质的物业管理公司有500多家,其中每年还不断地有新的物业管理公司提出成立申请。这数百家物业管理公司掌握着北京近800家的物业小区,建筑面积在两万平方米以上。

需要指出的是,还有不少未引入物业管理制度的旧小区,实行的依旧是房管时代的老管理办法,更为严重的是,不少包括新建小区在内的不少项目,物业管理公司仍由该项目的开发商自行成立,一旦小区居民与物业管理公司发生矛盾,开发商不可避免地站在自己的一头。物业管理公司"仆人"的性质得不到真正的体现。

此外,还有不少写字楼、宾馆、饭店的物业管理部门,不具备专业的服务水准,仅是从外聘请一些自招人员稍加培训便可直接上岗。从此意义上讲,每一个物业项目都在营造着一个大而全、小而全的小社会。

有关专家指出,现在我国的物业管理行业还没有完全市场化,物业管理还是先有制度而后有从业人员,真正意义的物业管理应是以人为本。近年来,随着下岗人数的增多以及农村剩余劳动力向城市发展,如何解决劳动力再利用是摆在当前社会各界面前的一个难题。而物业管理行业正是解决这一难题的有效途径之一。

因此,建立社会化的物业管理公司,成为政府乃至社会各界关注的问题。

三替公司浮出水面,拉开物业管理社会化的序幕

今年5月份,北京市领导在一次北京市个体私营经济工作会议上,对"帮政府扫马路"的北京市三替城市管理有限责任公司提出了高度赞扬,正是这家大型物业管理公司,从大事入手,早在两年前,便将崇文门外大街的地下通道以及部分市政设施从政府手中接过,对这个"大物业"进行了卓有成效的管理,受到政府以及市民的普遍好评,现在,连崇文区人民政府的门卫、保安均是由三替

公司培训、选送出来的。

记者在采访三替公司时了解到,它一改过去物业管理单一化的状况,专门成立了分门别类的保安、保洁、绿化、维修、安装等多支专业化队伍,服务内容几乎涵盖了任何一个物业项目所能想到的因素,它所承接的报社、商业楼、医院、小区、地下通道,都管理得井井有条。

物业管理社会化,能使服务做到精益求精

北京市三替城市管理有限责任公司董事长李少华在接受记者采访时提出,只有使物业管理公司做到企业化、社会化、专业化、经营化,才能使物业管理服务做到精益求精。

李少华说,目前北京市有数百家物业管理公司,其中不乏香港进驻内地的物业管理公司,他们大多仍在服务内容上下功夫,这样的竞争虽然很必要,但并不是主流,高科技的较量才是真正能体现孰优孰劣的关键。

举例说明,一些商场、写字楼、物业项目大厅的光洁地板,目前大多数地方是用普通光蜡打磨,这些蜡往往到不了更新的期限便会被磨平。而三替公司却完全采用国外最先进的清洁剂去打磨,十分耐用,即使过了期限仍旧光亮如新,从这点上讲,物业管理公司谁肯多付出劳动,谁真正有服务的跟进意识,谁才能在市场上立足。

李少华说,正是由于同行业竞争激烈,因此只有具备了社会化的大型物业管理公司才会使服务工作做到细致入微。他说,有许多小区的物业管理部门由于专业化水平不高,服务单一,对一些日常事务,比如居民楼厕所异味,没有根除办法。而像三替公司这样的集多种服务于一身的大公司拥有自己的研究部门,能自行研制出许多解决小区实际问题的产品,像他们研制出来的厕所除味剂、消毒液,已用于许多场所,取得了良好的效果,成功地填补了一项空白。

物业管理社会化,将会为市场带来什么效应

关于这个问题,李少华认为首先是帮政府解决劳动就业问题。

他说:"社会化的物业管理公司应该是能为政府、社会、百姓解决实际困难的企业。目前北京乃至全国,下岗职工、农村剩余劳动力很多,应该把这些人力资源有效地利用起来,服务行业理应首当其冲。"据了解,三替公司目前拥有员工5800多人,其中绝大多数为下岗职工和农村剩余劳动力,这些人经过专业化的培训,已重新走上了工作岗位。

其次是为被服务的单位省钱、省力。李少华说,现在绝大多数物业包括许多小区,基础设施均由专门的人员负责日常修理、养护,这样一来,该人员的工资、劳保便成了物业的责任,而社会化的物业管理公司则不同,这些基础设施失修,可以随时上门服务,只收取少量的维修费,对物业项目而言,这要比专门养一个职工要划算得多,尤其是新型的物业管理模式,一个小区的物业管理人员只有几个人,管理项目均分包给专业公司。这样一来,更给了社会化的物业管理公司以用武之地。

李少华谈到的第三点是物业管理社会化以后,将会为整个行业带来规范、认真的行风。试想,一个大型物业管理公司拥有多种服务项目,如果其中一个环节出现了差错,会使整个企业的形象受到损失,牌子一砸,地位便会被其他同行所取代,如此一来,便给整个行业提出了一个规范服务的要求。

"今后的市场会涌现出许多社会化的物业管理公司,它们的出现,将会取代目前意义上的单一型物业管理公司而一统市场的",李少华说。

实力雄厚、服务质量好的大型物业管理公司今后将瓜分市场份额

北京市小区办曾明确指出,2000年以后,北京市所有新开发物业小区物业管理都必须经过社会竞标来确定归属,开发商将不能自行管理小区。继北京美林公寓在今年9月公开招标取得成功后,近日,回龙观小区也已通过竞标形式确定了物业管理公司。这两次参加竞标的均是一些在北京较为知名的物业管理企业。

由此可以看出,有雄厚实力、服务口碑好的社会化物业管理企

业已逐渐被大多数业主所认识,像三替公司以及一些有着丰富物业管理经验的大公司将会成为市场主流。正如清华大学房地产研究所一位负责人所说:"通过市场竞标这种形式,只会使好的公司'地盘'越占越大,规模小、服务质量不高的公司逐渐会被淘汰、吞并,高度社会化、市场化的大型物业管理公司将在不久的将来瓜分市场。"

(摘自《北京青年报》)

案例评析:

　　我们一直提物业管理的专业化,却很少提物业管理的社会化。什么是物业管理的社会化呢?我们认为,物业管理的社会化至少包括把物业管理通过市场交给社会上的物业管理公司,而不是自己组建专业的管理部门来负责。如果仅仅考虑专业化,而不考虑社会化,自己的物业自己来管理,恐怕一样管不好。有谁能说没有开始推广物业管理之前的物业的管理不是专业化呢?现在之所以要推广物业管理,我们认为,关键还是推广社会化、市场化的管理服务。北京市把城市的马路及一部分市政设施交给北京三替公司来保洁与管理,应该是城市物业管理社会化的一个最好典型。

案例143　分区划片集约管理,
　　　　深圳物业管理赢利新"钱"途

按行政区域设定小区的具体模式

　　中小楼盘的不少开发商存有误区:①认为物业管理简单;②认为可以消化人员;③认为成本不高可赚钱;④开发感情难以割舍;⑤设法躲避交纳公共设施基金和物管面积。因此,在事前无成本核算的情况下,盲目介入物业管理,深入进去又感到束手无策,端不起又弃不去,输血又苦不堪言,怨气增大,劳民伤财不讨好,严重影响服务心态和服务质量,增加了整个物业管理市场的不稳定因素和潜伏危机。随着业主维权意识增强,物管难度越来越大,许多开发商慢慢清醒走出误区,即长痛不如短痛,一次性搞掂全权委托管理,公共设施维修基金、物管商用面积、配套设施、开办费等均一次到位,责任明确,物业公司理性介入,健康发展。

业内人士于海龙指出,在城市规划和管理理论中,通常把最基本的社区单元称为"邻里单位",在一个"邻里单位"中,人们通过物质交换、相互服务、相互帮助和相互交流信息而密切化,在紧要关头还能相互保护,在这个空间内必须安排诸如商店、托儿所、幼儿园、学校和医院等公共设施,这有助于"邻里单元"的形成。"邻里单元"形成的条件:一是地域的完整性;二是设置有地方性的公用事业和行政机构;三是人口构成相似性。其中包括种族、宗教信仰的一致性和年龄组的相似性,还有居民收入的相近性和社会阶层的一致性,它关系到房屋质量和服务设施的多寡优劣等问题;四是就地就近提供社会、商业服务。这一理论是最优规模、最优社会和最优物质要素的组合,且在多数特征上与我国现有城市行政区划中的街道单元极其相似。因此,对我国城市物业小区规划和管理具有极其重要的借鉴和指导价值。依据上述理论,结合深圳市社区物业管理的实际情况,深圳可按城市行政区域设定物业小区,全面推行物业管理的构想,具体模式如下:即以现有城市社区划分规划为基础。以街道办事处为中心,以居委会为基本单位,以城市规模的生产、生活服务网点配套标准户数为规模、条块结合,组合成若干个适度区域,使之成为能全面推行物业管理的小区。

从目前按行政区域设定小区的实施条件看城市现有的行政区规划,为构想的实施提供了必要的基础,在原有城市行政区划的基础上设定物业小区具有现实性和可操作性。原有城市建设的配套设施和合理的行政区划,不仅使设定物业小区成为可能,而且具有程度简便、时效性强、立竿见影的特点,达到少花钱或不花钱,办大事、办实事的效果;政府的干预支持,为构想的实施提供了必要条件;城市居民的价值观念共同点,为构想的实施提供了充分条件;具有现代管理意识的物管公司,为构想的实施提供了保证。

实施按行政区域 设定小区的益处

按行政区域设定的小区和小区物业管理,对业主或使用人、物业公司和社区文明建设以及现代化城市建设,都有着积极的促进作用。

有利于业主和使用人。设定的小区物业管理是化分散为集中,公共服务、专项服务和特约服务相结合,能不断满足小区居民的各种物质和文化需要,提高居民参与物业管理的自觉性。同时,由于设施齐全配套,加上优质的服务,使生活、工作在这种环境中的居民感到舒心、省心和放心。

有利于城区卫生、绿化、治安和邮政等,统由物业公司与相关部门签订合同,明确责任,形成网络,提高小区居民的生活效率和生活质量。

有利于产业结构调整,优化资源配套。小区物管公司要积极开展便民的社区服务,一方面满足了居民的各种需要,一方面解决了下岗职工的再就业问题。对于提高社会化服务水平起着积极作用。

有利于小区配套设施的补充和完善。设定的小区可按物业管理办法,要求开发商或有关部门、单位,把小区的生活服务设施配备齐全,并且有良好的使用功能,使小区居民安居乐业。

有利于房改,解决单位办社会的问题。按区划设定的小区物业管理规范、有序、修缮及时,使购房者没有后顾之忧,从而促进房改。国家、单位房屋售出后,把物业管理移交给小区物管公司进行专业化管理,从根本上解决了单位办社会的问题。

有利于小区物业及共用(有)部位的维护和养护。小区物业公司要坚持养修结合的原则,24小时提供及时、准确、有效的修缮服务,把可能出现的问题解决在未发生问题之前,降低维修成本,减少业主或使用人的不必要支出。

有利于物管公司的规模经营。物管公司是企业性经营,保本保利,实行小区统管后,不仅能提高服务质量,还能减少因点多、片大、线长而造成的浪费。使物管公司能获取一定的经济效益,这就调动了物管公司的积极性,更加自觉地为居民提供各种服务。

有利于两个文明建设。物业小区作为城市社区建设的基石,构筑成建设和管理两个文明的载体,能最大限度地满足居民多样化、多向性和随意性的需求,增强区域内的凝聚力和向心力,改善邻里关系,促进邻里和睦,小区内的居民相互关心,使小区这个构成社会整体的细胞健康发育,发挥积极向上的利国利民的作用。

摘自《中国物业管理信息网》

案例评析:

由于地块的划拨、拍卖与转让,房屋建设的混合投资(一方出地,一方出钱等)、各自开发等种种原因,形成了一个小区有多种、多个产权单位,一个住宅区同时有几家或十几家物业管理单位管理的混乱局面。另外,还有一些规模小的物业,因为规模太小,物业公司接管这些物业很难取得好的经济效益。这些情况的发生,促使我们来好好思考一些问题,如传统的物业管理区域能否规模化呢?如果物业区域是成规模的,就必然能为物业管理公司带来规模效益,物业管理公司也就很少有收不抵支的情况出现。本案例中,深圳市进行物业区域重组,实行按行政区域分区划片集约管理的具体模式,其思路还是很启发人的。

案例 144 从物业管理到投资管理

永庄公司实现转型经营

成立于1997年的北京永庄物业管理公司最近经北京工商局正式更名为北京永庄投资管理公司。从过去单纯物业管理到现在以投资管理为主,兼及培训、咨询、高科技产品研制、生产和销售,永庄公司实现了自身从创业到发展的升华。这个过程是在现代企业制度引导下完成的,也完全符合市场经济的客观规律。

1997年永庄公司成立不久,便管理了以北京市在香港上市的一家控股公司——京泰公司和北京房地产名牌公司天鸿集团合建的一幢涉外写字楼京泰大厦,此后永庄公司接连受托管理了8宗商务物业,均得到了理想的经济效益和社会效益。以京泰大厦为例,开业三年多来,该写字楼出租率一直高居98%以上,其中近一半为美、法、意、日、俄等国知名公司的驻京办事处。无论这些年北京写字楼的竞争如何激烈,也无论价格大战怎样此起彼伏,永庄公司一直处变不惊,从不靠低价揽客,而是始终以自身的服务质量与管理水平占领市场,立于不败之地,从而也实现了使物业升值,使客户满意的双重承诺。

永庄物业迅速发展的一个根本原因在于其创始人赵永庄是一位资深而成熟的物管专家(从1997年起历任赛特大厦、保利大厦、上海证券大厦总经理,最近又荣获美国资产管理协会颁发的"国际注册管理师"资格证书,即CPM)。在长期的管理实践中,赵永庄不仅积累了丰富的工作经验,而且在理论上也多有深刻的建树。因此,由他出任董事长的永庄公司在组建之初便很快形成了自己独特的管理模式和服务品位。这种管理模式可以概括为:以服务为本职——寓管理于服务,以客人为中心——以情感为依托;其服务品位则可以用"安、暖、快、洁"四个字来概括。在永庄公司ISO9002质量认证手册中,我们读到了这样的题词:"安:居安思危,暖:情感服务,快:一次到位,洁:一尘不染。"此外,永庄公司还较系统地提出了自己的经营理念,诸如"客人是朋友"、"人才是根本"、"文化是灵魂"、"商誉是资本"、"服务是核心"、"准军事化管理"以及"三三制"工作原则,"三不放过"追究责任原则,对客人"七不准"原则,"四零管理"原则等。所有这些都表明,永庄公司的物业管理达到了相当的高度,并形成了具有独特文化品位的无形资产。值得注意的是,永庄公司不仅在自己管理的物业中充分运用这些无形资产,而且还将其作为具有商业价值的定型产品向外输出,对全国十余家经营不善、疏于管理的物业管理公司进行专业咨询、培训或督导,使其在短期内发生扭亏为盈的根本性转变。永庄公司面向市场输出自己的无形资产,进行资产经营、资产重组全新的运作模式,无论是经营活动的性质、内容,还是规模、方式,都已明显有别于一般意义的物业管理。

此外,永庄公司还积极参与物业设计,以超前意识对正在兴建的许多楼宇提出可预见的技术要求。而对自己感兴趣的项目,永庄公司则采取直接投资的方式与开发商进行经济合作。除资产经营外,永庄公司近年来还大胆涉足高科技,引进日本和美国的最新技术,共同研制开发一种新型大容量锂电池,广泛应用于摄像机、笔记本电脑、航天、手机等领域。

永庄公司的经营方式发生了根本性转换,并不意味着它将放弃物业管理这一基本经营活动,而且继续扩大物业管理和饭店管理业务。最近,永庄公司又受托管理江西5A级智能大厦等物业。所不同的是永庄公司对上述物业提供的不仅仅是保安、保洁、餐饮等劳务型服务,而是重在以智力参与这些物业的运作策划,诸如营销策略、市场定位、质量体系、固定资产管理等等,而这正是投资管理的基本特征。

(摘自 http://www.zyz9000.com.cn)

案例评析:

永庄物业管理公司的成功发展,有很多方面是值得国内其他物业管理公司认真思考和组织学习的。同时,我们也应该清楚,物业管理行业不单单是一个孤立的行业,它同样需要其他行业的支持,包括资金的支持和经验的支持。只有转变纯物业管理的观念,变物业管理管理为物业经营和多元经营,才能在物业管理行业站稳脚跟。事实上,物业管理在国外发达国家,本来就是资产管理与经营。

案例145 物业管理"无网不利"

近一两年,随着网络技术的迅猛发展,房地产也开始"触网"了。作为传统经济与新经济相结合的产物,网络社区概念已成十分诱人的卖点。与房地产息息相关的物业管理,在以前给人们的印象无非是一些保洁、保安等与高科技无缘的工作。传统意义上的物业管理在网络社区大行其道的今天还能有什么作为吗?它们将如何适应房地产网络时代的到来？

"集成电路是未来社会的心脏；未来社会的大脑是电脑；而计算机网络将成为未来社会的神经系统；人工智能技术则是不断增加的营养；网络安全、信息安全是未来社会的防疫系统；信息服务、信息资源是未来社会能够顺利运转的血液。"这一形象的比喻是我国计算机专家汪成为先生在北辰高速宽带多媒体信息系统建成发布会上提出的。同时他也指出，社区网络化已是大势所趋，因此服务于社区的物业管理也必须通过信息化和智能化手段来提高物业管理水平和提供安全舒适的居住环境。

记者在参观了北辰、大西洋新城等网络社区后，明显地感受到物业管理已经进入到一个"无网不利"的时代。目前，网络的应用已经渗透到物业管理当中的诸多环节。

社区电子支付：社区内的交易或支付能否在网上完成，主要是信誉保障问题。一方面，社区物业管理机构与金融机构或相关单位有业务合作，能提供统一付款结算的保证。另一方面，社区住户与社区物业管理机构有合约，保证能有支付能力和抵押能力。需要支付时，用户只要输入密码，经确认就可以成交，系统自动完成转账等程序，然后定期统一结算。这项服务大大方便了社区居民日常购物及交费，同时也在很大程度上解决了物业管理公司收费难题。

Call-Center（呼叫中心）：传统物业服务是按分工由不同部门组成，住户需要时要分别去查找联系，比如设备坏了找维修，家政的事情找家政服务部门等等，联系电话一大本，找来找去很麻烦。Call-Center是为住户着想的新方式，就是给住户一个电话号码，有什么事打一个电话就行，工作人员根据问题帮你找单位，为住户提供服务，这样就很方便了。

VOD点播：VOD系统可实现个性化的影视需求，相当于拥有自己的电视台、电影院，想看什么、什么时候看尽在自己掌握，系统支持多种媒体标准和高品质音响。这项功能的实现要求网络社区的带宽达到一定的标准。目前北辰社区宽带主干网可以支持

1000人同时在网上看大片,而且与专业影视公司签约,可提供合法片源,对用户而言,可以在任何时间看自己想看的东西,像卡拉OK可以自己点歌一样的自由方便。

股票交易系统:现在,已经有许多社区与专业券商合作,借助宽带网传播速度快的优势,而且与证券交易所主机相连,能真正做到实时同步,可提供家庭大户室的服务,全面支持网上下单交易。为了保证网上交易的安全性采用了国家认定的交易系统和安全交易软件,加设安全加密系统,能够确保安全。

社区保健:社区保健站为居民提供的是专业医疗健康服务,涉及医疗、保健、咨询、远程医疗等。与国内著名的医疗网站和医院合作,提供网上挂号、预约专家、网上诊断、护理上门以及老人健康护理等,可以随时为住户提供健康服务。对于疑难病症,还可利用多媒体技术在将来实现网上会诊,把各家医院的特长集中在一起,不出门就能享受到专家组会诊。

网上预定:在许多网络社区,普通居民的日常生活服务,比如,家庭要雇佣保姆,可以在网上查找,通过相片或录像选择满意的人选。再比如,在网上购物,会有专门物业服务人员为您上门送货。

(http://www.homeprc.com. 中房信网　周宏)

案例评析:

网络的应用已经渗透到物业管理当中的诸多环节,这不单是物业管理行业能够看到和注意到的事实,一些业外人士,包括业主自己,也已经开始体验到网络物业管理的便利。问题的关键是,作为物业管理公司,应该如何吸引高级人才来使用物业管理网络?如何很好地利用网络来搞好物业管理?

案例146　动态网络化物业管理大趋势

一个优秀的物业管理公司,其下属的管理处可能有几十个、上百个,甚至分布在不同的城市,它怎样对分散的下属物业管理处进行统一管理？怎样保证每个管理处都有一流的服务水准？怎样在上规模的同时有效降低成本？面对网络化潮流,物业管理公司如何管理信息化社区？

网络化物业管理是解决以上问题的有效途径,也是物业管理行业的大势所趋。

首先,信息时代物业管理只有实现网络化才具有竞争优势

日前,深圳一家甲级物业管理公司到内地接一个楼盘,发现在深圳准备好的投标书与当地市场情况有很大差距,在当地重新准备投标书时,手头又没有公司一贯经营理念的资料,于时又是传真,又是邮寄,又是电话请示,浪费了大量的人力、物力。试想,如果这家公司实现了网络化管理,只需要一部手提电脑,一条电话线,所有的信息传递将变得非常简单且迅速有效。

目前,深圳物业管理公司纷纷进军内地市场,内地物业管理观念与深圳有很大差距,及时掌握内地市场信息,将深圳先进物业管理理念贯穿到当地物业管理的每一个步骤中去,网络化的物业管理无疑能使物业管理公司具有较强的竞争优势。

其次,物业管理专业化趋势带动物业管理网络化

根据国外物业管理发展历程,物业管理行业将走向专业化道路,即物业管理公司仅仅是一个管理机构,其他如清洁、绿化、设备维护等均由专业化公司去实施,中国物业管理也正向这一趋势发展。对各项设施、服务项目的监管,对供应商的服务质量、信誉度的监控变得非常重要,精干的管理机构不可能依靠人工去进行监控,必须通过与供应商合作的开放式的网络化管理实现各项信息的准确录入和监控。

第三,物业管理公司的内部管理要求实现网络化管理

随着市场竞争的激烈,物业公司的内部管理也越来越需要实现网络化,主要表现在：

1. 物业管理公司要实现对分散的下属物业管理处进行统一高效的管理,必须首先实现管理的网络化和标准化,保证公司信息的上传下达、快速准确,不会失真;

2．总部领导需要在任何时间、任何地点了解下属单位实时的营运情况；

3．统一规范化的工作流程可以保证每个管理处都有一流的服务水准；

4．网络化管理可以削减中间管理层，简化文件传递等中间环节，实现管理"扁平化"、无纸化，大大降低管理成本；

5．网络化管理可以实现集中采购、统一库存、集中培训等，从而有效降低经营成本；

6．统一的信息平台可以缩短领导与员工距离，实现公司内部的交互式管理，营造宽松的企业文化；同时也可以实现物业公司与住户间的"零距离沟通"，为物业公司实行个性化服务提供了可能。

第四，先进的IT技术为物业管理实现网络化提供了保障

B/S(BROWSER/SERVER)即浏览器／服务器模式物业管理软件的出现将从根本上改变物业管理的模式。它是在WEB平台上构建的物业管理系统；它与传统的C/S模式的物业管理系统相比具有无法替代的优势。

1．它可以与Internet实现无缝连接，从而真正彻底突破了时间和地域的限制；使用它就和在家上网一样轻松愉快，而免除了学习许多令人生畏的电脑知识；

2．用户端无需安装任何软件，系统集中安装在服务器上，用户端只要有浏览器就能运行(因浏览器是Windows 98的一部分，所以实际上是不需安装任何软件)，系统维护和升级只需在服务器上进行，且不受时间地域的限制，极大地降低维护成本，提高了工作效率；而C/S模式的物业管理软件，每台用户端都必须安装程序，一旦需要更新或升级系统，必须在每台用户端上进行，如果用户分散在全国各地，不仅维护成本非常高昂，而且有时很难实现。

3．真正实现了统一的、集中的管理，管理者看到的信息永远是最新的，实时的信息为领导的决策提供了依据，使企业的管理真正能发挥出效益。

4．使用者不需经过专门培训，只要会上网，就会使用。

5. 实现了与信息化社区的完美结合,它既可作为信息化社区解决方案的一部分,又可作为物业管理公司办公软件来单独使用。

(来源:不详)

案例评析:

网络化物业管理是解决物业管理诸多问题的有效途径,也是物业管理行业的大势所趋。这是本案例已经证明了的一个未来现象。作为物业管理公司应该如何应对网络化物业管理呢?政府又从哪些方面来加强管理呢?业主自己又怎么适应呢?先不考虑这些问题,还是来畅想网络化给物业管理带来的光明前景吧!

案例147 社区网络平台有何好戏看

社区网是一个类似舞台的"平台",它以HFC、布线系统或者ADSL等不同方式"结"成,也许3年、也许5年,业主在这个平台上可以看到如下"好戏"。

社区服务方面:在社区网所提供的平台上,人们生活中所需要的不同服务,如网上证券期货交易、远程电子视频会议、网上教育、网上游戏、视频点播、网上查询、网上旅游等都将得以实现。已开通网上社区服务的项目有亚运村汇欣公寓等。在这样的社区内,若您需要雇保姆,可以到社区网站,观看保姆工作实况的录像;想学习,可直接登录社区学校,它能提供交互式的网络学习环境,能让学生在网上与同学讨论、向老师请教;想网上看病,亚运村网站和中华医学网等许多有特色的专业网站和医院合作,提供网上挂号、预约专家、网上诊断、上门护理以及老人健康护理等;想看大片,社区系统支持多种媒体标准和高品质音响,主干网可以1000人同时在网上收看,而且与专业影视公司签约,可提供合法片源。

物业管理:将一套物业管理系统引入社区网平台,物业管理公司就可实现自动抄表、电子巡更、车库管理、给排水、交配电、区域照明、家庭一卡通等智能管理,还可以电子公告形式发布社区新闻、开通社区广播及背景音乐、网上收取物业管理费等,可大大节省物管成本,令小区住户感受到安全、高效的"无人化"管理。

网上购物方面:网上购物是社区网服务的最高境界,而个人资信认定的难度,是影响国内网上购物实现的最大障碍。统一管理的社区正好弥补了这一漏洞,在信用安全得以保障的前提下,社区网将成为电子商务的基站,使小区业主率先体验到网上购物的便利。目前开展此项服务的是北辰和金融机构联手发行的社区结算电子工具——北辰一卡通,在社区内统一结算,方便快捷。

商务服务方面:网络经济时代将人类工作和生活场所整合在一起,通过网络和组织系统获得支持,将给人们的工作效率和生活质量带来革命性的提升。比如说,您想坐在家里选商务会址,可直接在网上浏览会议中心的各个会议厅的多角度环绕图。不过,目前在商务服务方面,还是金融股票类较为常见。

一直以来,很多网络应用还停留在概念阶段,受到很多条件的限制,拿网上炒股来说,随着网络普及和专业网站的建设,股民触网机会很多,但现实问题一是网络速度慢,信息更新有延时,再有交易安全也令人堪忧,使现实中的网络下单并不多。如何解决上述问题,局域网在现阶段有着得天独厚的优势。

以大西洋新城引入的社区证券交易系统为例,其与证券营业部大户室所使用的股票行情分析系统几乎毫无差别,与以往的网上股票交易系统、有限图文电视相比,行情传输速度快、受干扰度小,并可直接下单,成交速度几与营业部同步。与首创证券等证券商合作的北辰高速宽带多媒体信息网络系统,因直接连接券商主机,网上下单有社区独立平台,可完成信息瞬间共享,比原始手段快数分钟。在交易安全方面,社区网络本身设有防火墙和加密系统,对于社区内用户又有安全监督,相对于公网增加了数层保障。

(摘自 http://www.ittimes.com.cn)

案例评析:

网络化给物业管理带来的光明前景在本案例中应该已有一些

体现。但实际上,网络带给消费者的好处则是,第一,为消费者提供了意想不到的便利和快捷;第二,使消费者有了更大的选择面;第三,使消费者能够享受更低廉的服务价格;第四,为消费者增加了物业管理服务的种类和组合。等等。当然,网络化物业管理的存在和可接近度也跟消费者的素质,如思想观念、业务素质以及网络操作水平等有密切的关系。我们相信,随着科技不断进步和人们物质、文化、生活水平的逐步提高,网络化物业管理将真正成为广大业主的现实"乐园"。

案例 148 北京物业管理业"英式管家"来了

7月末,随着国际管家协会主席、42岁的 Mr.Wennekes 受雇于北京和乔利晶国际公寓,"英式管家"正式踏入国门。

日前,Mr.Wennekes 首次与北京房地产界、新闻界公开见面并座谈,介绍"英式管家"作法。Mr.Wennekes 生于酒店餐饮世家,曾受聘于多位欧美亿万富翁,担任私人助理及管家,服务过卡特、里根、布什、克林顿等美国总统及要员。1997年,他于荷兰创办国际管家学院,会员皆是荷兰皇室与英国戴安娜王妃等名流的私人管家。

如今,他又把这种"英式管家"引入北京的和乔利晶公寓。该项目面对丽都饭店,目前已成现房,采取双拼式结构,一梯两户,占地1万平方米,却辟有5000平方米的内部花园,共185户公寓,法式建筑风格。仅10层的和乔利晶公寓几乎户户双向通风,有些套型三面采光。该项目还推出"纯住宅概念",是对商住两用抑或家庭办公的彻底颠覆。

据介绍,Mr.Wennekes 将选择10人赴荷兰国际管家学院,进行8周的专业培训,再回京进行4周的驻地培训,然后,将为185户业主提供专属性贴身服务,而且收费标准与目前市场的上外销公寓相当。

Mr.Wennekes 与首都房地产界、新闻界亲切座谈,用纯正的英语娓娓讲述其"管家生涯"与最新经历——"物管水平的高低往往取决于最差的那名员工","为一个人及他的家庭服务,让他的家庭井井有条,是一种很有意义的工作"。在谈到派员赴国际管家学院学习时,Mr. Wennekes 说:"我不注重这 10 人从前是否有从业经验,因为重要的是服务心态。"

业内人士认为,目前国内许多城市的物管覆盖率尚不足 50%,一直在类似"后勤管理"式的低水平上运行。"英式管家"必然会对中国物管行业带来全新冲击。

(焦点房地产网　杨哲彬)

案例评析:

物业管理服务的类型与模式有很多,前面案例介绍的深圳物业管理的十大新走向,有不少都是很好的物业管理模式。Mr. Wennekes 亲自携带"英式管家"的管理模式进入北京,既说明了北京开发商对物业管理给楼盘销售带来的好处的重视,同时也说明了新一轮的房地产产品竞争将进入服务竞争的新的阶段。

案例 149　美物业管理"巨头"看好上海市场

美物业管理"巨头"美国耐特设施管理公司看好申城物业管理前景,昨天与上海上房物业管理公司达成合作意向,决定共同拓展沪上物管市场。

曾对上海通用汽车公司实施成功管理的耐特公司,是全球性的大型跨国物业管理企业,也是进入上海的为数不多的欧美物管企业之一,而上房物业管理公司是本地的老牌物管,业内认为,两者强强联手的全新组合,将对本市物业管理市场产生深远的影响。

(摘自《文汇报》)

案例评析:

我国物业管理市场的竞争不单是国内物业管理公司之间的竞

争,更重要的是国内物业管理公司与国外物业管理公司之间的比拼;不单是物业管理服务价格的竞争,更重要的是物业管理服务质量的竞争;不单是物业管理公司管理策略的暗斗,更重要的是物业管理公司品牌的明争。国外物业管理企业进入中国,进入上海,现在看来还没有构成威胁,还是一件好事。国内物业管理公司是应该好好学习,苦练内功的时候了。

案例150 物业"洋管家"能否打败"土管家"?

物业管理一直是令广大业主头痛的老问题,中消协的投诉统计也显示,近几年关于物业管理的投诉比例正呈现上升趋势。中国已入世,已经有不少国外的物业管理公司看好中国这个大市场,而国内的物业管理公司仍然在沿袭过去老的管理模式,难以让购房者满意。"土管家"会在这场竞争中被"洋管家"打败吗?广大购房者从这场竞争中又能得到一些什么实惠?

"土管家"问题多

去年,有机构对北京人渴望什么样的社区规划及物业管理进行了一次调查,被调查者中有38%的人认为可承受的最高物业管理费为每平方米每月2元,希望得到的物业管理服务则包括24小时保安、定点班车、接送孩子等。面对目前高额物业费换回的低水平服务,人们当然会产生不满。

物业管理在我国虽起步较晚,但由于市场的需要,近年来企业数量不断增加。据不完全统计,目前已超过2万家,从业人员约200万,但直到去年10月15日才刚刚成立中国物业管理协会,所以"行规行约"和企业监管实际上一直是一片空白。香港戴德梁行物管部一位负责人认为,物业管理政策的可操作性较差和从业人员专业化程度不高是现在中国物业管理市场存在的两个最大问题。清华大学一位物业管理专家也认为从业人员素质差是影响我国物业管理企业发展的原因之一。

"洋管家"好在哪儿

在人们纷纷对"土管家"表示不满的同时,对"洋管家"的期待似乎又多了几分。那么,"洋管家"真的就比"土管家"好吗?回答是肯定的。首都经贸大学谭善勇教授将其归纳为四点。

首先,"洋管家"具有先进的管理经验。发达国家的物业管理已经运作了一个多世纪,积累了很多成功的经验,拥有先进的作业技术、丰富的管理经验和大量的专业管理人才。与它们相比,我国物业管理企业既缺乏成熟的经验和技术,又缺乏足够的专业物业管理人才,特别是那些原来从房管所转制过来的物业公司,缺乏市场竞争意识,"老爷"作风严重。如果不迅速改变现状,将会有不少公司在竞争中失败。

其次,"洋管家"提供的是低价格、高质量的管理服务。我国物业管理与10年前比较虽然已有很大的发展,但总体上看,管理服务产品的成本和价格还较高,而管理服务的水平却很低。比较而言,国外发达国家的物业管理经过上百年的磨炼与调整,其低成本、低价格、高质量的管理服务产品优势明显。

第三,"洋管家"具有高素质的管理人才。国外发达国家物业管理服务之所以能做到低成本、低价格、高质量管理服务,关键在于有很多高素质的物业管理师。而我国物业管理从业人员中除少部分是政府房地产管理机关、房地产开发公司转行而来,以及一些原来从事传统房管的人员以外,其余大部分是一些离退休职工、下岗人员以及单位改革难以安置的分流人员,绝大多数或者基本不懂,或者根本不懂物业管理和物业管理市场。

第四,"洋管家"具有较高的市场决策水平。国外发达国家物业管理市场运行已达百年,在激烈的市场竞争中,它们已经积累了很多的决策经验,有着较高的市场决策能力和水平。我国物业管理仍然没有摆脱传统计划经济体制的干扰。一些物业管理企业并不懂物业管理专业,但因为是某个开发公司的下属企业,或者是某几个开发公司合资组成的股份企业,所以不愁没有管理业务,因而也就不必去物业管理市场"打打杀杀",也不必为市场决策而劳神。

"土管家"如何应战

中国入世,"洋管家"与"土管家"之间必有一场"恶战"。对于"土管家"来说,当务之急就是尽快建立健全物业管理市场的法律法规,目前需要完善的主要是市场准入规定、市场招投标管理规定以及网络市场管理规定等,这几方面的问题因为是近几年才出现,所以还没来得及制订比较完善、成熟的管理办法,因此,在入世前很有必要尽快加以完善。

对此,谭教授认为需要特别注意的是,尽快完善物业管理市场法律法规不是削足适履地迎合国外企业,而是先行建立一套完善的、自己的法律法规,让国外物业管理企业进入后有章可循,避免手足无措或者钻我国物业管理市场法律法规的空子。另外,就是要加强物业管理人才的教育培训工作,尽快为我国培养出足够的、具有丰富物业管理专业经验的专业人才,要让他们有能力、有信心、有保障、安全地带领我国物业管理行业在入世以后与国外物业管理企业展开竞争,并在与国外物业管理企业的竞争中为我国物业管理行业争得一个良好的发展机会。

对于广大中国老百姓来说,"洋管家"涉足中国物业管理市场使得竞争的格局更加多元化,国有企业、私营企业、外资企业、合资企业多元化竞争局面的形成,将有可能使老百姓可以得到更加满意的服务。

(中国经济时报　董小荣)

案例评析:

我国加入 WTO 的前后,有一段时间一直有加入 WTO 对中国物业管理行业的影响的争论,也有关于"土管家"与"洋管家"谁优谁劣的思考。现在,相信本案例已经给出了明确的结论。问题的关键是,不管谁优谁劣,我国的物业管理公司都应该相信自己,勇于竞争。

参 考 文 献

1. 张跃庆等主编.物业管理.北京:经济日报出版社,1995
2. 丁芸,马洪波编著.房地产业租税费体系研究.北京:中国公安大学出版社,2000
3. 刘洪玉主编.房地产开发经营管理.北京:中国物价出版社,2001
4. 谭善勇著.物业管理市场——理论与实务.北京:首都经济贸易大学出版社,2001
5. 黄安永著.物业管理140问.南京:江苏人民出版社,2000
6. 罗小钢等著.物业管理疑难解答.广州:中山大学出版社,2000
7. 颜真,杨吟编著.物业管理危机处理及案例分析.成都:西南财经大学出版社,2002
8. 文林峰编著.物业管理面面观.北京:中国劳动社会保障出版社
9. 季如进主编.物业管理.沈阳:辽宁大学出版社,2001
10. 赵绍鸿主编,谭善勇副主编.物业管理实务.北京:中国林业出版社,2000
11. 付洁茹,谭善勇编著.写字楼物业管理.北京:中国林业大学出版社,2000
12. 杨学炳,邓保同编著.物业管理法概论.武汉:华中师范大学出版社1998
13. 蔡孝箴主编,郭鸿懋副主编.社会主义城市经济学.天津:南开大学出版社,1990
14. 叶南客,李芸著.城市管理系统与操作新论.南京:东南大学出版社,2001
15. 侯玉兰主编.城市社区发展国际化比较研究.北京:北京出版社,2000
16. 刘长森编著.物业管理纠纷典型案例评析.北京:中国建筑工业出版社,2002
17. 新浪网:http://www.sina.com.cn

18　搜狐网:http://www.sohu.com

19　网易网:www.163.com

20　焦点网:www.focus.com

21　搜房网:www.soufun.com

22　精品购物指南:www.sg.com.cn

23　北京青年报:www.bjyouth.com.cn

24　经济日报报业集团北京楼市周刊:http://www.soufun/application/famous

25　北京日报集团:http://www.ben.com.cn

26　中国物业管理网:www.cpmu.com.cn

27　中国物业在线:http://www.chinapm.net

28　小区物业管理网:http://www.xiaoqu.com

29　中国物业管理公众信息网:http://www.cpminfo.com.cn

30　中国物业管理信息网:http://www.pmabc.com

31　物管交流网:http://www.cnwuguan.com

32　中国物业管理协会网:http://www.ecpmi.org.cn

33　大中华物业管理网:http://www.wuguan.com

34　物业管理商务网:http://www.pmbiz.com

35　物业管理资讯网:http://www.wuyeinfo.com

36　均豪物业管理网:http://www.jumbo.com.cn

后　记

本书是首都经济贸易大学科研课题"物业管理教学改革研究"的最终成果之一，主要由丁芸教授和谭善勇副教授编写完成，其中，丁芸教授编写第六章案例63到案例90；谭善勇副教授编写第一章到第五章、第七章、第八章；魏福芹编写第六章案例91到案例97。另外，张昕、徐虹、徐子生、路凌燕、李倩、王月伶、张耀也参与了全书的案例整理与部分案例的编写。

在本书编写的过程中，编著者参阅了大量的著作、论文及其他文献资料，这里特向这些文献的作者表示诚挚的感谢。另外，由于各种原因，本书引用的某些文章没能找到准确的出处，也特向有关单位及这些文章的作者致歉！希望能多多谅解！

因时间关系，也由于编著者对案例分析如何编写把握不够，所以，本书一定还存在不少缺点。希望读者给予批评指正。也希望更多的读者与我们一道，共同关注我国的物业管理问题，一起为我国物业管理行业的健康发展做出努力。

需要特别指出的是，在本书出版过程中，中国建筑工业出版社的同志们也付出了艰辛的劳动，在此我们表示由衷的谢意！

编著者

2002年10月

于首都经贸大学